传统村落保护与利用研究

——以浙江省金华市为例

卞显红　王苏洁　齐文权　著

中国财富出版社

图书在版编目（CIP）数据

传统村落保护与利用研究：以浙江省金华市为例 / 卞显红，王苏洁，齐文权著．—北京：中国财富出版社，2019.6

ISBN 978-7-5047-6940-4

Ⅰ．①传…　Ⅱ．①卞…　②王…　③齐…　Ⅲ．①村落—保护—研究—金华　Ⅳ．①K925.53

中国版本图书馆 CIP 数据核字（2019）第 117109 号

策划编辑　李　丽　　**责任编辑**　戴海林　崔晨芳

责任印制　尚立业　　**责任校对**　孙丽丽　　**责任发行**　杨　江

出版发行　中国财富出版社

社　　址　北京市丰台区南四环西路 188 号 5 区 20 楼　　**邮政编码**　100070

电　　话　010-52227588 转 2098（发行部）　010-52227588 转 321（总编室）

010-52227588 转 100（读者服务部）　010-52227588 转 305（质检部）

网　　址　http://www.cfpress.com.cn

经　　销　新华书店

印　　刷　北京九州迅驰传媒文化有限公司

书　　号　ISBN 978-7-5047-6940-4/K·0230

开　　本　710mm×1000mm　1/16　　**版　　次**　2019 年 12 月第 1 版

印　　张　33.75　　**印　　次**　2019 年 12 月第 1 次印刷

字　　数　659 千字　　**定　　价**　145.00 元

前　言

一、主要研究内容

第一篇：绪论。该篇首先对传统村落的概念、特征、保护历程及其与历史文化名村、古村落的关系进行了分析；其次对传统村落保护与利用规划现有可供参考的法规、文件以及世界发达国家和国内先进地区传统村落保护与利用的经验进行了整理概括；再次分析了金华市传统村落保护与利用现状、问题及主要影响因素；最后提出金华市传统村落保护与利用总体目标与思路。

第二篇：金华市传统村落保护对象。该篇主要对 2018 年以前的金华市传统村落文物古迹，金华市传统村落宗祠，金华市传统村落非物质文化遗产，金华市传统村落的传统街巷，金华市传统村落水系、水塘保护及金华市传统村落古树名木进行了全面、系统的收集和整理。

第三篇：金华市传统村落评价指标设置及分类、等级评价。该篇首先设置了金华市传统村落的各项评价指标体系；其次依据该评价指标体系对金华市传统村落的传统建筑、选址和格局、非物质文化遗产、保护与利用措施及开发条件进行了全面客观的评价；最后对金华市传统村落保护与利用进行了综合评价。

第四篇：金华市传统村落保护方法与措施。该篇首先提出了金华市传统村落保护措施、传统村落保护应注意的问题、传统村落保护规划原则、传统村落的保护框架、传统村落的利用思路、传统村落保护的具体方法、传统村落保护与利用的协调、当前对于传统村落保护的趋势、传统村落的保护总体要求及相关误区；其次从自然生态地理保护、山水格局与传统村落格局的保护、历史文化风貌的保护三个方面提出金华市传统村落自然环境和景观保护措施；再次从传统建筑与文物保护单位保护原则、传统村落整体风貌保护措施、传统村落街巷风貌保护措施、金华市传统村落的传统建筑保护措施、传统村落乡土建筑与新乡土建筑保护措施、传统村落建筑要素控制、金华市传统村落的传统建筑的有机更新等方面分析金华市传统村落的传统建筑与风貌保护措施；接着从历史环境要素保护措施、传统村落文物古迹分区保护，即历史文化保护区、文物古迹保护措施等方面分析金华市传统村落历史文化与文物古迹保护措施；然后从传统村落形态分类、传统村落形态保护提出金华市传统村落形态保护措施；之后从传统村落人居环境构成要素、传统村落居民生活形态保护、传统村落日常生活的环境保护、传统村落日常生活质量的保护、传统村落日常生活产业的保护中分析金华市传统村落日常生活、生活活动要素保护措施；最后分析了传统村落非物质文化遗产类型与特征、传统村落非物质文化遗产保护存在的问题、传统村落非物质文化遗产保护原则、传统村落非物质文化遗产保护对策、传统村落非物质文化遗产保护措施。

第五篇：金华市传统村落利用规划。该篇首先分析了金华市传统村落旅游开发状况、产业基础与旅游交通现状；其次分析了八种传统村落保护与利用成功实践的模式："博物馆式"的保护与利用、旅游利用式保护、重点街区及院落保护与利用、拼贴式保护、乡村旅游开发、农耕休闲体验类传统村落保护与利用、有机性与宜居性融合类传统村落保护与利用、街巷脉络传承——具有保存完好街巷类传统村落的保护与利用；再次从公司治理、政府主导、集体自理三个不同角度对传统村落旅游开发利用模式进行研究；之后分析了传统村落利用的特殊性、传统村落利用原则、按保护与利用主体划分保护与利用类型、传统村落保护与利用利益相关者职责、传统村落保护旅游利用模式选择、金华市传统村落保护与旅游利用模式选择——自然、人文资源及景区开发选择、传统村落多用途利用模式；然后对民俗文化的开发利用和传统村落非物质文化遗产保护的活化路径进行了分析，并对传统村落非物质文化遗产保护路径——传承基地与传承人进行了整理罗列；最后对金华市传统村落生活体系、传统农业的开发利用及婺文化与金华市传统村落保护与利用进行了深入研究。

第六篇：金华市传统村落保护与利用保障体系。该篇首先分析了政府部门和社会组织作为金华市传统村落保护与利用主体的工作与职责，将传统村落保护与利用主体类型分为完全政府主导和社会力量介入并阐述其优缺点和对规划实施的影响；其次在我国已有的制度与法律保障体系的前提下提出建立传统村落保护制度，构建传统村落社会保障体系，构建传统村落保护协调、监督、验收机制，构建金华市传统村落保护实施效果评估体系；再次在对传统村落调查及资料建档保障提出具体意见的基础上构建金华市传统村落保护与利用技术与人才保障，构建传统村落保护与利用的社会环境和服务体系；最后提出传统村落保护管理措施与实施保障及金华市传统村落保护与利用规划编制导则。

二、相关说明

本书是浙江省金华市旅游局委托项目“金华市传统村落保护与利用规划”的研究成果，是在借鉴大量政府部门的工作报告及传统村落、古村落保护与旅游开发研究成果等基础上完成的。他们的研究成果不同程度地反映在本书中。由于参考文献只列出主要文献，相当一部分借鉴的成果未能列出。在此，向所有相关学者表示衷心的感谢。

本书分工如下：

（1）第一篇由卞显红、王苏洁（浙江工商大学旅游学院硕士、讲师）完成。

（2）第二篇由卞显红、齐文权（杭州碧海旅游规划设计有限公司旅游规划设计师）完成。

（3）第三篇至第六篇由卞显红完成。

（4）参考文献由卞显红、戴心倩（浙江工商大学旅游学院硕士研究生）完成。

本书的出版对推动我国传统村落保护与旅游发展具有一定的意义。

由于时间和水平的限制，书中不足之处在所难免，恳请读者批评指正！

卞显红

2018 年 10 月

目 录

第一篇 绪论

第五篇 金华市传统村落利用规划

第一篇

绪 论 ■

第一章　中国传统村落概念、特征及保护历程

一、传统村落国内外相关概念演化历程

（一）国际相关概念演化历程

1.《威尼斯宪章》中“历史古迹”的概念

在国际上比较有影响力的宪章中，最早出现村镇保护相关概念的是1964年的《保护文物建筑及历史地段的国际宪章》，即《威尼斯宪章》，当中提到历史古迹（Historic Monument）的概念。在该概念中，历史古迹为“不仅包括单体建筑物，而且包括能从中找出一种独特的文明、一种有意义的发展或一个历史事件见证的城市或乡村环境”，其中的“乡村环境”引发人们关注对古老村镇的保护。

2.《保护世界文化和自然遗产公约》中“世界遗产”的概念

1972年，联合国教育、科学及文化组织（简称“联合国教科文组织”）在巴黎举行大会，与会各国代表鉴于各国在保护文化和自然遗产方面的工作还存在一定的不足，“考虑到某些文化或自然遗产具有突出的重要性，因而需作为全人类世界遗产的一部分加以保存”，因而提出了“世界遗产”（World Heritage）的概念，并由此产生了《保护世界文化和自然遗产公约》（又称“世界遗产公约”）。自此，有了“文化遗产”（Cultural Heritage）这个涵盖城市、乡村各个保护层面的概念，而“世界遗产”则成为人类遗产的最高级别。

3.《关于建筑遗产的欧洲宪章》中“建筑遗产”的概念

1975年由欧洲理事会发起“欧洲建筑遗产年”活动，其活动成果主要体现在当年的《阿姆斯特丹宣言》和《关于建筑遗产的欧洲宪章》里提出的“建筑遗产”（Architectural Heritage）概念，即“不仅包含最重要的纪念性建筑，还包括那些位于古镇和特色村落中的次要建筑群及其自然环境和人工环境”，宪章中特意指出“尽管一些建筑群体中没有价值十分突出的范例，但其整体氛围具有艺术特质，能够将不同的时代和风格融合为一个和谐的整

体，这类建筑群也应该得到保护”，这些都充分体现了对农村地区和整体环境保护的关注。

4.《内罗毕建议》中“历史地区”的概念

联合国教科文组织1976年通过的《关于历史地区的保护及其当代作用的建议》（即《内罗毕建议》）是历史村镇保护发展史上具有重要意义的一份国际文件，明确提出了“历史地区”（Historic Area）的概念，即“包含考古和古生物遗址的任何建筑群、结构和空旷地”，并将其分类，其中包含了历史城镇和老村庄，这是首次提出历史地区的概念不应仅仅围绕文物建筑地区，还包括人类活动的周边环境。

5.《巴拉宪章》中“地方”的概念

对国内村镇层面保护影响较大的国际宪章还有1979年由澳大利亚国际古迹遗址理事会通过的《巴拉宪章》，其全称为《国际古迹遗址理事会澳大利亚委员会关于保护具有文化意义地点的宪章》，目前通行版本为1999年的修订版。其中包含了一个内容十分宽泛的概念：地方（Place），它意指“遗址、区域、陆地、自然景观、建筑、建筑群或其他，可能也包括其中的构件、所容之物、场所以及景观”。Place可以说是涵盖了各种类型的遗产形式，同时也将有形和无形的元素涵盖在内。这个概念的产生是为了体现澳大利亚的本国特点，故而摒弃国际上一贯通行的概念，对文化遗产的内涵做出了另一种诠释。这部宪章还有一个最大特点，就是对传统原住居民生活场所保护的重视。

（二）国内相关概念演化历程

1. 村落保护概念的源起阶段

我国自20世纪80年代开始，随着改革开放而加快历史遗产保护的步伐。1982年，我国将保护历史文化遗产写入《中华人民共和国宪法》，1985年我国成为联合国教科文组织《保护世界文化和自然遗产公约》的缔约国，按国际标准在进一步加强国内文化遗产保护的同时，启动了申报世界遗产的工作。1986年，国务院确定将文物古迹比较集中，或较完整地体现出某一历史时期的传统风貌与民族地方特色的街区、建筑群、小镇、村寨等应予以保护，这是历史文化村镇概念在国内的雏形。此概念与受国外影响形成的“历史地段”“历史街区”“历史文化街区”一起被广泛运用到20世纪90年代后期。

2. 历史文化村落概念的提出与重视

《中华人民共和国文物保护法》第十四条写明：“保存文物特别丰富并且具有重大历史价值或者革命纪念意义的城镇、街道、村庄，由省、自治区、直辖市人民政府核定公布为历史文化街区、村镇，并报国务院备案。”以此为标志，“历史文化保护区”逐渐分化为适用于城市范围的“历史文化街区”和村镇范围的“历史文化村镇”两个法定概念。

2003 年，建设部（现为住房和城乡建设部）和国家文物局从全国范围内评选出一些保存文物特别丰富并且具有重大历史价值或革命纪念意义，能较完整地反映一定历史时期的传统风貌和地方特色的村镇，公布为“中国历史文化名镇（村）”，标志着我国历史文化名镇（村）保护制度的初步建立。截至 2015 年年底，我国共公布了六批中国历史文化名镇（村）。

3. 传统村落概念的提出

2012 年 9 月，经传统村落保护和发展专家委员会第一次会议决定，将习惯称谓“古村落”改为“传统村落”，以突出其文明价值及传承的意义。住房和城乡建设部、文化部（现为文化和旅游部）、财政部三部门分别于 2012 年和 2013 年公示第一批和第二批中国传统村落名录，全国共 1561 个传统村落入选。2014 年、2015 年、2016 年共有 1841 个中国传统村落纳入中央财政资助范围。

（三）现今传统村落相关要素概念

1. 传统村落

传统村落指形成较早、拥有较丰富的传统资源，具有一定历史、文化、科学、艺术、社会、经济价值，应予以保护的村落。我国大多数传统村落既有悠久的历史与深厚的文化底蕴，又有优美的生态自然景观遗产，是中华民族乃至全人类的宝贵遗产。

被列为调查对象的村落需要符合以下条件之一：传统建筑风貌完整；选址和格局保持传统特色；非物质文化遗产活态传承（《住房城乡建设部 文化部 国家文物局 财政部关于开展传统村落调查的通知》建村〔2012〕58 号）。根据《传统村落评价认定指标体系（试行）》，传统村落现存建筑有一定的久远度，文物保护单位的等级达到标准，传统建筑的占地规模、现存传统建筑（群）和周边环境保存有一定的完整性，建筑的造型、结构、材料及装饰有一定的美学价值，并有对传统技艺的传承。传统村落在选址、规划等方面，代表了所在地域、民族及特定历史时期的典型特征，具有一定的科学、文化、历史以及考古的价值，并与周边的自然环境相协调，承载了一定的非物质文化遗产。

2. 传统文化

传统文化是文明演化而汇集成的一种反映民族特质和风貌的民族文化，是民族历史上各种思想文化、观念形态的总体表征。世界各地、各民族都有自己的传统文化。中国的传统文化以儒家思想为内核，还有道家、法家、墨家等文化意识形态，包括古文、诗、词、曲、赋、民族音乐、民族戏剧、曲艺、国画、书法、对联、酒令、歇后语等。

《中共中央关于深化文化体制改革 推动社会主义文化大发展大繁荣若干重大问题的决定》指出，要建设优秀传统文化传承体系。优秀传统文化凝聚着中华民族自强不息的精神追求和历久弥新的精神财富，是发展社会主义先进文化的深厚基础，是建设中华民族共有精神家园的重要支撑，因而要加强国家重大文化和自然遗产地、重点文物保护单位、历史文化名城名镇名村保护建设，抓好非物质文化遗产保护传承。

3. **古村落**

所谓古村落，是指民国以前建村，保留了较好的历史沿革，即建筑环境、建筑风貌、村落选址、名人故居未有大的变动，具有独特民俗民风，虽经历久远年代，但至今仍为人们服务的村落。

作为完整的生活单元，它们由于历史发展中偶然的兴衰因素，其空间结构至今保持完整，留有众多传统建筑遗迹，且包含了丰富的传统生活方式，成为新型的“活文物”。因此，古村落是历史遗存，却不是遗址，是农村乡土文化的活文物。

4. **历史文化名村**

住房和城乡建设部、国家文物局自2003年起每年在全国选择一些保存文物特别丰富并且具有重大历史价值或革命纪念意义、能够完整反映一些历史时期的传统风貌和地方民族特色的村（镇），分期分批公布为中国历史文化名村（镇），旨在更好地保护、继承和发展我国优秀建筑历史文化遗产，弘扬民族传统和地方特色。

历史文化名村（镇）的评选标准为：建筑遗产、文物古迹和传统文化比较集中，能较完整地反映某一历史时期的传统风貌、地方特色和民族风情，具有较高的历史、文化、艺术和科学价值，现存有清代以前建造或在中国革命历史中有重大影响的成片历史传统建筑群、纪念物、遗址等，基本风貌保持完好。镇（村）内历史传统建筑群、建筑物及其建筑细部乃至周边环境基本上原貌保存完好；或因年代久远，原建筑群、建筑物及其周边环境虽曾倒塌破坏，但已按原貌整修恢复；或原建筑群及其周边环境虽部分倒塌破坏，但“骨架”尚存，部分建筑细部亦保存完好，依据保存实物的结构、构造和样式可以整体修复原貌。历史文化名村的现存历史传统建筑的建筑面积须在2500平方米以上。村内已编制了科学合理的总体规划；设置了有效的管理机构，配备了专业人员，有专门的保护资金。

传统村落与历史文化名村的区别在于：

（1）传统村落应是承载历史文化传统的较大聚落或多个聚落形成的自然村落、村庄区域等。传统村落范围既包括已申报命名国家、省、市级的历史文化名村，也包括有历史文化价值但尚未申报名村的古村落，还包括具有优美自然景观、生态环境的自然村落。

（2）历史文化名村是优秀的传统村落，但传统村落不一定是历史文化名村，传统村落包括大量的历史村落和自然生态村落。历史文化名村只是中国数量庞大的自然村落中的极小一部分；一般村落中仍然或多或少地保留着一定的传统特色，和历史文化名村一起构成了中华民族数千年的古老文化的完整载体，在体现村落传统方面，两者缺一不可；广大的一般村落是传统文化的基质，而优秀的历史文化名村是其中的精髓。如果对传统文化的保护只体现在保护历史文化名村上，那么失去了传统文化基质的历史文化名村就变成了仅用来供人欣赏的“花瓶”。

5. 文物保护单位

文物保护单位为我国对确定纳入保护对象的不可移动文物的统称，并对文物保护单位本体及周围一定范围实施重点保护的区域。文物保护单位是指具有历史、艺术、科学价值的古文化遗址、古墓葬、古建筑、石窟寺和石刻。文物保护单位分为三级，即全国重点文物保护单位、省级文物保护单位和市（县）级文物保护单位。文物保护单位根据其级别分别由国务院、省（自治区、直辖市）人民政府、市（县）级人民政府划定保护范围，设立文物保护标志及说明，建立记录档案，并区别情况分别设置专门机构或者专人负责管理。

6. 历史建筑

历史建筑是指有一定历史、科学、艺术价值的，反映历史风貌和地方、民族特色并经县级以上人民政府核定的建筑物。

7. 非物质文化遗产

《保护非物质文化遗产公约》中对非物质文化遗产的定义为：“非物质文化遗产指被各社区、群体，有时是个人，视为其文化遗产组成部分的各种社会实践、观念表述、表现形式、知识、技能以及相关的工具、实物、手工艺品和文化场所。这种非物质文化遗产世代相传，在各社区和群体适应周围环境以及与自然和历史的互动中，被不断地再创造，为这些社区和群体提供认同感和持续感，从而增强对文化多样性和人类创造力的尊重。”

《中华人民共和国非物质文化遗产法》的定义：“本法所称非物质文化遗产，是指各族人民世代相传并视为其文化遗产组成部分的各种传统文化表现形式，以及与传统文化表现形式相关的实物和场所。”

非物质文化遗产包括：①传统口头文学以及作为其载体的语言；②传统美术、书法、音乐、舞蹈、戏剧、曲艺和杂技；③传统技艺、医药和历法；④传统礼仪、节庆等民俗；⑤传统体育和游艺；⑥其他非物质文化遗产。

第四批国家级非物质文化遗产代表性项目名录将非物质文化遗产分为10大门类：民间文学，传统音乐，传统舞蹈，传统戏剧，曲艺，传统体育、游艺与杂技，传统美术，传统技艺，传统医药，民俗。

8. 有形遗产与无形遗产

从形式上看，有形遗产的最大特点是它的“有形”性，它是一种看得见、摸得着的“实体”，是一个真实的“物质”存在，包括遗址、建筑、历史环境要素、历史街巷、重点地段、传统格局和历史风貌、聚落自然环境、传统生产方式及工艺美术品所构成的景观、能够代表一定历史阶段的重要生产设施和建筑场所。可移动文物及文物保护单位属于有形遗产的一部分。

无形遗产的最大特点是不能脱离民族特殊的生活生产方式，是民族个性、民族审美习惯的“活”的显现。它看不见、摸不着，通常只是作为一种实践、知识、技艺或是技能，通过匠人、艺人或是普通老百姓以不同的方式（如在日常生活和节日仪式）将它们复述、表演或是制作出来。人们身处无形遗产表现的场景和氛围中，往往会具有一种认同感和历史感。非物质文化遗产属于无形遗产的一部分。

9. 传统风貌建筑

根据《历史文化名城名镇名村保护规划编制要求（试行）》，传统风貌建筑指具有一定建成历史，能够反映历史风貌和地方特色的建筑物。

10. 传统建筑

传统建筑是村落中有一定历史特色的建筑，包括文物保护建筑、历史建筑和传统风貌建筑。

11. 历史环境要素

根据《历史文化名城名镇名村保护规划编制要求（试行）》，历史环境要素包括反映历史风貌的古井、围墙、石阶、铺地、驳岸、古树名木等。

12. 保护

“保护”一词与国际术语“conservation”所对应，做广义理解，不仅含“保存”之意，还包括遗产利用、展示、管理。

二、中国传统村落的基本情况

传统村落是与物质文化遗产和非物质文化遗产大不相同的另一类遗产，它是一种生活生产中的遗产，同时体现着传统的生产和生活。

1. 它兼有物质文化遗产与非物质文化遗产特性

传统村落中，物质文化遗产与非物质文化遗产这两类遗产互相融合、互相依存，同属一个文化与审美的基因，是一个独特的整体。人们曾经片面地把一些传统村落归入物质文化遗产范畴，这样造成的后果是只注重保护乡土建筑和历史景观，忽略了村落灵魂性的精神文化内涵，徒具躯壳，形存实亡。传统村落遗产的保护必须是整体保护。

2. 传统村落的建筑无论历史多久，都不同于古建筑

古建筑属于过去时，而乡土建筑是现在时的。村落的建筑内全都有人居住和生活，需要不断地修缮乃至更新。所以村落不会是某个时代风格一致的古建筑群，而是斑驳而丰富地呈现着它动态嬗变的历史进程。它的历史不是静态和平面的，而是活态和立体的。

3. 传统村落不是“文物保护单位”

传统村落是生产和生活的基地，是社会构成最基层的单位，是农村社区。它面临着改善与发展，直接关系着村落居民生活质量的提高。因此，保护必须与发展相结合。

4. 传统村落的精神遗产类型多样

传统村落的精神遗产中，不仅包括各类“非遗”，还有大量独特的历史记忆、宗族文化、俚语方言、乡约乡规、生产方式等，它们作为一种独特的精神文化内涵，因村落的存在而存在，并使传统村落厚重鲜活，还是村落中各种“非遗”不能脱离的“生命土壤”。

5. 传统村落是活着的文化遗产

传统村落体现了当地的传统文化、建筑艺术和村落空间格局，反映了村落与周边自然环境的和谐关系。每一座蕴含传统文化的村落，都是活着的文化遗产，体现了一种人与自然和谐相处的文化精髓和空间记忆。如有的村落坐落在山环水抱、茂林修竹的环境之中，与周边的自然要素巧妙融合，形成了人类理想的聚居地。这些村落在空间布局上往往构思巧妙，经历长期的传承，包含了人类与自然和谐相处的历史智慧。这些传统村落无疑是民族的宝贵遗产，也是不可再生的、潜在的旅游资源，需要进行保护与再利用。

6. 传统村落具有历史性

并不是所有的旧村镇、旧民房都是“传统”的，传统村落应该具有历史性、典型性、完整性、可观性和适用性。

7. 传统村落应适应现代生活的需求

对于金华市众多的传统村落的保护，我们首先要明确究竟为谁而保护，也就是说保护的目的到底是什么。对金华市传统村落的保护与利用不能仅仅依靠对某些历史建筑的保护或修复，而是应该以金华市整体传统村落为研究对象，在充分理解传统村落数百年所形成的丰富文化内涵的基础上，把传统村落的延续与村民得以在此可持续生活联系起来研究，放在传统村落整体以及它的各个部分与自然环境和历史环境保护的关系上，思考如何使其更适合当代乃至后代人的生活，使传统的历史脉络得以延续。

8. 传统村落延续的必要性

正是为了以“活”的方式保护金华市传统村落，必须让传统村落满足人们现代生活的空间与机能的需求，本书通过对现状的调研，试图了解经过修复与整治后的传统村落以及建筑物对当地的环境、居民的生活产生什么样的影响与改变。

9. 认定标准

（1）现存建筑有一定的久远度，文物保护单位的等级达到标准，传统建筑的占地规模、现存传统建筑（群）和周边环境保存有一定的完整性，建筑的造型、结构、材料及装饰有一定的美学价值。

（2）传统村落在选址、规划等方面代表了所在地域、民族及特定历史时期的典型特征，具有一定的科学、文化、历史以及考古的价值，并与周边的自然环境相协调，承载了一定的非物质文化遗产。

10. 保护状况

在2000年，中国自然村总数为363万个，到了2010年锐减到271万个，仅仅10年内减少约90万个，平均每天消失247个村落。这些消失的村落中有多少具有文化保护价值的传统村落，则无人知晓。如此巨量的村落消失的原因是多方面的：

（1）城市扩张和工业发展突飞猛进，大批农民入城务工，人员与劳动力向城镇大量转移，致使村落的生产生活瓦解，空巢化严重，已经出现了人去村空——从“空巢”到“弃巢”。

（2）城市较为优越的新的生活条件，成为越来越多年青一代农民倾心的选择。许多在城市长期务工的年青一代农民已在城市定居，村落的消解成为必然。

（3）城镇化。在推进城镇化的过程中，撤村并点力度强大，直接导致村落消失，是近20年村落急速消亡的重要原因。

第二章　中国传统村落、历史文化名村、古村落关系分析

一、传统村落与历史文化名村之间的关系

（一）传统村落与历史文化村落概念差异

1. 传统村落

根据我国住房和城乡建设部、文化部、财政部三部门印发的《关于加强传统村落保护发展工作的指导意见》（建村〔2012〕184 号），传统村落指拥有物质形态和非物质形态文化遗产，具有较高的历史、文化、科学、艺术、社会、经济价值的村落。传统村落不仅包含已经列入中国传统村落名录的传统村落和历史文化名村，还包括村落环境、建筑、历史文脉、传统氛围等均保存较好的未经官方确认的村落。

2. 历史文化村落

根据《中华人民共和国文物保护法》（2015 年修正，以下简称《文物保护法》），保存文物特别丰富并且具有重大历史价值或者革命纪念意义的村庄，由省、自治区、直辖市人民政府核定公布为历史文化街区、村镇，并报国务院备案。历史文化村落内涵等同于历史文化名村。

（二）传统村落相对历史文化名村，村落范围更广

历史文化名村必须符合历史建筑集中成片、保留着传统格局和历史风貌的条件。传统村落与历史文化名村的主要区别是，传统格局和历史风貌不完整或已经破坏但有丰富的或省级以上非物质文化遗产的村落，虽然没有被列入历史文化名村的资格，但可以登记为传统村落。

传统村落既包括已申报并公布的国家、省、市历史文化名村，也包括有历史文化价值但尚未申报中国历史文化名村的古村落，还包括具有优美自然景观、生态环境、丰富非物质文化遗产的自然村落。因此，历史文化名村是优秀的传统村落，但传统村落不一定是历史文化名村。

（三）传统村落相对历史文化村落，保护范围更广

将历史文化村落和传统村落的保护相关文件当中的内容进行比较（见表2－1），可以发现几点明显差异。传统村落概念的提出，对比之前的历史文化村落保护，有四个方面范围扩大：

（1）保护对象增加。传统村落不是“文物保护单位”，而是生产和生活的基地，是社会构成最基层的单位，是农村社区，其关注的是更大范围的留有一定传统特色的村落。这打破了我国长久以文物为核心的保护惯性思维，是我国遗产保护理念的一次重大突破。

（2）保护范围的拓宽。传统村落不再只关注历史建筑，而是更多地强调对非物质文化遗产、传统生产生活方式，以及人居环境的关注，顺应国际趋势，引用“活态”观念。

（3）保护目标的拓展。传统村落不再规避保护与利用之间的冲突，而是试图将两者融合，在保护的同时注重对社会、经济、文化的全面协调，不再偏向保护，同时注重乡村特色，顺应了我国乡村发展现状。

（4）对保护长期过程的侧重。对保护责任更细化、具体，对保护的长期监测与管理提出了要求。

表2－1　历史文化村落和传统村落的内涵比较

比较	类型	内容	相比之下的传统村落
概念	历史文化村落	保存文物特别丰富、并且具有重大历史价值或革命纪念意义、能完整地反映一定历史时期的传统风貌和地方特色的村落	①价值类型增多； ②强调对非物质文化遗产的保护
	传统村落	拥有物质形态和非物质形态文化遗产，具有较高的历史、文化、科学、艺术、社会、经济价值的村落	
保护目的	历史文化村落	保护和延续其传统格局和历史风貌，维护历史文化遗产的真实性和完整性，继承和弘扬中华民族优秀传统文化，正确处理经济社会发展和历史文化遗产保护的关系	①强调乡村特色； ②保护目的多元化，强调对经济、社会、文化的可持续发展
	传统村落	加强传统村落保护发展，保持农村特色和提升农村魅力，为农村地区注入新的经济活力，有利于促进农村经济、社会、文化的协调可持续发展	

续　表

<table>
<tr><th>比较</th><th>类型</th><th>内容</th><th>相比之下的传统村落</th></tr>
<tr><td rowspan="2">保护原则</td><td>历史文化村落</td><td>科学规划，严格保护</td><td rowspan="2">①提出了“活态”的理念；
②强调村民参与</td></tr>
<tr><td>传统村落</td><td>规划先行、统筹指导，整体保护、兼顾发展、活态传承、合理利用，政府引导、村民参与的原则</td></tr>
<tr><td rowspan="2">保护规划的主要任务</td><td>历史文化村落</td><td>提出保护目标，明确保护内容，确定保护重点，划定保护和控制范围，制定保护与利用的规划措施</td><td rowspan="2">①符合乡村现状，侧重生活条件的改善；
②对传统生产生活方式的关注</td></tr>
<tr><td>传统村落</td><td>要确定保护对象及其保护措施，划定保护范围和控制区，明确控制要求；安排村庄基础设施和公共服务设施建设和整治项目；明确传统要素资源利用方式；提出传承、发展传统生产生活的措施</td></tr>
<tr><td rowspan="2">监督管理内容</td><td>历史文化村落</td><td>只提出建立历史建筑档案，对于规划实施方面的管理未提及</td><td rowspan="2">①信息记录的重视与管理加强；
②对规划编制和后续重视加强</td></tr>
<tr><td>传统村落</td><td>明确统一的中国传统村落档案格式，要求建立传统村落动态监测信息系统，收录村落基本情况、保护规划、建设项目等信息，对传统村落的保护状况和规划实施进行跟踪监测</td></tr>
</table>

二、传统村落与其他历史文化遗产保护的区别

（一）传统村落保护与文物保护单位保护

《文物保护法》（2015 年修正）第三条规定：古文化遗址、古墓葬、古建筑、石窟寺、石刻、壁画、近代现代重要史迹和代表性建筑等不可移动文物，根据它们的历史、艺术、科学价值，可以分别确定为全国重点文物保护单位，省级文物保护单位，市、县级文物保护单位。目前，有一些古村镇已列为“全国重点文物保护单位”，但这些“文物保护单位”的正式名称是“某某村古建筑群”，而不是“某某村”，如“寺平村明清古建筑群”“诸葛村古建筑

群”等。它的意思十分明确，即“文物保护单位”指的是村中的某几栋建筑，并非指该村的全部。按照保护“文物保护单位”的方法，村的其他部分所受到的保护控制，用的是“文物保护单位”周围“建设控制地带”的方法。而“历史文化名村”，保护控制的是古村的全部，其中包括属于“文物保护单位”的建筑，也包括不属于“文物保护单位”的传统建筑，还包括村中道路、水塘、场院、水井及古树等环境要素，这些就要按保护历史文化街区的办法保护。

文物保护单位的保护应坚持《文物保护法》规定的原则，保护其真实性和完整性，保存它们的全部历史信息。而传统村落是社会构成的最基层的单位，是生产和生活的基地，是农村社区，是“活态的”“立体的”。不同于文物保护单位，它面临着改善与发展，关系着村落居民生活质量的提高。因此，在保护村落传统格局、历史风貌的真实性和完整性的同时，更应强调维持村落及村落生活的延续性。

（二）传统村落与历史文化名城、名镇保护

《历史文化名城名镇名村保护规划编制要求（试行）》第三条规定：“历史文化名城、名镇保护规划应单独编制。历史文化名村的保护规划与村庄规划同时编制。”历史文化名城、名镇属于城市聚落，人口众多，内涵复杂，所承载的功能多样，处于国家建设和发展的前沿，有更多的经济诉求，保护与开发建设的矛盾也更为尖锐。而历史文化名村是乡村聚落，人口较少，内涵相对简单，建设和发展相对缓慢、稳定，面临的最大问题是提高居民的生活水平，改善基础设施。两者既有相似性，也存在较大差异。因此，传统村落的保护不应照搬名城、名镇的保护方法，应结合村落规模小、经济发展诉求较低、生态景观优美等特点，提出适用于村落保护和发展的具体策略。

（三）传统村落保护与历史文化名村保护的关系

根据对传统村落与历史文化名村关系的分析，可将传统村落分为三种，即已申报成为历史文化名村的传统村落、有条件申报或正在申报历史文化名村的传统村落和不够条件申报历史文化名村的传统村落。

（1）对于已经是历史文化名村的传统村落，应按历史文化名村的保护方式进行保护。

（2）对于正在申报或有条件申报历史文化名村的传统村落，应按历史文化名村的保护方式进行保护，并按要求申报中国历史文化名村或省级历史文化名村。

（3）对于不够条件申报历史文化名村的传统村落，应借鉴历史文化名村

的保护方法，在保护优秀物质与非物质文化遗产的基础上，充分利用自然人文资源，放宽思路，发展乡村休闲、旅游等产业。

三、传统村落保护与利用研究的理论与实践意义

传统村落保护与利用研究的理论与实践意义主要有：

（1）保护历史文化遗产，发扬传统文化。我国的传统村落具有分布广泛、数量庞大、发展参差不齐的特点。开展传统村落保护规划研究有利于正确合理地保护历史文化遗存，延续当地文脉和场所精神，使物质文化遗产与非物质文化遗产保护并举，将传统村落引上良性发展的道路。

（2）引导传统村落可持续发展，解决保护与利用的矛盾。对传统村落的保护如果采用迁出原有居民的静态保护的方法，虽然物质遗存能得到保护，但实际上传统村落因为没有人的生活失去了生长的动力，村庄机能衰败，最终阻碍保护的进行。由此，发展乡村旅游，是协调传统村落保护与利用之间矛盾的方法之一，既能避免建设性破坏，又能增强乡村发展动力，同时保护传统村落与整体历史环境，避免在快速城市化建设中对传统村落整体风貌、历史文化的破坏，传统村落只有保存和发挥自身特色才能在发展中立于不败之地；同时，村民参与保护、反映需求意愿，能够增强传统村落的发展动力和提高村落活力，最终促进传统村落的可持续发展。

（3）挖掘传统村落文化特色，延续精神个性。我国的传统村落保护面临的一大困境便是村庄特色的丧失。传统村落集中表现了地方物质和精神生活形态，在传统村落发展中必须做到保护历史遗存、传承传统文化和维护村庄肌理，只有充分保护、挖掘传统村落文化特色，延续其精神个性，才能避免在新农村建设中出现千村一面、毫无特色的困境。

（4）促进新农村建设，构建和谐社会。社会主义新农村建设旨在缩小城乡差距，提高农村居民生活质量，共享发展成果。一方面，传统村落保护规划应通过对传统村落进行分析论证，在历史文化保护的前提下，提出对传统村落整体的人文生态的保护，并建设改善传统村落的基础设施条件，提高村落居民生活水平；另一方面，传统村落是中华文明的历史记载，在新农村建设中，有机更新传统村落，既是人民群众的物质文化生活需要，也是促进社会主义建设的有效途径。

（5）扩充传统村落保护理论体系，推动文化遗产保护与更新，建立健全传统村落保护与开发的综合价值评价体系。

第三章　传统村落保护与利用规划现有可供参考的法规、文件

一、国际历史镇（村）保护的相关法律法规

国际上对历史小城镇、村落的保护一直都十分关注，同时传统村落作为宝贵的世界财富被全世界人民所瞩目。国际上对传统村镇的保护和研究是伴随着对历史文化遗产的研究而发展起来的，其主要研究有历史文物、古建筑保护及修复，传统村落保护与利用，传统村落保护规划方法，聚落与乡土建筑保护四个方面。国际上，关于历史镇（村）保护的相关法律法规如表 3 –1 所示，传统村落相关要素保护与利用方面的法律法规如表 3 –2 所示。

表 3 –1　　关于历史镇（村）保护的相关法律法规（国际）

宪章、决议名称	涉及历史遗迹、历史镇（村）保护的相关内容
《雅典宪章》(1933 年)	提出有历史价值的古建筑均应妥为保存，不可加以破坏
《威尼斯宪章》(1964 年)	扩大了文物古迹的概念，提出不仅包括单个建筑物，而且包括能够从中找出一种文明、一种意义的发展或一个历史事件见证的城市或乡村环境
《华盛顿宪章》(1987 年)(《保护历史城镇与城区宪章》)	宪章认为历史城镇保护应包括历史特征、物质和精神财富及以下五个方面：地段和街道的格局和空间形式；建筑物和绿化、开放空间之间的关系；历史建筑内外面貌，包括体量、形式、风格、材料、色彩及装饰等；城镇或城区与周围环境的关系，包括自然和人工环境的关系；城镇或城区在历史上的功能作用
《关于历史性小城镇保护的国际研讨会的决议》(1975 年)	决议提出了保护历史性小城镇的原则，认为复兴和复原这类城镇应该从其自身的价值来判断，采取的手段也必须尊重当地居民的权利、习惯和取向，并且反映公共的目的和目标。决议还赋予了历史性小城镇区别于大城市的一些特征，分析了小城镇容易遭受的特定风险，以及从不同层面提出了战略和方法以对抗这些风险

续 表

宪章、决议名称	涉及历史遗迹、历史镇（村）保护的相关内容
《关于小聚落再生的特拉斯卡拉宣言》(1982 年)	宣言包含两个方面的内容：一是历史场所的价值和现状，二是历史性城镇新生的建议。建议提出必须把历史性区域和城镇更新和使用项目与其他城市规划结合起来，同时要考虑到历史形态以及居民需要的问题；必须向那些与本地、本地区层面相关的主要部分的经济规划努力，以保证他们能对历史性地区的发展做出直接的贡献
《关于乡土建筑遗产的宪章》(1999 年)	宪章认为乡土建筑构成了人类自身存在的核心，如果没能得到妥善保护，就不能被称作人类的遗产。宪章提出了乡土建筑的识别标准及建立关心和保护乡土建筑遗产的准则
《世界文化多样性宣言》(2001 年)	各种形式的文化遗产都应作为人类的经验和愿望的见证，得到保护、开发利用和代代相传
《保护非物质文化遗产公约》(2003 年)	非物质文化遗产的内容：口头传统和表现形式，表演艺术，社会实践、仪式、节庆活动，有关自然界和宇宙的知识和实践，传统手工艺。应采取措施，确保非物质文化遗产的生命力，包括这种遗产各个方面的确认、立档、研究、保存、保护、宣传、弘扬、传承和振兴
《西安宣言》(2005 年)	古建筑、古遗址和历史区域的周边环境指的是紧靠古建筑、古遗址和历史区域的和延伸的、影响其重要性和独特性或是其重要性和独特性组成部分的周围环境。 除了实体和视觉方面的含义之外，周边环境还包括与自然环境之间的相互关系；所有过去和现在的人类社会和精神实践、习俗、传统的认知或活动、创造并形成了周边环境空间的其他形式的非物质文化遗产，以及当前活跃发展的文化、社会、经济氛围

表 3－2　　传统村落相关要素保护与利用方面的法律法规（国际）

条款出处	相关保护要素	保护与利用内容
《雅典宪章》(1933 年)	自然环境	指一些对生命必不可少的要素，如阳光、空间、草木等。缺乏控制的城市扩张剥夺了人们身心受到滋养的权利，这包括生理和心理两方面的状态

续 表

条款出处	相关保护要素	保护与利用内容
《保护世界文化和自然遗产公约》（1972 年）	建筑群	从历史、艺术或科学角度看，在建筑式样、分布均匀或与环境景色结合方面具有突出的普遍价值的单立或连接的建筑群
	遗址	从历史、审美、人种学或人类学角度看，具有突出的普遍价值的人类工程或自然与人的联合工程以及包括有考古地址的区域
《内罗毕建议》（1976 年）	历史和建筑地区	包含考古和古生物遗址的任何建筑群、结构和空旷地，它们构成城乡环境中的人类居住地，从考古、建筑、史前史、历史、艺术和社会文化的角度看，其凝聚力和价值已得到认可
	环境	影响观察这些地区的动态、静态方法的、自然或人工的环境
《关于保护传统文化和民俗的建议》（1989 年）	民俗（或者传统和流行文化）	以传统为基础、通过团体或个人的行为表现出来、反映社会愿望、表明社会文化特性和身份认同的、社会文化创造的统称。民俗的标准和价值，通过模式或其他形式，以口头方式传承
《关于工业遗产的下塔吉尔宪章》（2003 年）	工业遗产	工业文明的遗存，它们具有历史的、科技的、社会的、建筑的或科学的价值。这些遗存包括建筑、机械、车间、工厂、选矿和冶炼的矿场和矿区、货栈仓库，能源生产、输送和利用的场所，运输及基础设施，以及与工业相关的社会活动场所，如住宅、宗教和教育设施等

二、关于传统村落保护的相关法律法规

由于经济、历史原因，我国对历史文化遗产尤其是古镇（村）保护的认识经历了曲折的过程。从对历史文化遗迹的关注到形成古城、古镇、古村三级保护体系的保护法规，大体经历了中华人民共和国成立前、中华人民共和

国成立初及改革开放后三个阶段。我国所依据的传统村落保护发展历程如表3－3所示，浙江省和金华市相关法律、法规如表3－4所示，我国所依据的传统村落相关要素保护与利用方面的法律规范如表3－5所示。

表3－3　传统村落保护发展历程

时间	法律、法规及事件	涉及历史文化遗产保护及相关表述
中华人民共和国成立前	《古物保存法》（1930年）	共14条，内容主要对古物的范围和类型、古物的保存、管理、流通等做了规定
	《古物保存法实施细则》（1931年）	进一步对古文物如何保护做了详尽的规定
	《全国重要文物建筑简目》（梁思成，1949年）	共150条，成为后来认定全国第一批重点文物保护单位的基础
20世纪60年代	《文物保护管理暂行条例》（1961年）	公布了首批全国重点文物保护单位
20世纪80年代	《文物保护法》（1982年）	规定进行文物保护单位的修缮、保养、迁移工作时，必须遵守不改变文物原状的原则
	《城市规划条例》（1984年）	城市规划应当切实保护文物古迹，保持与发扬民族风格和地方特色
	评定第二批国家级历史文化名城（1986年）	首次提出对文物古迹比较集中或能较完整地体现出某一历史时期传统风貌和民族地方特色的街区、建筑群、小镇、村落等予以保护
	《中华人民共和国城市规划法》（1989年）	规定编制城市规划应当保护历史文化遗产、城市传统风貌、地方特色和自然景观。城市新区开发应当避开地下文物古迹
20世纪90年代	评定第三批国家级历史文化名城（1994年）	公布哈尔滨等37个历史文化名城
	1996年“黄山会议”	明确指出历史街区保护已成为保护历史文化遗产的重要一环
21世纪初	《文物保护法》（2015年修正）	第十四条：“保存文物特别丰富并且具有重大历史价值或者革命纪念意义的城镇、街道、村庄，由省、自治区、直辖市人民政府核定公布为历史文化街区、村镇，并报国务院备案。”

续 表

时间	法律、法规及事件	涉及历史文化遗产保护及相关表述
21 世纪初	《中华人民共和国文物保护法实施条例》（2013 年修正）	县级以上地方人民政府组织编制的历史文化名城和历史文化街区、村镇的保护规划，应当符合文物保护的要求
	评定第一批中国历史文化名镇（村）（2003 年）	第一批共 22 个，并公布了中国历史文化名镇（村）评选办法
	《历史文化名城名镇名村保护条例》（2008 年）	明确申报条件、保护规划编制的内容和保护措施等
	《历史文化名城名镇名村保护规划编制要求（试行）》（2012 年）	对历史文化名村保护规划的编制提出了规范性意见，历史文化名村的保护规划编制体系基本成熟
	《传统村落评价认定指标体系（试行）》（2012 年）	在各地初步评价推荐的基础上，经传统村落保护和发展专家委员会评审认定并公示
	《关于加强传统村落保护发展工作的指导意见》（2012 年）	为传统村落的保护提出了指导性意见
	《关于切实加强中国传统村落保护的指导意见》（2014 年）	公布了地级市传统村落保护整体实施编制要求

表 3－4　浙江省和金华市相关法律、法规

《浙江省历史文化名城保护条例》（1999 年）	加强浙江省历史文化名城、历史文化保护区的保护与管理
《浙江省文化保护管理条例》（2005 年）	进一步加强了浙江省内文物的保护、利用和管理
《浙江省文化名城名镇名村保护条例》（2012 年）	共 52 条，对浙江省内历史文化名城、街区、名镇、名村的保护与管理等进行规定
《金华市古居民保护管理办法（试行）》（2006 年）	对金华市古民居的保护、维修及利用进行了明确规定
《金华市文化保护管理办法》（2009 年）	加强金华市文化保护管理，根据有关法律、法规的规定，结合金华市实际，制定金华市行政区域内文物的保护、利用和管理

表 3－5　　传统村落相关要素保护与利用方面的法律规范

条款出处	相关保护要素	对保护与利用内容的相关描述
《保护世界文化和自然遗产公约》(1972 年)	古迹	从历史、艺术或科学角度看具有突出的普遍价值的建筑物、碑雕和碑画、具有考古性质的成分或构造物、铭文、窟洞以及景观的联合体
《关于在国家一级保护文化和自然遗产的建议》(1972 年)		建筑物、不朽的雕刻和绘画作品，包括穴居和题记以及在考古、历史、艺术或科学方面具有特殊价值的组成部分或结构
《GB 50357—2005 历史文化名城保护规划规范》(2005 年)	文物古迹	人类在历史上创造的具有价值的不可移动的实物遗存，包括地面与地下的古遗址、古建筑、古墓葬、石窟寺、古碑石刻、近代代表性建筑、革命纪念建筑等
《中华人民共和国文物保护法实施条例》(2013 年修订)	文物保护单位	经县级以上人民政府核定公布应予重点保护的文物古迹
	文物保护单位的保护范围	文物保护单位的保护范围，是指对文物保护单位本体及周围一定范围实施重点保护的区域。 文物保护单位的保护范围，应当根据文物保护单位的类别、规模、内容以及周围环境的历史和现实情况合理划定，并在文物保护单位本体之外保持一定的安全距离，确保文物保护单位的真实性和完整性
《国务院关于加强文化遗产保护的通知》(2005 年)	物质文化遗产	具有历史、艺术和科学价值的文物，包括古遗址、古墓葬、古建筑、石窟寺、石刻、壁画、近代现代重要史迹及代表性建筑等不可移动文物，历史上各时代的重要实物、艺术品、文献、手稿、图书资料等可移动文物；以及在建筑式样、分布均匀或与环境景色结合方面具有突出普遍价值的历史文化名城(街区、村镇)
	非物质文化遗产	指各种以非物质形态存在的与群众生活密切相关、世代相承的传统文化表现形式，包括口头传统、传统表演艺术、民俗活动和礼仪与节庆、有关自然界和宇宙的民间传统知识和实践、传统手工艺技能等。以及与上述传统文化表现形式相关的文化空间

续 表

条款出处	相关保护要素	对保护与利用内容的相关描述
《保护非物质文化遗产公约》（2003年）	非物质文化遗产	被各社区、群体，有时是个人，视为其文化遗产组成部分的各种社会实践、观念表述、表现形式、知识、技能以及相关的工具、实物、手工艺品和文化场所。非物质文化遗产包括以下方面：①口头传统和表现形式，包括作为非物质文化遗产媒介的语言；②表演艺术；③社会实践、仪式、节庆活动；④有关自然界和宇宙的知识和实践；⑤传统手工艺
《GB 50357—2005历史文化名城保护规划规范》（2005年）	风貌	本规范指反映历史文化特征的城镇景观和自然、人文环境的整体面貌
	保护建筑	具有较高历史、科学和艺术价值，规划认为应按文物保护单位保护方法进行保护的建（构）筑物
	历史建筑	有一定历史、科学、艺术价值的，反映城市历史风貌和地方特色的建（构）筑物
《杭州市历史文化街区和历史建筑保护办法》（2004年）	历史建筑	建成五十年以上，具有历史、科学、艺术价值，体现城市传统风貌和地方特色，或具有重要的纪念意义、教育意义，且尚未被公布为文物保护单位或文物保护点的建筑物。建成不满五十年的建筑，具有特别的历史、科学、艺术价值或具有非常重要纪念意义、教育意义的，经批准也可被公布为历史建筑
《历史文化名城名镇名村保护规划编制要求（试行）》（2012年）	传统风貌建筑	在具有传统风貌的街区、镇村，对文物保护单位、尚未核定公布为文物保护单位的登记不可移动文物、历史建筑之外的建筑物、构筑物，划分为传统风貌建筑、其他建筑
		指具有一定建成历史，能够反映历史风貌和地方特色的建筑物

续 表

条款出处	相关保护要素	对保护与利用内容的相关描述
《GB 50357—2005 历史文化名城保护规划规范》（2005 年）	历史文化名城	经国务院批准公布的保存文物特别丰富并且具有重大历史价值或者革命纪念意义的城市
	历史城区	城镇中能体现其历史发展过程或某一发展时期风貌的地区，涵盖一般通称的古城区和旧城区。本规范特指历史城区中历史范围清楚、格局和风貌保存较为完整的需要保护控制的地区
	历史地段	保留遗存较为丰富，能够比较完整、真实地反映一定历史时期传统风貌或民族、地方特色，存有较多文物古迹、近现代史迹和历史建筑，并具有一定规模的地区
	历史文化街区	经省、自治区、直辖市人民政府核定公布应予重点保护的历史地段，称为历史文化街区
	历史文化名城保护规划	以保护历史文化名城、协调保护与建设发展为目的，以确定保护的原则、内容和重点，划定保护范围，提出保护措施为主要内容的规划，是城市总体规划中的专项规划
《关于加强历史文化名城规划工作的几点意见》（1983 年）	历史文化名城保护规划	以保护城市地区文物古迹、风景名胜及其环境为重点的专项规划，是城市总体规划的重要组成部分，广义地说也包含保护城市的优秀历史传统和合理布局的内容
《中华人民共和国城乡规划法》（2015 年修订）	城乡规划	包括城镇体系规划、城市规划、镇规划、乡规划和村庄规划。城市规划、镇规划分为总体规划和详细规划。详细规划分为控制性详细规划和修建性详细规划
	规划区	城市、镇和村庄的建成区以及因城乡建设和发展需要，必须实行规划控制的区域。规划区的具体范围由有关人民政府在组织编制的城市总体规划、镇总体规划、乡规划和村庄规划中，根据城乡经济社会发展水平和统筹城乡发展的需要划定

续 表

条款出处	相关保护要素	对保护与利用内容的相关描述
《杭州市历史文化街区和历史建筑保护办法》（2004年）	历史文化街区	文物保护单位（文物保护点）、历史建筑、古建筑集中成片，建筑样式、空间格局和外部景观较完整地体现杭州某一历史时期的传统风貌和地域文化特征，具有较高历史文化价值的街道、村镇或建筑群
《GB 50357—2005 历史文化名城保护规划规范》（2005年）	历史文化街区	应具备以下条件：①有比较完整的历史风貌；②构成历史风貌的历史建筑和历史环境要素基本上是历史存留的原物；③历史文化街区用地面积不小于1平方千米；④历史文化街区内文物古迹和历史建筑的用地面积宜达到保护区内建筑总用地的60%以上
	建设控制地带	在保护区范围以外允许建设，但应严格控制其建（构）筑物的性质、体量、高度、色彩及形式的区域
	地下文物埋藏区	地下文物集中分布的地区，由城市人民政府或行政主管部门公布为地下文物埋藏区。地下文物包括埋藏在城市地面之下的古文化遗址、古墓葬、古建筑等
	环境协调区	在建设控制地带之外，划定的以保护自然地形地貌为主要内容的区域
	历史建筑	有一定历史、科学、艺术价值的，反映城市历史风貌和地方特色的建（构）筑物
《内罗毕建议》（1976年）	保护	对历史或传统地区及其环境的鉴定、防护、保存、修复、修缮、维持和复兴
《奈良真实性文件》（1994年）	保护	所有旨在了解一项遗产，掌握其历史和意义，确保其自然形态，并在必要时进行修复和增强的行为
《保护非物质文化遗产公约》（2003年）	保护	确保非物质文化遗产生命力的各种措施，包括这种遗产各个方面的确认、立档、研究、保存、保护、宣传、弘扬、传承（特别是通过正规和非正规教育）和振兴

续　表

条款出处	相关保护要素	对保护与利用内容的相关描述
《GB 50357—2005 历史文化名城保护规划规范》（2005 年）	修缮	对文物古迹的保护方式，包括日常保养、防护加固、现状修整，重点修复等
	维修	对历史建筑和历史环境要素所进行的不改变外观特征的加固和保护性复原活动
	改善	对历史建筑所进行的不改变外观特征，调整、完善内部布局及设施的建设活动
	整修	对与历史风貌有冲突的建（构）筑物和环境因素进行的改建活动
	整治	为体现历史文化名城和历史文化街区风貌完整性所进行的各项治理活动
《关于在国家一级保护文化和自然遗产的建议》（1972 年）	建筑群	因其建筑、谐调或在风景中的位置而具有特殊历史、艺术或科学价值的单独或相连建筑群
	遗址	因风景秀丽或在考古、历史、人种或人类学方面的重要性而具有特殊价值的地形区，该地形区是人类与自然的共同产物
《苏州市历史文化名城名镇保护办法》（2003 年）	历史文化名城名镇的保护	历史文化名城名镇的保护内容主要是：①城镇原有的整体空间环境，包括古城（镇）格局、整体风貌等；②历史街区的传统风貌；③水系；④地下文物埋藏区；⑤具有文物价值的古文化遗址、古建筑、石刻、近代现代重要史迹和代表性建筑、古树名木、地貌遗迹等；⑥具有地方特色的传统戏曲、传统工艺、传统产业、民风民俗等口述或其他非物质文化遗产

第四章　世界发达国家和国内先进地区传统村落保护与利用的经验

一、颁布法令，将历史文化保护区保护上升为国家战略

法国于1962年颁布了《马尔罗法令》，确立了保护历史地段的概念，1975年颁布的《城市保护法案》确定了要保护一些城市的中心区，至今法国已有国家级的保护区85处，约5000公顷[①]；英国于1967年公布了《城市文明法令》，规定将有特殊建筑艺术价值和历史意义的地区定为保护区，自1976年指定了第一批保护区以来，至今全国已有7300处保护区；日本于1950年通过《文化财保护法》，在之后的修订中增加了保护传统建筑群的内容，要求传统建筑群从整体上看是别具一格的，地段的规划格局要保持传统的状态或与周围的环境一体，反映出地方特色，目前日本有国家级的保护区43处。

二、建立众多的国家级乡村文化保护机构，制定系列保护措施

英国的乡村保护机构主要是英国自然署，主管英国境内自然遗产的机构，还有英国乡村委员会，主管英国境内乡村地区文化遗产、景观保护、自然遗产、规划设计国家公园等业务的机构，既独立工作，又展开广泛合作，与其他机构共同进行调查研究，取得自然与文化遗产整体性保护的共识。法国于1982年成立了“法国最美丽的村庄协会”，其宗旨是将很多拥有独特建筑的小村庄保护下来，使人真实地感受村镇生活，如今法国最美丽的村庄协会已经涵盖了位于21个大区69个省的156个村庄。

三、进行乡村旅游开发，增强传统乡村的活力

1955年，法国议员欧贝尔提出乡村旅游构想，目的在于创造出本真的绿

---

① 公制地积单位。1公顷=10000平方米。

色旅游以吸引游客。随着周末游成为旅游市场主体，乡村旅游成为一个重要旅游方式，这种模式逐渐在世界发达国家和地区流行。目前，法国乡村旅游一直在政府主导下发展，政府每年组织一次为期两天的乡村旅游博览会，重要的大村庄有快速列车可以到达，停车场设施完备，标识系统完善，超市、医院、图书馆等公共服务设施配套齐全。

1979 年，日本推出能够提高农村地区的活力，可以成为本地区标志的、使当地居民引以为豪的产品或者项目，以农特产品为主，也可以是文化和特色旅游项目。同时，日本非常重视乡村的非物质文化遗产保护，把老艺人认定为“人间国宝”，录制其创作过程，保存其作品，资助其培养传人，改善其生活和从艺条件。几十年来对乡村文化激励机制的推行，已经使日本乡村戏剧、乐舞、曲艺等表演艺术从濒危到重生再走向新的繁荣。

四、保护优先的观念

人们常常认为保护和利用是矛盾的。一种观点认为，在新农村建设的大潮中，人们要生存，农村要发展，就必须要革故鼎新，而对历史文化遗产价值的保护态度暧昧；另一种观点认为，历史文化遗产是祖先留给我们的宝贵财富，应当坚定不移地保护。这两种观点正是对保护与利用认识不足的表现。一方面，村落的人居环境需要改善，村民生活水平需要提高，利用是大势所趋；另一方面，传统村落所承载的历史文化价值、科学价值、艺术价值、经济价值等需要保护，保护是历史责任。因此，我们需要厘清保护对于利用的价值和利用对于保护的意义。

五、以利用推动村落的更好保护

历史文化遗产的保护是昂贵的，需要大量的资金投入，传统村落的保护更不例外。目前，传统村落保护面临的最严峻的问题是资金的来源。当前，村落保护资金的主要来源是政府拨款，这是不可持续的。历史文化遗产的价值除了历史文化价值、科学价值、艺术价值外，还具有经济价值。历史文化遗产本身也是发展旅游业的重要资源，如果得到合理利用，历史文化遗产能给社会带来巨大的经济利益。近年来，我国部分历史文化名城、名镇、名村建设和发展的实践证明，通过制订科学合理的规划并严格管理，不仅可以处理好保护和利用的关系，而且能够取得良好的经济效益和社会效益。

以传统村落旅游来促进传统村落的经济发展，能够使村民在传统村落旅游发展中受益，从而推动传统村落的进一步保护。只有认识到传统村落的历史文化遗产能创造经济价值，村落保护才能更好地落实下去，村民才会有更多的热情来维护、修缮古老的村落和房屋。所以，村落的利用与保护不应是矛盾的。对于适合村落保护的产业如文化创意产业、旅游等，应给予鼓励与支持，为传统村落的保护注入持久的动力。同时，传统村落的保护为产业发展提供了优越的发展环境，吸引更多的人才和资金。两者相互促进，形成“在保护中求利用，在利用中更好地保护”的良性循环。

六、合理利用，坚持保护与利用的可持续性

传统村落是一个人类聚居生活的场所，除了有形的物质形态的“静态”之外，还存在一个“进行活动”的“动态”，因此不可将传统村落进行“博物馆式的保护”，而应充分合理地利用，使其在受到保护的同时适应现代的生活需求。

七、整体保护的观念

《历史文化名城名镇名村保护条例》第二十一条规定：“历史文化名城、名镇、名村应当整体保护，保持传统格局、历史风貌和空间尺度，不得改变与其相互依存的自然景观和环境。”整体保护也应该是传统村落保护的原则。

传统格局是传统村落总体布局形成以及历史建筑、历史街巷和山水环境等物质要素的格局、肌理，不仅体现选址布局的基本思想，也记录和反映城镇、村庄格局的历史变迁；历史风貌则是反映历史文化特征的景观和自然、人文环境的整体面貌，对传统格局和历史风貌完整性的保护需要建立在传统村落整体保护的基础上。另外，《西安宣言》对环境的概念做出了论述，古建筑、古遗址和历史区域的周边环境指的是紧靠古建筑、古遗址和历史区域的和延伸的、影响其重要性和独特性或是其重要性和独特性组成部分的周围环境。除了实体和视角方面的含义之外，周边环境还包括与自然环境之间的相互关系；所有过去和现在的人类社会和精神实践、习俗、传统的认知或活动、创造并形成了周边环境空间中的其他形式的非物质文化遗产，以及当前活跃发展的文化、社会、经济氛围。传统村落是一个相对完整的社会系统，是人们进行生产、生活的独立场所，其社会功能、生产生活的功能每天都在运行，人与自然相互磨合，日复一日地延续并扩展着遗产的内涵。因此，只有得到整体保护的传统村落，才是一个完整的村落。

八、传统村落整体保护框架的构建

根据传统村落整体保护和突出重点的基本原则，从保护方法上，可建立村域和古村两个层次的保护框架。村域层次突出整体保护的要求，主要保护传统村落选址的山水格局环境、传统村落演变与发展所依托的自然生态环境以及传统村落营建形成的田园环境与人文风貌等；古村层次则是保护的重点，主要保护古村营建形成的格局肌理、古村整体风貌、人文活动等。另外，从形态上，可将保护对象分为物质文化遗产和非物质文化遗产，而非物质文化遗产的范围不应局限于村落的地域范围。

第五章　金华市传统村落保护与利用现状、问题及主要影响因素

一、金华市传统村落的保护与利用现状

（一）传统村落数量持续减少

传统村落是我国宝贵的文化遗产，蕴含着深厚的历史文化信息，被誉为经典的民间文化生态“博物馆”、乡村历史文化“活化石”，是中华民族优秀传统文化的重要载体和象征。然而，伴随着农业现代化、乡村城镇化、郊区城镇化和新农村建设、乡村旅游开发、城乡统筹发展的多重挑战和冲击，传统村落不断遭受“建设性、开发性、旅游性”破坏。目前，“千村一面、万村一貌”的“特色危机”正成为共性问题，不少传统村落正在遭受“持续性破坏”，甚至濒临消亡。

相关调查数据表明，我国在2000年时拥有363万个自然村，但到2010年时只剩271万个了。2012年全国传统村落调查汇总的数字表明：我国现有村落缩减为230万个，村落消亡迅猛势头不可阻挡。据统计，目前全国共登记上报现存的具有传统性质的村落11567个，其中公布为中国传统村落的，第一批仅646个，第二批915个，第三批994个，第四批1598个，第五批2666个，共计6819个。抢救和保护传统村落的工作迫在眉睫。

金华市地处我国经济发达的浙江省，受到城镇化、美丽乡村建设、“三改一拆”等工作推进的影响，金华市传统村落在急速减少。迫切需要制定相关传统村落保护与利用的地方性法规、政策保护金华市日益减少的传统村落。

（二）金华市传统村落保护与利用开发现状、问题及经验

1. 金华市走出了传统村落保护与利用并举的路径，取得了一定成效

（1）虽然金华市传统村落数量多，保护难度大，但取得了一定成效

据金华市普查，金华市历史文化村落种类丰富，但数量逐渐缩减，目前规模较大且具有较大保护价值的不足200个。这些历史文化村落多数年代久

远，整体风貌保存较好，规划巧妙，建筑精美，文化底蕴深厚。

金华市有关部门积极整合力量及项目资金资源，统筹推进村庄整治、农房改造、古建筑保护、非物质文化遗产保护传承及旅游开发。金华市先后有近 20 个村实施古村落旅游整体开发，涌现了婺城区寺平村、兰溪市诸葛村、武义县郭洞村、磐安县管头村等典型代表。其中，兰溪市诸葛村以门票收入、村集体资金、银行借贷、民间筹资等方式，近年来已投入 4000 多万元用于古村落保护和基础设施建设，并取得古村落保护与利用的重大成效。

（2）金华市逐步加大古村落保护力度，走出了保护与利用并举的成功道路

近年来，金华市把传统村落保护和利用放在重要位置，将其与新农村建设和城镇化进程统筹结合，既保障传统村落规划保护的严肃性，又充分围绕如何利用、开发传统村落问题，探讨传统村落保护路径。金华市各级财政都安排了专门资金保障历史文化村落的保护利用工作，其中金华市本级财政于 2012 年至 2015 年共安排约 2000 万元保护利用资金。在政府资金的引导下，民间参与古建筑保护的热情高涨，如义乌市用于古民居保护的资金中 90% 以上来自民间。走出一条保护与利用并举、文化经济共荣的路径，是近年来金华市历史文化村落保护利用工作的一个缩影。

2. 金华市制定管理办法，制定完善规划，加强古民居保护管理

为保护这些历史文化遗存，金华市委、市政府将历史文化村落保护利用作为新农村建设的一项重点工作扎实推进。2006 年，市政府印发了《金华市古民居保护管理办法（试行）》，对未被列入文物保护单位的古民居的保护、管理、维修、利用等都做出相应规定，各县（市、区）也结合地方实际出台了一些政策举措。市、县两级在制定美丽乡村建设相关政策意见过程中，提出到 2016 年全市创建 90 个左右优秀历史文化村落的目标。各地纷纷着手编制县域历史文化村落保护利用规划和重点村落保护利用规划。

3.《金华市区历史建筑及遗存认养保护办法》成为金华市古村落保护与利用重要指导性政策

（1）金华市在全国首推历史建筑认养保护模式，开创古建筑保护的“金华模式”

为解决古建筑保护资金压力和管理难度大等困难，金华市首创了古建筑认养模式，充分激发了民间力量参与文物保护的热情。2008 年 5 月，金华市出台《金华市区历史建筑及遗存认养保护办法》。根据《金华市区历史建筑及遗存认养保护办法》，在继续鼓励民间就地认养保护历史建筑的基础上，鼓励民间对一些年久失修、无力保护的历史建筑进行认养和异地迁建。

（2）《金华市区历史建筑及遗存认养保护办法》的一些创新性思路

《金华市区历史建筑及遗存认养保护办法》创造性地提出认养保护的思路：一是就地认养，专家审定方案，政府予以补助，最高可达维修总投入的30%；二是迁建认养，迁至划定的古子城历史文化区，充实古子城核心区；三是政策上给予优惠。《金华市区历史建筑及遗存认养保护办法》共分五个部分，分别对认养保护的对象、条件、方式、程序以及认养保护人的权利和义务加以明确和界定。对未列入文物保护单位和文物保护点的历史建筑，提倡就地认养保护。对具备保护价值，但不具备就地保护条件的，可采取异地迁建方式予以保护。同时规定迁建历史建筑的所有费用由认养者自行承担，被迁建建筑的产权归国家所有，给予认养保护人最高不超过30年的无偿使用权。

（3）《金华市区历史建筑及遗存认养保护办法》实施成效：古子城历史文化区案例

2009年4月，金华市文物局在《金华日报》头版刊登古子城历史文化区第二期认养公告，按规划划出8159平方米用地用于认养。此举再次引起强烈反响，有15名符合条件的申请人认养历史建筑15幢，经专家实地考察及论证，筛选12幢为实施项目。被认养的历史建筑年代从明代万历年间至民国时期，且建筑形式和风格具有特色，其总面积已超过了现有的用地面积。至2013年年底，此12幢历史建筑均已竣工。被迁建的历史建筑原则上举办专题博物馆，从而使该地块形成“城中有馆，馆中套馆”的新格局，并且与博物馆一条街形成呼应，相得益彰。

4. 积极谋划“世界古村落保护大会”永久会址落户金华

金华市相关部门与人员曾提出“世界古村落保护大会”永久落户金华的构想，并建议做好三大支点平台建设：①大会永久会址平台建设；②大会背景平台建设，依托现有的资源，使其成为大会的一个承载体和万年金华世界营销的一个背景平台；③由金华市古村镇文化研究机构——金华山文化研究院及兰溪市诸葛村等24个中国传统村落和中国历史文化名镇佛堂镇，联合全市相关古村镇，发起成立全市性古村镇文化保护发展协调机构——金华古村镇文化联盟，以开展文化研究、形象推广、保护利用工作，使其成为大会背景平台的文化支撑。

5. 金华市古村落保护虽然取得一定成效，但问题相当突出，亟待解决

在金华市，古村落村民的旅游意识和保护古民居的意识也在不断加强。以诸葛村、俞源村等古村落为例，这些古村落旅游规划开发循序渐进，旅游服务配套设施的完善、导游队伍的建设等，取得了突破性进展。然而，旅游业开发中存在的问题也是不容忽视的，主要表现在以下几个方面。

（1）新旧建筑混杂，影响古村落的整体布局和视觉审美效果。新式建筑破坏了古建筑的建筑风格和色调和谐。

（2）卫生状况堪忧，垃圾过多，水塘的水质不佳，严重损害古村落形象。

（3）旅游活动较为单调，主要是看老房子，逛老巷子，听导游讲解。乡村旅游体验参与性活动项目尚需开发。

（4）古村落内的餐饮和住宿特色不鲜明，尚需大力开发。民宿和家庭旅馆的设计布置未能满足游客怀古求异的心理，文化气息不浓郁，也未能充分体现当地特色。住宿环境不够整洁，缺乏现代生活所需的设施。

（5）旅游服务配套设施亟待完善，旅游宣传图册、旅游路标等尚需改进。如游客初次去俞源村，要寻找对应天上二十八星宿的 28 座重点建筑方位，并非易事。对于外国游客，没有外文版的介绍，他们则不能充分地了解和欣赏该地的耕读文化和建筑艺术。

（6）不少村民对旅游业的认识仅限于自发出售旅游纪念品和土特产，且旅游纪念品重复，没有地方特色，有必要制订详细的规划方案进行相应的指导。

金华市亟须加强古村落保护与利用开发方面的规划工作，并加强古村落、古民居保护的立法工作，改变目前未被列入文物保护对象的古建筑保护利用无法可依的局面。同时出台相关政策，加大对中国传统村落、中国历史文化名村的资金、用地等方面的支持。

（三）金华市传统村落特色不断被侵蚀

在传统村落数量不断减少的同时，传统村落的风貌出现同质化趋势。受城镇化影响，城市建筑文化不断侵蚀传统村落，传统村落民居的地域特色逐渐消失。另外，与钢筋混凝土等现代建筑材料相比，传统建筑材料的获取难度大、价格高，且传统建筑技术逐渐失传，导致传统村落建筑的乡土气息逐渐减弱，取而代之的是廉价的、毫无地域文化特性的砖混结构民居。特别是在新农村建设过程中，有的地方不考虑传统村落文化遗产的保护传承，简单地提出“旧村改造”口号，迁村并点，大搞整齐划一的高层住宅模式或“贪大求洋，新建小洋楼”，建设一排排欧式别墅，使传统村落格局风貌和乡土建筑地域特色消失，各地村落的风貌逐渐趋同。

（四）金华市历史文化名村、中国传统村落现状

金华市现有中国历史文化名村、浙江省历史文化名村、中国传统村落及保存较为完好的传统村落共 120 多处。

（1）截至 2015 年年底，金华市现有中国历史文化名村 7 处（武义县俞源

乡俞源村、武义县熟溪街道郭洞村、永康市前仓镇厚吴村、金东区傅村镇山头下村、婺城区汤溪镇寺平村、浦江县白马镇嵩溪村、磐安县盘峰乡榉溪村）（见表5－1）。

（2）截至2015年12月31日，金华市有浙江省级历史文化名村11处，如表5－1所示。在浙江省公布的第一批至第四批省级历史文化名村中，金华市历史文化名村约占总数的1/3。金华市历史文化名村在浙江省具有重要地位。

（3）截至2015年年底，国家公布四批中国传统村落，金华共有24处（见表5－2）。

（4）据不完全统计，除国家级与省级历史文化名村外，金华市其他传统村落有100多处。规划组将在现有普查数据基础上，对金华市范围内的古村落进行全面普查。根据相关资料，本规划组遴选出123处金华市古村落，并进行保护与利用规划设计。

表5－1　金华市国家级与省级历史文化名村（截至2015年12月31日）

等级	序号	名称
中国历史文化名村	1	浙江省武义县俞源乡俞源村
	2	浙江省武义县熟溪街道郭洞村
	3	浙江省永康市前仓镇厚吴村
	4	浙江省金华市金东区傅村镇山头下村
	5	浙江省金华市婺城区汤溪镇寺平村
	6	浙江省浦江县白马镇嵩溪村
	7	浙江省磐安县盘峰乡榉溪村
浙江省级历史文化名村	1	金华市兰溪市女埠街道虹霓山村
	2	金华市武义县大田乡岭下汤村
	3	金华市义乌市佛堂镇倍磊村
	4	金华市义乌市佛堂镇田心村
	5	金华市浦江县虞宅乡新光村
	6	金华市武义县桃溪镇陶村
	7	金华市武义县大溪口乡山下鲍村
	8	金华市武义县坦洪乡上坦村
	9	金华市磐安县尖山镇管头村
	10	金华市磐安县胡宅乡横路村
	11	金华市磐安县双峰乡大皿村

表 5-2　　金华市中国传统村落（截至 2015 年 12 月 31 日）

批次	序号	名称
第一批	1	金华市金东区傅村镇山头下村
	2	金华市磐安县尖山镇管头村
	3	金华市磐安县双溪乡梓誉村
	4	金华市浦江县白马镇嵩溪村
	5	金华市浦江县虞宅乡新光村
	6	金华市浦江县郑宅镇郑宅镇区
	7	金华市婺城区汤溪镇寺平村
	8	金华市武义县大溪口乡山下鲍村
	9	金华市武义县熟溪街道郭洞村
	10	金华市武义县俞源乡俞源村
	11	金华市永康市前仓镇厚吴村
第二批	12	金华市武义县柳城畲族镇华塘村
	13	金华市磐安县盘峰乡榉溪村
	14	金华市磐安县胡宅乡横路村
	15	金华市兰溪市兰江街道姚村村
	16	金华市兰溪市女埠街道岘坦村
	17	金华市兰溪市女埠街道渡渎村
	18	金华市兰溪市女埠街道虹霓山村
	19	金华市兰溪市诸葛镇诸葛村
	20	金华市兰溪市诸葛镇长乐村
第三批	21	金华市兰溪市永昌街道社峰村
	22	金华市兰溪市黄店镇芝堰村
	23	金华市东阳市巍山镇大爽村
	24	金华市东阳市虎鹿镇蔡宅村

二、金华市传统村落保护与利用存在的问题及主要影响因素

（一）对传统村落保护认识不足

1. 地方政府保护传统村落动力不大

传统村落大多年代久远，散落在相对偏僻、贫困落后的地区。除了极少

数传统村落被列入历史文化名村得到政府的较大重视外，大多数传统村落仍“散落乡间无人识”，处于自生自灭的状态，传统村落的稀缺性和不可再生性被忽视。

传统村落的保护工作烦琐，技术性较强，依靠村民的自发保护显然是不够的，从传统村落的普查、登录、认定、公布再到保护规划的编制，均需要政府的主导。而在目前，以经济建设为中心，以城市建设为主要任务的地方政府，将传统村落保护明显放在了次要的位置上。同时，传统村落保护是需要持续资金、人力、技术投入的过程，而其创造的经济效益、政治效益、社会效益有限，导致部分地方政府对传统村落保护的态度冷淡，特别是部分紧邻城市且保存较好、面临城市扩张压力的村落，政府往往会牺牲传统村落保护而推动城市建设。

2. 传统村落的保护价值与居民现实生活断层

生活在传统村落中的村民，往往有“不识庐山真面目，只缘身在此山中”的困惑。对他们而言，传统村落仅是自小生活的社区，所有的一切都是如此的熟悉而又平凡。或许在他们离开后，对传统村落的最深记忆可能会是村头的那棵小时候攀爬的老槐树、家里祖屋下父亲的背影。传统村落的历史价值、艺术价值、文化价值在他们眼里，没有实际意义。只有认识到原来自家的祖屋是可以为他们带来经济利益的，他们才会热衷于投入村庄的旅游发展与保护。而对于大多数“尚在深闺”的传统村落来说，村民在意的仅仅是传统村落内建筑的使用价值。如何让传统村落的保护与村民的现实生活实现衔接，是传统村落保护中的难题之一。

（二）传统村落保护制度缺失

1. 保护制度不完善

传统村落的保护概念提出较晚，相关法律制度滞后。2012 年，住房和城乡建设部、财政部、文化部及国家文物局印发了《传统村落评价认定指标体系（试行）》，2012 年，住房和城乡建设部、文化部、财政部提出《关于加强传统村落保护发展工作的指导意见》，但并未形成正式的具有法律效力的传统村落保护办法。目前，传统村落的保护主要借鉴《文物保护法》《历史文化名城名镇名村保护条例》《非物质文化遗产法》《历史文化名城名镇名村保护规划编制办法》及各省市的保护性法规和国际历史文化遗产保护条约等，但未对传统村落作出保护要求与规定，而地方性保护法规都具有明显的地域性。

2. 管理制度缺失

在我国，涉及历史文化遗产保护的管理部门主要有三个：住房和城乡建设部、文化和旅游部、国家文物局。中国历史文化名城、名镇、名村和自然文化遗产主要由住房和城乡建设部管理；非物质文化遗产由文化和旅游部管理；物质文化遗产由国家文物局管理。而传统村落具有物质、非物质文化遗产和自然遗产的特性，涉及三个部门的管理范畴，目前尚未明确和衔接好各部门的职责。同时，传统村落的保护涉及建设、国土、房管、公安、财政、环保、水务、旅游、园林、绿化、民族宗教等多方面内容，管理制度的完善存在现实困难。

（三）传统村落保护存在技术困难

1. 传统村落类型多样，难以统一标准

我国地域跨度较大，不同地域地理环境、气候条件造就了我国丰富多彩的地域文化，也影响了复杂多样的传统村落的形成。不同类型传统村落的格局、风貌、民族信仰、生活习俗等不同，所要保护的内容、对象，保护的方式，保护的重点也不相同。比如，南方的传统村落选址时多注重山水格局的因素，在传统村落的营建过程中注重与山水地形的呼应，因此在保护时亦需要注重传统村落与山水环境的关系。即使处于同一地域的传统村落，村落建设的地理条件、村落形成与发展的动力等亦有差异，保护方法和保护重点也会有差异。

2. 乡土建筑地域性强，保护的技术力量不足

中国古代许多传统技术都是口传心授，如今已失传或面临失传。乡土建筑的建造技艺往往只有居于乡土的“匠人”才掌握。乡土建筑市场逐渐“萎缩”，建造、修缮乡土建筑的民间能工巧匠纷纷改行，传统技艺面临后继无人的局面，导致乡土建筑修缮面临技术缺乏的困境。而由高校培养的相关专业人才极少，且不具备乡土建筑修缮的专业技能，也制约了传统村落乡土建筑的保护。

（四）传统村落本身的内在问题

1. 农民对土地的依赖下降

中国古代社会 90% 以上是农民，农民的主要收入是靠农业生产，即使是富商大贾、朝中大臣，也将良田万亩作为他们追求的目标，因此他们安土重迁，精心建设家园，创造了中国延续千年的优秀村落。但鸦片战争后，随着自给自足的自然经济的解体，农民的收入来源开始从农业生产中转移出来。

目前，农民的收入来源已发生巨大变化，农民的收入结构趋于多样化。而农业收入比重的下降，降低了农民对土地和村落的热情，更多的农民开始离开农村。金华市传统村落中的农村居民收入来源除了传统农业、林业收入外，主要依靠外出务工获取收入，农业收入比重持续下降，很多农民已经离开传统村落居住在城镇。

2. **传统村落社会的治理散乱**

中国自古就有“皇权不下县，县下皆自治”的说法，宗族、乡绅在传统村落的建设和治理中起着主导作用。近代以后，伴随着中国社会的重大变迁，中国乡村的治理出现了重大变化，传统治理的“双轨制”开始向国家主导的“单轨制”转变。1912 年中华民国建立以来，国家的权力打破了封建时代后期“王权止于县政”的定制，在乡镇一级设立了政府机关，加强了对乡村社会的控制力度，对宗族进行了解构，其所推行或力图推行的乡村自治，也是国家自身文化形态转变进而推动农村的现代转型所实行的一种政策，在国家权力逐步确立的过程中，宗族原本具有的合法性遭到质疑。中华人民共和国成立以后，由于新的国家政权建立、阶级关系的变化以及农业集体化道路，乡绅阶层不复存在，国家权力直接深入社会的最底层。“文化大革命”时期，宗族作为一种政治力量也终于被摧毁。在宗族被摧毁的同时，新的有效的村落治理制度却尚未建立起来，传统村落的社会结构日趋散乱。

3. **传统村落空心化严重**

在快速城镇化过程中，农村青壮年劳动力大量涌入城市，造成农村逐渐呈现空心化的状态，并在近几年不断加剧。农村青壮年劳动力的大量外出，造成由青壮年劳动力承担的土地种植比例越来越小，留守妇女和老人逐渐成为土地种植的主力。青壮年劳动力的外流，导致传统的农业生产技术无人传承，使种子的选择、化肥的使用、病虫害的防治、栽培技术、机械的使用等生产活动都遇到了困难。另外，大量有知识、有技术的青壮年劳动力外出打工，农村建设过程中农民的“主体性缺失”对村庄的治理造成了影响。

4. **土地制度和户籍制度的影响**

尽管我国的土地制度在不断完善，但在城乡实行的仍为二元土地制，城乡土地在产权用途、市场等方面具有典型的二元结构特征。农村土地仍存在产权主体不明确，新建房屋宅基地审批制度不健全，村庄土地规划不完善，耕地资源价值被低估，占用耕地建房等问题；耕地非农用途转移严重，宅基地超标占地，“一户多宅”现象等突出，而对闲置宅基地的处理制度与法律法规滞后，这些农村土地管理改革上的漏洞助推了农村土地空心化的蔓延。从户籍制度来看，一方面，随着家庭联产承包制的实施，农村产生了大量剩余劳动力；另一方面，随着工业化、城镇化的加速推进，乡村人口不断涌入城镇。但由于户口与福利待遇、就学和就业机会直接挂钩，进城农民难以在制度上获得生存保障。因此守住农村旧宅基地成为理性选择，“两栖占地”、农村住宅“季节性闲置”现象普遍存在。

5. **城镇化外援吸引力**

20 世纪 90 年代以来，我国城镇化率以平均 1.2% 的速度递增，农村人口以年均1000多万的规模涌入城镇，成为人口城镇化的主要方式。农村人口大量涌入城镇，最大的原因在于在城里打工收入远远高于务农收入。大多数传统村落位置偏僻，经济落后，就业机会少，辛辛苦苦种田一年，还不如外出打工一个月挣得多。即便是历史文化悠久的传统村落，如诸葛村、长乐村、寺平村等，外出打工仍是挣钱的主要途径。

6. 村庄自身离心力

传统村落留不住人，缺乏吸引力。传统村落大多位置偏僻，交通不方便，生活条件差，就业机会少，缺少文化娱乐设施，教育、卫生条件差，这是不少传统村落的现实写照。在城镇化、信息化飞速推进的大背景下，外来文化向农村渗透的力度越来越强，传统村落中的人口尤其青壮年人口已越来越向往现代化城镇生活，传统村落慢节奏生活方式的吸引力日渐衰弱。

7. 个人利益与集体利益的博弈危机

传统村落建筑的形式和窄街曲巷所共同营造的静谧田园氛围与城市车水马龙的喧嚣形成鲜明对比。青灰的瓦项、斑驳的砖墙、曲折的石板路，以及连绵起伏的青山，都具有令人回味无穷的素雅风情。但迷人外表下的现代与传统生活矛盾却是传统村落发展之疾：厨卫设施缺乏，日照不足，环境脏乱，出行不便，阻碍了乡土社会的发展。

传统村落中对于传统民居保护面临着典型的“囚徒困境”。随着现代社会生活水准的提高，传统村落居民虽然也认识到传统风貌延续的重要性，但其住宅因年代久远、生活设施较为落后、家庭人口的增多等产生改建或新建的需求。这种需求是基于人的生理需求而非自我实现等高层次的个人满足，因而是刚性的。但对于传统村落的保护来说，最重要的是保存传统的人居格局，尤其是传统住宅格局所形成的空间肌理以及传统村落所形成的民风、民情等地域文化。因此传统村落居民个人住房需求与集体利益构成矛盾，矛盾的对立性在没有约束的情况下将最大化呈现。在金华市传统村落，甚至在一些中国传统村落、中国历史文化名村，可以发现新建的楼房见缝插针，一些采用现代贴砖装饰的楼房显得异常突兀，与传统村落风貌极不协调。但村民似乎也有无奈，由于农村宅基地坚持“一户一宅”的政策，随着人口增加只能拆旧建新。以此趋势，如果不尽快保护，一些珍稀的古民居将不复存在。

8. 传统村落传统的经济形态不容乐观

尽管传统村落发生着缓慢的产业转型，但在一些传统村落中，耕作务农仍然是村民为生的主要产业类型。规划组在对金华市传统村落的调查中看到，大部分传统村落的村民仍然从事农业、林果种植。在市场竞争下，传统的小农经济表现出了很大的劣势。传统的务农获益不高，一些农民生活仍然较为艰苦。

金华市作为经济较为发达的地级市，当地农村居民有较多外出务工的机会，这对改善家庭财务状况起到了重要作用，却导致传统村落的传统经济业态更加不容乐观。

9. 传统村落的“去留”责任危机

随着城市化进程的加快，传统村落普遍面临着“空心化”的危机。传统村落原始居民的流失，加速了传统村落的老化。在金华市传统村落中，经常可以看到只有一些老年人围坐在一栋废弃的旧房遗址旁或在传统村落中的宗祠、老年活动中心聊天的场景，虽然貌似祥和实际却是江河日下。从建筑的角度来看，“建筑是凝固的音乐”，这种静默的美加之悠然的传统村落风俗风情才独显其魅力。历史的结局是，“古村不古”将因为人的离去而导致传统村落彻底“泯然众人矣”。但作为社会，理应保留传统村落这种具有社会意义的空间，这是一个文明社会的责任，这种责任将会随着社会进步而不断强化。因此，决定传统村落去留的不是现代化驱使下的传统村落居民，而是整个社会的责任担当。

（五）保护实施面临的问题

1. 传统村落文化遗产的保护意识不强

随着市场经济的发展，特别是受经济全球化浪潮的影响，不少农村基层干部群众把老民居、传统村落视为贫穷落后的象征。由于社会的进步，居民的生活观念与生活方式发生改变，原有的基础设施、居室格局与居住环境已不能满足日益增长的现代生活的需要，一些珍贵的传统村落建筑因其破旧、不“实用”而被毁坏、拆除或买卖，一些农村传统文化、传统技艺逐渐失传。

2. 传统村落文化遗产的安全隐患较多

传统村落、历史建筑大多散落在相对偏僻、经济不够发达的地方，因年代久远，破败严重。除了为数不多的传统村落被评为各级文物保护单位，并得到较好保护外，大多是“散落乡间无人识”，得不到有效的保护、合理开发。许多具有重要研究价值的古建筑往往缺乏关注和保护，逐渐腐朽、坍塌，或者在自然灾害中造成致命的损伤。不少传统技能和民间艺术正在逐步消亡，淡出人们的记忆。

3. 传统村落文化遗产的保护经费严重不足

近年来，各地对文化遗产的保护越来越重视，文物保护专项经费也逐年增多，但对面积广、数量大的农村传统村落来说，仍是杯水车薪。特别是一些欠发达地区存在财政困难、应该配套的保护经费难以落实、专业人才严重缺乏等问题，这些都是制约传统村落保护利用的现实困境。

4. 传统村落保护效益不明显

虽然传统村落通过观光旅游、农家乐等方式获得了一定的经济利益，但也因“村”而异，有的传统村落获利较少。就进行旅游开发较早的寺平村、诸葛村等传统村落而言，旅游所带来的经济收益分配也很不平衡。经济效益短期内不能取得，保护实施的成效也很难为村民所见，这也是传统村落保护难以深入的主要原因之一。另外，一些传统村落经济本来就好，村民对传统村落保护中可能产生的经济效益并不动心。

5. 兼有发展和保护的双重功能

传统村落承担着社区产业发展和居民生活改善的功能，尤其在新农村建设运动的背景下，传统村落也希望抓住机遇开拓社会经济发展的新道路。

然而，传统村落又不同于一般的乡村聚落，它还承担着文化遗产保护的重任。这种双重身份使传统村落的保护中需要考量的问题增多，发展和保护之间的关系如何协调也成为无法回避的问题。若刻意回避这一矛盾，或“执其一端，弃其余力”，均无助于传统村落的保护和利用。

6. 公众参与的薄弱基础

西方发达国家的现代化通常是由社会长期积蓄而成，一般是靠自下而上的方式推进。也就是说，现代化的推动力主要来自民间，而不是政府。

我国传统村落保护只能依靠政府自上而下地推进，政府是传统村落保护与利用的主要推动者。在整个乡村社会的发展变迁中，政府始终是乡村社会命运的设计者，乡村社会自身的利益以及自主性都被严重忽视。传统村落保护应切实了解民众现阶段的需要，增强民众的话语权，通过公众参与来促进保护。

7. 资源产权关系复杂

资源产权关系的复杂首先体现在“公权”和“私权”的混杂交织。

文物包括文物实体和文物形态，且这两者是互为前提、不可分割的。前者是后者的基础，后者是前者的升华。作为文物的村落民居也是文物实体和文物形态的统一体，只是它们二者的所有者主体不同，前者是村民，后者是国家。《文物保护法》规定：“属于集体所有和私人所有的纪念建筑物、古建筑和祖传文物以及依法取得的其他文物，其所有权受法律保护。文物的所有者必须遵守国家有关文物保护的法律、法规的规定。”这表明传统村落民居的所有权应属于村民，即村民有对其民居进行占有、使用、收益与处置的权利，但被列为文物的传统民居，对村民来说只能拥有文物实体的所有权，作为历史文物的文物形态是全社会的宝贵财富，其所有权应该属于国家。

两种产权实质上产生了交叉，导致了产权边界不清晰。在利益的博弈中，各种经济主体都加入遗产资源的利用过程，民居的所有者村民反而成为弱势的产权主体，村民对房屋的使用权、收益权、处置权等权利受到外部规则的制约，其保护民居的积极性也受到影响。

资源产权关系的复杂还体现在中国乡村房屋私有产权比重大，但受限于市场自由交易。我国法律明确规定，农民的住宅不得向城市居民出售，也不得批准城市居民占用农民集体土地建造住宅。这是传统村落与城市中的历史街区相比，最大区别所在，也是中国乡村遗产保护与西方最不同之处。

金华市传统村落保护中，如何在产权关系复杂的情况下，保护居民的切身利益又不损害遗产价值是保护过程中要解决的一个难点。

8. 村民宅基地政策亟须完善

当前，传统村落保护中还有一个难以解决的矛盾就是村民的宅基地产权问题。按照有关土地法规，我国村民宅基地实行“一户一宅”政策，宅基地批转管理较严，传统村落中更为严格，村民只好通过拆旧建新来改善条件，这也导致了许多传统民居的消失。当前政策也规定村民宅基地不能转让，非原宅基地主人本人，即使投入巨资将古宅修好，也无法办理合法有效的产权、使用或居住权证，其合理权益得不到应有的保障。控制并适当引导古民居的不动产权交易，对于古民居的保护是一项可行的举措，但现在还没有明确规定。

9. 传统村落、历史文化名村“重申报、轻保护”“重旅游开发、轻文化保护”

商业化过度开发中“拆旧建新”“保护性拆除”为借口的“拆真造假”等原因，导致传统村落不断遭受“旅游性开发破坏”。

10. 规划实施成为面子工程

金华市已经有为数不少的传统村落编制了保护规划，但因为缺乏有效的监管机制，保护规划没有达到预期的效果，这其中的缘由一方面是保护规划实施中只注重旅游区域空间的整治，传统村落的街巷深处仍然破烂不堪；另一方面是资金短缺使一些保护规划难以落实（据调研，虹霓山村等历史文化名村具有一定的保护资金，但由于多种原因没有使用），没有及时保护造成的损伤也随处可见。还有一些传统村落的保护流于形式，表面光鲜，内部破旧，保护成了面子工程。这些保护工程往往是把较为破损的宗祠、民居修葺一新，并作为乡村大礼堂或老年活动中心使用。

11. 传统村落管理长期存在“萎缩性管理”和“多头管理”的弊端

保护法规、制度、政策相对滞后，在旧村改造和新农村建设中，个别地方政府存在急功近利思想，急于搞新农村建设，按照城市模式大搞村庄建设城市化，搞“千村一面”，不少传统村落从此消失；农村乡土建筑产权不清等，这些都是给传统村落保护带来诸多问题的重要原因。

（六）现代建设产生的问题

1. 传统村落的“自然性损毁”

长期以来，人们对传统村落稀缺性认识的不足、保护的乏力，造成乡土建筑“自然性毁损”。传统村落大多年代久远，散落在相对偏僻、贫困落后的地区，破败严重。除了极少数传统村落被列为历史文化名村并得到较好保护外，大多数传统村落仍处于“散落乡间无人识”、自生自灭的状态，得不到有效保护。

有的地方对传统村落的稀缺性和不可再生性认识不足，许多传统村落的格局风貌、生态环境不断遭受破坏。传统村落建筑的土木结构抗风雨侵蚀及抗灾能力差。由于受到风雨侵蚀和洪水、泥石流、地震、台风等自然力的破坏，众多已无人居住的民宅、祠堂面临着倒塌的危险；原有的里巷、民宅、地貌、水系、植被缺乏必要的保护，其历史特征和传统文化风貌也将很快消失殆尽。目前一些传统村落破败不堪，街道显得萧条，很多倒塌的墙体、椽檐、门匾触目惊心。一些民俗文化濒临消亡，不少传统技能和民间艺术后继乏人，面临失传危险。

2. 金华市传统村落处于“老龄化、空巢化”的“自然性颓废”状态

金华市传统村落的传统农业多集中于苗木、果蔬种植及水稻、大豆等经济作物，农业吸引就业的竞争力弱。种植业（粮食生产）仍停留在超小规模经营的水平上。农户平均经营规模过小，劳动力无法充分就业，致使农业吸引就业的竞争力不强。近年来金华市大量农村人口进城务工，不少传统村落逐渐变得“老龄化”“空巢化”，还有可能出现“无人村”。

随着工业化、城镇化快速推进，大量农村人口尤其是青壮年劳动力不断“外流”，农村常住人口逐渐减少，很多村庄出现了“人走房空”的现象，并由人口空心化逐渐演化为人口、土地、产业和基础设施整体空心化。金华市传统村落“空心化”非常严重。

传统村落的“老龄化、空巢化”使传统村落缺乏维持自身发展的动力，传统村落发展难以为继。很多传统村落由于没有了人气，在风雨的侵袭和自然的磨蚀下日渐衰败。金华市很多村落的现状是：交通闭塞，许多田地长满了杂草，村里只有几座被遗弃多年的破旧农舍，残垣断壁散落在高高低低的草丛里；很多民居已经人去屋空，在村落中偶尔可看到少数上了年纪的老人，年轻人大都搬到附近的镇上去住。

3. 大量并村导致传统村落迁移消失

农村规划的无序性使传统村落频遭“撤并扩张性破坏”，失去“可印象性”。自20世纪80年代以来，乡村城镇化和行政地域调整使不少行政村、自

然村大量撤并，使不少传统村落迁移、消失；城镇化扩张性发展使许多村落被圈进城中村；新农村建设的部分误区及其对传统村落实行“萎缩”管理，使不少传统村落渐趋消失或衰败。对一些有影响的历史文化古村的保护已经受到各方面的关注，而在传统村落改建、扩建中，对传统村落的保护和继承往往被忽视。

最近，一些地方政府以城乡统筹发展、调整土地资源为名，进行大规模的行政村撤并、迁并活动，或整村推倒重建，或整村搬迁合并，使不少传统村落被破坏或消失。尤其是近几年开展的“三改一拆”行动，导致传统村落加速消亡。上述无规划、无秩序的撤并扩张活动，是我国传统村落不断遭受毁坏、大量消失、持续失去“可印象性”的重要原因。

4. 拆旧建新，导致传统村落自建性破坏

农民对现代生活方式和品质的合理追求，对原有居住环境的不满意构成传统村落保护的内部压力。尤其是经济较发达地区，富裕起来的农民为改善居住条件，不断以“新”代“旧”、以“洋”代“土”、以“今”代“古”，拆建、改造了大量百年老宅。导致这种情形的最直接的原因是我国农村长期实行“一户一宅”政策，即乡土建筑“旧房宅基不拆，新房地基不批”的用地政策，迫使传统村落原有居民在原址上“拆旧建新”“弃旧建新”，使众多传统村落乡土建筑遭到普遍的“自主自建性破坏”。传统村落的居住生活条件长期得不到改善，而又缺乏积极的保护政策引导，有条件建房的村民在传统村落周围另起炉灶盖屋、弃旧建新。无序地新建与翻建住房，造成新建筑与历史建筑、乡土风貌不协调，破坏了传统村落的古风古貌。

社会的进步使以往由封建伦理观念约束的多代同堂的多进制大宅共同生活方式不复存在，大家庭分裂成多户结构，厨房分立，原有房间的功能重新安排，格局难免有新的组合；居住在传统村落里的居民，尤其是年轻的一代，对新生活方式的追求与攀比使他们对旧宅持全盘否定态度，当他们从事经营或出外打工有了一些积蓄后，便大规模翻修原有的住宅，或新建住宅、旅馆饭店及其他旅游设施，甚至新建同城里人一样的两三层小楼房，用的也是现代电器设备，生活方式已与城市无二。传统民居与传统生活方式已经逐渐消失。

5. 不恰当的城市化与新农村建设导致“建设性破坏”

城市化的扩张给传统村落的山水生态格局和乡土景观带来了前所未有的冲击。当怀着发展农村经济“改善居住环境”的美好愿望去进行新农村建设时，也可能破坏了很多有价值的再也无法复原的传统文化资源，它让生活在这里的人再也寻找不回以前熟悉的感觉，这对居民与村落之间的“触觉认知”关系造成了深层的破坏，对传统的乡土文化可持续发展构成了不可复原的危害。因此，在新农村建设中寻找一条能传承乡土文化的可持续发展的道路成为传统村落保护的迫切需要。

在新农村建设中，有的地方不考虑传统村落文化遗产的保护传承，简单地提出“旧村改造”口号。在感叹先前的“造城运动”破坏了城市的历史传统、批评“千城一面”的同时，却在乡村大规模的“造村运动”中重复做着同样的事。有的地方把新农村建设变成“新村庄建设”，具有地方特色的传统街巷和历史建筑被拆除，新建现代化的村民住宅；有的盲目设置高起点、高标准，大搞整齐划一的高层住宅模式；有的“贪大求洋，新建小洋楼”，把一些依山傍水、古朴宁静的村落推倒，重新规划，建设一排排整齐划一的欧式别墅，以小区化的形式、笔直的道路、排列整齐的农民别墅（公寓）、不伦不类的仿欧式建筑形式，炫耀着自己经济发展的成就，使传统村落格局风貌和乡土建筑遭受“毁灭性破坏”。

有的地方为追求政绩而急功近利，急于搞“千村一面”的形象工程，随意推倒重建或盲目大拆大建，甚至按照城市模式大搞“村庄建设城镇化”。部分发达地区推行工业向园区集中、土地向规模集中、村落向城镇或社区集中（三集中），“多样化”的传统村落及村落文化正在被“千村一面”的小集镇和农民社区化所取代。有的大搞村容整治，修建马路，对于历史文物或历史建筑周边区域的建筑形式和建筑高度控制不力，造成村落传统空间格局遭到破坏，地方特色风貌逐步丧失，一些乡土建筑原有的生态环境、历史风貌格局被肢解、破坏，甚至建筑本体也难逃被拆毁或迁移的命运；有的进行“花架子”建设，在修缮整治中将古建筑的墙体粉刷一新，真文物硬生生被修成了假文物。地方传统村落在旧村内大拆大建，进行较大规模的旧村改造。

6. 商业化过度开发导致的“开发性破坏”

长期以来，GDP（国内生产总值）政绩考核体制的现象，使不少领导干部对传统村落保护意识十分淡漠，他们对乡土建筑价值的认识只停留在旅游开发上，而对其丰富的历史、科学、社会、艺术等价值知之甚少。不少地方政府片面追求传统村落乡土建筑的经济价值，“重开发利用，轻保护管理”的现象相当普遍。

一些具有重要价值的乡土建筑因保护管理不善遭到损毁，尤其是成功申报定级的历史文化名村，面临着过度或不当旅游开发的破坏，正在走上文化遗产“加速折旧”“文化变异”之路。

个别传统村落为了接纳更多的游人，在传统村落内外修建宽阔的柏油马路乃至水泥路面、宏大的停车场、富丽堂皇的宾馆及现代化娱乐设施；有的古建筑修复或仿制得极为粗糙，形似神不似，甚至是不伦不类，与原有建筑极不协调，破坏了原有传统村落的意境和纯朴。

近年来，旅游业的快速发展带来的大量人流、信息流和异地文化，以及旅游需求对传统村落文化的一些不当利用，还有就是大量的缺乏规划或规划不科学的旅游接待设施建设、景点建设对传统村落造成了破坏。一些地方盲目对传统村落进行旅游开发，未制订科学的保护利用规划，简单采取商业化模式运作，“把古迹当景点，把遗产当卖点”，将传统村落变成赚钱的新路，甚至将传统村落整体转让承包，或将经营权变相转卖给旅游公司开发经营。尤其是有的国家级历史文化名镇名村，违背《文物保护法》规定的管理体制，无原则顺从开发商的意愿过度开发，使传统村落失去历史信息记忆，成为一个“文化空壳”。而旅游开发公司把传统村落仅仅当作开发旅游的赚钱工具，导致乡土建筑开发利用无序，维修质量粗糙低劣，随意改变原生态文化的真实性，甚至擅自进行迁建、移建，新建“仿古街”“伪遗存”，严重破坏传统村落原真性文化特征和原生态自然环境。

（七）传统村落利用面临的主要问题

目前，金华市传统村落利用面临以下主要问题：

（1）定位不够明晰。顶层设计是决定传统村落保护与利用的先决因素，而目前金华市传统村落发展在村落定位、保护措施、发展规划等方面的顶层设计定位尚不明晰，由此带来了反复拆建、贸然开发等问题，这在一定程度上浪费了保护资金，消磨了传统村落文化。

（2）特色不够鲜明。尽管金华市传统村落多以建造工艺（尤其是木雕、砖雕）制作精美，宗祠、祠堂宏伟大气，池塘、水系发达等特色著称，但部分村落的文化特色并不鲜明。有一些村落的历史文化建筑、宗祠祠堂，除了具有重要的历史文化价值，并不适合新型城镇化背景下的发展。在利用方式上，金华市传统村落也往往以传统村落旅游、农家乐、民宿等方式为主，特色不明显。

（3）政策落实不够到位。传统村落兼具着物质文化与非物质文化两类遗产的内容和价值，其保护与开发从来就不是一个部门的事。传统村落的保护牵涉的部门非常繁杂，出现了好像“大家都在管”，其实“大家都不管”的尴尬局面。主体部门无法确定，政策落实不到位，法规不健全，是当前传统村落保护发展面临的大问题。

（4）宣传力度不足。传统村落的保护和发展，需要借助媒介的宣传手段。然而，在互联网发达的今天，金华市入选的一些传统村落居然在网络上无迹可寻。我们在开展传统村落保护与利用规划项目调研与资料收集过程中，感到非常困难，有的传统村落资料很少，不能不说是一个遗憾。

三、金华市传统村落保护与利用问题原因分析

（一）价值认知和文化自觉的“认识偏差”

全球化和信息化快速发展，使外部强势文化不断对传统村落地区弱势文化产生冲击，当地居民特别是大量农民工进城后，不仅增加了经济收入，还接受了城市现代建筑和文化的观念，他们对传统村落的审美价值发生改变，对传统村落造成建设性破坏。在电视、互联网等现代传媒的作用下，外部文化对农村的影响越来越大，乡土文化被人们下意识地视为可以遗弃的对象；同时，乡村文化精英在经济利益的驱动下纷纷出走，乡土文化传承与发展陷入主体越来越弱、群体越来越小的局面。一些地方政府缺少相应的规划和措施，导致传承与保护乡土文化缺乏有效载体。

（二）经济落后、经济发展和技术进步

经济落后导致当地缺乏保护传统村落的资金，导致很多传统村落尤其是村落中的代表性历史建筑，由于年久失修而衰败消亡；经济发展对传统村落保护修缮会产生较好的效果，但如果理念、措施失当，也会使得部分传统村落的居民有能力用现代建筑材料和工艺技术手段拆毁传统村落、建设现代新村；再者，出于经济利益驱动的拆村并点，农民上楼，即所谓的土地占补平衡，将一些传统村落变成农村基层政府和开发商利益追逐下的牺牲品。

（三）“空巢”村落难以弥补

“空巢”村落现象是当前传统村落发展过程中一个难以平衡的发展困境。在入选的传统村落中，空巢村落不乏其数。年轻人基本都外出打工了，因为地处偏僻，交通不便，很多人在城里买了房子。没有了“人”的传统村落如何发展，是一大难题。

（四）保护制度与政策“约束缺失”

现有的制度和政策仅对传统村落部分（如历史文化名村、文物保护单位、非物质文化遗产等）有约束，而不是整体。我国绝大多数遗存下来的传统村落建筑及其文化遗产与形态，既具有文物的特征、属性和价值，却又往往介于“文物”与“非文物”之间。《文物保护法》不能、也不宜将其全部涵盖而纳入保护范畴之内，而对传统村落的保护，目前又尚无其他法规可依。一些地方虽然出台了一些地方性法规，但其局限性非常明显，难以从本质意义

上保护传统村落，因而导致大量未列入或不宜、不能列入文物保护范畴的传统村落正面临着保护法律缺位性损毁。另外，制度和政策的执行力度不够也是传统村落保护工作不力的原因之一。

（五）责任主体不明确

由于传统村落是一个文化整体，有人、有物、有景、有业，它的破与立既有自然发展的历史因素，也有社会发展的经济因素，更有人类发展的文化因素。因此，对于传统村落保护与利用这样一个复杂的系统工程，需要政府、社会、学界等各个领域共同参与，其中政府的主导作用、村落居民的主体作用、社会的参与作用、学界的引导作用如何明晰，资金筹措的责任主体如何明确；即使在政府主导作用下，哪个部门占据统筹地位，能够对传统村落的发展进行顶层规划设计，这些都是亟待解决的问题。

（六）不恰当地进行新农村建设、发展村镇工业以及无序的旅游开发

近年来国家大力推进社会主义新农村建设，这本是利民惠农的好事。但在实施过程中，一些不科学的规划设计和急功近利的实施建设，导致很多乡村采用“大拆大建”的改造模式，造成了不良的影响；同时，由于旅游业的快速发展带来的大量人流、信息流和异地文化，以及旅游需求对乡村传统文化的一些不当利用和大量的缺乏规划或规划不科学的旅游接待设施、景点建设，对乡村景观和乡村社会环境造成了严重破坏。

第六章　金华市传统村落保护与利用的目标与思路

传统村落传承着中华民族的历史记忆、生产生活智慧、文化艺术结晶和民族地域特色，维系着中华文明的根，寄托着中华各族儿女的乡愁。但是，近一个世纪以来，传统村落遭到破坏的状况日益严峻，加强传统村落保护迫在眉睫。

一、传统村落保护的基本观念

（一）保护优先的观念

（1）应确立保护的优先地位。传统村落具有历史文化、科学、艺术等价值，是一个民族、一个地区文明发展的见证，是过去的象征和记忆符号，是不可替代的。当然，作为“活态”的文化遗产，它仍延续着一种生活习俗，延续着这个民族、这个地区的历史文明。而这些生活习俗、文明的延续是发生在传统村落的历史空间中的，它们塑造了传统村落的空间，也被限定在了村落的空间内。一旦抹除了传统村落内的这些历史空间，这些传承的文明也将不复存在。历史不会重演，岁月的痕迹一旦抹除，将不复存在。

因此，传统村落中历史文化资源的不可再生性，决定了传统村落保护的优先地位。当然，在保护的同时，也应协调好与利用的关系，在保护好传统村落的同时，充分利用传统村落丰富的历史文化资源，促进传统村落社会经济文化的发展，提高村民的生活水平，增加村民的收入来源。没有保护的利用是目光短浅的发展，是破坏性的发展。许多古村落在利用的幌子下逐渐被吞噬，失去了原有特征，造成了不可挽回的损失。

（2）以利用推动传统村落的更好保护。只有认识到传统村落的历史文化遗存能创造经济价值，传统村落保护才能更好地落实下去，村民才会有更多的热情来维护、修缮古老的传统村落和房屋。所以，村落的利用与保护不应是矛盾的。对于适合传统村落保护的产业，如文化创意产业、旅游产业等，应给予鼓励与支持，为传统村落的保护注入持久的动力。同时，传统村落的保护为产业发展提供了优越的发展环境，吸引更多的人才和资金。两者相互促进，形成“在保护中求发展，在发展中更好地保护”的良性循环。

（3）合理利用，坚持传统村落保护与利用的可持续性。

（二）整体保护的观念

《历史文化名城名镇名村保护条例》第二十一条规定，历史文化名城、名镇、名村应当整体保护，保持传统格局、历史风貌和空间尺度，不得改变与其相互依存的自然景观和环境。整体保护，也应该是传统村落保护的原则。

传统格局是村落总体布局形成以及历史建筑、历史街巷和山水环境等物质要素的格局、肌理，不仅体现选址布局的基本思想，也记录和反映城镇、村庄格局的历史变迁；历史风貌则是反映历史文化特征的景观和自然、人文环境的整体面貌，对传统格局和历史风貌完整性的保护需要建立在村落整体保护的基础上。

另外，《西安宣言》对环境的概念做出了论述：“历史建筑、古遗址或历史地区的环境，界定为直接的和扩展的环境，即作为或构成其重要性和独特性的组成部分。除实体和视觉方面含义外，环境还包括与自然环境之间的相互作用；过去的或现在的社会和精神活动、习俗、传统知识等非物质文化遗产方面的利用或活动，以及其他非物质文化遗产形式，它们创造并形成了环境空间以及当前的、动态的文化、社会和经济背景。”

传统村落是一个相对完整的社会，是人们进行生产、生活的独立场所，其社会功能、生产生活的功能每天都在运行，发生着人与自然环境相互磨合、日复一日地延续并扩展着遗产的内涵。因此，只有整体地保护传统村落，传统村落才是一个完整的村落、一个完整的农业社区。

（三）整体保护，突出重点的观念

传统村落是一个生活的社区，村民有提高生活水平、改善居住条件的现实需求，因此，传统村落在整体保护的同时需要兼顾利用，兼顾对村民实际诉求的回应。传统村落是历史文化遗存最集中的区域，是村落传统格局和历史风貌最突出的区域，应重点保护。对于传统村落外围则可适当放宽限制，给村落留有利用的余地，给村民更多的生活创造空间，保持村落的延续与活力。同时，要相信，村民今天的创造，也将成为后人所珍视的历史遗产。

（四）明确传统村落保护的价值目标

（1）传统村落的核心价值是其保存下来的历史见证以及这些遗产对于人类发展的影响。传统村落保护的内容从物质空间传统风貌的保护到社会生活、文化礼仪的挖掘，其追求的价值目标是一致的。现如今，将传统村落的空间开发作为保护的手段，开发的目标往往是商业利益大于社会利益，开发的逐利属性逐步将传统空间引向消费娱乐空间，村民的生活形态也向商业形态转变，村落社会生活充满了物质的欲望，清静祥和一去不返，因此在不经意间就形成了传统村落保护的千篇一律。保护带来的社会转变对于乡土文化和生态文化的保护极为不利。传统村落保护中的乡土性、地域性没能彰显，这在一定程度上是传统村落保护的失败之处。这一切都可以归结为对传统村落保护的价值目标的曲解。

(2) 将历史真正的传承和传统村落“真性情”的重现作为保护与利用的价值目标。传统村落在保护过程中多一份对历史的尊重、少一份逐利的想法，将历史真正的传承和传统村落“真性情”的重现作为保护与开发的价值目标，在保护中谨慎开发，在开发中尊重历史，以挖掘金华市众多传统村落的核心价值。

二、金华市传统村落保护指导思想、基本原则和目标

(一) 指导思想

以党的十八大及十八届三中、四中、五中全会精神为指导，深入贯彻落实中央城镇化工作会议、中央农村工作会议、全国改善农村人居环境工作会议精神，遵循科学规划、整体保护、传承发展、注重民生、稳步推进、重在管理的方针，紧紧围绕市委市政府的总体部署，坚持创新、协调、绿色、开放、共享的发展理念，加强传统村落保护，改善人居环境，实现传统村落的可持续发展。

(二) 基本原则

坚持因地制宜，防止千篇一律；坚持规划先行，禁止无序建设；坚持保护优先，禁止过度开发；坚持民生为本，反对形式主义；坚持精工细作，严防粗制滥造；坚持民主决策，避免大包大揽。

(三) 总体目标

通过中央、浙江省、金华市、各县（市、区）与乡镇、村民和社会的共同努力，用三年时间，列入中国传统村落名录的村落（以下简称中国传统村落）及列入金华市传统村落的其他传统村落文化遗产得到了基本保护，具备基本的生产生活条件、基本的防灾安全保障、基本的保护管理机制，传统村

落保护发展的综合能力逐步增强。

1. **长期目标**

长期目标可被看作终极目标，即经过几十年、几百年的保护后，当政治、经济各方面条件都顺应发展到理想程度时，希望遗产通过保护所呈现的状态。这种状态应是借由物质和非物质遗产的保留与复原，来达到文化传承的目的，使历史尽可能真实地还原，为人类提供最大限度的真实信息。

2. **短期目标**

短期目标是保护长期过程中的阶段性目标，是因地制宜地提出一定时限内的保护策略，帮助维护文化传承，减少信息损失。短期目标要尽力维持好保护的平衡，重点开展金华市传统村落的保护工作，使其能朝着正确的方向前进，解决一路上不断出现的各种问题。现在所做的针对保护的具体事情，如保护规划、建设项目实施，都只能算作短期目标的实现途径。

3. **当前目标**

保护传统村落的原真性，要根据不同情况侧重不同方面，制定不同目标。

（1）针对物质层次原真性，保护的短期目标是对传统村落物质元素进行控制和复原。基于我国建筑遗产的物理特征及传统村落发展的背景，金华市传统村落中物质元素的破坏和消逝不可能完全被阻止，只能通过保护放缓速度，在有条件的情况下对一些物质元素进行复原。

保护规划的作用就是针对金华市传统村落的不同基础情况，分别列出控制、复原的对象，并列出相应的可行的措施。

（2）在知识层面，对传统村落首先是要进行全面记录。利用以保护规划为主的记录基础，搭起对传统村落从物质到非物质所有要素健全的框架，在日后长远的保护过程中应对其进行不断的补充与完善。知识层面原真性信息的完善要注意两点：

①记录信息的全面。第一，不仅要注重物质层面原真性的记录，还要注重精神价值和社会文化方面的记录；第二是记录手段的多样化，记录手段除了文字、图片，还有音像、学术研究，应拓宽记录的手段；第三是保护规划的引导作用，很多村落在未做保护规划之前对记录可能完全不重视，保护规划应引导一个好的开端，为一些后续记录提供模板，促使后续工作的顺畅。在我国大多数地区，抢救性资料记录比抢救性物质实体保存更重要，争取尽早记录最原真的信息。

②在精神价值和社会功能层面。重视传统村落的原有居民和其所承续的文化，各类信仰、习俗、生活方式应尽量尊重并理解，注重公众参与，专家、规划者应与村民共进退。

（3）保护传统村落原真性。保护的短期目标是在现代化冲击下尽量保存传统村落的精神价值和社会功能的原真性，落实到保护规划上体现为三点：

①减缓现代化元素对本土文化的冲击，主要是降低不符合村落特色的现代建筑物等出现的可能性。

②如何促成“老树发新芽”，使外来现代因素与本土传统因素的共契共容生成和展现新的本土社会的现代因素。

③对广大民众文化意识的培养。保护不只是技术层面的工作，当前目标中还有一项基本任务，就是树立和培养民众的文化价值观，只有基于对文化遗产知识的正确理解，通过人们结合亲身感受的科学阐释，才有可能真正探究村落遗产的文化意义和普遍价值。

（4）针对不同的传统村落，提出不同的保护与利用措施。不同传统村落情况不同，面对的问题也不同，对每个层次的侧重就不同。

①处于城市边缘的村落，濒临城市化侵蚀遗产的危机，传统村落面临被吞并的危险，其知识层面原真性的保留就最为重要，短期保护目标中记录就优先于维护。

②已有一定保护基础的传统村落，在信息较为全备的情况下，侧重点就可放在物质原真性的保全上。

保护传统村落的原真性关键是要了解传统村落所处阶段迫切需要解决的问题及未来发展的趋势，提出适合金华市传统村落的当前目标。

（四）具体目标

不断完善传统村落调查，建立国家和地方的传统村落名录，建立保护发展管理制度和技术支撑体系，制定保护发展政策措施，培养保护发展人才队伍，开展宣传教育和培训工作。

（1）传统村落资源得到有效保护与传承。传统村落保护应保持文化遗产的真实性、完整性和可持续性。尊重传统建筑风貌，不改变传统建筑形式，对确定保护的濒危建筑物、构筑物应及时抢救修缮，对于影响传统村落整体风貌的建筑应予以整治。尊重传统选址格局及与周边景观环境的依存关系，注重整体保护，禁止各类破坏活动和行为，对已构成破坏的，应予以恢复。尊重村民作为文化遗产所有者的主体地位，鼓励村民按照传统习惯开展乡村文化活动，并保护与之相关的空间场所、物质载体以及生产生活资料。因重大原因确需迁并的传统村落，须经省级住房与城乡建设、文化、财政部门同意，并报中央相关部门备案。

（2）人居环境得到明显改善。要做到传统村落的水、电、路、通信等基础设施基本完善，积极引导村民开展传统建筑节能改造和功能提升，改善居住条件，提高人居环境品质。正确处理传统村落保护和村民改善生活意愿之间的关系，在符合保护规划要求的前提下，优先安排传统村落的基础设施和公共服务设施建设项目。

（3）利用能力得到提升。要使传统村落形成特色产业；村民人均收入稳步增长，生活质量不断提高，民生状况进一步改善，自我发展能力进一步增强，形成保护与利用的良性循环。正确处理传统村落保护和发展之间的关系，深入挖掘和发挥传统文化遗产资源价值，在延续传统生产生活方式的基础上，适度发展特色产业，增加村民收入。正确处理保护与利用之间的关系，针对不同类型的资源提出合理的利用方式和措施，纠正无序和盲目建设，禁止大拆大建。

三、金华市传统村落保护主要任务

（一）保护文化遗产

保护村落的传统选址、格局、风貌以及自然和田园景观等整体空间形态与环境。全面保护文物古迹、历史建筑、传统民居等传统建筑，重点修复传统建筑集中连片区。保护古路桥涵垣、古井塘树藤等历史环境要素。保护非物质文化遗产以及与其相关的实物和场所。

（二）改善基础设施和公共环境

整治和完善传统村落内道路、供水、垃圾和污水治理等基础设施。完善消防、防灾避险等必要的安全设施。整治文化遗产周边、公共场地、河塘沟渠等公共环境。

（三）合理利用文化遗产

挖掘社会、情感价值，延续和拓展使用功能。挖掘历史科学艺术价值，开展研究和教育实践活动。挖掘经济价值，发展传统特色产业和旅游。

（四）建立保护管理机制

建立健全法律法规，落实责任义务，制定保护发展规划，出台支持政策，鼓励村民和公众参与，建立档案和信息管理系统，实施预警和退出机制。

四、金华市传统村落保护基本要求

（一）保持传统村落的完整性

注重传统村落空间的完整性，保持建筑、传统村落以及周边环境的整体空间形态和内在关系，避免“插花”混建和新旧村不协调。注重传统村落历史的完整性，保护各个时期的历史记忆，防止盲目塑造特定时期的风貌。注重传统村落价值的完整性，挖掘和保护传统村落的历史、文化、艺术、科学、经济、社会等价值，防止片面追求经济价值。

（二）保持传统村落的真实性

注重文化遗产存在的真实性，杜绝无中生有、照搬抄袭。注重文化遗产形态的真实性，避免填塘、拉直道路等改变历史格局和风貌的行为，禁止没有依据的重建和仿制。注重文化遗产内涵的真实性，防止一味娱乐化等现象。注重村民生产生活的真实性，合理控制商业开发面积比例，严禁以保护利用为由将村民全部迁出。

（三）保持传统村落的延续性

注重经济发展的延续性，提高村民收入，让村民享受现代文明成果，实现安居乐业。注重传统文化的延续性，传承优秀的传统价值观、传统习俗和传统技艺。注重生态环境的延续性，尊重人与自然和谐相处的生产生活方式，严禁以牺牲生态环境为代价过度开发。

五、金华市传统村落保护和利用要素

（一）保护要素

在传统村落整体保护的理念下，传统村落内物质和非物质文化遗产保护涉及的方面很多。传统村落环境、生态、景观、特色、历史、情趣六个方面构成传统村落要素的保护体系。一般来看，传统村落保护的要素大体包括传统村落自然环境、传统空间和生活方式三个方面。

1. 自然环境

传统村落是自然环境、人工环境和谐共处的空间典范。传统村落中首要的保护要素是自然环境。自然环境不仅是人类可持续发展的环境载体，也是传统村落传统风貌形象构成的重要组成部分。关于人类活动与环境的关系，1991 年丹麦相关学者就首次提出过“生态村”的概念，认为“生态村是指以人类为尺度，把人类活动结合到不损害自然环境为特色的居住地中，支持健康地开发利用资源，且能持续发展到未知的未来”。我国近年来倡导的生态文明村建设，明确提出自然村庄建设中的生态环境、生态经济、精神文明三者要相互促进、共同发展。因此，传统村落的自然环境不仅蕴含着传统的风水理论，具有研究和审美价值，而且是传统村落人与自然和谐发展的重要保障，传统村落自然环境保护是村落整体风貌保护的重要方面。

2. 传统空间

传统村落传统空间是文化延续的重要载体，宜人的街道尺度、前街后河的布局、古色古香的建筑形式、色彩都成为游人体验的视觉要素。赋予场所意义的传统空间，如传统村落村口、广场、祠堂、桥头、水埠、码头等公共、半公共空间是传统村落居民日常聚会、交流的场所，是传统村落日常生活形态延续的纽带。历史的原因、生活方式的转变等使一些特色的空间日渐衰落，如河流污染引起半公共水埠的荒废，人口减少使公共空间人气下降，交通方式转变使得码头等的闲置等。传统空间的整治是传统村落保护和开发的重点，要以重点空间节点整治和重点地段的开发为切入点，通过改造街巷空间界面、空间节点、古建筑等来保护传统村落传统空间。

3. 生活方式

旅游者对于传统村落的好奇不仅在于其自身在传统空间中所引发的历史感悟和共鸣，还有其对于传统村落传统生活形态和文化的体验。当然传统村落保护不能完全迎合旅游需求，为旅游而保护，这是短视的做法。保护的初衷是保留人类历史的遗迹与延续传统村落发展的历史文脉。从发展的角度看，传统村落中的传统空间也许可以保留，但传统生活方式也不再是历史必然，因此对于生活形态的保护不能强求满足感官体验而弄虚作假，对其的态度也应该是客观、中立的，并延续传统生活。一些传统村落中的传统产业形态是生活方式延续的重要见证。

（二）利用要素

1. 增加收入

传统村落保护一方面是保护传统的空间格局和延续历史建筑的价值，另一方面是促进传统村落社会经济的持续发展。传统村落保护是一项复杂的社会工程，不仅涉及自身体系的完善和保护技术的提高，而且与整个社会经济的发展密切相关。因此，传统村落保护的目的是在保护并整合历史文化遗产价值的基础上，利用这些资源有效地促进村庄经济的发展和人的发展。在保护与利用的过程中，传统村落内村民利益的保障和村民生活水平的提高是资源开发要考虑的重要方面，拓展传统村落居民就业途径，提高传统村落居民收入，是传统村落保护所要考虑的要素之一。

2. 日常管理

在传统村落开发过程中，对历史文化资源的日常管理和维护非常重要，这些资源不仅是村民生活的一部分，也是旅游开发可持续进行的保障。目前，在没有进行旅游开发的传统村落中，除了一些重要文物建筑得到保护外，传统村落内的生态环境、街巷界面、公共空间等的整治都还刚刚起步，而同时历史遗迹的破坏逐渐加速，如随着文物价值的升高，有的传统村落村民盗取小型文物如古井圈、柱础、牛腿等贩卖的事情时有发生。而在已经进行开发的传统村落中，由于旅游和经济利益的刺激，节假日蜂拥而来的游客对村落的日常管理造成了压力。因此，在传统村落村民的保护意识还不强的前提下，日常管理显得更为重要。

3. 可持续性

传统村落是人类宝贵的历史文化遗产，它的空间格局如骨架、历史古迹如血肉、传统文化如灵魂，都是人类宝贵的历史文化遗产。传统村落的可持续发展是建立在全面保护的基础上的，传统村落发展的可持续性是村庄建设、旅游开发的目标要求。可持续发展的内涵涉及多个方面，包括经济发展可持续、生态发展可持续、社会发展可持续等。传统村落的可持续发展和生态文明村庄基本属于同一范畴，是生态文明理念在传统村落中的全方位体现。而传统村落旅游开发是目前传统村落发展的一种手段，是工具而不是目的。旅游开发模式从一开始就要考虑其模式的可持续性，应使得包括村民在内的传统村落整体效益最大化。

（三）传统村落发展的机遇和条件

1. 城乡统筹发展机遇

传统村落作为广大农村聚落的一种特殊类型，在城乡统筹发展过程中必将受到制度政策的影响，传统村落保护与利用的制度安排本身也是城乡一体化下农村社会制度转型中的重要一环。金华市城乡统筹发展进程对传统村落保护与开发的影响大体表现在以下几个方面。

（1）城乡统筹观念不断深入对传统村落社会经济发展的影响。这表现在一方面随着城乡统筹的推进、城乡差别观念的改变、农村各项事业与城镇的接轨，传统村落居民逐渐放弃了传统的生活观念和生活方式而不断寻求舒适、现代的生活；另一方面，伴随观念改变的是传统村落内产业发展的转型升级，社会观念的改变为广大农村注入强大活力。工业、服务业等业态类型在传统村落中不断出现，农民变市民的过程也让村落居民不断创新农村经济发展的形式。

（2）“三集中”减轻了传统村落空间发展压力。“农民向社区集中，工业向园区集中，土地向规模集中”的“三集中”政策有利于优化传统村落空间布局。由于人口的不断增加，传统村落原有的空间已然拥挤不堪，一些新建扩建的建筑随处可见，这不仅破坏了原有的空间风貌，也不利于传统村落的长期发展。“三集中”后传统村落内部原有的工业用地得以集中布置，土地得以优化利用，传统空间的活力得以释放，原有的传统格局有利于保存与维护，其意义重大。

（3）长期来看，城乡一体化进程有利于传统村落保护资金的筹集。广大农村社会活力提升，经济发达的社会也使传统村落有可能不再受制于资金的压力，不再过分仰仗政府的资金注入，民间资本或可成为传统村落保护的重要资金来源。

2. 旅游产业发展机遇

传统村落文化体验游、乡村田园游日益成为生活在大城市中的人们回归自然、体验自然的选择。旅游开发的热潮对传统村落开发的影响主要表现在以下几个方面。

（1）传统村落旅游的理念深入人心。越来越多的传统村落开始意识到自身文化遗产的价值，千方百计提升自身的旅游形象，积极开拓旅游市场并在一定程度上取得了成功。传统村落游的兴起也是城市生活的需求所致，一些传统村落迅速改变自身产业结构，将旅游业发展成为支柱产业，并通过宣传、提高服务质量等方式形成了产业发展的良性循环。

（2）传统村落旅游模式呈现多样化态势。就不同的开发主体来看，传统村落形成了政府主导下旅游开发模式、企业化经营的旅游景区管理模式、社会参与的旅游扶贫模式等。同时，不同类型的传统村落走出了不同的旅游业态模式，如以农家乐、休闲度假为主的旅游形式，以文化体验为主的旅游形式等。此外，资金投入的多元化使传统村落旅游开发的形式更加多样。这为传统村落旅游业的发展提供了多样化的选择和机遇。

（3）旅游扶贫开发的各项措施使传统村落发展面临利好的形势。层层政府都加大了对传统村落保护与投入的力度。传统村落迎来了旅游开发的最好的政策时期，随着各项措施的推进，旅游产业将不断壮大。消费社会的形成促进旅游产业地位的提升，而后者又直接带动传统村落旅游产业的发展。

3. 文化产业发展机遇

金华市传统村落拥有丰富的文化遗产，而振兴文化产业是近年来国家着力发展的产业导向。2011 年 10 月，中共十七届六中全会通过了《中共中央关于深化文化体制改革，推动社会主义文化大发展大繁荣若干重大问题的决定》（以下简称《决定》）。《决定》提出要努力建设社会主义文化强国，并提出到 2020 年的文化改革发展奋斗目标。文化产业的发展被提到了国家发展战略的高度。

传统村落在文化产业振兴的机遇面前能否趁势而上，还需要不断摸索。可选的路径主要有：

（1）走出资源代理的专业化运营之路与规划、管理体系。

（2）要走出资本托管的产业化市场之路与创新体系。我们要开拓绿色生态经济、旅游休闲产业、文化创意活力的创新空间与产业资本空间，促进传统村落资源配置率的提升与全要素生产率的提升，进而促进农村的文化产业创新，提高农村发展活力水平。

六、传统村落保护与利用的核心问题

（一）传统与现代的冲突

（1）从历史进程看，进入近代社会以来，社会的发展过程是传统不断削弱、地位不断衰退的过程，是现代化不断成为主流的过程。

（2）目前传统村落的生存正遭受来自现代化的巨大挑战。传统村落的居民普遍追求现代化的生活。一般人看来，现代化首先代表着生活条件的先进、便利、舒适、体面等。在有经济实力的前提下，越来越多的中青年村民坚决地选择到城镇购房定居，离开祖祖辈辈生活的村庄，而一般老年村民和部分中青年村民则坚定地选择自己习惯了的村落生活；在面对是保留传统民居还是建造具有现代设施的新房时，一般村民都会选择住进新房。

（3）百姓对改变落后生活环境的要求越来越强烈。传统村落内，或红砖或水泥的新建房屋屡有出现，主要展现村落风貌的石头路面被覆盖了一层厚厚的水泥，生活垃圾随意堆放，污水肆意横流，管线密麻分布，现代化生活正在蚕食传统村落。

（4）人们对乡愁的情感日益浓郁。村落外形和设施可以急剧变化更新，但是乡村情感、村落历史、个人生活史、长久以来习惯了的村落生活方式等使村民难以忘怀，而且从文化遗产角度看是应该予以珍藏、保护和传承的。而传统的农具、民居、礼俗、仪式等是传统村落文化的可见载体，被村民当作有助于留住村庄记忆的文化遗产予以保护。村庄记忆的中断将是村落文化传统断裂的一种体现和标志。在这种情况下，既不能简单地采取激进措施，比如集体迁居并村以快速彻底消灭村落，也不宜为保持传统文化遗产而阻止村民追求现代化生活。传统村落走向现代化是不可阻挡、不可逆转的大趋势。农村人口占据很大比例、传统文化已遭到过重毁坏的我国农村如何走现代化的道路，目前还没有比较完善的为各方所信服的方案。

（5）在金华市传统村落的保护与利用中，必须处理好现代化与传统文化、传统生活方式、传统精神之间的关系。现代化对提高传统村落中居民的生活水平有重要的意义；传统村落中形成的情感联系、生活习俗、生活经验仍然对人的生存发展以及社会的和谐进步发挥着积极的作用。现代化进入乡村不一定就意味着乡村的消亡，相反地，应该探寻一种现代化过程中为传统村落保护与利用服务的更好形式。

（二）城市与乡村的对立

（1）计划经济时期集中农村资源推进城市工业化，在很大程度上阻隔了我国城乡经济一体化进程。改革开放后，实行城乡分离的工业化模式，农产品生产、流通和加工没有形成有机联系，农民难以分享农产品的加工增值收益；乡镇企业在治理体制上独立于行业治理之外，既无所不包，又自成体系；农村“离土不离乡”的工业化和城市工业化并行发展和过度竞争，使农村工业在市场供求格局中发生变化，在国内市场与国际市场对接后，农村工业发展空间受到明显制约，吸纳农村剩余劳动力的能力减弱，直接和间接地影响农民分享工业化的成果。改革开放四十多年来，我国农村面貌发生了翻天覆地的变化，但是，城乡发展水平的差距和城乡居民收入水平的差距明显拉大。农业处于相对薄弱环节的地位没有发生根本改变，多年来出现了农村的劳动力、土地、资金三大要素都大量流失的困难局面。

（2）金华市传统村落中空心化现象日益严重。“空心村”的大量出现，是城乡二元结构尚未破除的一个具体表现。在城乡发展严重不协调的背景下，“人往高处走”必然导致“空心村”的存在，只要二元结构不破除，这种趋势仍将不可阻挡。[①] 从根本上破解城乡收入差距拉大的途径依然没能找到，农民增收无门，乡村在与城市的竞争中一直处于十分弱势的地位，传统村落很难维持自身的发展。

（3）传统村落衰落日益严重，复兴之路漫长。没有经济统筹作为基础，仅靠上层建筑和公共管理层面的统筹，不可能实现农村经济与现代经济的接轨，也不能扭转和消除多年形成的城乡二元结构。改变农业弱势产业地位是解决“空心村”的治本之道。[②] 从长远来看，推进城镇化，让农村人口进城，是历史发展的必然趋势。但是，城市化应该是一个长期的过程。很明显，传统村落不会消亡，农民不会消失，仅靠中心村、中心镇和农民社区，绝对容纳不了7亿多中国农民。现在应该避免在单一的经济拉力下进行快速城市化，导致乡村的快速衰落，对珍贵的传统村落造成无可挽回的破坏。

（三）保护与利用的矛盾

（1）传统村落日益被人们遗忘，中国乡土文化保护任重而道远。传统村

① 参考了西南大学段豫川教授的观点。

② 同上。

落的减少趋势是中国乡村工业化、城镇化的必然趋势，但也要看到这一过程中的盲目性、无规划或规划不科学的问题。传统村落保留了大量各具特色的民居建筑，承载了厚重的中国农耕文明和乡土文化。中国乡土文化的基本特征其实就是传统村落文化在地域特色上的概括和提炼。保护传统村落和村落文化，就是保护中国乡土文化、保护农耕文明、保护农民的乡土田园、保护农村经济社会可持续发展的珍贵资源。随着经济发展和城市化的快速推进，以 GDP“经济发展”为导向的开发建设成为整个社会尤其是地方政府工作的重中之重，在这种开发的热潮中，传统村落也就逐渐成为无人问津的对象。

（2）保护与利用之间的矛盾不是不可调和的，两者可以统一起来，相互促进。但是这种保护与利用之间的矛盾并不是不可避免的，认为传统村落的保护就是让传统村落一直保持原有状态，避免任何人为的改变，这种保护观念是片面的，也是不符合实际的。实际上，传统村落的保护与利用完全可以做到两全其美。在这方面，希腊、法国、意大利等西方国家在城市历史街区保护中采取的一些方法能给我们积极的启示，比如他们在不改变街区历史格局、尺度和建筑外墙的历史真实的前提下，改造内部的使用功能，甚至重新调整内部结构，使历史街区内的生活质量大大提高。民居不是文物古迹，保护方式应该不同，需要研究与尝试。传统村落的保护与利用不但不矛盾，反而可以和谐统一，互为动力。其原则是，尊重历史和实现创造性的发展，二者缺一不可。传统村落保护与利用要与改变贫困落后面貌相结合。既要高度重视乡土建筑的抢救性保护，又要关注群众民生，合理安排保护利用项目；既要科学整治传统村落格局风貌及其自然生态环境，又要加强传统村落基础设施建设。

（3）传统村落有效保护必须发掘研究遗产价值和合理整治环境。只有充分发掘、研究好传统村落的历史文化与自然遗产，才能将传统村落作为资源利用，才能在传统村落合理开发中发挥其历史文化价值和自然景观价值。传统村落开发利用是有效保护的具体途径。合理开发利用，既要整治传统村落格局风貌及其周边环境，又要保护乡土建筑等文化遗产，更要传承乡土民俗文化等非物质文化遗产，在此基础上进行科学有序的开发利用，发展乡村文化休闲旅游，让城市居民和旅游者参与其中。

七、传统村落保护与利用的主要因素

（一）理念认识

长期以来，很多地方对传统村落的稀缺性和不可再生性认识不足，许多传统村落的格局风貌、生态环境不断遭受破坏，一些民间民俗文化濒临消亡，不少传统技能和民间艺术后继乏人，面临失传危险。

（1）对传统村落的保护与利用需要充分认识传统村落保护发展的重要意义。中华民族传统文化的根基在农村，传统村落是浓缩的乡村历史文化遗产，是承载和体现中华民族传统文明的重要载体。传统村落一旦损毁与消失，就会失去农耕文明与乡村文化的根基，摧毁华夏文明传承的重要载体，势必造成中华民族优秀历史文化的断裂。

（2）要充分认识传统村落保护发展的紧迫性。传统村落经受了历代战乱、自然灾害的破坏，面临着工业化、城镇化和现代化的冲击。近年来，随着经济社会的快速发展与乡村社会的急剧变迁，一些传承数千年的承载农耕文明的传统村落正在加速衰落和消失，因此加强传统村落保护发展十分迫切。

（3）要认识到传统村落保护发展在提升村落经济价值中的现实意义。传统村落记载并延续着各地独具特色的历史文化遗产，不仅能为我们展示古代乡村生活的印记，更能从中探索古代人与自然和谐发展的文化渊源。传统村落是发展乡村旅游、创新农村农业发展道路的基础，具有重要的现实意义与长远意义。

（4）应尽快出台金华市传统村落保护与利用方面的法规，完善保护管理体制，创新制度设计安排，强化传统村落遗产的有效保护利用。加强科学管理，进行分级保护。对不同价值的传统村落、乡土建筑建立详细的保护档案，及时采取相应的保护措施。重点抢救发掘传统村落非物质文化遗产，加强发掘、研究、展示、传承、利用，建立保护数据库，利用电脑建档以方便查询。发动全民参与传统村落的保护管理，建立“政府主导、民众主体、媒体监督、社会参与”的传统村落保护新机制，把传统村落保护纳入科学化、规范化、法制化的轨道。

（二）法规制度

（1）传统村落保护面临法律、法规、政策等方面的严重缺失或不足。传统村落保护在我国兴起较晚，有关的法规制度建设相对滞后；传统村落概念范围不明确；《文物保护法》《历史文化名城名镇名村保护条例》没有对传统村落作出保护要求与规定；各地的地方性保护法规都具有明显的局限性和地域性。传统村落保护对象既包括物质与非物质文化遗产，又包含自然景观与生态环境，再加上各地情况差别很大，保护对象较为复杂且有交叉，有关的研究工作基础相对薄弱，较难制定统一的保护标准和规范。

（2）金华市各传统村落要抓住目前“中国传统村落”评选的良机，明确传统村落保护的原则与方向，制定相应的法规制度，将传统村落保护纳入城镇化、城乡统筹、文化发展总体规划中管理。各级传统村落必须编制保护发展规划。规划要确定保护对象及其保护措施，划定保护范围和控制区，明确控制要求；安排村庄基础设施和公共服务设施建设和整治项目；明确传统要素资源利用方式；提出“传承发展传统”。

（三）管理因素

（1）政府多头管理，使传统村落管理往往处于无人管理的状态。在我国，村镇建设规划由住房和城乡建设部管理，物质文化遗产由国家文物局管理，非物质文化遗产由文化和旅游部管理。传统村落具有物质和非物质文化遗产及自然遗产，应该说三个部门都该管，但至今没有一个明确的部门专门负责。同时，有的地方政府为追求政绩而急功近利，急于搞“千村一面”的形象工程，随意将房屋推倒重建或盲目大拆大建，甚至按照城市模式大搞“村庄建设城镇化”。有的大搞村容整治，修建马路，对于历史文物或历史建筑周边区域的建筑形式和建筑高度控制不力，造成村落传统空间格局遭到破坏，地方特色风貌逐步丧失，使一些乡土建筑原有的生态环境、历史风貌格局被肢解、破坏，甚至建筑本体也难逃被拆毁或迁移的命运。

（2）建立多部门协调机制。目前，中国传统村落主要由住建部门、旅游部门、文化部门、文物部门、财政部门、国土资源部门、农业部门等管理。如何协调政府各级管理部门的管理职责，重视传统村落的保护与利用，并且在实际操作中通力合作、各司其职，做好传统村落的保护工作，是传统村落保护发展的重要环节。

（3）各级政府应建立“保护责任追究制”，将传统村落保护纳入政绩考核。各级政府要端正发展理念，确立保护传统村落就是发展文化生产力、增强文化软实力的新理念，将保护列入重要议事日程。

（4）针对传统村落的管理问题，应该在金华市级、各县（市、区）级政府专门建立传统村落保护领导小组。由领导小组负责该县市范围内的传统村落保护利用的协调指导工作，并作为考核政绩的重要内容。职能部门分别负责对传统村落的保护、修缮、利用、管理工作，定期研究政策措施，协调解决问题。另外，各级人大、政协应尽快组织专家检查团进行巡回督察，切实解决传统村落保护利用过程中存在的问题，并对以后如何加强保护利用提出政策性、规范性、可操作的意见和措施，确保传统村落保护与利用的“双赢”。

（5）在如何解决私人产权传统村落的保护上，应该鼓励、扶助村民依靠自身力量“自保”，即通过增强文化自觉，在文物部门指导下村民自己负责乡土建筑的维修、管理和使用，政府给予适当的补助维修经费。

（四）资金因素

在现行制度下，地方政府与开发公司对投资维修的积极性普遍不高；许多乡土建筑的维修费用要高于新建筑，现行政策规定文保专项资金不能补贴私人产权的建筑，使乡土建筑无法得到及时维修保护，只能“任其毁损”。

长期以来，各级财政用于文化遗产保护的资金主要投资在城区文化遗产上，“欠债”于农村传统村落，造成众多传统村落乡土建筑缺乏保护经费而得不到保护和修缮。近年来，虽然各地对文化遗产的保护越来越重视，专项经费也逐年增多，但对面广量大的传统村落来说仍是杯水车薪。

在如何解决传统村落保护的资金问题上，地方政府应采取多层次、多种方式筹集传统村落保护利用基金：

（1）采取市场化运作方式，由政府牵头，理顺关系，通过土地、房屋产权的置换或租赁等方式，鼓励、吸纳多种资本参与传统村落乡土建筑的保护与利用。

（2）建立政府奖励制度，对传统村落、乡土建筑保护的优秀项目和有突出贡献的个人给予奖励，发挥财政资金的引导促进作用；建立“传统村落保护基金会”，向社会、企业募集资金用于传统村落的保护利用，加大传统村落的保护利用力度；旅游发展取得保护资金。

（五）技术因素

（1）乡土建筑与历史建筑专业人才日益萎缩。长期以来，由于乡土建筑市场的“萎缩”，建造、修缮乡土建筑的民间工匠早已纷纷改行，熟知乡土建筑的形制样式和特色工艺的工匠已经后继无人。近年来，由高校培养的相关专业人才极少，具备专业技能的木工、泥工奇缺，这严重制约了传统村落乡土建筑保护工作的正常开展。加之有关部门缺乏对乡土建筑保护维修的技术指导和政策扶持，仅凭农民自身力量难以做好乡土建筑保护与维修工作。如果缺少了传统的建造、修缮技艺，传统村落的保护就无从谈起，即使重新修缮，也无法复原传统村落的原本风貌，因此技术因素也是传统村落保护与利用中的关键之处。

（2）多种路径培养金华市传统村落保护与利用人才，尤其是乡土建筑与历史建筑工艺人才。要抓紧民间艺术传承人的申报和认定，建立传统村落保护志愿者队伍，加紧传统村落保护法规政策的制定与宣传。打破行业垄断，调整现行文物古建筑维修资质资格准入制度。对建于乡土、传承于乡土、遗存于乡土的传统村落建筑的维修保护，要充分利用传统民间建筑营造的维修工艺与技术力量，制定出适用于地方传统村落维修的工艺技术标准与维修质量控制体制，解决传统村落居民“看着房子烂，没有资质不准修、没有资格不能修”的难题。另外，要举办传统村落保护的专业培训，加强技术和管理人才队伍的培养，为金华市传统村落保护与利用提供充足的人才储备。

第二篇

金华市传统村落保护对象

第七章　金华市传统村落文物保护单位

本章根据国务院、浙江省政府和金华市政府发布的相关文件，整理了金华市现有文物保护单位，具体如表 7－1 至表 7－3 所示。

表 7－1　　金华市全国重点文物保护单位

序号	名称	时代	类型	地址	批次
1	太平天国侍王府	1861 年	革命遗址及革命纪念建筑物	浙江省金华市	第三批
2	天宁寺大殿	宋至元	古建筑及历史纪念建筑物	浙江省金华市	第三批
3	延福寺	元	古建筑	浙江省武义县	第四批
4	俞源村古建筑群	元至清	古建筑	浙江省武义县	第五批
5	诸葛、长乐村民居	明、清	古建筑	浙江省兰溪市	第四批
6	铁店窑遗址	宋、元	古遗址	浙江省金华市	第五批
7	芝堰村建筑群	明至民国	古建筑	浙江省兰溪市	第六批
8	古月桥	宋	古建筑	浙江省义乌市	第五批
9	黄山八面厅	清	古建筑	浙江省义乌市	第五批
10	郑义门古建筑群	清	古建筑	浙江省浦江县	第五批
11	上山遗址	新石器时代	古遗址	浙江省浦江县	第六批
12	玉山古茶场	清	古建筑	浙江省磐安县	第六批
13	榉溪孔氏家庙	清	古建筑	浙江省磐安县	第六批
14	东阳卢宅	明至清	古建筑及历史纪念建筑物	浙江省东阳市	第三批
15	东阳土墩墓群	周	古墓葬	浙江省东阳市	第六批
16	法隆寺经幢	唐	石窟寺及石刻	浙江省金华市	第六批
17	吕祖谦及家族墓	宋	古墓葬	浙江省金华市武义县	第七批

续 表

序号	名称	时代	类型	地址	批次
18	龙德寺塔	宋	古建筑	浙江省金华市浦江县	第七批
19	七家厅	明	古建筑	浙江省金华市婺城区	第七批
20	西姜祠堂	明	古建筑	浙江省金华市兰溪市	第七批
21	寺平村乡土建筑	明至清	古建筑	浙江省金华市婺城区	第七批
22	世德堂	明至清	古建筑	浙江省金华市兰溪市	第七批
23	上族祠	明至清	古建筑	浙江省金华市兰溪市	第七批
24	积庆堂	明至清	古建筑	浙江省金华市兰溪市	第七批
25	余庆堂	明至清	古建筑	浙江省金华市兰溪市	第七批
26	马上桥花厅	清	古建筑	浙江省金华市东阳市	第七批

表 7－2　　金华市浙江省级文物保护单位（第一批至第六批）

序号	名称	时代	地址	批次	类型
1	汉灶窑址	唐	金华市婺城区雅畈镇	第六批	古遗址
2	歌山窑址	唐至北宋	东阳市歌山镇象塘村	第三批	古遗址
3	葛府窑址	五代、北宋	东阳市南马镇葛府村	第三批	古遗址
4	庙山遗址	新石器时代	永康市经济开发区	第六批	古遗址
5	太婆山遗址	新石器时代	永康市古山镇	第六批	古遗址
6	塘山背遗址	新石器时代	浦江县黄宅镇	第五批	古遗址

续　表

序号	名称	时代	地址	批次	类型
7	朱丹溪墓	元	义乌市赤岸镇东朱村	第三批	古墓葬
8	螃蟹形山墓群	明	义乌市赤岸镇乔亭村	第四批	古墓葬
9	方梅生故居	清	金华市婺城区罗店镇	第六批	古建筑
10	滕氏宗祠	明	金华市琅琊镇	第五批	古建筑
11	石楠塘徐氏宗祠	明、清	金华市婺城区雅畈镇	第六批	古建筑
12	严氏宗祠	清	金华市金东区孝顺镇	第五批	古建筑
13	蒲塘王氏宗祠	清	金华市金东区澧浦镇	第六批	古建筑
14	傅村傅氏宗祠	清	金华市金东区傅村镇	第六批	古建筑
15	琐园村乡土建筑	明、清	金华市金东区澧浦镇	第六批	古建筑
16	汤溪城隍庙	清	金华市汤溪镇	第三批	古建筑
17	金华府城隍庙	清	金华市婺城区	第四批	古建筑
18	八咏楼	南朝创建	金华市八咏路	第六批	古建筑
19	鹿田书院	清	金华市婺城区	第四批	古建筑
20	永康考寓	清	金华市婺城区	第六批	古建筑
21	东村桥	北宋	金华市长山乡	第四批	古建筑
22	金华通济桥	清	金华市婺城区	第六批	古建筑
23	白沙堰	三国	金华市婺城区琅琊镇	第六批	古建筑
24	宏济桥码头	清	金华市婺城区城东街道	第六批	古建筑
25	朱店朱宅	清	义乌市赤岸镇	第六批	古建筑
26	雅端容安堂	清	义乌市赤岸镇	第六批	古建筑

续　表

序号	名称	时代	地址	批次	类型
27	塘下方大宗祠	清	义乌市后宅街道	第六批	古建筑
28	双林铁塔	五代	义乌市塔山乡	第四批	古建筑
29	大安寺塔	宋	义乌市稠城街道	第六批	古建筑
30	双峰清德堂	清	磐安县双峰乡	第六批	古建筑
31	蔡氏宗祠（含钟英堂、下厅民居）	明、清	磐安县双溪乡	第四批、第六批	古建筑
32	黄余田杨氏宗祠	明、清	磐安县仁川镇	第六批	古建筑
33	昌文塔	明	磐安县安文镇	第五批	古建筑
34	王村花厅	明	武义县白洋街道	第六批	古建筑
35	履坦徐氏民居	清	武义县履坦镇	第六批	古建筑
36	石板巷陈家厅	清	武义县熟溪街道	第六批	古建筑
37	忠孝堂	明	武义县壶山镇	第五批	古建筑
38	岭下汤石祠	明	武义县大田乡	第五批	古建筑
39	徐震二公祠	清	永康市古丽镇	第四批	古建筑
40	发宝象龙塔	明	武义县熟溪街道	第四批	古建筑
41	熟溪桥	清	武义县熟溪街道	第三批	古建筑
42	花街大夫第（含正心堂）	明、清	永康市花街镇	第五批	古建筑
43	古山胡氏旧宅	清	永康市古山镇	第五批	古建筑
44	陈大宗祠	清	永康市芝英街道	第五批	古建筑
45	占鳌公祠（含仁寿堂、慈孝堂、燕贻堂）	清	永康市古山镇	第五批	古建筑
46	烈妇祠	清	永康市西城街道	第六批	古建筑
47	厚吴村乡土建筑	明至民国	永康市前仓镇	第六批	古建筑
48	五峰书院	清	永康市方岩镇	第四批	古建筑
49	西津桥	清	永康市古丽镇	第四批	古建筑
50	爱敬堂、孙氏堂楼	明	兰溪市诸葛镇、女埠街道	第五批	古建筑

续 表

序号	名称	时代	地址	批次	类型
51	上唐承庆堂	明	兰溪市黄店镇	第六批	古建筑
52	章氏家庙	明、清	兰溪市女埠街道	第五批	古建筑
53	生塘胡氏宗祠	明、清	兰溪市水亭乡	第五批	古建筑
54	上族祠及嘉庆堂	明、清	兰溪市孟湖乡	第五批	古建筑
55	朱家绍德堂	明、清	兰溪市黄店镇	第六批	古建筑
56	后龚永锡堂	清	兰溪市赤溪街道	第六批	古建筑
57	郎家葆滋堂	清	兰溪市游埠镇	第六批	古建筑
58	山背吴氏宗祠	清	兰溪市赤溪街道	第六批	古建筑
59	仁山书院	清	兰溪市芝堰乡	第五批	古建筑
60	郭氏节孝坊	清	兰溪市灵洞乡	第三批	古建筑
61	香山寺塔	明	兰溪市香溪镇	第六批	古建筑
62	通洲桥	清	兰溪市梅江镇	第四批	古建筑
63	李渔坝	清	兰溪市孟湖乡夏里村	第三批	古建筑
64	李宅村古建筑群	明、清	东阳市城东街道	第五批	古建筑
65	紫薇山民居	明	东阳市黄田畈镇	第四批	古建筑
66	福舆堂	清	东阳市巍山镇	第四批	古建筑
67	务本堂	清	东阳市巍山镇	第四批	古建筑
68	厦程里位育堂	清	东阳市虎鹿镇	第六批	古建筑
69	上安恬懋德堂	清	东阳市南马镇	第六批	古建筑
70	张氏宗祠	清	浦江县浦阳镇	第五批	古建筑
71	土库	明、清	浦江县白马镇	第六批	古建筑
72	北山摩崖题记	唐至中华人民共和国	金华市婺城区罗店镇	第六批	石窟及石刻
73	台湾义勇队旧址	民国	金华市婺城区城东街道	第六批	近现代重要史迹及代表性建筑物
74	邵飘萍旧居	清、民国	金华市婺城区	第六批	近现代重要史迹及代表性建筑物

续　表

序号	名称	时代	地址	批次	类型
75	艾青故居	现代	金华市金东区傅村镇	第五批	近现代重要史迹及代表性建筑物
76	施复亮、施光南故居	现代	金华市金东区源东乡	第五批	近现代重要史迹及代表性建筑物
77	省立实验农业学校旧址	民国	金华市金东区塘雅镇	第六批	近现代重要史迹及代表性建筑物
78	道德桥	民国	磐安县安文镇	第六批	近现代重要史迹及代表性建筑物
79	上甘塔红军标语	现代	武义县溪里乡上甘塔村	第三批	近现代重要史迹及代表性建筑物
80	抗战时期浙江省政府及相关机构旧址	1938—1942 年	永康市方岩镇、芝英镇、前仓镇	第六批	近现代重要史迹及代表性建筑物
81	刘英烈士墓	1906—1942 年	永康市方岩镇	第一批（1981 年新增）	近现代重要史迹及代表性建筑物
82	朱明粮仓	中华人民共和国	永康市东城街道	第六批	近现代重要史迹及代表性建筑物
83	陈望道故居	清、民国	义乌市城西街道	第六批	近现代重要史迹及代表性建筑物
84	冯雪峰故居	现代	义乌市赤岸镇	第四批	近现代重要史迹及代表性建筑物

续 表

序号	名称	时代	地址	批次	类型
85	吴晗故居	现代	义乌市上溪镇	第五批	近现代重要史迹及代表性建筑物
86	佛堂吴宅	民国	义乌市佛堂镇	第六批	近现代重要史迹及代表性建筑物
87	祝宅祝氏宗祠	民国	兰溪市梅江镇	第六批	近现代重要史迹及代表性建筑物
88	严济慈故居	民国	东阳市横店镇	第六批	近现代重要史迹及代表性建筑物
89	史家庄花厅	民国	东阳市巍山镇	第六批	近现代重要史迹及代表性建筑物
90	陈肇英故居	民国	浦江县黄宅镇	第六批	近现代重要史迹及代表性建筑物
91	东陈陈氏宗祠	清、民国	浦江县浦南街道	第六批	近现代重要史迹及代表性建筑物
92	石湖坑村成氏民居壁画	1958 年	永康市唐先镇	第六批	其他

表 7－3　金华市级文物保护单位（第二批及第三批）

序号	名称	批次	地址
1	百顺堂	第二批	婺城区汤溪镇上境村
2	刘氏宗祠	第二批	汤溪镇上境村
3	立本堂	第二批	汤溪镇寺平村
4	崇厚堂	第二批	汤溪镇寺平村

续 表

序号	名称	批次	地址
5	祭亭	第二批	蒋堂镇开化村
6	钟亭	第二批	罗埠镇下章村
7	湖前石牌坊	第二批	洋埠镇湖前村
8	申公墓牌坊	第二批	安地镇新垅村
9	东畈石经幢	第二批	琅琊镇东畈村
10	胡森石刻	第二批	汤溪镇九峰桃源风景区
11	仁甫祠	第二批	金东区傅村镇溪口村
12	傅氏宗祠	第二批	傅村镇傅三村
13	花厅	第二批	孝顺镇浦口村
14	余氏宗祠	第二批	孝顺镇莘村
15	白溪古戏台	第二批	孝顺镇白溪村
16	邢氏宗祠	第二批	曹宅镇午塘头村
17	追远亭	第二批	岭下镇岭下朱村
18	赤山寺	第二批	多湖街道赤山村
19	项氏宗祠	第二批	江东镇横店村
20	贾氏宗祠	第二批	江东镇雅金村
21	乐善好施牌坊	第二批	东孝街道东藕塘村
22	李友邦将军办公处	第三批	城东街道酒坊巷 103 号
23	将军楼	第三批	城东街道鼓楼里
24	何氏三杰纪念馆	第三批	城东街道东市街 66 号
25	福音医院	第三批	城东街道东市街 31 号
26	真神堂旧址	第三批	城东街道酒坊巷 98 号
27	满堂书院	第三批	城东街道飘萍路 98 号
28	侵华日军铁路桥遗址	第三批	城东街道东关社区义乌江上
29	别墅	第三批	乾西乡十里铺村 601
30	于氏宗祠	第三批	乾西乡棚川村
31	双龙电站	第三批	罗店镇西旺村

续　表

序号	名称	批次	地址
32	金店狮子炉	第三批	罗埠镇西金店行政村金店自然村
33	山下周遗址	第三批	罗埠镇山下周村
34	下郑善庆堂	第三批	罗埠镇下郑村
35	青阳山遗址	第三批	汤溪镇下伊村
36	寺平五间花厅	第三批	汤溪镇寺平村
37	诸葛宗祠	第三批	竹马乡白竹村
38	柏树下鱼池	第三批	塘雅镇马头方村
49	含香堰	第三批	塘雅镇含香村
40	范氏宗祠	第三批	孝顺镇下范村
41	栗塘范流湖寺	第三批	孝顺镇上范村
42	方氏宗祠	第三批	孝顺镇方村
43	黄乃耐女士之墓	第三批	澧浦镇里郑村
44	庆济桥	第三批	赤松镇西前路村
45	二十九号民居	第三批	赤松镇下牌塘村
46	艅艎岭路亭	第三批	源东乡长塘徐村
47	郑氏宗祠	第三批	曹宅镇山下洪村

第八章　金华市传统村落宗祠

金华市传统村落中宗祠较多，很多重要的传统村落都有一处具有一定规模与等级的宗祠。本章对金华市传统村落中的宗祠进行了统计分析（见表8－1）。

表8－1　　　　金华市传统村落中宗祠分布及保护利用现状

县（市、区）	传统村落	名称	保护现状	利用现状
婺城区与开发区	雅畈镇石楠塘村	徐氏宗祠	照壁的上部和门楼的一部分已经被拆，其他基本完整。通面宽20米，通进深52.35米。门厅、正厅面阔五间，明间梁架为抬梁式九架前后廊，用月梁，梁两端雕刻龙须纹。单步梁作鸱鱼状。为抬梁式和穿斗式相结合。后堂面阔五间，梁架明间为抬梁式九架前后廊，两山为穿斗式。两侧过厅，面阔各为三间。门厅、正厅、后堂及厢房均用石梁、方形抹角石柱，硕形柱础。檩条等用木材。整体建筑布局基本完整，结构简练，用材较大。徐氏宗祠结构严谨，规模宏大，占地近1047平方米，特别是其梁架结构全部采用石材，工程浩大，形制、雕刻古朴简练，具有鲜明的明代特征，展示了典型的明朝风范。由于基本架构采用石材，能防火防蛀，故能历经数百年风雨而不塌不倒，十分罕见	节庆活动场所，村集体议事、集会

续 表

县（市、区）	传统村落	名称	保护现状	利用现状
婺城区与开发区	雅畈镇二村（三村）	叶姓宗祠三村礼堂	叶姓宗祠只剩下残垣断壁，外墙的白色墙漆几乎全部脱落，部分屋顶已经倒塌，剩下木结构的框架还竖立在太阳下。大门口挂着一块牌子，写着：“危房待修，过往行人请注意安全！”	—
	安地镇山道村	—	—	—
	长山乡三村	—	—	—
	塔石乡上阳村	项氏宗祠	门前有一面照壁，外墙面重新翻修，内部部分柱子重新用油漆粉刷过，柱上牛腿雕刻精细，保存良好，整体建筑布局、结构保存完好	祭祀、集会场所
	塔石乡珊瑚村	廖氏宗祠	—	—
	塔石乡塘头村	—	—	—
	汤溪镇鸽坞塔村	钟氏祠堂	—	作为文化礼堂，用于展示村庄历史文化、名人逸事以及村规民约，展览农耕文物
	汤溪镇中戴村	—	—	—
	汤溪镇寺平村	戴氏宗祠	—	—
	汤溪镇上镜村	刘氏宗祠	—	—

续 表

县（市、区）	传统村落	名称	保护现状	利用现状
婺城区与开发区	洋埠镇湖前村	尚睦堂	胡氏尚睦堂始建于明朝，后毁于大火，于2014年重建。现尚睦堂用作文化礼堂、老年活动室，同时是汤溪中学办学旧址	—
	罗埠镇上潘村	金氏宗祠	内部架构基本保存完整，外墙经过整改，门面修缮得过于现代化，与内部传统建筑风格不统一	—
	安地镇安地村	—	—	—
	蒋堂镇下尹村	三瑞祠堂	—	—
	琅琊镇上盛村	郭伦堂	—	—
	乾西乡雅宅村	—	—	—
	沙畈乡高儒村	高儒李氏宗祠	—	—
	塔石乡岱上村	—	—	—
	塔石乡塔石村	—	—	—
金东区	傅村镇山头下村	沈氏宗祠	内部正在进行整治修缮，外部架构基本不变	作为村文化礼堂以及红领巾教育基地
	傅村镇畈田蒋村	蒋氏宗祠	蒋氏宗祠始建于康熙四年，但在1974年毁于“文化大革命”。现在的宗祠由蒋氏族人集资180万元在原址上重建，占地640平方米，坐南朝北，平面布局呈长方形，为三进五开间，天井格局，宗祠建筑风格为典型的徽派建筑	—
	源东乡长塘徐村	瀛生公祠	瀛生公祠整个院子有20多米长、10米宽，东西两个大门，中间三个小门（后来分家才开出来的），门面都很不错，只是中间的墙有所倾斜、破落。透过门缝，可以看到里面二楼窗户是用玻璃做的	老年活动中心

续 表

县（市、区）	传统村落	名称	保护现状	利用现状
金东区	源东乡东叶村	曹氏祠堂	—	文化体育活动中心与老年活动中心
	曹宅镇曹宅村	曹氏宗祠	—	文化礼堂，用于文艺会演以及作为老年活动中心
	赤松镇老石桥村	—	—	—
	赤松镇仙桥村	黄大仙寝陵	二仙桥西头是二仙祠，又名报本殿，为二仙黄初平、黄初起兄弟二人的寝陵，至今香火旺盛。祠内存有乾隆十七年凿刻的《古迹攸存》石碑一帧和凿刻二仙桥造桥史实的断石半截，存有“二仙仙逝后二尊仙体安厝于此”的简略文字。据传东晋年间二仙桥一带时而山洪暴发，时而大旱连年，百姓备受其害。二仙顾念百姓疾苦，于是“造桥点泉”	祭祀活动中心
	赤松镇王宅村	—	—	—
	澧浦镇琐园村	严氏宗祠	严氏宗祠是村南最大的古建筑，共四进，通面宽 20 米，深近 63 米，高大敞亮，每进均有天井，天井两侧均建厢房相连。祠堂大门为八字形，门额挂一匾，系乾隆年代之物。“山高水长”四字是取自范仲淹发现严子陵后裔后，写的一篇记中的文字。严氏宗祠右边耸立着一座清乾隆五十二年建的旌节石牌坊，横石梁刻有“为故民严锡佩妻黄氏建”字样。牌坊雕饰精细，气势宏伟	—
		永思堂	—	—

续 表

县（市、区）	传统村落	名称	保护现状	利用现状
金东区	澧浦镇蒲塘村	王氏宗祠	占地面积866平方米，建筑面积866平方米。始建于明朝，至今历时约500年，素以历史、文化积淀深厚著称于婺城之东乡。著存堂内所列大理石勒刻之祖先遗像及其像赞18幅、高悬于中堂之上之赫赫牌匾50余方，几乎涉及中国自五代以来的近千年历史。经历代修缮，于1949年土地改革时被收作国家粮库，近半个世纪后归还本族，经族人抢修，于2008年全面修复，其形貌重现如初	祭祖、集会场所
	塘雅镇前溪边村	方氏宗祠	—	—
	岭下镇岭五村	—	—	—
	岭下镇后溪村	汤氏宗祠	部分破损，但是梁架保存较好，尚未修缮	—
	江东镇雅湖村	胡氏宗祠	—	—
	孝顺镇中柔村	—	—	—
	孝顺镇夏宅村	—	—	—
	孝顺镇浦口村	—	—	—
	赤松镇山口村	邢氏宗祠	—	—
		叶氏宗祠	—	—
	赤松镇下潘村	郑氏宗祠	—	—
	澧浦镇方山村	方氏宗祠	—	—
	澧浦镇郑店村	—	—	—
	孝顺镇支家村	翁氏宗祠	—	—

续 表

县（市、区）	传统村落	名称	保护现状	利用现状
兰溪市	永昌街道永昌村	李氏藩衍厅	2013 年重修，保存较好。北侧墙体外原有建筑被焚毁，仅残留建筑轮廓痕迹；北侧后檐后期加设石库门，现封堵，北侧外墙可见门过梁、侧石；室内地面为后期水泥地面，部分木柱、木椽存在干缩开裂	—
	永昌街道社峰村	吴氏小宗祠	—	—
	永昌街道夏李村	大宗祠	—	定期组织迎龙灯、舞狮子、演神戏等文化活动，展示夏李村的民风、民俗
	水亭乡西姜村	西姜祠堂	西姜祠堂，又称孝思堂，位于水亭乡西姜村，“回”字形建筑结构，坐东朝西，占地约 3000 平方米，外门楼和仪门均已毁，仅存中厅，两庑亭堂（神寝）和左右厢房。中厅为主建筑，三开间带四周回廊，通面阔 19.3 米，通井深 13.7 米，用材硕大，九脊单檐歇山顶，明次间屋均系抬梁式。前廊为卷棚。檐柱为方形石柱，抹角内幽页，其他为木柱，鼓形柱础，下垫覆盆。檐柱用倒挂龙斜撑。据《姜氏宗谱》有关记载：西姜祠堂于明代万历年间（1573—1620），由姜元寿主持建造，是金华市现存规模最大、时代较早的古建筑之一	—
	诸葛镇万田村	万田敦睦堂	—	—

续 表

县（市、区）	传统村落	名称	保护现状	利用现状
兰溪市	诸葛镇长乐村	金氏大宗祠	建于明万历三十三年，有近400年的历史，供奉金氏始祖与历代祖先及族内有名望者，也是执行家法之地。祠内悬挂着金履祥的画像。门楼气势恢宏，上悬“百世瞻依”匾额一块。大宗祠正门设置了一对青石抱鼓，体大质优，光照宜人，极为少见	—
		吴氏宗祠	—	—
	诸葛镇诸葛村	丞相祠堂	门屋五开间，正脊上用磨砖刻“隆中云礽”四个大字。屋前有夹杆石一对。檐柱高5.2米。中央三间为正门，檐柱间设签子栏杆，金柱间开板门，每间四扇，门前设抱鼓石。左右梢间作精致的磨砖影壁。正门并不高大华丽，而是风格平易、素雅精致，很有诸葛亮“静以修身，俭以养德，非淡泊无以明志，非宁静无以致远”的气度	用作祭祀
	兰江街道姚村村	姚氏家庙	—	—
	黄店镇三泉村	—	—	—
	黄店镇上包村	包氏宗祠	包氏宗祠为上包村新建祠堂，建构精美，是目前上包村中心区域	用作宗族祭祀
	黄店镇桐山后金村	—	—	—
	黄店镇芝堰村	陈氏祠堂（孝思堂）	平面布局成“回”字形，中轴线上分布有门厅、中厅及享堂，门厅和享堂两侧各有一个三间两厢的侧屋，中厅两侧为七开间庑屋，与侧屋、门厅、享堂相连，中厅独立，四周用天井隔开，形成一个四周闭合、中厅独立的“回”字形建筑	—
	女埠街道虹霓山村	—	—	—

续 表

县（市、区）	传统村落	名称	保护现状	利用现状
兰溪市	女埠街道垷坦村	周氏家庙	周氏家庙（敦本堂）是市级文物保护单位，始建于南宋嘉定年间，于明朝万历十二年（1584）重建。建筑面积726平方米，门楣砖雕古朴精致，五间三进两天井，青石柱抬梁斗拱式，具有明清建筑风格	—
	女埠街道渡渎村	章氏家庙	章氏家庙始建于明嘉靖元年。《女埠镇志》："结构属四合院式，三进二厢，青石楼门，总建筑面积约850平方米。现存门楼为明建筑，余为晚清风格，中庭高耸雄伟，雕梁画栋，青石立柱。"章氏家庙为兰溪市重点文物保护单位。一进两侧柱上各有门神木雕；二进门第上方有敕赐的"崇儒"匾额，两侧柱上悬挂"文章紫殿无双客，富贵皇朝第一家"楹联，入内为前天井，16根青石立柱，四角飞檐若虬龙腾飞；后天井立有章氏源流碑文；最后一进为祖考神灵寝室，梁上有"妥我先灵"的匾额	—
	黄店镇刘家村	刘家宝训堂	门楼为木构件歇山顶，单间。楼上悬一竖匾，右行竖书"乾隆五十年十二月谷旦"，中间"圣世瑞徽"四个大字，左行竖书"五代同堂钦宾刘文嵩立"。宗祠平面为三开间三进二天井，距门楼20米。前进明间五架月梁带前双后单步廊，边缝抬梁与穿斗相结合，明间设戏台，上有藻井，刻"丹凤朝阳"的图案。中间为正厅，明间中缝五架月梁带前后双步廊，次间穿斗式。后进梁架用料小，抬梁与穿斗相结合。各进间有穿院相连。刘家宝训堂是刘家村刘氏的宗祠建筑，为研究乡土建筑提供了实物资料	—
	黄店镇上唐村	上唐祠堂	—	—

续　表

县（市、区）	传统村落	名称	保护现状	利用现状
兰溪市	柏社乡洪塘里村	蒋氏宗祠	坐西朝东偏北，平面呈“回”字形，前院为教学楼，西侧厢房各七间为师生宿舍，后进已改造成水泥结构平房	—
	梅江镇塔山村	—	—	—
	梅江镇祝宅村	祝氏宗祠	祝氏宗祠位于祝宅村的下祝宅村。建筑形式为三进两天井，整幢建筑保存完好，木柱、牛腿、雕花横梁等基本维持原样，只有极少部分为后期修缮，地面已经经过硬化，看不到原有铺装，整座建筑古朴大气，简洁优美	—
	梅江镇梅街头村	凌氏宗祠	—	—
	横溪镇宋宅村	宋濂祠堂	有戏台、宋氏祖先雕像	作为文化礼堂，展示村落历史文化、名人逸事、村规民约以及农耕文物
	梅江镇虞街村	上施大厅祠堂	—	—
浦江县	虞宅乡新光村	新光朱氏宗祠	朱氏宗祠位于新光自然村村口，建于清朝乾隆年间。坐东北朝西南，原有三进，门厅改建，现存二进。正厅五开间，明间和次间五架抬梁带前后双步，四柱落地，用石柱、梢间山墙承重。正厅与后厅明间有穿厅连接，穿厅抬梁式结构，二柱落地。两侧各设耳房，耳房作土地庙和功德祠使用。后厅五开间，明、次间抬梁式结构，三柱落地，用石柱。朱氏宗祠格局规整，是新光村的重要历史建筑之一	—

续　表

县（市、区）	传统村落	名称	保护现状	利用现状
浦江县	檀溪镇潘周家村	—	—	—
	白马镇嵩溪村	徐氏宗祠	门面有四间屋宽，进深分别有四进，整个建筑呈长方形，长约60米，宽40米。大门紧闭，门上分别画着徐氏始祖们的肖像。宗祠的第一进是一个保存完好的古戏台，而且是古色古香、原汁原味的。戏台高2米，有8根石柱支撑，戏台屋顶是四方飞檐挑角的格式，戏台背对宗祠大门。迈步登上戏台，正面相对的是“燕诒堂”，戏台和“燕诒堂”之间是天井，地面为青石板铺就，天井宽阔，足以容纳全村人看戏和集会	—
		邵氏宗祠	面宽三间，进深三进，整个建筑也呈长方形，长约40米，宽约25米。门前是明堂，正对面有一个简单的戏台，可供平日里放电影和演戏用。宗祠大门外柱子上写有一副对联。门外左右各有一面石鼓。跨进宗祠是正方形的天井，第二进是“永思堂”，宗祠重大事项都是在这里决定的。最里面供奉着邵氏祖先	—
	郑宅镇郑宅镇区	郑氏宗祠	“江南第一家”原指郑氏宗祠，前后五进，结构宽敞，风格古朴。主体建筑有序堂，是可容纳千余人的大厅，至今保存完好。堂前古柏森森，更增添了端正肃穆的气氛	—
		昌三宗祠	—	—

续 表

县（市、区）	传统村落	名称	保护现状	利用现状
浦江县	黄宅镇古塘村	方氏永庆堂	—	—
	杭坪镇杭坪村	—	—	—
	杭坪镇石宅村	石氏宗祠	—	—
	仙华街道登高村	赵氏宗祠	—	—
	岩头镇礼张村	张氏宗祠	—	—
	虞宅乡马岭脚村	—	—	—
东阳市	虎鹿镇蔡宅村	蔡氏宗祠	蔡氏宗祠始建于明嘉靖二十五年，康熙十一年重建，由照壁、前厅、穿堂、后堂组成“工”字形平面布局。前厅与后堂均三开间，单檐硬山顶，八架前双后单步廊构架，明间抬梁式，次间穿斗式，后堂山榀为砖仿木结构，枋檩直接架于墙上。穿堂三间，抬梁构架。穿堂和后堂的梁架画有彩绘。蔡氏宗祠装修融木雕、砖雕、彩绘等技艺于一体，照壁在东阳市内最宽，价值突出，于 1997 年 7 月被公布为东阳市文物保护单位	祭祀活动
	巍山镇大爽村	—	—	—
	虎鹿镇磨水仓村	—	—	—
	虎鹿镇厦程里村	程氏宗祠	坐西朝东，由门厅、前厅、穿堂和后堂组成。大门设抱鼓石一对。前厅，三开间单檐硬山顶，九架前后双步廊构架，檐柱设人物狮鹿牛腿。建筑在东阳市内民国时期的宗祠建筑中具有较高的代表性。2011 年被公布为东阳市文物保护点	—
	虎鹿镇坞葛村	—	—	—

续 表

县（市、区）	传统村落	名称	保护现状	利用现状
东阳市	虎鹿镇西坞村	西坞村大会堂	大会堂保存完好，砖木结构，屋内白墙，二层有木质走廊。门口梁角有雕花，牛腿精美，均为人物雕花	—
	画水镇天鹅村	—	—	—
	画水镇旭光村	蒋氏宗祠	蒋氏83世蒋友举（1098—1163年）等兄弟三人建村于北宋，距今约900年。蒋氏宗祠为清代建造，二进五间，柱体大梁等均保存完好，牛腿为镂空雕刻，雕刻精细，内容似神话故事	—
	李宅镇李宅村	新祠堂、小宗祠	新祠堂：建于清道光年间，现存门楼、前厅、穿堂和两侧部分厢廊，占地490平方米。建筑做工细致。 小宗祠：建于清道光年间，由前厅、穿堂和后堂组成，工字平面布局，占地241平方米。前厅与后堂均三开间，设S形牛腿。院墙大门上嵌“桂林一枝”石额，系林则徐老师本邑进士赵睿荣所题	花灯非物质文化遗产传承基地
	马宅镇雅坑村	—	—	—
	南马镇上安恬村	广远公祠	保存较差，破坏严重，但从牛腿精美的雕花和横梁依稀可见祠堂当年的辉煌	现作为凉席厂房
	巍山镇白坦村	新祠堂	建筑坐西朝南，占地面积约为173平方米，与义方堂相邻	—
	巍山镇古渊头村	—	—	—
	佐村镇平坑村	木杓湾大会堂	—	—
	佐村镇平岩顶村	—	—	—
	佐村镇下里坑村	—	—	—
	佐村镇恒坑村	祠堂	—	—

续 表

县（市、区）	传统村落	名称	保护现状	利用现状
磐安县	冷水镇朱山村	—	—	—
	仁川镇石下村	—	—	—
	双峰乡大皿村	—	—	—
	盘峰乡榉溪村	孔氏家庙	建于南宋，按衢州孔氏家庙恩例，位于榉溪村北的杏檀园前建造榉川（今榉溪）南宗阙里孔氏家庙，赐“万世师表”金匾一块，后遂为孔氏婺州南宗。家庙坐南朝北，占地面积836.22平方米，整座建筑以中轴线贯穿，由门楼、戏台、天井、前厅、穿堂及二小天井、后堂等组成，平面呈长方形。孔氏家庙的建筑十分严谨，堂构考究，古朴宏伟，梁枋做工精美，雕花板技艺精湛，极具艺术性。榉溪虽经千年岁月的洗礼，但较好地保存了历史原貌，体现婺州山地民居特色的历史建筑，错落有致地形成了小街、小弄，给人们一种强烈的视觉冲击，整个榉溪村落与周围的山川环境融为一体，孔氏文化与磐安当地风俗文化逐渐交融	旅游景点、祭祀场所
	安文镇墨林村	—	—	—
	双溪乡梓誉村	蔡氏宗祠	蔡氏宗祠始建于公元1420年前，1529年遭倭寇焚烧。于明朝崇祯四年（1631）重建，宗祠作为蔡氏家族议事、聚会、祭祖等蔡氏家族公共场所，采用纵轴布局形式，显得威严、庄重。祠堂自东南向西北依次为牌坊式门楼、天井、前厅、穿堂、两个小天井，以及后厅。全祠由38根大木支撑，显得肃穆、威严。宗祠大厅正中高悬宋理学家朱熹手书的“理学名宗”匾额，更显历史悠久，古色古香	—

续　表

县（市、区）	传统村落	名称	保护现状	利用现状
磐安县	尖山镇管头村	管头大会堂	位于尖山镇管头村，建于中华人民共和国成立后，修于1958年。其二层结构具有民俗特色，过去是村民活动场所，现为老年人活动场所。管头大会堂坐北朝南，占地196平方米，五开间穿斗式二层建筑，三门二窗，门有中西合璧的风格，二层设有走廊，除山墙及后檐柱子为圆形外，其余为方形，柱础为方形。管头大会堂格局保存完整	—
	胡宅乡横路村	敦睦堂	敦睦堂位于横路村内，坐西朝东，由前厅、穿堂、天井、后堂组成，占地332平方米。前厅三开间，建筑结构为抬梁式与穿斗式相结合，七檩四柱，前廊为卷棚顶，门前置二对旗杆石。穿堂建筑结构为抬梁式，五檩二柱。后堂建筑结构如同前厅。在明间后半间设有戏台。屋面硬山顶五花山墙，盖阴阳合瓦，柱础呈鼓形或方形，地面为灰土。该祠整体布局规整，保存一般，大木构架基本完整，牛腿已毁，祠堂南山墙已用红砖砌成，多根檩椽已更换，北边小天井搭有倾斜屋面，杂物堆积严重	—
	玉山镇马塘村	周氏宗祠	周氏宗祠为二层三栋两弄建筑组成，徽式建筑，保存完好，但内部堆放杂物较多，保护措施较差	—
	双溪乡潘庄村	潘氏宗祠	潘氏宗祠保存完好，内部牛腿雕刻精细	—

续　表

县（市、区）	传统村落	名称	保护现状	利用现状
武义县	熟溪街道郭洞村	何氏宗祠	何氏宗祠占地1060平方米，房屋建筑面积1200平方米。祠堂分为头门、正厅和后厅三进。头门（前厅）三大间，东西厢房各两间；正厅五大间及东西回廊，厢房东西各三间；后厅五间与左右回廊及东西厢房各三间。正厅前的天井中建有宇台（俗称戏台）一座，戏台正面宽5.8米，侧面宽6.2米，面积约36平方米。祠堂门廊大门边有一对直径90厘米的抱鼓石（俗称户对），连同石雕底座共高1.76米。门口上方是一块白色匾额，上有“源泓派浩”四个遒劲有力的大字。两扇大门各绘彩色门神像，大门两边有木刻对联“入堂思起敬，绳武乐明伦”，门口上方墙上凸雕楷书“何氏宗祠”四个大字。祠堂戏台为翘角飞檐，台前翘角顶端泥塑鳌鱼入海，屋脊东西翘角泥塑倒立飞龙。戏台柱梁的牛腿、雀替皆精雕细刻。戏台中部双层八角藻井内，至今仍保留明朝彩绘的花鸟人物。戏台后壁正面彩绘巨幅唐皇游月宫图	祭祖活动中心、旅游开发景点之一
	大田乡岭下汤村	岭下汤石祠	岭下汤石祠是目前发现的规模较大的明代石构建筑，石祠采用仿木形式，形制和手法具明显的时代特征，有较高的历史价值和艺术价值。岭下汤石祠又称石梁架屋、大石殿，建于明代中晚期，采用石构梁架，原为三进带两厢的院落建筑，现存石殿为第三进建筑，该建筑坐西朝东，为面宽三间、进深五间，硬山顶，五架梁带前后双步梁，除檩、椽、前后檐双步梁上的栌斗用木料制成外，建筑的柱、梁、枋和斗均由石料打制而成，整个建筑用材粗大，结构浑厚简练，造型独特	—
		汤氏特祠	—	—
		朱家祠堂	—	—

续　表

县（市、区）	传统村落	名称	保护现状	利用现状
武义县	俞源乡俞源村	俞氏宗祠	俞氏宗祠，分三进二院，共51间，总面积达2400平方米，规模隆重，气势恢宏。不管是正厅、中厅或寝堂及两侧的庑厢、廊房均高低有序，错落有致，犹如天成。站在湿漉漉的天井里，环视宗祠：厅堂轩敞，廊柱挺拔，屋梁稳重，三雕精美绝伦。虽然由鹅卵石组成的图案已被岁月的青苔所遮盖而失去了往日的那份精美，但饱经沧桑的飞檐、牛腿、雀替及众多由名人名家所题写的匾额依然在诉说着俞氏家族曾经的辉煌，特别是古戏台对面正厅中央那块由明朝大学士严讷赠送的“壬林堂”大匾，更是把俞氏家族当年的声望和地位体现得淋漓尽致	—
	桃溪镇陶村	陶氏宗祠	—	—
		郑氏宗祠	—	—
		邹氏宗祠	—	—
		徐氏宗祠	—	—
		王氏宗祠	—	—
	大溪口乡山下鲍村	山下鲍涂氏宗祠	—	—
	柳城畲族镇上黄村	王德用祠堂	—	—
		王荣祠堂	—	—
	柳城畲族镇半塘村	祝氏宗祠	—	—
	柳城畲族镇华塘村	王氏宗祠	—	—

续 表

县（市、区）	传统村落	名称	保护现状	利用现状
武义县	柳城畲族镇金川村	刘氏宗祠	—	作为文化礼堂，用于展示村庄历史文化、名人逸事以及村规民约，展览农耕文物
		邹氏宗祠	—	—
	坦洪乡上坦村	江望潘氏宗祠	—	—
永康市	前仓镇厚吴村	吴氏宗祠	吴氏宗祠结构合理，技艺精良，分前、中、后三进两厢，前厅三开间，中厅五开间，后寝七开间，为五明二暗，两蝴蝶均施高深精美浮雕。人物、走兽飞禽、花卉、鱼虫皆栩栩如生。柱头、檀坊，玲珑剔透，牌坊、桁条都金珠彩绘，且保存完整无损，真是富丽堂皇	—
	舟山镇舟山二村	印若公祠、石章祀祠、允猷公祠等	印若公祠位于舟山镇舟山二村小王山 83 号，建于 1919 年前后。公祠坐西朝东，占地 644 平方米，四合院式，前后二进，依次递升，左右设厢房，砖木结构，硬山顶。前厅面宽五开间带二弄，明间梁架抬梁结构，为五架梁带前后单步用四柱，后檐牛腿挑檐，二层后廊施卷棚顶，外檐施葫芦栏杆。后堂正厅七开间，单层，明间梁架抬梁式，为五架梁前带卷棚后单步用四柱；梢间山面梁架穿斗式，五柱七檩。前廊外设石栏杆。一进、二进之间天井两侧建水池，中设小桥，并设台阶到正厅。正大门为石库门，门面仿西洋建筑风格。牛腿、雀替等雕刻了动物、花草等图案，雕刻精细。	—

续 表

县（市、区）	传统村落	名称	保护现状	利用现状
永康市	舟山镇舟山二村	印若公祠、石章祀祠、允猷公祠等	石章祀祠位于舟山镇舟山二村双井路138号，根据建筑的结构特征，建于清代晚期。坐西朝东，占地面积253平方米。砖木结构，硬山顶。四合院式。前厅为三开间带二楼梯间，后厅为三开间带二弄，左右厢房各为一间。前厅明间梁架结构为五架梁带前卷蓬后单步用四柱（前檐用牛腿承托挑檐檩），次间山面梁架结构为分心前后双步梁带前后单步用五柱（后檐用牛腿承托挑檐檩）。后厅为单层建筑，明间梁架结构为五架梁带前后单步用四柱，次间边缝梁架结构为分心前后双步梁带前后单步用五柱，前檐用牛腿承托挑檐檩。左右厢房为两层结构。牛腿等构件上雕有吉祥动物、花草等。门窗上雕有冰裂纹。卷蓬两侧雕有动物。石章祀祠构造独特，具有一定的文物价值。 允猷公祠位于舟山镇舟山二村鱼池街南一弄5号，根据建筑的结构特征，建于清代末期。坐西北朝东南，占地面积158平方米。砖木结构，上下两层，硬山顶。该建筑为三合院式。正屋为三开间带二弄，左右厢房各为一间。正屋明间梁架结构为三架梁带前后单步用四柱，次间梁架结构为分心前后单步梁带前后单步用五柱。前檐均用牛腿承托挑檐檩。门窗、牛腿等构件上雕有狮子、大象、仙鹤、花草、水枝葫芦、芭蕉等。照墙内壁有彩绘。天井用石板铺砌。允猷公祠保存完整，雕刻精美，构造独特，具有一定的文物价值	—
	石柱镇塘里村	—	—	—

续 表

县（市、区）	传统村落	名称	保护现状	利用现状
永康市	芝英镇芝英村	小宗祠堂、天成公祠等34处祠堂	芝英村内祠堂众多，大多数祠堂为传统三进形式，内部雕刻精美牛腿、木柱等保存完好，壁画雕刻内容包罗万象	—
	象珠镇清渭街村	应树德堂	传统三进祠堂，已经过修缮，内部牛腿等雕刻精美	—
义乌市	赤岸镇朱店村	豫祠祠堂	典型的徽派建筑，其建筑格局气派雅致；精镂细刻、造型奇特；中西合璧的建筑风格，堪称古建筑中之一绝。木雕、砖雕技艺精细秀美，观方厅门墙和葆真堂石库门头匾额及其二侧松、梅、寿石图和文字的砖雕可见一斑	—
	赤岸镇尚阳村	胡公殿	—	—
	赤岸镇雅端村	叙伦堂（陈氏宗祠、敦睦堂、咸祖公祠）	位于赤岸镇雅端村，建筑坐西朝东，三进五开间，左右廊庑连穿堂，门厅后为一戏台，歇山顶，勾檐翘角。戏台做工较精，斗八藻井，饰螭龙纹，檐柱上镌刻“忠孝贤良千古鉴，声音笑貌一时新”楹联。正厅为敞开厅，冬瓜抬梁，采用五架抬梁前后双步插金柱式，梁架结体粗壮，木雕精美，后进为寝堂，抬梁式。左右天井有太平池。门前还保留旗杆石一对。整个建筑规模较大，保存较完整，与周围环境融为一体，具有较高的历史、科学和艺术价值	—
	佛堂镇田心村	慎可公祠、承德堂	—	—
	佛堂镇倍磊村	九如公祠、六份祠堂（报本祠）	—	—

续　表

县（市、区）	传统村落	名称	保护现状	利用现状
义乌市	义亭镇缸窑村	陈氏宗祠	其建筑坐东朝西，二进五开间，砖木结构，正门八字形，左右厢房对合，中为川堂相连，成“曰”字形制。除山墙外，祠内全部采用方形石柱，用拱形大香樟做大梁，柱子上方有一对木雕，为雌雄狮子，骑门大梁上雕刻有双龙戏珠的吉祥图案，两处天井上方分别有四个马腿，刻画了八仙人物，其形象逼真，趣味横生。建此宗祠，初衷是用于族人聚会、商议大事，到了20世纪50年代，用于放电影、开大会、剧团排练，20世纪60年代初用作村小学	—

第九章　金华市传统村落非物质文化遗产

本章对金华市国家级、浙江省级、金华市级、非物质文化遗产按照地区、类别进行了统计分析（见表9－1至表9－10）。

表9－1　　金华市非物质文化遗产分布——民间文学

项目名称	地区或村落	级别
黄初平（黄大仙）传说	市本级	第二批国家级
东阳马坦的故事	东阳市	第二批市级
毕矮的故事	兰溪市	第五批省级
浦江仙华山传说	浦江县	第二批市级
傅大士传说	义乌市	第三批市级
颜乌的传说	义乌市	第三批市级
罗幺（罗隐）传说	东阳市	第三批市级
刘秀的传说	武义县	第三批市级
陶德义的故事	武义县	第三批市级
江南第一家传说	浦江县	第三批市级
舞龙故乡的传说	磐安县	第三批市级
兰花女传说	兰溪市	第四批市级
何氏定武兰亭传奇	东阳市	第五批市级
白沙老爷传说	婺城区	第六批市级
李渔的故事	兰溪市	第六批市级
叶法善传说	武义县	第三批省级
傅大士传说	义乌市	第四批省级

表 9－2　金华市非物质文化遗产分布——传统音乐（民间音乐）

项目名称	地区或村落	级别
金华山歌	市本级	第二批省级
磐安吹打	磐安县	第二批省级
金华民歌	市本级	第一批市级
黄大仙道教音乐	市本级	第一批市级
磐安先锋	磐安县	第一批市级
磐安四吹	磐安县	第一批市级
磐安铜锣调	磐安县	第一批市级
锣鼓班（东阳画溪民乐吹打、义乌锣鼓班）	东阳市、义乌市	第一批市级
金华小调（兰溪青丝鸟）	兰溪市	第二批市级
金华山歌（东阳山歌）	东阳市	第一批市级
东阳花锣鼓	东阳市	第二批市级
畲族对歌	兰溪市	第三批市级
踏水歌	东阳市	第三批市级
单人坐唱	永康市	第三批市级
武义山歌	武义县	第五批市级
梨花、吉子吹奏	市本级	第六批市级
“先锋”吹奏	市本级	第六批市级

表 9－3　金华市非物质文化遗产分布——传统舞蹈（民间舞蹈）

项目名称	地区或村落	级别
浦江板凳龙	浦江县	第一批国家级
兰溪断头龙	兰溪市	第一批国家级
十八蝴蝶	永康市	第二批国家级
浦江迎会	浦江县	第一批省级
跳魁星	市本级	第二批省级
武义花灯花轿	武义县	第二批省级
许宅花灯	东阳市	第二批省级
岭口亭阁花灯	磐安县	第二批省级
浦江滚地龙	浦江县	第二批省级

续 表

项目名称	地区或村落	级别
鲤鱼跳龙门	武义县	第三批省级
武义三狮	武义县	第三批省级
调花钹	永康市	第四批省级
蔡宅高跷	东阳市	第四批省级
金华桥灯（浦江板凳龙、东阳许宅花灯、磐安迎灯、婺城板凳龙、义乌迎龙灯）	浦江县、东阳市、磐安县、婺城区、义乌市	第一批市级
金华拉线狮子	市本级	第三批省级
迎会（浦江迎会、兰溪梅江迎会）	浦江县、兰溪市	第一批市级
永康十八蝴蝶	永康市	第一批市级
跳魁星	市本级、婺城区	第一批市级
永康九狮图	永康市	第一批市级
兰溪断头龙	兰溪市	第一批市级
浦江鱼灯	浦江县	第五批省级
浦江擂马	浦江县	第三批省级
婺城竹节龙	婺城区	第一批市级
舞狮（兰溪游埠舞狮、婺城舞狮）	兰溪市、婺城区	第一批市级
磐安迎大旗	磐安县	第一批市级
磐安长旗	磐安县	第五批省级
秋车（东阳秋车、义乌秋千）	东阳市、义乌市	第一批市级
銮驾（兰溪銮驾、金东銮驾）	兰溪市、金东区	第一批市级
跳魁星（东阳傀儡戏）	东阳市	第一批市级
金华桥灯（永康龙灯）	永康市	第一批市级
迎会（武义台阁、义乌抬阁跷）	武义县、义乌市	第一批市级
磐安高照马	磐安县	第二批市级
武义推端午船	武义县	第二批市级
武义畲族祭祖舞	武义县	第二批市级
金东让河迎花树	金东区	第一批市级
武义鲤鱼跳龙门	武义县	第一批市级

续　表

项目名称	地区或村落	级别
永康纸龙舞	武义县	第二批市级
浦江竹丝灯	浦江县	第二批市级
武义荡湖船	武义县	第二批市级
马灯舞（婺城区跳竹马、义乌枫溪走马灯、永康马灯舞）	婺城区、义乌市、永康市	第三批市级
蚌舞	东阳市	第三批市级
钢叉舞	浦江县	第三批市级
金东布龙（五本报龙嬉珠）	金东区	第三批市级
拉线狮子（金东拉线狮子、义乌拉线狮子）	金东区、义乌市	第三批市级
跳魁星（浦江踏八仙）	浦江县	第三批市级
盾牌舞	东阳市	第四批市级
金华桥灯（金东区莲花灯）	金东区	第四批市级
秋车（磐安船车）	磐安县	第四批市级
龙舞（永康布龙）	永康市	第四批市级
马灯舞（武义走马灯）	武义县	第四批市级
乌龟端茶	磐安县	第四批省级
九节龙	市本级	第五批市级
上李走马灯	婺城区	第五批市级
畲族祭祖舞	兰溪市	第五批市级
永康拱瑞手狮	永康市	第五批省级
铜钿鞭	磐安县	第五批市级
都心布龙	兰溪市	第六批市级
舞狮	磐安县	第六批市级

表 9－4　金华市非物质文化遗产分布——传统戏剧

项目名称	地区或村落	级别
乱弹	浦江县	第一批国家级
婺剧	市本级	第二批国家级
醒感戏	永康市	第三批国家级
婺剧变脸	市本级	第三批省级
西安高腔	市本级	第一批省级
侯阳高腔	东阳市	第二批省级
武义昆曲	武义县	第二批省级
东阳傩戏	东阳市	第三批省级
西吴高腔	市本级	第四批省级
徽戏	市本级	第四批省级
浦江乱弹	浦江县	第一批市级
高腔（西安高腔、东阳侯阳高腔、义乌高腔）	市本级、东阳市、义乌市	第一批市级
昆腔（武义草昆、金东昆腔）	武义县、金东区	第一批市级
草昆（兰溪金家草昆）	兰溪市	第一批市级
目连戏	东阳市	第三批市级

表 9－5　金华市非物质文化遗产分布——曲艺

项目名称	地区或村落	级别
兰溪摊簧	兰溪市	第一批国家级
永康鼓词	永康市	第三批国家级
金华道情	市本级、义乌市	第二批国家级
浦江什锦	浦江县	第四批省级
小锣书	义乌市、金东区	第一批市级
金华宝卷	市本级	第一批市级
浦江琴锣说唱	浦江县	第一批市级
打行锣	金东区	第三批市级
花鼓（义乌花鼓、东阳花鼓）	义乌市、东阳市	第三批市级
浦江小锣书	浦江县	第三批市级
单人坐唱（磐安单人闹花头台）	磐安县	第四批市级
金华说书	金东区	第五批市级

表 9-6　金华市非物质文化遗产分布——传统体育、游艺与杂技（杂技与竞技）

项目名称	地区或村落	级别
翻九楼	东阳市	第二批国家级
线狮（九狮图）	永康市	第一批国家级
迎大旗	磐安县	第二批省级
罗汉班	义乌市	第二批省级
后宅高跷	义乌市	第二批省级
岳家拳（岳武穆柔术）	市本级	第三批省级
磐安叠牌坊	磐安县	第三批省级
永康打罗汉	永康市	第三批省级
大成拳	金东区	第四批省级
高跷（义乌高跷、东阳蔡宅女子高跷）	义乌市、东阳市	第一批市级
叠罗汉（浦江寿溪叠罗汉、永康打罗汉）	浦江县、永康市	第一批市级
高跷（永康高跷）	永康市	第一批市级
兰溪划龙船	兰溪市	第二批市级
金华岳家拳	市本级	第二批市级
直里功夫	金东区	第三批市级
叠罗汉（义乌叠罗汉、磐安叠牌坊）	义乌市、磐安县	第一批市级
五经拳	金东区	第四批市级
金华南拳	市本级	第四批市级
金华斗牛（武义斗牛）	武义县	第四批市级
桐院武术	东阳市	第五批市级
蛇拳	金东区	第六批市级
南拳（七步拳、十字拳）	兰溪市	第六批市级
大力士摔跤	磐安县	第六批市级
抢头杵	婺城区	第三批省级

表 9-7 金华市非物质文化遗产分布——传统美术（民间美术）

项目名称	地区或村落	级别
东阳木雕	东阳市	第一批国家级
竹编	东阳市	第一批国家级
浦江剪纸	浦江县	第一批国家级
麦秆剪贴	浦江县	第二批国家级
锡雕	永康市	第二批国家级
粮食砌	兰溪市	第二批省级
传统砖雕	东阳市	第三批省级
泥水画	武义县	第三批省级
根雕（永康根雕）	永康市	第四批省级
剪纸（浦江剪纸、王风剪纸、永康剪纸）	浦江县、婺城区、永康市	第一批市级
郭宅大蜡烛	东阳市	第二批省级
浦江麦秆画	浦江县	第一批市级
剪纸（金华剪纸）	婺城区	第五批省级
义乌农民画	义乌市	第一批市级
婺州窑	市本级	第一批市级
婺剧戏服	市本级	第一批市级
东阳中国结	东阳市	第一批市级
东阳蓝印花布	东阳市	第一批市级
东阳土布	东阳市	第一批市级
武义棕编	武义县	第一批市级
武义农耕竹编	武义县	第一批市级
永康锡器	永康市	第一批市级
磐安大凉伞	磐安县	第一批市级
磐安亭阁花灯	磐安县	第一批市级
义乌百子灯	义乌市	第一批市级
浦江面塑	磐安县	第一批市级
粮食砌（兰溪粮食砌、东阳米塑）	兰溪市、东阳市	第一批市级

续　表

项目名称	地区或村落	级别
根艺（浦江竹木根雕、义乌根艺、武义根艺、婺城根雕）	浦江县、义乌市、武义县、市本级	第一批市级
东阳传统砖雕	东阳市	第二批市级
永康铜艺	永康市	第二批市级
浦江民间绘画	浦江县	第二批市级
面塑（义乌捏面人、东阳面塑）	义乌市、东阳市	第三批市级
烫画	兰溪市	第四批市级
油漆画	武义县	第四批市级
棕编（东阳棕艺）	东阳市	第四批市级
婺剧脸谱	市本级	第五批市级
木版年画	金东区	第五批省级
兰溪根雕	兰溪市	第五批市级
东阳竹根雕	东阳市	第五批省级
木雕	兰溪市、义乌市	第五批市级
竹编	永康市、浦江县	第五批市级
木雕（传统匾额制作）	市本级	第六批市级
糖画	兰溪市	第六批市级
竹雕	东阳市	第六批市级
核雕	东阳市	第六批市级

表 9－8　　　　　金华市非物质文化遗产分布——传统技艺

项目名称	地区或村落	级别
金华酒传统酿造技艺	市本级	第二批国家级
金华火腿腌制技艺	市本级	第二批国家级
绿茶制作技艺（婺州举岩）	市本级	第二批国家级
传统婺剧戏服制作技艺	市本级	第三批省级
金华酥饼传统制作技艺	市本级	第三批省级
婺剧戏服	市本级	第一批市级

续 表

项目名称	地区或村落	级别
金华火腿（金华火腿、东阳“上蒋火腿”腌制、浦江竹叶熏腿）	市本级、东阳市、浦江县	第一批市级
活字印刷技艺	市本级、义乌市	第二批市级
大婺乡传统糕点制作技艺	市本级	第五批市级
金华剪纸（兰溪民间剪纸、义乌剪纸）	兰溪市、义乌市	第一批市级
金华面饼制作技艺（金华酥饼、金华汤包、兰溪鸡子粿、浦江麦饼、婺城“的卜”、永康肉麦饼）	市本级、兰溪市、浦江县、婺城区、永康市	第二批市级
金华毛坦传统制作技艺	市本级	第五批市级
聚香园传统糕点制作技艺	市本级	第六批市级
婺州窑陶瓷烧制技艺	婺城区	第四批国家级
茶罐窑制作技艺	婺城区	第五批市级
公盛酱油传统酿造技艺	婺城区	第六批市级
金东山头下村古建筑营造技艺	金东区	第二批市级
古砖瓦制作技艺	金东区	第五批市级
婺州传统民居营造技艺（诸葛村古村营造技艺、俞源村古建筑群营造技艺、东阳卢宅营造技艺、浦江郑义门营造技艺）	兰溪市、武义县、东阳市、浦江县	第二批国家级
三伏老油传统酿造技艺	兰溪市	第三批省级
兰溪蜜枣加工技艺	兰溪市	第一批市级
孔明锁制作技艺	兰溪市	第五批省级
传统实木家具制作工艺	兰溪市	第五批市级
梅江烧酿造技艺	兰溪市	第五批市级
兰溪小萝卜腌制技艺	兰溪市	第五批市级
转轮岩风肉制作技艺	兰溪市	第五批市级
畲族织带	兰溪市	第六批市级

续 表

项目名称	地区或村落	级别
香醋酿造技艺	兰溪市	第六批市级
官酱园老酒酿造技艺	兰溪市	第六批市级
毛峰茶制作技艺	兰溪市	第六批市级
南马草席编织技艺	东阳市	第三批省级
东阳土布制作技艺	东阳市	第三批省级
东阳酒酿造技艺	东阳市	第四批省级
东阳沃面制作技艺	东阳市	第二批市级
粉干制作技艺（东阳索粉、磐安粉干）	东阳市、磐安县	第二批市级
东阳南马草席制作技艺	东阳市	第二批市级
锡艺（东阳锡艺）	东阳市	第一批市级
行灯制作技艺（东阳行灯制作技艺、浦江行灯制作技艺）	东阳市、浦江县	第三批市级
垈屋	东阳市	第四批市级
传统民间泥塑工艺	东阳市	第五批市级
草编墙纸制作技艺	东阳市	第六批市级
李宅荷花灯制作技艺	东阳市	第六批市级
雕花家具制作技艺	东阳市	第六批市级
传统制糖技艺（义乌红糖制作技艺）	义乌市	第四批国家级
木车牛力绞糖制作技艺	义乌市	第二批省级
黄山八面厅营造技艺	义乌市	第三批省级
婺剧盔帽制作技艺	义乌市	第三批省级
丹溪红曲酒传统酿造技艺	义乌市	第三批省级
木活字印刷术	义乌市	第三批省级
义乌枣加工技艺	义乌市	第四批省级
红曲传统制作技艺（义乌红曲）	义乌市	第四批省级
义乌红曲酿酒	义乌市	第一批市级

续 表

项目名称	地区或村落	级别
义乌红糖加工	义乌市	第一批市级
丹溪红曲酒	义乌市	第二批市级
南枣加工工艺	义乌市	第三批市级
风筝制作技艺（义乌风筝制作技艺、浦江纸鸢制作技艺）	义乌市、浦江县	第三批市级
豆腐皮加工技艺（义乌市豆腐皮加工技艺）	义乌市	第三批市级
金华面饼传统制作技艺（义乌东河肉饼制作技艺）	义乌市	第三批市级
蜜枣加工技艺（义乌蜜枣加工技艺）	义乌市	第三批市级
义亭陶缸制作技艺	义乌市	第四批市级
义乌红曲传统制作技艺	义乌市	第四批市级
民间打金打银（义乌金银首饰加工、永康打银）	义乌市、永康市	第四批市级
孔村白糖条制作技艺	义乌市	第五批市级
头粳传统加工技艺	义乌市	第六批市级
青柴棍酒酿造技艺	义乌市	第六批市级
永康锡艺	永康市	第二批省级
铜艺	永康市	第三批省级
永康钉称制作技艺	永康市	第三批省级
永康打金打银工艺	永康市	第四批省级
永康打铁技艺	永康市	第四批省级
永康钉秤技艺	永康市	第二批市级
纸花制作技艺（永康方岩纸花制作技艺、磐安凿纸花技艺）	永康市、磐安县	第二批市级
打金制作技艺	永康市	第三批市级

续　表

项目名称	地区或村落	级别
打铁制作技艺	永康市	第三批市级
永康单麦饼制作技艺	永康市	第三批市级
浙中古民居建筑营造技艺（义乌黄山八面厅建造技艺、永康厚吴古民居建筑建造技艺）	永康市	第三批市级
豆制品制作技艺（永康豆腐干制作技艺）	永康市	第四批市级
永康箍桶	永康市	第五批市级
永康土陶制作技艺	永康市	第五批市级
麻酥制作技艺	永康市	第六批市级
织带	永康市	第六批市级
永康铸铁（铁锅、铁壶）	永康市	第五批省级
浦江豆腐皮捞制技艺	浦江县	第三批省级
浦江豆腐皮制作技艺	浦江县	第二批市级
传统手工面制作技艺（浦江一根面制作技艺）	浦江县	第三批市级
泼露清酒制作技艺	浦江县	第三批市级
绿茶制作技艺（“浦江春毫”制作工艺）	浦江县	第三批市级
浦江十字花	浦江县	第四批市级
麦秆扇制作技艺	浦江县	第六批市级
米筛爬制作技艺	浦江县	第六批市级
武义干糕制作技艺	武义县	第二批市级
武义大曲制作技艺	武义县	第二批市级
漆真漆制作技艺	武义县	第三批市级
金华酒酿制技艺（东阳酒制作技艺、武义红曲酒制作技艺）	东阳市、武义县	第四批市级
武义绿茶（武阳春雨）传统制作技艺	武义县	第五批市级

续 表

项目名称	地区或村落	级别
武义大漆髹饰技艺	武义县	第五批省级
泥茶壶制作技艺	武义县	第六批市级
高照马制作技艺	磐安县	第四批省级
花灯制作技艺（东阳大堂灯、东阳针刺无骨花灯、浦江花灯、磐安人物灯、武义花灯、义乌百子灯、兰溪百沙花灯）	东阳市、浦江县、磐安县、武义县、义乌市、兰溪市	第二批市级
草鞋制作技艺	磐安县	第五批市级
蓑衣制作技艺	磐安县	第六批市级
婚嫁篾器制作技艺	磐安县	第六批市级

表 9-9　　金华市非物质文化遗产分布——传统医药

项目名称	地区或村落	级别
中药炮制技艺（武义寿仙谷中药炮制技艺）	武义县	第四批国家级
磐五味生产加工技艺	磐安县	第四批省级
武义桐琴朱氏中医伤科疗法	武义县	第二批市级
传统中医药文化（天一堂中药文化）	兰溪市	第五批省级
民间“九味头”传统膏方	东阳市	第四批市级
天生堂中医药文化	兰溪市	第五批市级
传统中医药文化（朱丹溪中医药文化）	义乌市	第五批省级
诸葛中医药文化	兰溪市	第六批市级
中药水丸制作技艺	永康市	第六批市级
武义谢氏正骨医术	武义县	第六批市级
兰溪传统中医药文化（堂中医药文化）	义乌市	第五批省级

表 9－10　　　　金华市非物质文化遗产分布——民俗及其他

项目名称	地区或村落	级别
赶茶场	磐安县	第二批国家级
浦江迎会	浦江县	第二批国家级
方岩庙会	永康市	第三批国家级
炼火	磐安县	第一批省级
金华斗牛	市本级	第二批省级
畲族三月三	武义县	第二批省级
迎大蜡烛	武义县	第二批省级
杭坪摆祭	浦江县	第三批省级
武义抬阁	武义县	第三批省级
七夕接仙女	武义县	第三批省级
义乌抬阁跷	义乌市	第三批省级
汤溪城隍庙摆胜	婺城区	第五批省级
东白山七月七	东阳市	第三批省级
迎花树	金东区	第四批省级
俞源圆梦节	武义县	第三批市级
高姥山七夕节	磐安县	第四批省级
婺州南宗祭孔典礼	磐安县	第四批省级
大腊烛（东阳大蜡烛、武义大蜡烛）	东阳市、武义县	第一批市级
磐安大祭马	磐安县	第一批市级
大蜡烛（金东迎大蜡烛）	金东区	第一批市级
庙会（磐安娘娘庙庙会）	磐安县	第一批市级
祭祀仪式（浦江杭坪摆祭、武义祭祖、义乌大年祭、婺城摆胜）	浦江县、武义县、义乌市、婺城区	第二批市级
浦江岩头火爆会	浦江县	第二批市级
东阳黄田畈“三月三”	东阳市	第二批市级
六月初一保稻节	婺城区	第三批市级
浪街	武义县	第三批市级
祭孔大典	兰溪市	第三批市级
金华民间族规（浦江郑氏规范）	浦江县	第二批市级

续 表

项目名称	地区或村落	级别
永康迎花烛	永康市	第四批省级
黄大仙信俗（金东区黄大仙祭典）	金东区	第四批市级
民间饮食习俗（浦江县十六横签）	浦江县	第四批市级
婚嫁习俗	武义县	第四批市级
郑宅试水龙	浦江县	第四批市级
五灵崇拜习俗	东阳市	第四批市级
祭礼仪式（兰溪猪羊会）	兰溪市	第四批市级
划旱船	金东区	第五批市级
迎大蜡烛	金东区	第五批市级
六月六晒经节	兰溪市	第六批市级
月半节	兰溪市	第六批市级
厚吴祭祖	永康市	第六批市级
岩头六社会灯	浦江县	第六批市级
祭祖习俗（诸葛后裔祭祖）	兰溪市	第四批国家级

第十章　金华市传统村落传统街巷

金华市传统村落传统街巷分布及其保护和利用现状如表 10－1 所示。

表 10－1　　金华市传统村落街巷分布及其保护和利用现状

区市县	序号	传统村落	传统街巷	保护现状	利用现状
婺城区	1	雅畈镇石楠塘村	古宅巷、石楠塘鹅卵石古道等	两侧建筑基本保存完好，少部分损坏，地面已被硬化	居住为主，无旅游及商业开发
	2	雅畈镇二村、三村	雅畈二村古长街路等	两侧建筑保存完好，大部分已修缮完毕，地面铺装已被破坏	居住为主，兼具商用，正在开展旅游开发
	3	安地镇山道村	传统巷道	整体保存完好，建筑、铺地保留传统风貌	居住为主，无旅游开发
	4	长山乡三村	传统巷道	街巷铺地以及建筑已新建	居住为主，无旅游开发
	5	塔石乡上阳村	上阳古街	两侧建筑整体保存完好，古街铺地以及环境要素基本保留下来	居住为主，无旅游开发
	6	塔石乡珊瑚村	村庄中心两条古街巷	整体传统风貌保存完好	居住为主，无旅游开发
	7	塔石乡塘头村	村庄中心两条古街巷	街巷风貌基本保存，两侧传统建筑保存完好	居住为主，无旅游开发

续 表

区市县	序号	传统村落	传统街巷	保护现状	利用现状
婺城区	8	开发区汤溪镇鸽坞塔村	祠堂一侧的几条古街巷	街巷风貌已被破坏，周边建筑大多为新建	居住为主，无旅游开发
	9	开发区汤溪镇中戴村	村庄中心两条古街巷	两侧建筑保存一般，街巷面貌保存较差，传统肌理被破坏	居住为主，无旅游开发
	10	汤溪镇寺平村	村内四条主要街巷	街巷风貌保存完好，传统建筑以及历史风貌保存完整	居住为主，兼具旅游开发
	11	汤溪镇上镜村	村内两条古街巷	建筑风貌保存一般，街道风貌保存较差	居住为主，无旅游开发
	12	洋埠镇湖前村	一条主要街巷	建筑风貌保存完好，街道风貌保存一般	居住为主，无旅游开发
	13	罗埠镇上潘村	—	—	居住为主，无旅游开发
	14	安地镇安地村	安地老街	安地老街两侧传统建筑基本保存原貌，其中有少部分新建建筑，整体风貌良好	居住为主，无旅游开发
	15	蒋堂镇下尹村	古金瞿老街	老街风貌保存良好，两侧建筑大多保存了下来	居住为主，无旅游开发
	16	琅琊镇上盛村	传统街巷	传统风貌没有保存下来，新建建筑较多	居住为主，无旅游开发

续 表

区市县	序号	传统村落	传统街巷	保护现状	利用现状
婺城区	17	乾西乡雅宅村	传统街巷	传统风貌没有保存下来，新建建筑较多	居住为主，无旅游开发
	18	沙畈乡高儒村	传统街巷	传统风貌基本保存，传统建筑状况较差	居住为主，无旅游开发
	19	塔石乡岱上村	传统街巷	村落整体风貌保存较好，建筑风貌保存较好	居住为主，无旅游开发
	20	塔石乡塔石村	传统街巷	传统风貌没有保存下来，新建建筑较多	居住为主，无旅游开发
金东区	21	傅村镇山头下村	村内所有街巷	传统风貌整体保存完好，建筑风貌保存完好	居住为主，兼具旅游开发
	22	傅村镇畈田蒋村	畈田蒋老街	老街已经过整治，两侧建筑保存完好，村落基本风貌保存完好	居住为主，兼具旅游开发
	23	源东乡长塘徐村	传统街巷	建筑风貌保存完好，街道风貌保存一般	居住为主，无旅游开发
	24	源东乡东叶村	传统街巷	两侧传统建筑大多保存下来，整体风貌保存良好	居住为主，无旅游开发
	25	曹宅镇曹宅村	村内两条古街巷	两侧传统建筑大多经过修缮，少部分新建建筑，整体风貌保存一般	居住为主，无旅游开发

续 表

区市县	序号	传统村落	传统街巷	保护现状	利用现状
金东区	26	赤松镇老石桥村	—	—	无居民居住，正在进行旅游开发
	27	赤松镇仙桥村	金浦古道	传统风貌保存完好，两侧传统建筑大多保存良好	居住为主，少部分商用，正在进行旅游开发
	28	赤松镇王宅村	传统巷道	两侧传统建筑保存较差，大多数建筑已新建，整体风貌保存较差	居住为主，无旅游开发
	29	澧浦镇琐园村	传统街巷	两侧传统建筑保存较好，大多已经过修缮，街道经过整治，整体风貌保存良好	居住为主，兼具旅游开发
	30	澧浦镇蒲塘村	传统街巷	两侧传统建筑保存较好，大多已经过修缮，街道经过整治，整体风貌保存良好	居住为主，兼具旅游开发
	31	塘雅镇前溪边村	传统巷道	两侧传统建筑保存一般，多数建筑已新建	居住为主，无旅游开发
	32	岭下镇岭五村	坡阳古街	两侧传统建筑保存良好，整体风貌保存完好，街道已经过整治	居住为主，大量商用，正在进行旅游开发
	33	岭下镇后溪村	传统巷道	两侧传统建筑保存较差，整体风貌破坏严重	居住为主，无旅游开发
	34	江东镇雅湖村	传统巷道	两侧传统建筑保存较差	居住为主，无旅游开发

续 表

区市县	序号	传统村落	传统街巷	保护现状	利用现状
金东区	35	孝顺镇中柔村	传统巷道	两侧传统建筑保存一般	居住为主，无旅游开发
	36	孝顺镇夏宅村	传统巷道	两侧传统建筑保存较差，破坏较为严重	居住为主，无旅游开发
	37	孝顺镇浦口村	传统巷道	两侧传统建筑保存较差，大多为新建建筑	居住为主，少量手工业，无旅游开发
	38	赤松镇山口村	十字北街、十字南街、十字东路、十字西路、街楼茎、长街茎、十字东巷、学井力小巷、地日巷、后园巷、花园巷、大厅巷、十字西巷、驸马厅、上铜巷、峻德巷、后园巷、太祖巷、上库巷、候园巷、殿后巷、德道巷、会棠巷、楼厅巷，后榴巷、西花巷、上堂巷、新宅1－9弄、双塘巷、报思巷、西环街、东环街等	两侧传统建筑保存一般，部分古街道已经过整治，多数建筑已新建	居住为主，无旅游开发
	39	赤松镇下潘村	金义古道、下潘老街	两侧传统建筑保存良好，整体风貌保存完好	居住为主，少量旅游开发
	40	澧浦镇方山村	方山岭古道	两侧传统建筑保存良好，大多数建筑修缮完毕	居住为主，少量旅游开发

续 表

区市县	序号	传统村落	传统街巷	保护现状	利用现状
金东区	41	澧浦镇郑店村	传统巷道	两侧传统建筑保存一般，整体保存较为完整，少量新建建筑	居住为主，少量旅游开发
	42	鞋塘办事处支家村	长弄塘巷	两侧传统建筑保存良好	居住为主，无旅游开发
兰溪市	43	永昌街道永昌村	永昌古街道	两侧传统建筑保存良好，整体保存较为完整，街道正在整治	居住为主，少量旅游开发
	44	永昌街道社峰村	传统街巷	两侧传统建筑保存一般，整体保存较差	居住为主，无旅游开发
	45	永昌街道夏李村	传统街巷	两侧传统建筑保存一般，整体保存较差	居住为主，无旅游开发
	46	水亭乡西姜村	传统街巷	两侧传统建筑保存良好，整体保存一般，街道正在整治	居住为主，无旅游开发
	47	诸葛镇万田村	传统巷道	两侧传统建筑保存一般，整体保存较差	居住为主，无旅游开发
	48	诸葛镇长乐村	村内古街巷，古驿道	两侧传统建筑保存完好，整体保存完整，街道已经过整治	居住为主，兼具旅游开发
	49	诸葛镇诸葛村	村内古街巷	两侧传统建筑保存完好，整体保存完整，街道已经过整治	居住为主，兼具旅游开发
	50	兰江街道姚村村	传统街巷	两侧传统建筑保存一般，多数建筑已新建	居住为主，少量旅游开发
	51	黄店镇三泉村	传统巷道	两侧传统建筑保存良好，少部分新建建筑，整体完整性较好	居住为主，无旅游开发

续 表

区市县	序号	传统村落	传统街巷	保护现状	利用现状
兰溪市	52	黄店镇上包村	传统街巷	两侧传统建筑保存一般，大多数建筑已新建	居住为主，无旅游开发
	53	黄店镇桐山后金村	传统街巷	两侧传统建筑保存一般，部分建筑新建，整体风貌保存较差	居住为主，无旅游开发
	54	黄店镇芝堰村	严婺古道	两侧传统建筑保存完好，整体保存完整，街道已经过整治	居住为主，兼具旅游开发
	55	女埠街道虹霓山村	传统街巷	两侧传统建筑保存良好，整体风貌保存一般，建筑质量保存较差	居住为主，无旅游开发
	56	女埠街道垷坦村	传统街巷十余处	两侧传统建筑保存良好，整体风貌保存良好，少量新建建筑	居住为主，无旅游开发
	57	女埠街道渡渎村	传统街巷	两侧传统建筑保存一般，新建建筑较多，整体风貌保存一般	居住为主，无旅游开发
	58	黄店镇刘家村	传统巷道	两侧传统建筑保存较差，新建建筑较多，传统风貌较差	居住为主，无旅游开发
	59	黄店镇上唐村	传统巷道	两侧传统建筑保存较差，新建建筑较多，传统风貌较差	居住为主，无旅游开发
	60	柏社乡洪塘里村	传统街巷	两侧传统建筑保存一般，少部分建筑新建，整体风貌一般，建筑质量较差	居住为主，无旅游开发

续 表

区市县	序号	传统村落	传统街巷	保护现状	利用现状
兰溪市	61	梅江镇塔山村	传统巷道	两侧传统建筑保存一般，大部分为建筑新建	居住为主，无旅游开发
	62	梅江镇祝宅村	传统街巷	两侧传统建筑保存一般，部分建筑新建，整体风貌保存较差	居住为主，无旅游开发
	63	梅江镇梅街头村	传统街巷	两侧传统建筑保存一般，整体风貌保存较好	居住为主，无旅游开发
	64	横溪镇宋宅村	传统街巷	两侧传统建筑保存一般，大部分被破坏，绝大多数建筑新建	居住为主，无旅游开发
	65	梅溪镇虞街村	传统街巷	两侧传统建筑保存一般，整体风貌较好	居住为主，无旅游开发
浦江县	66	虞宅乡新光村	瞿岩岭古道	两侧传统建筑保存良好，整体风貌较好，村庄街道正在整治	居住为主，兼具旅游开发
	67	檀溪镇潘周家村	浦桐古道	两侧传统建筑保存良好，整体风貌较好，村内街道整治完毕	居住为主，兼具旅游开发
	68	白马镇嵩溪村	传统街巷	两侧传统建筑保存良好，整体保存完整，风貌完好，街道正在整治	居住为主，兼具旅游开发
	69	郑宅镇郑宅镇区	传统街巷	两侧传统建筑保存良好，整体风貌较好，部分建筑新建，街道已经过整治	居住为主，兼具旅游开发

续　表

区市县	序号	传统村落	传统街巷	保护现状	利用现状
浦江县	70	黄宅镇古塘村	传统巷道	两侧传统建筑保存一般，整体风貌一般，多数建筑新建	居住为主，无旅游开发
	71	杭坪镇杭坪村	传统巷道	两侧传统建筑保存一般，整体风貌较好，部分建筑新建	居住为主，无旅游开发
	72	杭坪镇石宅村	传统街巷	两侧传统建筑保存良好，整体风貌较好	居住为主，无旅游开发
	73	仙华街道登高村	佛堂古道	两侧传统建筑保存良好，整体保存完整，风貌完好	居住为主，无旅游开发
	74	岩头镇礼张村	传统街巷	两侧传统建筑保存良好，整体风貌较好，少量建筑新建	居住为主，无旅游开发
	75	虞宅乡马岭脚村	马岭古道	两侧传统建筑保存良好，整体风貌较好	居住为主，兼具旅游开发
东阳市	76	虎鹿镇蔡宅村	传统街巷	两侧传统建筑保存完好，大部分已修缮完毕，整体风貌保存较好	居住为主，兼具旅游开发
	77	巍山镇大爽村	传统街巷	两侧传统建筑保存一般，整体风貌较好，部分建筑新建	居住为主，无旅游开发
	78	虎鹿镇磨水仓村	传统街巷	两侧传统建筑保存一般，部分建筑新建，整体风貌较差	居住为主，无旅游开发
	79	虎鹿镇厦程里村	玉程街、横街、中街、大街、廿字弄堂、崇实路	两侧传统建筑保存较好，部分建筑新建地面铺装基本被破坏，整体风貌较好	居住为主，无旅游开发

续 表

区市县	序号	传统村落	传统街巷	保护现状	利用现状
东阳市	80	虎鹿镇坞葛村	传统街巷	两侧传统建筑保存一般，部分建筑新建，地面铺装基本被破坏，整体风貌一般	居住为主，无旅游开发
	81	虎鹿镇西坞村	传统街巷	两侧传统建筑保存一般，部分建筑新建，地面铺装基本被破坏，整体风貌一般	居住为主，无旅游开发
	82	画水镇天鹅村	传统街巷	两侧传统建筑保存一般，少部分建筑新建，整体风貌较好	居住为主，无旅游开发
	83	画水镇旭光村	传统街巷	两侧传统建筑保存一般，少部分建筑新建，整体风貌一般	居住为主，无旅游开发
	84	李宅镇李宅村	传统街巷	两侧传统建筑保存一般，正在修缮，地面铺装基本被破坏，整体风貌较好	居住为主，无旅游开发
	85	马宅镇雅坑村	传统街巷	两侧传统建筑保存一般，地面铺装基本被破坏，整体风貌一般	居住为主，无旅游开发
	86	南马镇上安恬村	传统街巷	两侧传统建筑保存较好，部分建筑新建，地面铺装基本被破坏，整体风貌一般	居住为主，无旅游开发
	87	巍山镇白坦村	传统街巷	两侧传统建筑保存较好，少部分建筑新建，地面铺装基本被破坏，整体风貌较好	居住为主，无旅游开发

续 表

区市县	序号	传统村落	传统街巷	保护现状	利用现状
东阳市	88	巍山镇古渊头村	传统街巷	两侧传统建筑保存一般，部分建筑新建，地面铺装基本被破坏，整体风貌一般	居住为主，无旅游开发
	89	佐村镇平坑村	传统街巷	两侧传统建筑保存一般，少部分建筑新建，地面铺装基本被破坏，整体风貌一般	居住为主，无旅游开发
	90	佐村镇平岩顶村	传统街巷	两侧传统建筑保存较好，少部分建筑新建，地面铺装基本被破坏，整体风貌较好	居住为主，无旅游开发
	91	佐村镇下里坑村	古驿道	碎石块铺装而成，周边环境较好	旅游开发
	92	佐村镇恒坑村	传统街巷	两侧传统建筑保存较好，地面铺装保存完好，整体风貌较好	居住为主，无旅游开发
磐安镇	93	冷水镇朱山村	传统街巷	两侧传统建筑保存较好，地面铺装保存完好，整体风貌较好	居住为主，兼具旅游开发
	94	仁川镇石下村	传统街巷	两侧传统建筑保存较差，地面铺装基本破坏，整体风貌较差	居住为主，无旅游开发
	95	双峰乡大皿村	中心古街	两侧传统建筑保存较好，地面铺装基本破坏，整体风貌较好	居住为主，兼具旅游开发
	96	盘峰乡榉溪村	传统街巷	两侧传统建筑保存较好，地面铺装保存较好，整体风貌较好	居住为主，兼具旅游开发

续 表

区市县	序号	传统村落	传统街巷	保护现状	利用现状
磐安镇	97	安文镇墨林村	传统街巷	两侧传统建筑保存较好，地面铺装部分破坏，整体风貌较好	居住为主，无旅游开发
	98	双溪乡梓誉村	传统街巷	两侧传统建筑保存较好，地面铺装保存较好，整体风貌较好	居住为主，兼具旅游开发
	99	尖山镇管头村	传统街巷	两侧传统建筑保存较好，地面铺装保存较好，整体风貌较好	居住为主，兼具旅游开发
	100	胡宅乡横路村	澄溪古道	碎石块铺装而成，周边环境较好	旅游开发
	101	玉山镇马塘村	传统街巷	两侧传统建筑保存一般，地面铺装基本破坏，整体风貌较好	居住为主，兼具旅游开发
	102	双溪乡潘庄村	传统街巷	两侧传统建筑保存较好，地面铺装保存较好，整体风貌较好	居住为主，无旅游开发
武义县	103	熟溪街道郭洞村	传统街巷、鹅卵石古道	两侧传统建筑保存良好，地面铺装保存良好，整体风貌良好	居住为主，兼具旅游开发
	104	大田乡岭下汤村	传统街巷	两侧传统建筑保存一般，地面铺装保存一般，整体风貌一般	居住为主，无旅游开发
	105	俞源乡俞源村	传统街巷	两侧传统建筑保存良好，地面铺装保存良好，整体风貌良好	居住为主，兼具旅游开发

续 表

区市县	序号	传统村落	传统街巷	保护现状	利用现状
武义县	106	桃溪镇陶村	传统街巷	两侧传统建筑保存较差，地面铺装保存一般，整体风貌一般	居住为主，无旅游开发
	107	大溪口乡山下鲍村	传统街巷、鹅卵石古道	两侧传统建筑保存较好，地面铺装保存较好，整体风貌较好	居住为主，无旅游开发
	108	柳城畲族镇上黄村	石块古道	地面铺装保存较好，整体风貌较好	居住为主，兼具旅游开发
	109	柳城畲族镇半塘村	传统街巷	两侧传统建筑保存较好，地面铺装保存较好，整体风貌一般	居住为主，无旅游开发
	110	柳城畲族镇华塘村	传统街巷	两侧传统建筑保存较好，地面铺装保存一般，整体风貌较差	居住为主，无旅游开发
	111	柳城畲族镇金川村	传统街巷	两侧传统建筑保存一般，地面铺装保存一般，整体风貌较差	居住为主，无旅游开发
	112	坦洪乡上坦村	传统街巷、鹅卵石古道	两侧传统建筑保存较好，地面铺装保存较好，整体风貌较好	居住为主，无旅游开发
永康市	113	前仓镇厚吴村	三条主要古街	两侧传统建筑保存较好，整体风貌完整	居住为主，兼具旅游开发
	114	舟山镇舟山二村	传统街巷	两侧传统建筑保存良好，整体风貌保存良好，少量新建建筑	居住为主，无旅游开发
	115	石柱镇塘里村	村内两条历史街巷	两侧传统建筑保存一般，整体风貌较好，以乡土建筑为主，村内街道整治完毕	居住为主，无旅游开发

续 表

区市县	序号	传统村落	传统街巷	保护现状	利用现状
永康市	116	芝英镇芝英村	九横八纵传统街巷八纵：正街、紫霄路、灵溪路、升平路、懋勋巷、望月街、秋池里、义庄街。九横：龙漩井巷—上菜园巷、灵芝路—福泉巷、古麓街、新杏里、方塘路—望杏巷、天祥路—尚宝巷、鸿雨路、南市街、育才路—培英路	保存较完整，整体风貌一般	居住为主，无旅游开发
	117	象珠镇清渭街村	清渭街	两侧传统建筑保存一般，整体风貌较差，部分建筑新建	居住为主，无旅游开发
义乌市	118	赤岸镇朱店村	传统街巷	两侧传统建筑保存一般，整体风貌较好，部分建筑新建	居住为主，无旅游开发
	119	赤岸镇尚阳村	尚阳古街	两侧传统建筑保存良好，整体风貌较好，部分建筑新建	居住为主，无旅游开发
	120	赤岸镇雅端村	传统街巷	两侧传统建筑保存一般，整体风貌较好，部分建筑新建	居住为主，无旅游开发
	121	佛堂镇田心村	古道七条	古村内现有比较重要的街巷有田心老街及周边的古街巷道等。田心老街现有空间格局比较完整，局部风貌遭到破坏。其他街巷风貌不一，总体是核心保护范围内的风貌较好，核心区外风貌相对较差。两侧传统建筑保存良好，整体保存完整，风貌完好	居住为主，无旅游开发

续 表

区市县	序号	传统村落	传统街巷	保护现状	利用现状
义乌市	122	佛堂镇倍磊村	中心街	中心街现有空间格局比较完整，局部风貌遭到破坏。其他街巷风貌不一，总体而言，核心保护范围内的风貌较好，以外的相对较差。两侧传统建筑保存良好，整体保存完整，风貌完好	居住为主，无旅游开发
	123	义亭镇缸窑村	传统街巷	两侧传统建筑保存较差，大多为建筑新建，传统风貌较差	居住为主，无旅游开发

第十一章　金华市传统村落水系、水塘保护

金华市传统村落中水系、水塘分布广泛。本章对此进行了统计（见表11－1）。

表11－1　　金华市传统村落水系、水塘

区市县	序号	传统村落	河流	池塘水系	传统村落排水系统
婺城区	1	雅畈镇石楠塘村	武义江	荷花塘，同时有一条小河穿过，河水为村民洗衣用水	原有排水系统已废弃，新建现代污水处理系统
	2	雅畈镇二村、三村	武义江、梅西江	古河道一处	原有排水系统已破坏，现在正在新建
	3	安地镇山道村	洛阳溪	洛阳溪水从村庄一侧流过，水量小，水质清澈	留有传统排水系统，在居民房屋一侧有露天排水沟，现已废弃
	4	长山乡三村	古渠道	村内有用来灌溉的古渠道，现已废弃	—
	5	塔石乡上阳村	社阳溪	社阳溪从村庄前流过，是村民生活洗涤用水的来源	原有排水系统已废弃
	6	塔石乡珊瑚村	—	一条山泉穿村而过，是村民洗涤用水	传统排水系统现今仍在使用
	7	塔石乡塘头村	—	一条河流环绕村庄，河水为村庄灌溉、洗涤用水	传统排水系统已废弃，新建现代污水处理系统

续 表

区市县	序号	传统村落	河流	池塘水系	传统村落排水系统
婺城区	8	开发区汤溪镇鸽坞塔村	莘畈溪	村前一河流	传统排水系统已破坏，新建现代污水处理系统
	9	开发区汤溪镇中戴村	—	池塘一处	传统排水系统已破坏，新建现代污水处理系统
	10	汤溪镇寺平村	—	月塘	传统排水系统已破坏，新建现代污水处理系统
	11	汤溪镇上镜村	—	村口、村内池塘两处	传统排水系统已废弃，新建现代污水处理系统
	12	洋埠镇湖前村	—	村庄入口荷花池塘	传统排水系统已废弃，新建现代污水处理系统
	13	罗埠镇上潘村	—	—	传统排水系统已破坏，新建现代污水处理系统
	14	安地镇安地村	梅溪	梅溪穿村而过，是主要水源	传统排水系统已破坏，新建现代污水处理系统
	15	蒋堂镇下尹村	后石拢溪	公园池塘，后石拢溪穿村而过，为灌溉水源	传统排水系统已破坏，新建现代污水处理系统
	16	琅琊镇上盛村	水库	东、西、南、北四塘	传统排水系统已破坏，新建现代污水处理系统
	17	乾西乡雅宅村	—	—	传统排水系统已破坏，新建现代污水处理系统
	18	沙畈乡高儒村	白沙溪	—	传统排水系统已破坏，新建现代污水处理系统

续 表

区市县	序号	传统村落	河流	池塘水系	传统村落排水系统
婺城区	19	塔石乡岱上村	—	周围山泉	传统排水系统已废弃，新建现代污水处理系统
	20	塔石乡塔石村	—	—	传统排水系统已破坏，新建现代污水处理系统
金东区	21	傅村镇山头下村	潜溪、慈航溪	典塘、横塘、湾塘、安塘、柑塘、思姑塘、经塘、破塘，村庄水系完整	传统排水系统保存完好
	22	傅村镇畈田蒋村	潜溪	周弓塘、埠洋塘	传统排水系统已废弃
	23	源东乡长塘徐村	—	村内池塘一处	传统排水系统已废弃，新建现代污水处理系统
	24	源东乡东叶村	孝顺溪	一条溪流穿村而过	传统排水系统已废弃，新建现代污水处理系统
	25	曹宅镇曹宅村	—	协仁塘	传统排水系统已废弃，新建现代污水处理系统
	26	赤松镇老石桥村	—	一条山泉穿村而过	自然排水
	27	赤松镇仙桥村	赤松溪	一处池塘，赤松溪穿村而过，为洗涤生活用水	传统排水系统已废弃，新建现代污水处理系统
	28	赤松镇王宅村	—	—	传统排水系统已破坏，新建现代污水处理系统
	29	澧浦镇琐园村	古河道	荷大塘、寒石塘、六斗塘、五石塘、木勺塘、曹后塘和西大塘	传统排水系统已废弃，新建现代污水处理系统
	30	澧浦镇蒲塘村	—	蒲塘、上沙塘、上清塘、下清塘、后碑塘、枫树塘	传统排水系统已破坏，新建现代污水处理系统

续　表

区市县	序号	传统村落	河流	池塘水系	传统村落排水系统
金东区	31	塘雅镇前溪边村	—	村口池塘	传统排水系统已破坏，新建现代污水处理系统
	32	岭下镇岭五村	—	村口池塘	传统排水系统已破坏，新建现代污水处理系统
	33	岭下镇后溪村	—	村内两处池塘	传统排水系统仍然使用
	34	江东镇雅湖村	—	—	传统排水系统已破坏，新建现代污水处理系统
	35	孝顺镇中柔村	—	村内两处池塘，一条小溪穿村而过	传统排水系统已破坏，新建现代污水处理系统
	36	孝顺镇夏宅村	—	—	传统排水系统已破坏，正在新建污水处理系统
	37	孝顺镇浦口村	—	—	传统排水系统已破坏，正在新建污水处理系统
	38	赤松镇山口村	—	玉泉源，村内池塘一处	传统排水系统已废弃，新建现代污水处理系统
	39	赤松镇下潘村	东溪、西溪	草塘、双眼塘	传统排水系统已破坏，新建现代污水处理系统
	40	澧浦镇方山村	—	村内池塘十处	传统排水系统已破坏，新建现代污水处理系统
	41	澧浦镇郑店村	东溪	河道穿村而过	传统排水系统已废弃，新建现代污水处理系统
	42	鞋塘办事处支家村	义乌江、孝顺溪	荷塘	—

续 表

区市县	序号	传统村落	河流	池塘水系	传统村落排水系统
兰溪市	43	永昌街道永昌村	永昌溪、张溪、白溪	排塘、孔塘	传统排水系统已破坏，新建现代污水处理系统
	44	永昌街道社峰村	赤溪	村内池塘十三处	传统排水系统已破坏，新建现代污水处理系统
	45	永昌街道夏李村	游埠溪	李渔渠	传统排水系统已废弃，新建现代污水处理系统
	46	水亭乡西姜村	—	—	传统排水系统已废弃，新建现代污水处理系统
	47	诸葛镇万田村	—	—	传统排水系统已破坏，正在新建污水处理系统
	48	诸葛镇长乐村	石岭溪	四处池塘	传统排水系统已废弃，新建现代污水处理系统
	49	诸葛镇诸葛村	石岭溪	北漏塘、钟池	传统排水系统已废弃，新建现代污水处理系统
	50	兰江街道姚村村	瀔溪	村内水塘	传统排水系统已破坏，新建现代污水处理系统
	51	黄店镇三泉村	三泉口水库	盛家塘、下新塘	传统排水系统已破坏，新建现代污水处理系统
	52	黄店镇上包村	甘溪河	村内多处池塘	传统排水系统已破坏，新建现代污水处理系统
	53	黄店镇桐山后金村	甘溪河	村内古塘一处	传统排水系统已破坏，新建现代污水处理系统
	54	黄店镇芝堰村	东西二溪	一条河流贯穿村庄，河水为洗涤用水，水系格局完整良好	传统排水系统已废弃，新建现代污水处理系统
	55	女埠街道虹霓山村	甘溪	村内池塘两处	传统排水系统已破坏，正在新建污水处理系统
	56	女埠街道埂坦村	—	一条溪流穿村而过，河水为洗涤用水，水系环境较差	传统排水系统已废弃，正在新建污水处理系统

续 表

区市县	序号	传统村落	河流	池塘水系	传统村落排水系统
兰溪市	57	女埠街道渡渎村	—	村内池塘两处	传统排水系统已破坏，新建现代污水处理系统
	58	黄店镇刘家村	朱家仓源溪	石五（玄武）塘等十二处	传统排水系统已破坏，新建现代污水处理系统
	59	黄店镇上唐村	—	村内池塘两处	传统排水系统已废弃，新建现代污水处理系统
	60	柏社乡洪塘里村	—	村内池塘一处	传统排水系统已破坏，新建现代污水处理系统
	61	梅江镇塔山村	梅溪	—	传统排水系统已废弃，新建现代污水处理系统
	62	梅江镇祝宅村	梅溪	村内池塘一处	传统排水系统已破坏，新建现代污水处理系统
	63	梅江镇梅街头村	梅溪	里塘	传统排水系统已废弃，新建现代污水处理系统
	64	横溪镇宋宅村	梅溪	梅溪穿村而过，为洗涤用水	传统排水系统已破坏，正在新建污水处理系统
	65	梅溪镇虞街村	梅溪	梅溪穿村而过，水系生态环境优美	传统排水系统已破坏，新建现代污水处理系统
浦江县	66	虞宅乡新光村	茜溪	村内池塘一处	传统排水系统已废弃，新建现代污水处理系统
	67	檀溪镇潘周家村	壶源江、盘溪	村内池塘若干处	传统排水系统已破坏，新建现代污水处理系统
	68	白马镇嵩溪村	明溪、暗溪	明、暗两条溪	传统排水系统已废弃，新建现代污水处理系统
	69	郑宅镇郑宅镇区	古河道	—	传统排水系统已破坏，新建现代污水处理系统
	70	黄宅镇古塘村	延寿溪和浦阳江	—	传统排水系统已破坏，新建现代污水处理系统

续　表

区市县	序号	传统村落	河流	池塘水系	传统村落排水系统
浦江县	71	杭坪镇杭坪村	大楼溪、壶源江	古河道两处穿村而过	传统排水系统已破坏，新建现代污水处理系统
	72	杭坪镇石宅村	壶源江和东岭溪、曹源溪、石响溪	古池塘五处	传统排水系统已破坏，新建现代污水处理系统
	73	仙华街道登高村	—	石槽引水，原传统村落自引水过滤池	传统排水系统已破坏，新建现代污水处理系统
	74	岩头镇礼张村	古河道两条	村口池塘一处	传统排水系统已破坏，新建现代污水处理系统
	75	虞宅乡马岭脚村	—	—	传统排水系统已破坏，新建现代污水处理系统
东阳市	76	虎鹿镇蔡宅村	—	村内有两处池塘	传统排水系统仍在使用
	77	巍山镇大爽村	古河道	—	传统排水系统仍在使用
	78	虎鹿镇磨水仓村	—	—	—
	79	虎鹿镇厦程里村	白溪	村口一小池塘、五尺圳、荷花坑	传统排水系统仍在使用
	80	虎鹿镇坞葛村	环村溪流	古池塘一方	传统排水系统已破坏，新建现代污水处理系统
	81	虎鹿镇西坞村	古溪穿过村落	—	传统排水系统已破坏，新建现代污水处理系统
	82	画水镇天鹅村	林村坑穿过村庄	—	传统排水系统已破坏，新建现代污水处理系统
	83	画水镇旭光村	—	村内有一方池塘	传统排水系统已破坏，新建现代污水处理系统

续 表

区市县	序号	传统村落	河流	池塘水系	传统村落排水系统
东阳市	84	李宅镇李宅村	村口有古溪流过	村内有一方池塘	传统排水系统已破坏，新建现代污水处理系统
	85	马宅镇雅坑村	—	村内两方小池塘	传统排水系统已部分破坏，新建现代污水处理系统
	86	南马镇上安恬村	—	村内四方小池塘，其中一处有种植荷花	传统排水系统已破坏，新建现代污水处理系统
	87	巍山镇白坦村	—	村内两方小池塘	传统排水系统已破坏，正在新建现代污水处理系统
	88	巍山镇古渊头村	坞竹溪	—	传统排水系统已破坏，正在新建现代污水处理系统
	89	佐村镇平坑村	—	村口一方池塘	传统排水系统已破坏，新建现代污水处理系统
	90	佐村镇平岩顶村	古溪流穿过村庄	—	传统排水系统仍在使用
	91	佐村镇下里坑村	雅溪	—	传统排水系统已破坏，新建现代污水处理系统
	92	佐村镇恒坑村	梓溪	—	传统排水系统已破坏，新建现代污水处理系统
磐安县	93	冷水镇朱山村	好溪河道	水塘一处	传统排水系统仍在使用
	94	仁川镇石下村	两条溪流	—	传统排水系统已破坏，新建现代污水处理系统
	95	双峰乡大皿村	皿溪	—	传统排水系统已破坏，新建现代污水处理系统
	96	盘峰乡榉溪村	河流	—	传统排水系统仍在使用，部分新建现代污水处理系统
	97	安文镇墨林村	凤溪	村口古池塘	传统排水系统已破坏，新建现代污水处理系统

续 表

区市县	序号	传统村落	河流	池塘水系	传统村落排水系统
磐安县	98	双溪乡梓誉村	锦溪	池塘两处	传统排水系统已破坏，新建现代污水处理系统
	99	尖山镇管头村	璜溪	池塘一处	传统排水系统仍在使用
	100	胡宅乡横路村	—	池塘一处	传统排水系统仍在使用
	101	玉山镇马塘村	—	池塘五处	传统排水系统已破坏，新建现代污水处理系统
	102	双溪乡潘庄村	西溪	池塘两处	传统排水系统仍在使用
武义县	103	熟溪街道郭洞村	村内河流	池塘一处	传统排水系统保存完整，新建现代污水处理系统
	104	大田乡岭下汤村	山溪穿村而过	池塘七处	传统排水系统已破坏，新建现代污水处理系统
	105	俞源乡俞源村	两条河流交汇	池塘三处	传统排水系统保存完整，新建现代污水处理系统
	106	桃溪镇陶村	东溪、西溪	—	传统排水系统已废弃，新建现代污水处理系统
	107	大溪口乡山下鲍村	山溪穿村而过	—	传统排水系统已废弃，新建现代污水处理系统
	108	柳城畲族镇上黄村	村内河流	—	传统排水系统仍在使用
	109	柳城畲族镇半塘村	村内河流	池塘一处	传统排水系统已废弃，新建现代污水处理系统
	110	柳城畲族镇华塘村	村内河流	池塘一处	传统排水系统已废弃，新建现代污水处理系统
	111	柳城畲族镇金川村	花溪	—	传统排水系统已废弃，新建现代污水处理系统
	112	坦洪乡上坦村	坦溪	坦溪	传统排水系统已废弃，新建现代污水处理系统

续 表

区市县	序号	传统村落	河流	池塘水系	传统村落排水系统
永康市	113	前仓镇厚吴村	—	村内水系，池塘四处	传统排水系统保存完整，新建现代污水处理系统
	114	舟山镇舟山二村	山溪	月牙塘	传统排水系统已破坏，新建现代污水处理系统
	115	石柱镇塘里村	村庄一侧有一河流	村内池塘三处	传统排水系统已破坏，新建现代污水处理系统
	116	芝英镇芝英村	灵溪穿村而过	村内池塘三处	传统排水系统已破坏，新建现代污水处理系统
	117	象珠镇清渭街村	—	龙山潭	传统排水系统已破坏，新建现代污水处理系统
义乌市	118	赤岸镇朱店村	村内一条小溪	村内有两口古泉：下塘和后泉	传统排水系统已破坏，新建现代污水处理系统
	119	赤岸镇尚阳村	双溪	大小池塘十三处	传统排水系统已破坏，新建现代污水处理系统
	120	赤岸镇雅端村	雅西溪	雅溪环村而过村内池塘多处	传统排水系统已破坏，新建现代污水处理系统
	121	佛堂镇田心村	—	村内四处池塘	传统排水系统已破坏，新建现代污水处理系统
	122	佛堂镇倍磊村	东西二溪	—	传统排水系统已破坏，新建现代污水处理系统
	123	义亭镇缸窑村	缸窑溪	村内有池塘多处	传统排水系统已破坏，新建现代污水处理系统

第十二章　金华市传统村落古树名木保护

金华市传统村落中古树名木众多，本章对金华市传统村落中的古树名木进行了统计，古树的数量已经确定的，在古树名称一列同时列出（见表12－1）。

表12－1　　　　　金华市传统村落中古树名木

县（市、区）	传统村落	古树名称
婺城区与开发区	雅畈镇石楠塘村	—
	雅畈镇二村、三村	—
	安地镇山道村	古樟树、榧树、古树群
	长山乡三村	古樟树3棵
	塔石乡上阳村	红豆杉2棵、枫杨1棵
	塔石乡珊瑚村	红豆杉、香枫
	塔石乡塘头村	古樟树
	汤溪镇鸽坞塔村	—
	汤溪镇中戴村	古樟树
	汤溪镇寺平村	—
	汤溪镇上镜村	古樟树
	洋埠镇湖前村	—
	罗埠镇上潘村	—
	安地镇安地村	古樟树3棵
	蒋堂镇下尹村	苦槠树、古樟树
	琅琊镇上盛村	古樟树5棵
	乾西乡雅宅村	古樟树4棵
	沙畈乡高儒村	—
	塔石乡岱上村	—
	塔石乡塔石村	—

续 表

县（市、区）	传统村落	古树名称
金东区	傅村镇山头下村	古樟树
	傅村镇畈田蒋村	古樟树 2 棵
	源东乡长塘徐村	—
	源东乡东叶村	千年古樟树
	曹宅镇曹宅村	千年古樟树
	赤松镇老石桥村	—
	赤松镇仙桥村	—
	赤松镇王宅村	古樟树、古榕树
	澧浦镇琐园村	古樟树
	澧浦镇蒲塘村	黄檀树、古樟树
	塘雅镇前溪边村	—
	岭下镇岭五村	古梅
	岭下镇后溪村	—
	江东镇雅湖村	—
	孝顺镇中柔村	古银杏
	孝顺镇夏宅村	—
	孝顺镇浦口村	古香樟
	赤松镇山口村	—
	赤松镇下潘村	古松树 80 余棵、古樟树
	澧浦镇方山村	古樟树
	澧浦镇郑店村	千年龙树、古樟树
	鞋塘办事处支家村	—
兰溪市	永昌街道永昌村	古树 22 棵
	永昌街道社峰村	古樟树
	永昌街道夏李村	—
	水亭乡西姜村	—
	诸葛镇万田村	—

续 表

县（市、区）	传统村落	古树名称
兰溪市	诸葛镇长乐村	—
	诸葛镇诸葛村	—
	兰江街道姚村村	—
	黄店镇三泉村	古樟树
	黄店镇上包村	古樟树
	黄店镇桐山后金村	古樟树、古柏树
	黄店镇芝堰村	古树 10 棵
	女埠街道虹霓山村	古树 3 棵
	女埠街道岘坦村	古树 4 棵
	女埠街道渡渎村	古樟树 5 棵
	黄店镇刘家村	古樟树 5 棵
	黄店镇上唐村	—
	柏社乡洪塘里村	古樟树、古黄连树
	梅江镇塔山村	古樟树
	梅江镇祝宅村	古紫藤
	梅江镇梅街头村	—
	横溪镇宋宅村	—
	梅江镇虞街村	—
浦江县	虞宅乡新光村	古树 2 棵
	檀溪镇潘周家村	古樟树、老榆钱树
	白马镇嵩溪村	—
	郑宅镇郑宅镇区	—
	黄宅镇古塘村	古树 1 棵
	杭坪镇杭坪村	古树 12 棵
	杭坪镇石宅村	古树 4 棵
	仙华街道登高村	古树 1 棵
	岩头镇礼张村	古树 3 棵
	虞宅乡马岭脚村	古树群 2 处、千年榧树、糙叶榆

续　表

县（市、区）	传统村落	古树名称
东阳市	虎鹿镇蔡宅村	村口200年古樟树1棵
	巍山镇大爽村	—
	虎鹿镇磨水仓村	—
	虎鹿镇厦程里村	下街头古樟、大沙塍古樟、大沙塍苦槠
	虎鹿镇坞葛村	百年苦子树、古樟树、松树林
	虎鹿镇西坞村	百年以上香榧树200多棵、香榧王1棵
	画水镇天鹅村	—
	画水镇旭光村	—
	李宅镇李宅村	—
	马宅镇雅坑村	—
	南马镇上安恬村	—
	巍山镇白坦村	—
	巍山镇古渊头村	樟树娘、樟树爹，均有1200年的历史
	佐村镇平坑村	红豆杉
	佐村镇平岩顶村	—
	佐村镇下里坑村	—
	佐村镇恒坑村	—
磐安县	冷水镇朱山村	槐树、300年银杏
	仁川镇石下村	1000年大樟树
	双峰乡大皿村	桂枝古树、紫薇古树
	盘峰乡榉溪村	红豆杉
	安文镇墨林村	古红豆杉2棵、古枫树1棵
	双溪乡梓誉村	女贞古树、榔榆古树、樟树古树
	尖山镇管头村	—
	胡宅乡横路村	马尾松、苦槠、枫香、柏木、柳杉
	玉山镇马塘村	古树群
	双溪乡潘庄村	水口古树群

续　表

县（市、区）	传统村落	古树名称
武义县	熟溪街道郭洞村	古树 42 棵
	大田乡岭下汤村	古树 4 处
	俞源乡俞源村	古树群，主要为白栎、枫香、苦槠树、樟树等 88 棵
	桃溪镇陶村	大片古树林包括苦槠、樟树、红豆杉、枫树、松树等
	大溪口乡山下鲍村	200 年青冈栎 5 棵
	柳城畲族镇上黄村	—
	柳城畲族镇半塘村	古树群 30 处
	柳城畲族镇华塘村	古树数棵
	柳城畲族镇金川村	古枫树、松树、苦槠树、樟木等古树共 9 棵
	坦洪乡上坦村	古树数棵
永康市	前仓镇厚吴村	古樟树、大铁树
	舟山镇舟山二村	古樟树
	石柱镇塘里村	香樟树
	芝英镇芝英村	—
	象珠镇清渭街村	—
义乌市	赤岸镇朱店村	古樟树
	赤岸镇尚阳村	古樟树
	赤岸镇雅端村	—
	佛堂镇田心村	古樟树 1 棵
	佛堂镇倍磊村	古樟树多棵
	义亭镇缸窑村	古树多棵

第三篇

金华市传统村落评价指标设置及分类、等级评价

第十三章　金华市传统村落评价指标体系设置

一、指标设置

本章设置四项一级评价指标，分别为金华市传统村落传统建筑评价、金华市传统村落选址与山水格局评价、金华市传统村落承载的非物质文化遗产保护与利用评价、金华市传统村落保护与利用措施及开发条件评价。每项一级评价指标体系总分为100分，金华市传统村落评价总值为400分。四项一级评价指标体系设置及说明如图13－1～图13－4所示。

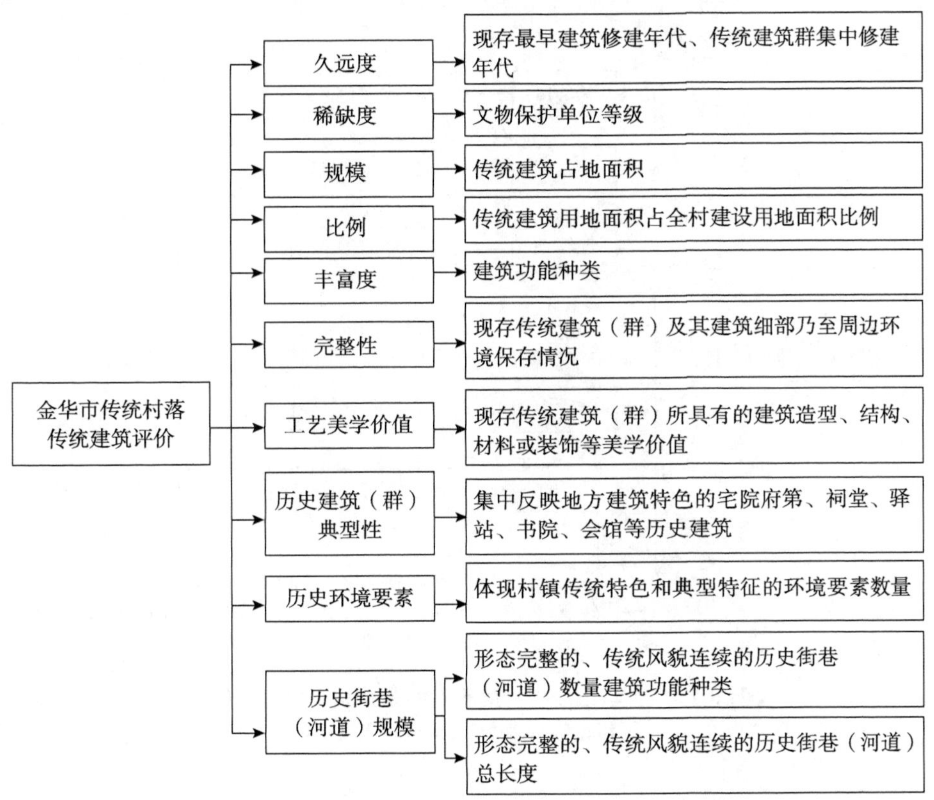

图13－1　金华市传统村落传统建筑评价指标体系设置及说明

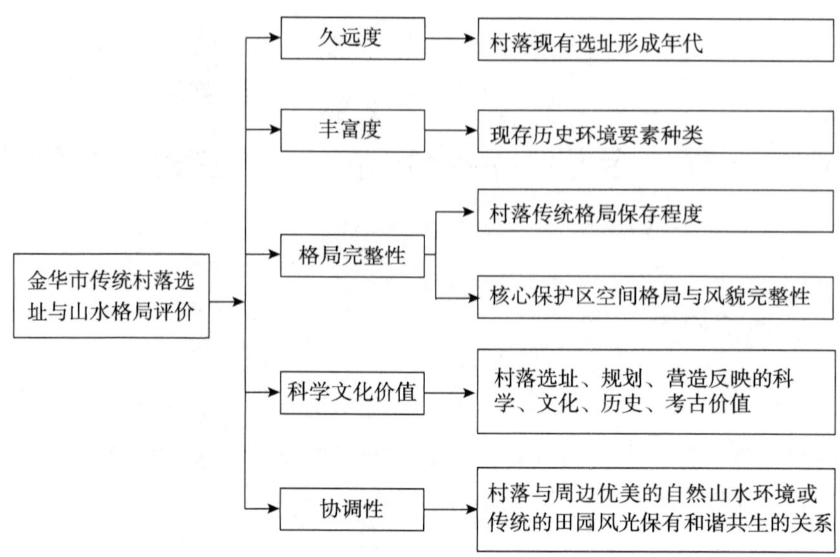

图 13－2　金华市传统村落选址与山水格局评价指标体系设置及说明

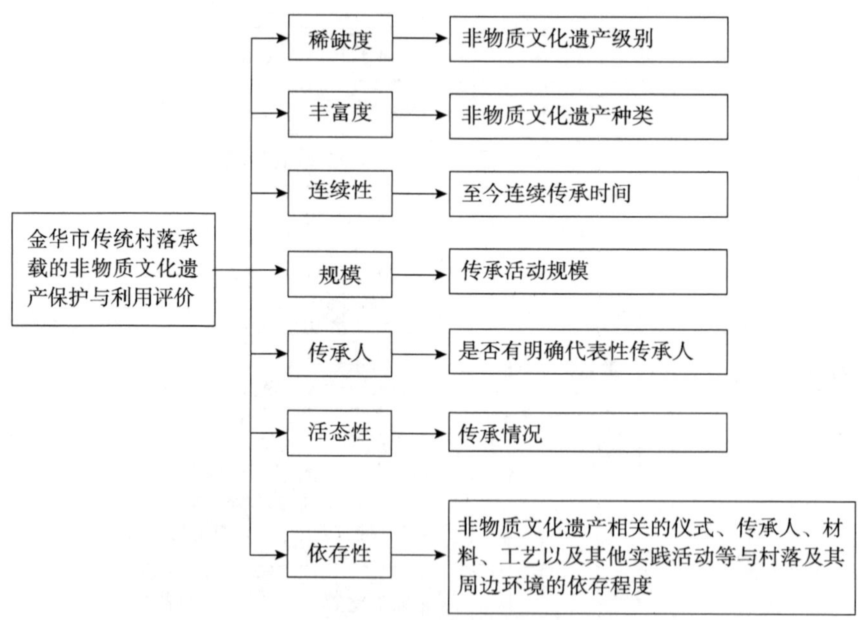

图 13－3　金华市传统村落承载的非物质文化遗产保护与利用评价指标体系设置及说明

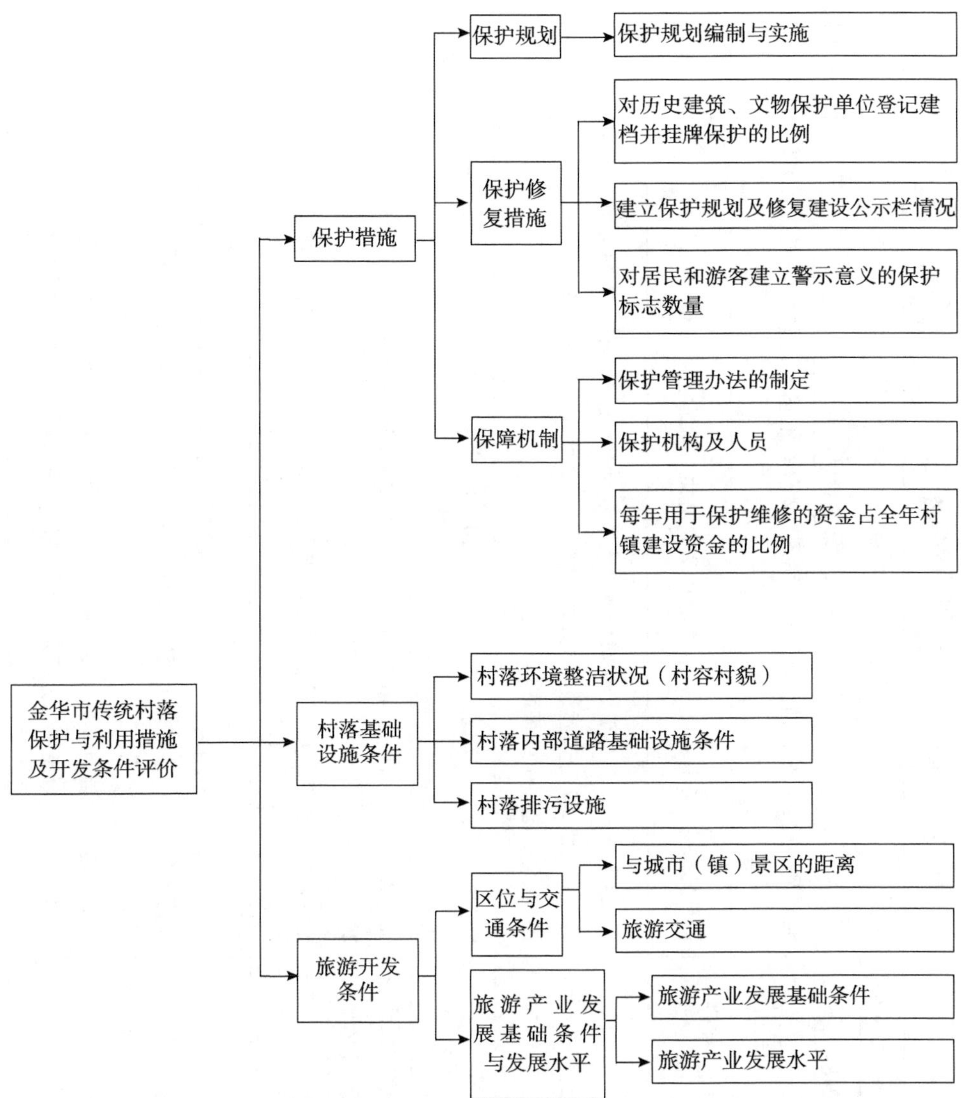

图 13－4　金华市传统村落保护与利用措施及开发条件评价指标体系设置及说明

二、评价指标具体说明及分值设置

金华市传统村落传统建筑评价、金华市传统村落选址与山水格局评价、金华市传统村落承载的非物质文化遗产保护与利用评价、金华市传统村落保护与利用措施及开发条件评价四大指标体系如表 13－1 所示。

表 13 – 1　金华市传统村落保护与利用评价指标体系

1. 金华市传统村落传统建筑评价指标体系

类别	指标	指标分解	分值标准及释义	满分（分）
定量评估	久远度	现存最早建筑修建年代	明代及以前，4 分；清代，3 分；民国，2 分；中华人民共和国成立至 1980 年，1 分	4
		传统建筑群集中修建年代	清代及以前，6 分；民国，4 分；中华人民共和国成立至 1980 年，3 分	6
	稀缺度	文物保护单位等级	国家级，5 分，超过 1 处每处增加 2 分；省级，3 分，超过 1 处每处增加 1.5 分；市县级，2 分，超过 1 处每处增加 1 分；列入第三次文物普查的登记范围，1 分，超过 1 处每增加 1 处 0.5 分	10
	规模	传统建筑占地面积	5 公顷以上，15 ~ 20 分；3 ~ 5 公顷，10 ~ 14 分；1 ~ 3 公顷，5 ~ 9 分；0 ~ 1 公顷，0 ~ 4 分	20
	比例	传统建筑用地面积占全村建设用地面积比例	60% 以上，9 ~ 11 分；40% ~ 60%，6 ~ 8 分；20% ~ 40%，3 ~ 5 分；0% ~ 20%，0 ~ 1 分	11
	丰富度	建筑功能种类	建筑功能种类有居住、传统商业、防御、驿站、祠堂、庙宇、书院、楼塔及其他。每一种得 2 分	10
定性评估	完整性	现存传统建筑（群）及其建筑细部乃至周边环境保存情况	（1）现存传统建筑（群）及建筑细部乃至周边环境原貌保存完好，建筑质量良好且分布连片集中，风貌协调统一，仍被原有居民使用，保持了传统区的活态性，12 ~ 15 分； （2）现存传统建筑（群）及细部乃至周边环境原貌基本上保存较完好，建筑质量较好且分布连片，仍被原有居民使用，不协调建筑少，8 ~ 11 分；	15

续　表

类别	指标	指标分解	分值标准及释义	满分（分）
定性评估	完整性	现存传统建筑（群）及其建筑细部乃至周边环境保存情况	（3）现存传统建筑（群）部分倒塌，但“骨架”存在，部分建筑细部保存完好，有一定时期的风貌特色，周边环境有一定破坏，不协调建筑较多，4～7分； （4）传统建筑（群）大部分倒塌，存留部分结构构件及细部装饰，具有一定历史与地域特色风貌，周边环境破坏较为严重，0～3分	15
	艺美学价值	现存传统建筑（群）所具有的建筑造型、结构、材料或装饰等美学价值	（1）现存传统建筑（群）所具有的造型（外观、形体等）、结构、材料（配置对比、精细加工、地域材料）、装修装饰（木雕、石雕、砖雕、彩画、铺地、门窗隔断）等具有典型的地域性或民族性特色，建造工艺独特，建筑细部及装饰十分精美，工艺美学价值高，6～8分； （2）建筑造型、结构、材料或装饰等具有本地域一般特征，代表本地文化与审美，部分建筑具有一定装饰文化，美学价值较高，3～5分； （3）建筑造型、结构、材料或装饰等不具备典型民族或地域代表性，建造与装饰仅体现当地乡土特色，美学价值一般，0～2分	8
	历史建筑（群）典型性	集中反映地方建筑特色的宅院府第、祠堂、驿站、书院、会馆等历史建筑	具有鲜明的地方建筑特色及鲜明的建筑典型性，得3～4分；具有一定的地方特色及具有一定的典型性，得2～3分；地方特色及典型性较弱，得1分；不具有典型性及地方特色，不得分	4

续 表

类别	指标	指标分解	分值标准及释义	满分（分）
定性评估	历史环境要素	体现村镇传统特色和典型特征的环境要素数量	主要指城墙、城（堡、寨）门、牌坊、古塔、园林、古桥、古井、100 年以上的古树等，1 处 1 分，每增加 2 处增加 1 分。 注：拥有 50% 保存完好的城墙为 1 分，每增加 10% 增加 1 分，以保存城墙的长度为基准衡量，出现明显断裂坍塌的分值减半	4
	历史街巷（河道）规模	形态完整的、传统风貌连续的历史街巷（河道）数量	1 条 2 分，每增加 1 条增加 1 分。 注：历史街巷或河道的走向、宽度均应保持原貌，且长度不应低于 50 米，3 条及以上需有相交街巷，否则分值减半	4
		形态完整的、传统风貌连续的历史街巷（河道）总长度	200 米 1 分，每增加 200 米增加 1 分。 注：两侧或一侧有建筑的街巷（河道），历史建筑比例应为 60% 以上；对所有历史街巷（包括两侧均无建筑的街巷、河道），其路面（河岸）保持传统材料及铺砌方式的比例均应为 75% 以上	4
合 计				100

续 表

2. 金华市传统村落选址与山水格局评价指标体系				
类别	指标	指标分解	分值标准及释义	满分（分）
定量评估	久远度	村落现有选址形成年代	明清及明清以前，8 分；民国，5 分；中华人民共和国成立后，2 分	8
	丰富度	现存历史环境要素种类	古河道、商业街、公共建筑、特色公共活动场地、堡寨、城门、码头、楼阁、古树及其他历史环境要素种类。每一种得 2 分	10
定性评估	格局完整性	村落传统格局保存程度	（1）村落保持良好的传统格局，街巷体系完整，传统公共设施利用率高，与生产生活保持密切联系，整体风貌完整协调，格局体系中无突出不协调新建筑，15～20 分； （2）村落基本保持了传统格局，街巷体系较为完整，传统设施得到活态使用，与生产生活有一定联系，格局体系中不协调的新建筑少，不影响整体风貌，10～14分； （3）村落保留了一定的集中连片格局，保持了较为完整的骨架体系，能较为完整看出原有的街巷体系，传统设施基本不使用，格局体系中不协调新建筑较多，影响了整体风貌，6～9 分； （4）传统区保持了少量的传统基本骨架体系，能零散看出原有的街巷体系，传统设施完全不使用，传统区存在较多新建不协调建筑，风貌非常混乱，0～5 分	20
		核心保护区空间格局与风貌完整性	（1）核心保护区空间格局及功能特色。聚落核心保护区空间格局保持较为完整，传统功能尚在，2 分；聚落核心保护区空间格局十分完整或仍保留明显特殊功能（消防、给排水、防盗、防御等），反映传统布局特色理论，6 分；聚落核心保护区空间格局十分完整并且保留明显特殊功能，反映传统布局特色理论，10 分。	32

续 表

类别	指标	指标分解	分值标准及释义	满分（分）
定性评估	格局完整性	核心保护区空间格局与风貌完整性	（2）核心保护区用地面积规模。核心保护区内历史建筑、文物保护单位建筑面积至少占50%以上，传统村落2公顷及以下4分，每增加2公顷增加1分。满分10分。 （3）核心保护区历史建筑、文物保护单位用地面积占核心保护区全部用地面积比例。50%及以下1分，每增加10%增加1分，满分6分。 （4）核心保护区中原住居民比例。50%及以下1分，每增加10%增加1分，满分6分	32
	科学文化价值	村落选址、规划、营造反映的科学、文化、历史、考古价值	（1）村落选址、规划、营造具有典型的地域、特定历史背景或民族特色，村落与周边环境能明显体现选址所蕴含的深厚的文化或历史背景，有很高的科学、文化、历史、考古价值，10～15分； （2）村落选址、规划、营造具有一定地域和文化价值，村落与周边环境能体现选址所蕴含的深厚的文化或历史背景，有较高的科学、文化、考古、历史价值，5～9分； （3）村落选址、规划、营造保持本地区普遍的传统生活特色，村落与周边环境勉强体现选址所蕴含的深厚的文化或历史背景，科学、文化、历史、考古价值一般，0～4分	15
	协调性	村落与周边优美的自然山水环境或传统的田园风光保有和谐共生的关系	（1）村落周边环境保持良好，与村落和谐共生，清晰体现原有选址理念，11～15分； （2）村落周边环境有一定程度的改变，但与村落较和谐，能够体现原有选址理念，5～10分； （3）村落周边环境遭受较为严重的破坏，与村落建设相冲突，几乎不能体现原有选址理念，0～4分	15
合计				100

续 表

3. 金华市传统村落承载的非物质文化遗产保护与利用评价指标体系

类别	指标	指标分解	分值标准及释义	满分（分）
定量评估	稀缺度	非物质文化遗产级别	世界级 25 分，国家级 20 分，省级 15 分，市县级 10 分，无级别 5 分（多项不累加）	25
	丰富度	非物质文化遗产种类	世界级，每项 10 分；国家级，每项 8 分；省级，每项 6 分；市县级，每项 4 分；无级别，每项 2 分	15
	连续性	至今连续传承时间	至今连续传承 100 年以上，20 分；连续传承 50 年以上，15 分；连续传承不到 50 年，8 分	20
	规模	传承活动规模	全村参加 5 分；30 人以上 4 分；10～30 人 3 分；10 人以下 2 分	5
	传承人	是否有明确代表性传承人	有，且为省级以上，5 分；有，且为市级以上，3 分；无，0 分	5
定性评估	活态性	传承情况	（1）传承良好，具有传承活力，15 分； （2）传承一般，无专门管理，10 分； （3）传承濒危，无活力，5 分	15
	依存性	非物质文化遗产相关的仪式、传承人、材料、工艺以及其他实践活动等与村落及其周边环境的依存程度	（1）遗产相关生产材料、加工、活动及其空间、组织管理、工艺传承等内容与村落特定物质环境紧密相关，不可分离，13～15 分； （2）遗产活动空间、工艺传承与村落空间具有一定依赖性，活动组织与村民联系密切，具有民间管理组织，8～13 分； （3）遗产活动组织与工艺传承与村落较为密切，为本地域共有特色遗产，具有代表性，3～8 分； （4）遗产可不依赖村落保持独立传承，0～3 分	15
合 计				100

续 表

4. 金华市传统村落保护与利用措施及开发条件评价指标体系			
指标	指标分解及释义	分值升降方法指标填写	满分（分）
（1）保护措施			30
保护规划	保护规划编制与实施	已编制完成保护规划的，3 分；规划已经批准并按其实施的，8 分；没有按保护规划实施，造成新的破坏的，此项不得分	8
保护修复措施	对历史建筑、文物保护单位登记建档并挂牌保护的比例	50% 及以下 1 分，每增加 10% 增加 1 分。其中，未在挂牌上标注简要信息的，分值要减半（简要信息包括历史建筑、文物保护单位的名称、位置、面积、高度、形式风格、营造年代、建筑材料、修复情况、产权归属、保护责任者等情况）	10
	建立保护规划及修复建设公示栏情况	建立保护规划公示栏，1 分；建立保护规划，修复、建设公示栏，2 分	2
	对居民和游客建立警醒意义的保护标志数量	2 处 1 分，4 处及以上 2 分，未设置核心保护区保护范围标志的分值减半	2
保障机制	保护管理办法的制定	办法已制定为 1 分，正式颁布为 2 分	2
	保护机构及人员	有保护管理人员的 1 分，有专门保护管理机构的 2 分，已成立由政府牵头的多部门组成的保护协调机构的 3 分	3
	每年用于保护维修资金占全年村镇建设资金的比例	10% 及以下 1 分，每增加 10% 增加 1 分。 注：资金使用范围内限于镇、村建成区范围内	3

续 表

指标	指标分解及释义	分值升降方法指标填写	满分（分）
（2）村落基础设施条件			30
基础设施条件	村落环境整洁状况（村容村貌）	村落环境很整洁，村容村貌良好，10 分； 村落环境很整洁，村容村貌一般，6 分； 村落环境很整洁，村容村貌较差，2 分	10
	村落内部道路基础设施条件	村落内部道路基础设施条件良好，10 分； 村落内部道路基础设施条件一般，6 分； 村落内部道路基础设施条件较差，2 分	10
	村落排污设施	村落排污设施很完善，10 分； 村落排污设施一般，6 分； 村落排污设施较差或尚未进行排污设施建设，2 分	10
（3）旅游开发条件			40
区位与交通条件	与城市（镇）景区的距离	在城市（镇）、景区内，10 分； 在城市（镇）、景区周边 20 千米内，6 分； 在城市（镇）、景区周边 20 ~ 100 千米，2 分	10
	旅游交通	有市（镇）内公共交通线抵达，10 分； 无市（镇）内公交汽车，但有长途汽车抵达，6 分； 无直达公共交通，2 分	10

续表

指标	指标分解及释义	分值升降方法指标填写	满分（分）
旅游产业发展基础条件与发展水平	旅游产业发展基础条件	旅游产业发展基础条件一般指该传统村落具有发展旅游产业的潜力、资源基础、现有基础、其他产业，如现代农业、林业等产业基础。 旅游产业基础良好，10 分； 旅游产业基础一般，6 分； 旅游产业基础较弱，2 分	10
	旅游产业发展水平	旅游产业水平较高，10 分； 旅游产业水平一般，6 分； 旅游产业水平很低或几乎没有，2 分	10
合　计			100

第十四章 金华市传统村落传统建筑评价

一、金华市传统村落传统建筑分值赋值

本章依据现场调查、金华市传统村落信息登记表、评价指标分值设置标准及释义，对金华市传统村落传统建筑进行分值赋值，如表 14－1 所示。

表 14－1　　金华市传统村落传统建筑分值赋值　　单位：分

县（市、区）	传统村落	现存最早建筑修建年代	传统建筑群集中修建年代	稀缺度	规模	比例	丰富度	完整性	工艺美学价值	历史建筑（群）典型性	历史环境要素	历史街巷（河道）规模	总计
婺城区	雅畈镇石楠塘村	4	6	6	10	7	6	9	6	2	2	6	64
	雅畈镇二村、三村	4	6	10	15	10	6	12	7	3	3	8	84
	安地镇山道村	3	4	0	12	7	4	9	5	3	2	8	57
	长山乡三村	3	3	6	6	5	2	5	6	1	1	5	43
	塔石乡上阳村	4	6	0	15	10	6	11	7	3	3	7	72
	塔石乡珊瑚村	3	4	0	8	7	2	7	4	3	2	6	46
	塔石乡塘头村	2	3	0	5	5	2	6	4	1	1	4	33
	开发区汤溪镇鸽坞塔村	3	3	2	2	4	2	5	5	1	1	3	31
	开发区汤溪镇中戴村	3	6	2	15	8	8	11	7	2	3	6	71

续 表

县（市、区）	传统村落	现存最早建筑修建年代	传统建筑群集中修建年代	稀缺度	规模	比例	丰富度	完整性	工艺美学价值	历史建筑（群）典型性	历史环境要素	历史街巷（河道）规模	总计
婺城区	汤溪镇寺平村	4	6	10	18	10	10	13	7	4	4	8	94
	汤溪镇上镜村	3	4	2	10	4	2	5	5	2	2	2	41
	洋埠镇湖前村	3	4	2	8	5	4	8	5	1	2	2	44
	罗埠镇上潘村	2	3	0	1	1	2	2	2	1	0	0	14
	安地镇安地村	3	4	0	6	4	2	5	4	1	2	2	33
	蒋堂镇下尹村	3	4	2	6	5	2	4	3	1	1	3	34
	琅琊镇上盛村	3	3	4	5	5	2	3	3	1	1	4	34
	乾西乡雅宅村	4	4	0	8	4	4	6	5	2	1	4	42
	沙畈乡高儒村	3	4	4	8	5	4	7	6	2	2	4	49
	塔石乡岱上村	3	4	0	9	8	4	8	5	2	2	6	51
	塔石乡塔石村	3	4	0	6	3	4	6	3	2	1	2	34
金东区	傅村镇山头下村	4	6	10	17	10	10	13	8	3	4	8	93
	傅村镇畈田蒋村	3	6	5	14	8	8	11	6	2	4	6	73
	源东乡长塘徐村	4	6	2	9	7	6	10	5	2	2	6	59
	源东乡东叶村	3	4	3	10	8	6	11	6	3	2	6	62
	曹宅镇曹宅村	2	4	0	6	4	6	8	5	2	2	4	43
	赤松镇老石桥村	2	3	0	5	2	2	4	2	1	1	2	24
	赤松镇仙桥村	4	6	9	15	9	10	13	6	3	3	8	86
	赤松镇王宅村	3	4	0	10	5	4	6	5	1	2	3	43
	澧浦镇琐园村	4	6	10	16	10	10	12	7	3	2	6	86
	澧浦镇蒲塘村	4	6	5	15	9	8	12	7	2	3	6	77
	塘雅镇前溪边村	3	4	0	8	4	2	5	4	1	2	4	37
	岭下镇岭五村	4	6	3	16	9	9	12	7	3	4	8	81

续 表

县（市、区）	传统村落	现存最早建筑修建年代	传统建筑群集中修建年代	稀缺度	规模	比例	丰富度	完整性	工艺美学价值	历史建筑（群）典型性	历史环境要素	历史街巷（河道）规模	总计
金东区	岭下镇后溪村	3	4	0	14	8	6	9	5	2	2	7	60
	江东镇雅湖村	3	4	0	6	5	4	8	6	2	2	4	44
	孝顺镇中柔村	4	6	6	12	7	8	11	6	3	4	6	73
	孝顺镇夏宅村	4	6	0	13	7	6	10	6	2	2	4	60
	孝顺镇浦口村	4	4	2	10	6	6	8	5	2	2	4	53
	赤松镇山口村	3	4	0	10	6	6	8	5	2	1	4	49
	赤松镇下潘村	4	6	0	13	8	8	11	7	3	3	6	69
	澧浦镇方山村	4	6	5	14	7	8	11	6	2	3	6	72
	澧浦镇郑店村	4	6	4	14	8	8	13	7	3	3	8	78
	孝顺镇支家村	4	4	0	10	6	8	10	6	3	3	6	60
兰溪市	永昌街道永昌村	4	6	0	14	8	8	12	7	2	3	6	70
	永昌街道社峰村	4	4	5	10	6	6	10	7	3	3	4	62
	永昌街道夏李村	4	6	0	8	5	6	9	6	2	2	4	52
	水亭乡西姜村	4	6	5	16	9	8	12	7	3	3	8	81
	诸葛镇万田村	4	4	2	10	6	6	10	5	2	2	4	55
	诸葛镇长乐村	4	6	10	16	10	10	13	8	3	3	8	91
	诸葛镇诸葛村	4	6	10	18	10	10	14	8	3	4	8	95
	兰江街道姚村村	4	6	4	14	7	8	9	6	2	4	6	70
	黄店镇三泉村	4	6	7	12	8	6	11	6	2	2	6	70
	黄店镇上包村	3	4	0	12	8	6	11	6	2	2	6	60
	黄店镇桐山后金村	3	6	5	12	7	6	9	5	2	3	5	63
	黄店镇芝堰村	4	6	10	17	10	10	13	6	4	4	8	92

续 表

县（市、区）	传统村落	现存最早建筑修建年代	传统建筑群集中修建年代	稀缺度	规模	比例	丰富度	完整性	工艺美学价值	历史建筑（群）典型性	历史环境要素	历史街巷（河道）规模	总计
兰溪市	女埠街道虹霓山村	4	6	3	15	9	9	13	6	3	4	8	80
	女埠街道岘坦村	4	6	8	14	9	8	11	6	3	3	8	80
	女埠街道渡渎村	4	6	8	12	8	6	9	6	3	3	4	69
	黄店镇刘家村	4	4	5	8	7	6	10	6	2	3	5	60
	黄店镇上唐村	4	6	7	12	7	6	10	6	3	2	4	67
	柏社乡洪塘里村	4	4	2	14	7	8	9	6	3	2	6	65
	梅江镇塔山村	4	4	2	12	8	6	9	6	3	3	4	61
	梅江镇祝宅村	4	4	3	12	9	7	8	4	2	3	4	60
	梅江镇梅街头村	4	4	0	10	8	6	9	6	3	3	6	59
	横溪镇宋宅村	4	4	3	8	8	6	6	4	3	2	4	52
	梅溪镇虞街村	4	4	2	8	7	6	9	5	2	2	4	53
浦江县	虞宅乡新光村	4	4	0	14	8	8	12	7	3	3	8	71
	檀溪镇潘周家村	4	6	4	14	8	6	11	6	3	2	6	70
	白马镇嵩溪村	4	6	2	16	9	8	13	7	4	3	8	80
	郑宅镇郑宅镇区	4	6	10	15	9	10	13	7	3	3	8	88
	黄宅镇古塘村	4	4	5	12	7	6	10	6	2	2	4	62
	杭坪镇杭坪村	4	4	2	14	7	8	11	7	2	2	6	67
	杭坪镇石宅村	4	4	0	12	7	8	10	6	2	3	6	62
	仙华街道登高村	4	6	0	12	6	7	9	6	3	3	6	62
	岩头镇礼张村	4	6	0	14	8	7	11	6	3	3	6	68
	虞宅乡马岭脚村	4	6	0	14	6	6	9	4	2	2	6	59

续 表

县（市、区）	传统村落	现存最早建筑修建年代	传统建筑群集中修建年代	稀缺度	规模	比例	丰富度	完整性	工艺美学价值	历史建筑（群）典型性	历史环境要素	历史街巷（河道）规模	总计
东阳市	虎鹿镇蔡宅村	4	6	9	16	11	8	14	7	4	4	7	90
	巍山镇大爽村	4	6	5	12	9	8	12	6	4	3	6	75
	虎鹿镇磨水仓村	1	0	0	4	5	2	3	1	0	1	2	19
	虎鹿镇厦程里村	3	3	10	15	10	8	7	6	2	4	6	74
	虎鹿镇坞葛村	2	4	0	9	4	12	5	5	1	4	5	51
	虎鹿镇西坞村	4	6	2	9	6	4	8	3	2	3	4	51
	画水镇天鹅村	2	4	0	18	10	2	8	2	1	4	7	58
	画水镇旭光村	4	6	4	6	4	4	6	4	2	0	3	43
	李宅镇李宅村	4	6	9	14	6	6	8	7	2	2	7	71
	马宅镇雅坑村	4	6	2	6	4	8	6	5	3	3	3	50
	南马镇上安恬村	4	6	7	6	5	4	7	6	2	4	4	55
	巍山镇白坦村	3	6	10	15	4	6	11	7	2	3	7	74
	巍山镇古渊头村	4	6	10	8	11	4	6	6	2	4	6	67
	佐村镇平坑村	1	3	1	8	11	2	8	2	1	1	2	40
	佐村镇平岩顶村	3	6	1	8	11	2	1	1	1	2	2	38
	佐村镇下里坑村	3	4	3	3	7	4	8	3	2	3	3	43
	佐村镇恒坑村	3	6	2	9	5	4	9	5	2	4	3	52
磐安县	冷水镇朱山村	3	6	4	14	9	2	9	5	1	2	6	61
	仁川镇石下村	2	4	1	4	6	2	5	3	1	1	2	31
	双峰乡大皿村	4	6	10	17	9	8	14	7	3	4	6	88
	盘峰乡榉溪村	4	6	10	17	10	10	13	8	4	4	7	93
	安文镇墨林村	4	6	5	16	9	6	11	5	2	1	6	71
	双溪乡梓誉村	4	6	10	20	11	6	14	8	3	4	8	94
	尖山镇管头村	4	6	3	18	10	6	13	5	2	2	7	76

续 表

县（市、区）	传统村落	现存最早建筑修建年代	传统建筑群集中修建年代	稀缺度	规模	比例	丰富度	完整性	工艺美学价值	历史建筑（群）典型性	历史环境要素	历史街巷（河道）规模	总计
磐安县	胡宅乡横路村	4	6	5	15	9	6	13	4	3	2	7	74
	玉山镇马塘村	2	4	7	2	7	8	3	8	4	1	1	47
	双溪乡潘庄村	4	4	3	3	11	4	4	4	2	3	4	46
武义县	熟溪街道郭洞村	4	6	10	18	11	10	13	7	4	4	7	94
	大田乡岭下汤村	4	6	6	14	9	6	10	6	4	4	6	75
	俞源乡俞源村	4	6	10	20	10	10	13	8	4	4	7	96
	桃溪镇陶村	4	6	2	14	9	9	13	6	3	4	6	76
	大溪口乡山下鲍村	4	6	6	16	10	8	11	6	4	4	6	81
	柳城畲族镇上黄村	4	4	0	12	9	6	10	4	4	3	4	60
	柳城畲族镇半塘村	4	4	0	10	8	6	10	5	2	3	6	58
	柳城畲族镇华塘村	4	4	4	8	8	4	8	6	2	2	4	54
	柳城畲族镇金川村	4	6	2	12	7	8	12	6	3	2	6	68
	坦洪乡上坦村	3	4	0	13	9	6	12	6	3	2	4	62
永康市	前仓镇厚吴村	4	6	10	18	10	10	13	7	4	4	6	92
	舟山镇舟山二村	4	6	2	13	7	8	13	6	3	3	3	68
	石柱镇塘里村	4	4	0	12	9	7	8	4	2	3	4	57
	芝英镇芝英村	4	6	6	18	8	8	10	6	4	4	6	80
	象珠镇清渭街村	4	4	0	12	7	8	12	6	4	4	4	65

续　表

县（市、区）	传统村落	现存最早建筑修建年代	传统建筑群集中修建年代	稀缺度	规模	比例	丰富度	完整性	工艺美学价值	历史建筑（群）典型性	历史环境要素	历史街巷（河道）规模	总计
义乌市	赤岸镇朱店村	4	4	10	13	8	8	13	6	4	3	6	79
	赤岸镇尚阳村	4	6	7	14	9	6	11	4	2	2	5	70
	赤岸镇雅端村	4	6	6	12	7	6	10	6	4	3	6	70
	佛堂镇田心村	4	6	3	14	10	9	12	6	4	4	6	78
	佛堂镇倍磊村	4	6	9	16	10	8	12	8	4	4	6	87
	义亭镇缸窑村	4	3	3	10	6	7	8	4	4	2	4	55

二、金华市传统村落传统建筑分类、等级划分

传统村落传统建筑根据评价分值分为三个等级（见表 14－2）：

（1）80～100 分为具有较高传统建筑保护价值的传统村落，包括目前不是中国传统村落但具有申报条件的村落。

（2）60～79 分为具有一定传统建筑保护价值的传统村落，包括目前不是中国传统村落但部分具有申报条件的村落。

（3）0～59 分为不具有一定传统建筑保护价值的传统村落，但具有一定传统建筑的村落。其中 50～59 分的传统村落可依据其他选项，综合考虑是否具有中国传统村落申报价值及是否具有传统建筑保护价值。

表 14－2　　金华市传统村落传统建筑评价分类及保护价值

传统村落	总计	是否为中国传统村落	是否为中国历史文化名村
传统村落传统建筑评价分值为 80～100 分			
武义县俞源乡俞源村	96	√	√
兰溪市诸葛镇诸葛村	95	√	
婺城区汤溪镇寺平村	94	√	√
磐安县双溪乡梓誉村	94	√	

续 表

传统村落	总计	是否为中国传统村落	是否为中国历史文化名村
武义县熟溪街道郭洞村	94	√	√
金东区傅村镇山头下村	93	√	√
磐安县盘峰乡榉溪村	93	√	√
兰溪市黄店镇芝堰村	92	√	
永康市前仓镇厚吴村	92	√	√
兰溪市诸葛镇长乐村	91	√	
东阳市虎鹿镇蔡宅村	90	√	
浦江县郑宅镇郑宅镇区	88	√	
磐安县双峰乡大皿村	88		
义乌市佛堂镇倍磊村	87		
金东区赤松镇仙桥村	86		
金东区澧浦镇琐园村	86		
婺城区雅畈镇二村、三村	84		
金东区岭下镇岭五村	81		
兰溪市水亭畲族乡西姜村	81		
武义县大溪口乡山下鲍村	81	√	
兰溪市女埠街道虹霓山村	80	√	
兰溪市女埠街道岘坦村	80	√	
浦江县白马镇嵩溪村	80	√	√
永康市芝英镇芝英村	80		
传统村落传统建筑评价分值为 60 ~ 79 分			
义乌市赤岸镇朱店村	79		
金东区澧浦镇郑店村	78		
义乌市佛堂镇田心村	78		
金东区澧浦镇蒲塘村	77		
磐安县尖山镇管头村	76	√	
武义县桃溪镇陶村	76		
东阳市巍山镇大爽村	75	√	
武义县大田乡岭下汤村	75		
东阳市虎鹿镇厦程里村	74		
东阳市巍山镇白坦村	74		

续　表

传统村落	总计	是否为中国传统村落	是否为中国历史文化名村
磐安县胡宅乡横路村	74	√	
金东区傅村镇畈田蒋村	73		
金东区孝顺镇中柔村	73		
婺城区塔石乡上阳村	72		
金东区澧浦镇方山村	72		
婺城区汤溪镇中戴村	71		
浦江县虞宅乡新光村	71	√	
东阳市李宅镇李宅村	71		
磐安县安文镇墨林村	71		
兰溪市永昌街道永昌村	70		
兰溪市兰江街道姚村村	70	√	
兰溪市黄店镇三泉村	70		
浦江县檀溪镇潘周家村	70		
义乌市赤岸镇尚阳村	70		
义乌市赤岸镇雅端村	70		
金东区赤松镇下潘村	69		
兰溪市女埠街道渡渎村	69	√	
浦江县岩头镇礼张村	68		
武义县柳城畲族镇金川村	68		
永康市舟山镇舟山二村	68		
兰溪市黄店镇上唐村	67		
浦江县杭坪镇杭坪村	67		
东阳市巍山镇古渊头村	67		
兰溪市柏社乡洪塘里村	65		
永康市象珠镇清渭街村	65		
婺城区雅畈镇石楠塘村	64		
兰溪市黄店镇桐山后金村	63		
金东区源东乡东叶村	62		
兰溪市永昌街道社峰村	62	√	
浦江县黄宅镇古塘村	62		

续 表

传统村落	总计	是否为中国传统村落	是否为中国历史文化名村
浦江县杭坪镇石宅村	62		
浦江县仙华街道登高村	62		
武义县坦洪乡上坦村	62		
兰溪市梅江镇塔山村	61		
磐安县冷水镇朱山村	61		
金东区岭下镇后溪村	60		
金东区孝顺镇夏宅村	60		
金东区孝顺镇支家村	60		
兰溪市黄店镇上包村	60		
兰溪市黄店镇刘家村	60		
兰溪市梅江镇祝宅村	60		
武义县柳城畲族镇上黄村	60		
传统村落传统建筑评价分值为 0 ~ 59 分			
金东区源东乡长塘徐村	59		
兰溪市梅江镇梅街头村	59		
浦江县虞宅乡马岭脚村	59		
东阳市画水镇天鹅村	58		
武义县柳城畲族镇半塘村	58		
婺城区安地镇山道村	57		
永康市石柱镇塘里村	57		
兰溪市诸葛镇万田村	55		
东阳市南马镇上安恬村	55		
义乌市义亭镇缸窑村	55		
武义县柳城畲族镇华塘村	54	√	
金东区孝顺镇浦口村	53		
兰溪市梅溪镇虞街村	53		
兰溪市永昌街道夏李村	52		
兰溪市横溪镇宋宅村	52		
东阳市佐村镇恒坑村	52		
婺城区塔石乡岱上村	51		

续 表

传统村落	总计	是否为中国传统村落	是否为中国历史文化名村
东阳市虎鹿镇坞葛村	51		
东阳市虎鹿镇西坞村	51		
东阳市马宅镇雅坑村	50		
婺城区沙畈乡高儒村	49		
金东区赤松镇山口村	49		
磐安县玉山镇马塘村	47		
婺城区塔石乡珊瑚村	46		
磐安县双溪乡潘庄村	46		
婺城区洋埠镇湖前村	44		
金东区江东镇雅湖村	44		
婺城区长山乡长山三村	43		
金东区曹宅镇曹宅村	43		
金东区赤松镇王宅村	43		
东阳市画水镇旭光村	43		
东阳市佐村镇下里坑村	43		
婺城区乾西乡雅宅村	42		
婺城区汤溪镇上镜村	41		
东阳市佐村镇平坑村	40		
东阳市佐村镇平岩顶村	38		
金东区塘雅镇前溪边村	37		
婺城区蒋堂镇下尹村	34		
婺城区琅琊镇上盛村	34		
婺城区塔石乡塔石村	34		
婺城区塔石乡塘头村	33		
婺城区安地镇安地村	33		
婺城区汤溪镇鸽坞塔村	31		
磐安县仁川镇石下村	31		
金东区赤松镇老石桥村	24		
东阳市虎鹿镇磨水仓村	19		
婺城区罗埠镇上潘村	14		

第十五章　金华市传统村落选址和格局评价

一、金华市传统村落选址和格局分值赋值

本章依据现场调查、金华市传统村落信息登记表、评价指标分值设置标准及释义，对金华市传统村落选址和格局进行分值赋值，如表 15－1 所示。

二、金华市传统村落选址和格局分类、等级划分

传统村落传统建筑根据评价分值分为三个等级（见表 15－2）：

（1）80～100 分为具有较高传统村落选址和传统格局保护价值的传统村落，其中，若目前不是中国传统村落的，则需要具有申报中国传统村落的条件。

（2）60～79 分为具有一定传统村落选址和传统格局保护价值的传统村落，包括目前不是中国传统村落但部分具有申报中国传统村落的条件的村落。

（3）0～59 分为不具有一定传统村落选址和传统格局保护价值，但具有一定数量的传统建筑的传统村落。其中 50～59 分的传统村落可依据其他选项，综合考虑是否具有中国传统村落申报价值及是否具有传统村落选址和传统格局保护价值。

表 15－1　金华市传统村落选址与格局分值赋值　单位：分

县（市、区）	传统村落	久远度	丰富度	村落传统格局保存程度	核心保护区空间格局与风貌完整性	科学文化价值	协调性	总计
婺城区	雅畈镇石楠塘村	8	5	6	15	10	11	55
	雅畈镇二村、三村	8	8	14	24	11	10	75
	安地镇山道村	2	3	10	17	8	11	51
	长山乡三村	8	5	2	10	4	6	35
	塔石乡上阳村	8	8	11	16	10	9	62
	塔石乡珊瑚村	8	3	10	15	8	10	54
	塔石乡塘头村	2	2	3	8	4	5	24
	开发区汤溪镇鸽坞塔村	5	3	4	6	4	5	27
	开发区汤溪镇中戴村	8	6	15	26	10	12	77
	汤溪镇寺平村	8	10	18	30	13	14	93
	汤溪镇上镜村	8	4	4	18	4	4	42
	洋埠镇湖前村	8	5	9	18	8	8	56
	罗埠镇上潘村	5	6	8	8	6	9	42
	安地镇安地村	8	4	7	13	8	8	48
	蒋堂镇下尹村	8	4	9	6	9	8	44
	琅琊镇上盛村	8	5	11	10	6	6	46
	乾西乡雅宅村	8	3	10	10	6	9	46
	沙畈乡高儒村	8	7	8	17	7	8	55
	塔石乡岱上村	8	6	13	19	9	9	64
	塔石乡塔石村	5	4	9	10	5	5	38

续 表

县（市、区）	传统村落	久远度	丰富度	村落传统格局保存程度	核心保护区空间格局与风貌完整性	科学文化价值	协调性	总计
金东区	傅村镇山头下村	8	10	18	29	13	12	90
	傅村镇畈田蒋村	8	6	12	24	9	11	70
	源东乡长塘徐村	8	5	12	21	7	7	60
	源东乡东叶村	8	6	13	23	9	8	67
	曹宅镇曹宅村	8	6	8	15	7	6	50
	赤松镇老石桥村	5	4	4	6	2	6	27
	赤松镇仙桥村	8	8	16	28	10	10	80
	赤松镇王宅村	8	4	8	17	7	6	50
	澧浦镇琐园村	8	10	17	28	12	12	87
	澧浦镇蒲塘村	8	8	15	20	10	10	71
	塘雅镇前溪边村	8	4	8	12	7	8	47
	岭下镇岭五村	8	8	16	26	12	10	80
	岭下镇后溪村	8	6	14	23	10	8	69
	江东镇雅湖村	8	5	9	17	6	7	52
	孝顺镇中柔村	8	8	14	24	10	10	74
	孝顺镇夏宅村	8	8	12	22	10	10	70
	孝顺镇浦口村	8	5	8	18	8	7	54
	赤松镇山口村	8	4	8	16	8	8	52
	赤松镇下潘村	8	8	14	22	10	9	71
	澧浦镇方山村	8	6	12	23	9	9	67
	澧浦镇郑店村	8	8	15	24	12	11	78
	孝顺镇支家村	8	6	12	20	9	11	66

续 表

县（市、区）	传统村落	久远度	丰富度	村落传统格局保存程度	核心保护区空间格局与风貌完整性	科学文化价值	协调性	总计
兰溪市	永昌街道永昌村	8	8	12	26	10	11	75
	永昌街道社峰村	8	6	12	24	10	10	70
	永昌街道夏李村	8	8	8	18	9	9	60
	水亭乡西姜村	8	8	16	25	12	12	81
	诸葛镇万田村	8	6	10	18	9	9	60
	诸葛镇长乐村	8	8	18	26	13	12	85
	诸葛镇诸葛村	8	8	18	28	13	14	89
	兰江街道姚村村	8	6	12	21	10	11	68
	黄店镇三泉村	8	6	14	24	10	10	72
	黄店镇上包村	8	6	12	22	9	8	65
	黄店镇桐山后金村	8	6	10	24	9	9	66
	黄店镇芝堰村	8	10	16	26	13	13	86
	女埠街道虹霓山村	8	6	14	24	11	12	75
	女埠街道岘坦村	8	8	12	24	12	12	76
	女埠街道渡渎村	8	6	10	22	11	10	67
	黄店镇刘家村	8	5	12	16	10	10	61
	黄店镇上唐村	8	6	12	22	12	11	71
	柏社乡洪塘里村	8	8	10	24	10	11	71
	梅江镇塔山村	8	6	8	20	8	11	61
	梅江镇祝宅村	8	6	10	18	10	8	60
	梅江镇梅街头村	8	8	14	20	8	10	68
	横溪镇宋宅村	8	8	10	16	9	7	58
	梅溪镇虞街村	8	6	12	18	11	10	65

续 表

县（市、区）	传统村落	久远度	丰富度	村落传统格局保存程度	核心保护区空间格局与风貌完整性	科学文化价值	协调性	总计
浦江县	虞宅乡新光村	8	8	14	24	12	11	77
	檀溪镇潘周家村	8	8	12	22	10	11	71
	白马镇嵩溪村	8	8	14	25	11	12	78
	郑宅镇郑宅镇区	8	10	14	26	13	12	83
	黄宅镇古塘村	8	6	12	20	9	11	66
	杭坪镇杭坪村	8	8	15	18	11	11	71
	杭坪镇石宅村	8	8	14	20	10	9	69
	仙华街道登高村	8	8	12	22	9	7	66
	岩头镇礼张村	8	6	12	20	8	11	65
	虞宅乡马岭脚村	8	6	10	22	9	10	65
东阳市	虎鹿镇蔡宅村	8	10	18	30	14	14	94
	巍山镇大爽村	8	8	16	26	12	14	84
	虎鹿镇磨水仓村	5	2	8	8	1	12	36
	虎鹿镇厦程里村	8	6	15	24	11	12	76
	虎鹿镇坞葛村	8	6	13	13	8	13	61
	虎鹿镇西坞村	8	4	14	15	9	12	62
	画水镇天鹅村	8	4	10	16	5	10	53
	画水镇旭光村	8	2	5	9	4	3	31
	李宅镇李宅村	8	8	12	21	8	8	65
	马宅镇雅坑村	8	6	6	9	4	5	38
	南马镇上安恬村	8	4	8	8	5	4	37
	巍山镇白坦村	8	4	9	12	8	9	50
	巍山镇古渊头村	8	6	8	13	12	10	57
	佐村镇平坑村	8	6	3	6	9	3	35
	佐村镇平岩顶村	8	2	8	14	7	10	49
	佐村镇下里坑村	8	6	13	15	9	11	62
	佐村镇恒坑村	8	4	12	13	5	9	51

续　表

县（市、区）	传统村落	久远度	丰富度	村落传统格局保存程度	核心保护区空间格局与风貌完整性	科学文化价值	协调性	总计
磐安县	冷水镇朱山村	8	8	10	18	9	12	65
	仁川镇石下村	5	2	7	9	4	7	34
	双峰乡大皿村	8	10	18	27	12	12	87
	盘峰乡榉溪村	8	8	17	25	12	14	84
	安文镇墨林村	8	8	18	15	9	11	69
	双溪乡梓誉村	8	10	17	26	9	13	83
	尖山镇管头村	8	6	18	24	9	13	78
	胡宅乡横路村	8	8	18	20	8	12	74
	玉山镇马塘村	8	4	4	12	14	5	47
	双溪乡潘庄村	8	2	6	9	6	10	41
武义县	熟溪街道郭洞村	8	10	18	28	13	13	90
	大田乡岭下汤村	8	6	14	24	12	11	75
	俞源乡俞源村	8	10	20	30	15	14	97
	桃溪镇陶村	8	6	16	24	11	12	77
	大溪口乡山下鲍村	8	6	16	28	12	12	82
	柳城畲族镇上黄村	8	5	13	26	10	10	72
	柳城畲族镇半塘村	8	6	12	20	9	10	65
	柳城畲族镇华塘村	8	6	12	24	9	9	68
	柳城畲族镇金川村	8	6	11	24	9	10	68
	坦洪乡上坦村	8	6	14	22	10	10	70
永康市	前仓镇厚吴村	8	10	18	28	14	13	91
	舟山镇舟山二村	8	8	12	24	10	11	73
	石柱镇塘里村	8	6	14	25	11	10	74
	芝英镇芝英村	8	10	12	22	10	12	74
	象珠镇清渭街村	8	8	11	24	11	13	75

续 表

县（市、区）	传统村落	久远度	丰富度	村落传统格局保存程度	核心保护区空间格局与风貌完整性	科学文化价值	协调性	总计
义乌市	赤岸镇朱店村	6	6	11	22	12	10	67
	赤岸镇尚阳村	7	8	15	22	12	12	76
	赤岸镇雅端村	8	8	16	24	12	12	80
	佛堂镇田心村	7	9	14	23	12	12	77
	佛堂镇倍磊村	9	10	18	24	14	13	88
	义亭镇缸窑村	8	7	13	24	13	12	77

表 15－2　金华市传统村落选址与传统格局评价分类及保护价值

传统村落	总计	是否为中国传统村落	是否为中国历史文化名村
传统村落选址与传统格局评价分值为 80～100 分			
武义县俞源乡俞源村	97	√	√
东阳市虎鹿镇蔡宅村	94	√	
婺城区汤溪镇寺平村	93	√	√
永康市前仓镇厚吴村	91	√	√
金东区傅村镇山头下村	90	√	√
武义县熟溪街道郭洞村	90	√	√
兰溪市诸葛镇诸葛村	89	√	
义乌市佛堂镇倍磊村	88		
金东区澧浦镇琐园村	87		
磐安县双峰乡大皿村	87		
兰溪市黄店镇芝堰村	86	√	
兰溪市诸葛镇长乐村	85	√	
东阳市巍山镇大爽村	84	√	
磐安县盘峰乡榉溪村	84	√	√
浦江县郑宅镇郑宅镇区	83	√	
磐安县双溪乡梓誉村	83	√	

续 表

传统村落	总计	是否为中国传统村落	是否为中国历史文化名村
武义县大溪口乡山下鲍村	82	√	
兰溪市水亭乡西姜村	81		
金东区赤松镇仙桥村	80		
金东区岭下镇岭五村	80		
义乌市赤岸镇雅端村	80		
传统村落选址与传统格局评价分值为 60 ~ 79 分			
金东区澧浦镇郑店村	78		
浦江县白马镇嵩溪村	78	√	√
磐安县尖山镇管头村	78	√	
婺城区开发区汤溪镇中戴村	77		
浦江县虞宅乡新光村	77	√	
武义县桃溪镇陶村	77		
义乌市佛堂镇田心村	77		
义乌市义亭镇缸窑村	77		
兰溪市女埠街道岘坦村	76	√	
东阳市虎鹿镇厦程里村	76		
义乌市赤岸镇尚阳村	76		
婺城区雅畈镇二村、三村	75		
兰溪市永昌街道永昌村	75		
兰溪市女埠街道虹霓山村	75	√	
武义县大田乡岭下汤村	75		
永康市象珠镇清渭街村	75		
金东区孝顺镇中柔村	74		
磐安县胡宅乡横路村	74	√	
永康市石柱镇塘里村	74		
永康市芝英镇芝英村	74		
永康市舟山镇舟山二村	73		
兰溪市黄店镇三泉村	72		
武义县柳城畲族镇上黄村	72		
金东区澧浦镇蒲塘村	71		

续 表

传统村落	总计	是否为中国传统村落	是否为中国历史文化名村
金东区赤松镇下潘村	71		
兰溪市黄店镇上唐村	71		
兰溪市柏社乡洪塘里村	71		
浦江县檀溪镇潘周家村	71		
浦江县杭坪镇杭坪村	71		
金东区傅村镇畈田蒋村	70		
金东区孝顺镇夏宅村	70		
兰溪市永昌街道社峰村	70	√	
武义县坦洪乡上坦村	70		
金东区岭下镇后溪村	69		
浦江县杭坪镇石宅村	69		
磐安县安文镇墨林村	69		
兰溪市兰江街道姚村村	68	√	
兰溪市梅江镇梅街头村	68		
武义县柳城畲族镇华塘村	68	√	
武义县柳城畲族镇金川村	68		
金东区源东乡东叶村	67		
金东区澧浦镇方山村	67		
兰溪市女埠街道渡渎村	67	√	
义乌市赤岸镇朱店村	67		
金东区孝顺镇支家村	66		
兰溪市黄店镇桐山后金村	66		
浦江县黄宅镇古塘村	66		
浦江县仙华街道登高村	66		
兰溪市黄店镇上包村	65		
兰溪市梅溪镇虞街村	65		
浦江县岩头镇礼张村	65		
浦江县虞宅乡马岭脚村	65		
东阳市李宅镇李宅村	65		
磐安县冷水镇朱山村	65		

续 表

传统村落	总计	是否为中国传统村落	是否为中国历史文化名村
武义县柳城畲族镇半塘村	65		
婺城区塔石乡岱上村	64		
婺城区塔石乡上阳村	62		
东阳市虎鹿镇西坞村	62		
东阳市佐村镇下里坑村	62		
兰溪市黄店镇刘家村	61		
兰溪市梅江镇塔山村	61		
东阳市虎鹿镇坞葛村	61		
金东区源东乡长塘徐村	60		
兰溪市永昌街道夏李村	60		
兰溪市诸葛镇万田村	60		
兰溪市梅江镇祝宅村	60		
传统村落选址与传统格局评价分值为 0～59 分			
兰溪市横溪镇宋宅村	58		
东阳市巍山镇古渊头村	57		
婺城区洋埠镇湖前村	56		
婺城区雅畈镇石楠塘村	55		
婺城区沙畈乡高儒村	55		
婺城区塔石乡珊瑚村	54		
金东区孝顺镇浦口村	54		
东阳市画水镇天鹅村	53		
金东区江东镇雅湖村	52		
金东区赤松镇山口村	52		
婺城区安地镇山道村	51		
东阳市佐村镇恒坑村	51		
金东区曹宅镇曹宅村	50		
金东区赤松镇王宅村	50		
东阳市巍山镇白坦村	50		
东阳市佐村镇平岩顶村	49		
婺城区安地镇安地村	48		

续 表

传统村落	总计	是否为中国传统村落	是否为中国历史文化名村
金东区塘雅镇前溪边村	47		
磐安县玉山镇马塘村	47		
婺城区琅琊镇上盛村	46		
婺城区乾西乡雅宅村	46		
婺城区蒋堂镇下尹村	44		
婺城区汤溪镇上镜村	42		
婺城区罗埠镇上潘村	42		
磐安县双溪乡潘庄村	41		
婺城区塔石乡塔石村	38		
东阳市马宅镇雅坑村	38		
东阳市南马镇上安恬村	37		
东阳市虎鹿镇磨水仓村	36		
婺城区长山乡三村	35		
东阳市佐村镇平坑村	35		
磐安县仁川镇石下村	34		
东阳市画水镇旭光村	31		
婺城区开发区汤溪镇鸽坞塔村	27		
金东区赤松镇老石桥村	27		
婺城区塔石乡塘头村	24		

第十六章　金华市传统村落非物质文化遗产评价

一、金华市传统村落承载的非物质文化遗产保护与利用评价

本章依据现场调查、金华市传统村落信息登记表、评价指标分值设置标准及释义，对金华市传统村落承载的非物质文化遗产保护与利用进行分值赋值，如表 16－1 所示。

表 16－1　金华市传统村落承载的非物质文化遗产保护与利用分值赋值　单位：分

县（市、区）	传统村落	稀缺度	丰富度	连续性	规模	传承人	活态性	依存性	总计
婺城区	雅畈镇石楠塘村	0	0	0	0	0	0	0	0
	雅畈镇二村、三村	5	15	20	5	0	15	13	73
	安地镇山道村	0	0	0	0	0	0	0	0
	长山乡三村	0	0	0	0	0	0	0	0
	塔石乡上阳村	5	6	15	4	2	15	15	62
	塔石乡珊瑚村	0	0	0	0	0	0	0	0
	塔石乡塘头村	0	0	0	0	0	0	0	0
	开发区汤溪镇鸽坞塔村	5	2	15	3	2	15	13	55
	开发区汤溪镇中戴村	0	0	0	0	0	0	0	0
	汤溪镇寺平村	10	4	20	5	3	15	14	71
	汤溪镇上镜村	0	0	0	0	0	0	0	0
	洋埠镇湖前村	0	0	0	0	0	0	0	0
	罗埠镇上潘村	0	0	0	0	0	0	0	0

续 表

县（市、区）	传统村落	稀缺度	丰富度	连续性	规模	传承人	活态性	依存性	总计
婺城区	安地镇安地村	5	6	20	5	0	15	12	63
	蒋堂镇下尹村	10	4	15	3	3	10	13	58
	琅琊镇上盛村	4	6	20	5	0	10	10	55
	乾西乡雅宅村	20	15	20	3	5	15	15	93
	沙畈乡高儒村	0	0	0	0	0	0	0	0
	塔石乡岱上村	0	0	0	0	0	0	0	0
	塔石乡塔石村	5	2	15	5	0	15	13	55
金东区	傅村镇山头下村	20	15	20	4	5	15	15	94
	傅村镇畈田蒋村	10	10	15	4	0	15	13	67
	源东乡长塘徐村	0	0	0	0	0	0	0	0
	源东乡东叶村	5	2	15	3	0	10	12	47
	曹宅镇曹宅村	10	4	15	3	0	12	13	57
	赤松镇老石桥村	0	0	0	0	0	0	0	0
	赤松镇仙桥村	20	15	15	5	0	15	14	84
	赤松镇王宅村	0	0	0	0	0	0	0	0
	澧浦镇琐园村	20	12	20	5	3	15	14	89
	澧浦镇蒲塘村	10	10	15	5	0	15	12	67
	塘雅镇前溪边村	0	0	0	0	0	0	0	0
	岭下镇岭五村	20	15	20	4	5	15	15	94
	岭下镇后溪村	20	12	20	4	3	15	15	89
	江东镇雅湖村	0	0	0	0	0	0	0	0
	孝顺镇中柔村	5	4	15	4	0	15	12	55
	孝顺镇夏宅村	0	0	0	0	0	0	0	0
	孝顺镇浦口村	0	0	0	0	0	0	0	0
	赤松镇山口村	20	8	20	3	0	15	14	80
	赤松镇下潘村	5	4	20	4	0	15	12	60
	澧浦镇方山村	10	8	20	4	0	15	10	67
	澧浦镇郑店村	0	0	0	0	0	0	0	0
	孝顺镇支家村	20	14	20	4	0	15	12	85

续 表

县（市、区）	传统村落	稀缺度	丰富度	连续性	规模	传承人	活态性	依存性	总计
兰溪市	永昌街道永昌村	10	15	20	5	0	15	11	76
	永昌街道社峰村	10	15	20	5	0	13	14	77
	永昌街道夏李村	0	0	0	0	0	0	0	0
	水亭乡西姜村	0	0	0	0	0	0	0	0
	诸葛镇万田村	0	0	0	0	0	0	0	0
	诸葛镇长乐村	10	4	20	5	0	15	15	69
	诸葛镇诸葛村	20	15	20	5	5	15	15	95
	兰江街道姚村村	10	12	15	4	0	15	13	69
	黄店镇三泉村	5	6	15	4	0	15	13	58
	黄店镇上包村	10	12	15	4	0	15	13	69
	黄店镇桐山后金村	0	0	0	0	0	0	0	0
	黄店镇芝堰村	10	10	20	5	3	15	15	78
	女埠街道虹霓山村	0	0	0	0	0	0	0	0
	女埠街道ILEDPERSON坦村	10	4	15	3	0	15	10	57
	女埠街道渡渎村	0	0	0	0	0	0	0	0
	黄店镇刘家村	10	15	20	5	2	15	13	80
	黄店镇上唐村	0	0	0	0	0	0	0	0
	柏社乡洪塘里村	0	0	0	0	0	0	0	0
	梅江镇塔山村	0	0	0	0	0	0	0	0
	梅江镇祝宅村	0	0	0	0	0	0	0	0
	梅江镇梅街头村	0	0	0	0	0	0	0	0
	横溪镇宋宅村	0	0	0	0	0	0	0	0
	梅溪镇虞街村	0	0	0	0	0	0	0	0
浦江县	虞宅乡新光村	20	15	20	4	3	15	14	91
	檀溪镇潘周家村	20	15	20	4	3	15	14	91
	白马镇嵩溪村	20	12	15	4	3	15	13	82
	郑宅镇郑宅镇区	10	12	15	5	2	15	13	72
	黄宅镇古塘村	20	15	20	4	2	14	12	87
	杭坪镇杭坪村	0	0	0	0	0	0	0	0

续 表

县（市、区）	传统村落	稀缺度	丰富度	连续性	规模	传承人	活态性	依存性	总计
浦江县	杭坪镇石宅村	20	15	20	4	3	14	14	90
	仙华街道登高村	0	0	0	0	0	0	0	0
	岩头镇礼张村	15	10	15	4	0	14	15	73
	虞宅乡马岭脚村	5	6	15	4	0	13	15	58
东阳市	虎鹿镇蔡宅村	5	1	15	3	0	2	8	34
	巍山镇大爽村	0	0	0	0	0	0	0	0
	虎鹿镇磨水仓村	5	1	15	5	0	2	13	41
	虎鹿镇厦程里村	5	6	20	4	3	15	8	61
	虎鹿镇坞葛村	3	4	15	3	2	10	6	43
	虎鹿镇西坞村	5	3	20	3	2	10	6	49
	画水镇天鹅村	3	3	15	3	0	15	7	46
	画水镇旭光村	5	1	15	5	0	25	15	66
	李宅镇李宅村	5	15	20	5	2	15	15	77
	马宅镇雅坑村	3	5	20	4	0	15	13	60
	南马镇上安恬村	20	15	15	5	0	10	8	73
	巍山镇白坦村	3	3	15	5	2	15	13	56
	巍山镇古渊头村	3	2	20	5	0	15	13	58
	佐村镇平坑村	0	0	0	0	0	0	0	0
	佐村镇平岩顶村	20	8	20	2	5	10	12	77
	佐村镇下里坑村	0	0	0	0	0	0	0	0
	佐村镇恒坑村	3	3	20	5	0	15	13	59
磐安县	冷水镇朱山村	3	1	15	5	2	10	13	49
	仁川镇石下村	0	0	0	0	0	0	0	0
	双峰乡大皿村	20	15	20	4	5	15	13	92
	盘峰乡榉溪村	15	15	20	4	5	15	15	89
	安文镇墨林村	3	3	20	4	0	10	8	48
	双溪乡梓誉村	0	0	0	0	0	0	0	0

续 表

县（市、区）	传统村落	稀缺度	丰富度	连续性	规模	传承人	活态性	依存性	总计
磐安县	尖山镇管头村	3	4	20	5	2	15	13	62
	胡宅乡横路村	3	2	15	5	2	15	13	55
	玉山镇马塘村	20	8	20	5	5	15	15	88
	双溪乡潘庄村	0	0	0	0	0	0	0	0
武义县	熟溪街道郭洞村	10	8	20	4	2	15	14	73
	大田乡岭下汤村	5	4	10	3	3	13	13	51
	俞源乡俞源村	20	14	20	5	5	15	15	94
	桃溪镇陶村	15	15	20	3	2	15	13	83
	大溪口乡山下鲍村	15	10	16	2	3	13	13	72
	柳城畲族镇上黄村	5	8	14	2	2	11	12	54
	柳城畲族镇半塘村	10	9	10	2	2	10	12	55
	柳城畲族镇华塘村	5	2	10	2	2	10	12	43
	柳城畲族镇金川村	5	6	15	4	2	10	12	54
	坦洪乡上坦村	5	6	15	4	0	10	13	53
永康市	前仓镇厚吴村	15	20	20	3	2	15	15	90
	舟山镇舟山二村	5	6	15	3	0	12	13	54
	石柱镇塘里村	5	12	15	2	0	10	12	56
	芝英镇芝英村	15	8	13	4	0	10	13	63
	象珠镇清渭街村	5	7	12	3	0	10	10	47
义乌市	赤岸镇朱店村	15	5	10	5	0	13	10	58
	赤岸镇尚阳村	5	15	20	5	0	15	12	72
	赤岸镇雅端村	10	5	10	5	0	14	10	54
	佛堂镇田心村	10	15	20	5	0	12	10	72
	佛堂镇倍磊村	10	10	20	5	0	13	12	70
	义亭镇缸窑村	15	15	10	5	5	15	10	75

二、金华市传统村落承载的非物质文化遗产保护与利用分类、等级划分

金华市有部分传统村落缺乏或没有深度挖掘非物质文化遗产，本章没有对这些传统村落非物质文化遗产保护与利用开展评价，只对具有或可查阅到的非物质文化遗产保护与利用的传统村落进行了评价。

传统村落非物质文化遗产保护与利用分类及等级，根据评价分值分为三个等级（见表 16－2）：

（1）80～100 分为非物质文化遗产保护与利用价值较高的传统村落。

（2）60～79 分为具有一定非物质文化遗产保护与利用价值的传统村落。

（3）0～59 分为不具有或非物质文化遗产保护与利用价值很低的传统村落。

表 16－2　金华市传统村落承载的非物质文化遗产评价分类及保护价值

传统村落	总计	是否为中国传统村落	是否为中国历史文化名村
传统村落承载的非物质文化遗产评价分值为 80～100 分			
兰溪市诸葛镇诸葛村	95	√	
金东区傅村镇山头下村	94	√	√
金东区岭下镇岭五村	94		
武义县俞源乡俞源村	94	√	√
婺城区乾西乡雅宅村	93		
磐安县双峰乡大皿村	92		
浦江县虞宅乡新光村	91	√	
浦江县檀溪镇潘周家村	91		
浦江县杭坪镇石宅村	90		
永康市前仓镇厚吴村	90	√	√
金东区澧浦镇琐园村	89		
金东区岭下镇后溪村	89		
磐安县盘峰乡榉溪村	89	√	√
磐安县玉山镇马塘村	88		
浦江县黄宅镇古塘村	87		
金东区孝顺镇支家村	85		

续 表

传统村落	总计	是否为中国传统村落	是否为中国历史文化名村
金东区赤松镇仙桥村	84		
武义县桃溪镇陶村	83		
浦江县白马镇嵩溪村	82	√	√
金东区赤松镇山口村	80		
兰溪市黄店镇刘家村	80		
传统村落承载的非物质文化遗产评价分值为 60～79 分			
兰溪市黄店镇芝堰村	78	√	
兰溪市永昌街道社峰村	77	√	
东阳市李宅镇李宅村	77		
东阳市佐村镇平岩顶村	77		
兰溪市永昌街道永昌村	76		
义乌市义亭镇缸窑村	75		
婺城区雅畈镇二村、三村	73		
浦江县岩头镇礼张村	73		
东阳市南马镇上安恬村	73	√	
武义县熟溪街道郭洞村	73	√	√
浦江县郑宅镇郑宅镇区	72	√	
武义县大溪口乡山下鲍村	72	√	
义乌市赤岸镇尚阳村	72		
义乌市佛堂镇田心村	72	√	
婺城区汤溪镇寺平村	71	√	√
义乌市佛堂镇倍磊村	70		
兰溪市诸葛镇长乐村	69	√	
兰溪市兰江街道姚村村	69	√	
兰溪市黄店镇上包村	69		
金东区傅村镇畈田蒋村	67		
金东区澧浦镇蒲塘村	67		
金东区澧浦镇方山村	67		
东阳市画水镇旭光村	66		

续 表

传统村落	总计	是否为中国传统村落	是否为中国历史文化名村
婺城区安地镇安地村	63		
永康市芝英镇芝英村	63		
婺城区塔石乡上阳村	62		
磐安县尖山镇管头村	62	√	
东阳市虎鹿镇厦程里村	61		
金东区赤松镇下潘村	60		
东阳市马宅镇雅坑村	60		
传统村落承载的非物质文化遗产评价分值为 0 ~ 59 分			
东阳市佐村镇恒坑村	59		
婺城区蒋堂镇下尹村	58		
兰溪市黄店镇三泉村	58		
浦江县虞宅乡马岭脚村	58		
东阳市巍山镇古渊头村	58		
义乌市赤岸镇朱店村	58		
金东区曹宅镇曹宅村	57		
兰溪市女埠街道岘坦村	57	√	
东阳市巍山镇白坦村	56		
永康市石柱镇塘里村	56		
婺城区开发区汤溪镇鸽坞塔村	55		
婺城区琅琊镇上盛村	55		
婺城区塔石乡塔石村	55		
金东区孝顺镇中柔村	55		
磐安县胡宅乡横路村	55	√	
武义县柳城畲族镇半塘村	55		
武义县柳城畲族镇上黄村	54		
武义县柳城畲族镇金川村	54		
永康市舟山镇舟山二村	54		
义乌市赤岸镇雅端村	54		
武义县坦洪乡上坦村	53		

续　表

传统村落	总计	是否为中国传统村落	是否为中国历史文化名村
武义县大田乡岭下汤村	51		
东阳市虎鹿镇西坞村	49		
磐安县冷水镇朱山村	49		
磐安县安文镇墨林村	48		
金东区源东乡东叶村	47		
永康市象珠镇清渭街村	47		
东阳市画水镇天鹅村	46		
东阳市虎鹿镇坞葛村	43		
武义县柳城畲族镇华塘村	43	√	
东阳市虎鹿镇磨水仓村	41		
东阳市虎鹿镇蔡宅村	34	√	
婺城区雅畈镇石楠塘村	0		
婺城区安地镇山道村	0		
婺城区长山乡三村	0		
婺城区塔石乡珊瑚村	0		
婺城区塔石乡塘头村	0		
婺城区开发区汤溪镇中戴村	0		
婺城区汤溪镇上镜村	0		
婺城区洋埠镇湖前村	0		
婺城区罗埠镇上潘村	0		
婺城区沙畈乡高儒村	0		
婺城区塔石乡岱上村	0		
金东区源东乡长塘徐村	0		
金东区赤松镇老石桥村	0		
金东区赤松镇王宅村	0		
金东区塘雅镇前溪边村	0		
金东区江东镇雅湖村	0		
金东区孝顺镇夏宅村	0		
金东区孝顺镇浦口村	0		
金东区澧浦镇郑店村	0		

续 表

传统村落	总计	是否为中国传统村落	是否为中国历史文化名村
兰溪市永昌街道夏李村	0		
兰溪市水亭乡西姜村	0		
兰溪市诸葛镇万田村	0		
兰溪市黄店镇桐山后金村	0		
兰溪市女埠街道虹霓山村	0	√	
兰溪市女埠街道渡渎村	0	√	
兰溪市黄店镇上唐村	0		
兰溪市柏社乡洪塘里村	0		
兰溪市梅江镇塔山村	0		
兰溪市梅江镇祝宅村	0		
兰溪市梅江镇梅街头村	0		
兰溪市横溪镇宋宅村	0		
兰溪市梅溪镇虞街村	0		
浦江县杭坪镇杭坪村	0		
浦江县仙华街道登高村	0		
东阳市巍山镇大爽村	0	√	
东阳市佐村镇平坑村	0		
东阳市佐村镇下里坑村	0		
磐安县仁川镇石下村	0		
磐安县双溪乡梓誉村	0	√	
磐安县双溪乡潘庄村	0		

第十七章　金华市传统村落保护与利用措施及开发条件评价

一、金华市传统村落保护与利用措施及开发条件分值赋值

本章依据现场调查、金华市传统村落信息登记表、评价指标分值设置标准及释义，对金华市传统村落保护与利用措施及开发条件进行分值赋值，如表 17 - 1 所示。

二、金华市传统村落保护与利用措施及开发条件分类、等级划分

金华市传统村落保护与利用措施及开发情况具有一定差异，有的传统村落具有一定的旅游发展基础和良好的旅游开发利用条件，有的由于保护与利用措施缺乏或区位与交通条件不好而没有得到有效开发利用。本规划组对传统村落保护与利用措施及开发进行了评价，根据评价分值分为三个等级（见表 17 - 2）：

（1）80 ~ 100 分为传统村落保护与利用措施及开发条件较好的传统村落。

（2）60 ~ 79 分为具有一定传统村落保护与利用措施及开发条件的传统村落。

（3）0 ~ 59 分为传统村落保护与利用措施及开发条件较差的传统村落。

表 17－1　金华市传统村落保护与利用措施及开发条件分值赋值　单位：分

县（市、区）	传统村落	保护规划编制与实施	对历史建筑、文物保护单位登记建档并挂牌保护的比例	建立保护规划及修复建设公示栏情况	对居民和游客建立警醒意义的保护标志数量	保护管理办法的制定	保护机构及人员	每年用于保护维修资金占全年村镇建设资金	村落环境整洁状况（村容村貌）	村落内部道路基础设施条件	村落排污设施	依托城市（镇）景区的距离	旅游交通	旅游产业发展基础	旅游产业发展水平	总计
婺城区	雅畈镇石楠塘村	0	4	0	0	0	0	1	6	6	6	6	6	6	2	43
	雅畈镇二村、三村	8	6	1	0	1	1	2	10	10	10	10	10	10	6	85
	安地镇山道村	0	0	0	0	0	0	1	6	2	2	2	10	2	2	27
	长山乡三村	0	4	0	0	0	0	1	2	2	2	6	10	2	2	31
	塔石乡上阳村	0	6	0	0	0	0	2	10	6	6	2	10	10	6	58
	塔石乡珊瑚村	0	0	0	0	0	1	1	10	10	10	2	6	10	2	52
	塔石乡塘头村	0	0	0	0	0	0	1	6	2	6	6	10	2	2	35
	开发区汤溪镇鸽坞塔村	0	6	0	0	0	0	1	6	2	6	6	10	2	2	41
	开发区汤溪镇中戴村	0	2	0	0	0	0	1	6	6	6	6	10	6	2	45
	汤溪镇寺平村	8	8	2	1	1	2	3	10	10	10	10	10	10	10	95

续 表

县（市、区）	传统村落	保护规划编制与实施	对历史建筑、文物保护单位登记建档并挂牌保护的比例	建立保护规划及修复建设公示栏情况	对居民和游客建立警醒意义的保护标志数量	保护管理办法的制定	保护机构及人员	每年用于保护维修资金占全年村镇建设资金	村落环境整洁状况（村容村貌）	村落内部道路基础设施条件	村落排污设施	依托城市（镇）景区的距离	旅游交通	旅游产业发展基础	旅游产业发展水平	总计
婺城区	汤溪镇上镜村	0	4	0	0	0	0	1	6	2	2	6	10	2	2	35
	洋埠镇湖前村	0	2	0	0	0	0	2	6	6	6	6	10	2	2	42
	罗埠镇上潘村	0	2	0	0	0	0	1	2	2	6	6	10	2	2	33
	安地镇安地村	0	2	0	0	0	0	2	10	6	6	6	10	6	2	50
	蒋堂镇下尹村	0	2	0	0	0	1	1	6	6	6	6	6	6	2	42
	琅琊镇上盛村	0	0	0	0	0	0	1	6	6	6	6	10	2	2	39
	乾西乡雅宅村	0	0	0	0	0	0	1	6	2	2	6	6	6	2	31
	沙畈乡高儒村	8	4	0	0	0	1	2	6	6	6	6	10	2	2	53
	塔石乡岱上村	0	0	0	0	0	0	0	10	6	6	2	6	2	2	34
	塔石乡塔石村	0	0	0	0	0	1	1	6	6	6	6	10	6	2	44

续 表

县（市、区）	传统村落	保护规划编制与实施	对历史建筑、文物保护单位登记建档并挂牌保护的比例	建立保护规划及修复建设公示栏情况	对居民和游客建立警醒意义的保护标志数量	保护管理办法的制定	保护机构及人员	每年用于保护维修资金占全年村镇建设资金	村落环境整洁状况（村容村貌）	村落内部道路基础设施条件	村落排污设施	依托城市（镇）景区的距离	旅游交通	旅游产业发展基础	旅游产业发展水平	总计
金东区	傅村镇山头下村	8	6	1	1	1	3	3	10	10	6	10	10	10	6	85
	傅村镇畈田蒋村	8	6	1	1	1	1	2	10	6	6	6	10	6	6	70
	源东乡长塘徐村	0	2	0	0	0	1	1	6	6	2	6	6	2	2	34
	源东乡东叶村	3	2	0	0	0	0	1	6	6	6	6	6	2	2	40
	曹宅镇曹宅村	0	2	0	0	0	1	2	6	6	6	10	10	2	2	47
	赤松镇老石桥村	0	0	0	0	0	0	0	2	2	2	2	2	2	2	14
	赤松镇仙桥村	8	6	0	0	0	2	3	10	10	10	10	10	10	6	85
	赤松镇王宅村	0	0	0	0	0	1	2	6	6	6	6	6	2	2	37
	澧浦镇琐园村	8	8	2	1	1	3	3	10	10	10	10	10	10	10	96
	澧浦镇蒲塘村	8	4	0	1	1	1	2	10	6	6	6	10	6	2	63
	塘雅镇前溪边村	0	0	0	0	0	0	1	6	6	6	6	10	2	2	39

续 表

县（市、区）	传统村落	保护规划编制与实施	对历史建筑、文物保护单位登记建档并挂牌保护的比例	建立保护规划及修复建设公示栏情况	对居民和游客建立警醒意义的保护标志数量	保护管理办法的制定	保护机构及人员	每年用于保护维修资金占全年村镇建设资金	村落环境整洁状况（村容村貌）	村落内部道路基础设施条件	村落排污设施	依托城市（镇）景区的距离	旅游交通	旅游产业发展基础	旅游产业发展水平	总计
金东区	岭下镇岭五村	8	6	0	0	1	2	3	10	10	10	6	10	10	6	82
	岭下镇后溪村	3	2	0	0	0	0	1	6	2	2	6	10	2	2	36
	江东镇雅湖村	0	2	0	0	0	0	1	6	6	6	6	10	2	2	41
	孝顺镇中柔村	0	2	0	0	0	0	1	6	6	6	6	10	2	2	41
	孝顺镇夏宅村	0	0	0	0	0	1	2	6	2	2	6	10	6	2	37
	孝顺镇浦口村	0	0	0	0	0	1	1	6	6	2	6	10	2	2	36
	赤松镇山口村	8	4	1	0	0	1	2	6	6	6	6	10	6	2	58
	赤松镇下潘村	8	4	1	0	0	1	2	6	2	6	6	10	6	2	54
	澧浦镇方山村	8	2	0	0	0	1	1	6	6	6	6	6	6	2	50
	澧浦镇郑店村	8	2	0	0	0	1	1	6	2	6	6	6	2	2	42
	孝顺镇支家村	0	0	0	0	0	1	1	6	2	6	6	6	6	2	36

续 表

县（市、区）	传统村落	保护规划编制与实施	对历史建筑、文物保护单位登记建档并挂牌保护的比例	建立保护规划及修复建设公示栏情况	对居民和游客建立警醒意义的保护标志数量	保护管理办法的制定	保护机构及人员	每年用于保护维修资金占全年村镇建设资金	村落环境整洁状况（村容村貌）	村落内部道路基础设施条件	村落排污设施	依托城市（镇）景区的距离	旅游交通	旅游产业发展基础	旅游产业发展水平	总计
兰溪市	永昌街道永昌村	8	4	0	0	0	1	2	6	6	6	10	10	6	2	61
	永昌街道社峰村	0	2	0	0	0	1	1	2	2	6	6	10	2	2	34
	永昌街道夏李村	3	2	0	0	0	0	1	6	2	2	6	10	2	2	36
	水亭乡西姜村	3	2	0	0	0	0	1	6	2	2	6	10	6	2	40
	诸葛镇万田村	0	0	0	0	0	0	1	6	6	6	6	6	2	2	35
	诸葛镇长乐村	8	6	1	1	1	1	3	10	10	6	10	10	10	6	83
	诸葛镇诸葛村	8	8	2	1	2	3	3	10	10	10	10	10	10	10	97
	兰江街道姚村村	8	4	1	0	0	1	1	6	6	6	10	10	6	2	61
	黄店镇三泉村	0	2	0	0	0	1	1	6	2	2	6	6	2	2	30
	黄店镇上包村	8	4	1	0	0	1	2	6	6	6	6	10	2	2	54
	黄店镇桐山后金村	8	2	0	0	0	0	1	6	6	2	6	10	2	2	45

续 表

县（市、区）	传统村落	保护规划编制与实施	对历史建筑、文物保护单位登记建档并挂牌保护的比例	建立保护规划及修复建设公示栏情况	对居民和游客建立警醒意义的保护标志数量	保护管理办法的制定	保护机构及人员	每年用于保护维修资金占全年村镇建设资金	村落环境整洁状况（村容村貌）	村落内部道路基础设施条件	村落排污设施	依托城市（镇）景区的距离	旅游交通	旅游产业发展基础	旅游产业发展水平	总计
兰溪市	黄店镇芝堰村	8	8	1	1	1	2	3	10	10	10	6	10	10	10	90
	女埠街道虹霓山村	3	2	0	0	0	0	1	6	2	2	6	6	2	2	32
	女埠街道堤坦村	8	4	0	0	0	1	1	6	6	6	6	10	6	2	56
	女埠街道渡渎村	3	2	0	0	0	0	1	6	2	6	6	10	6	2	44
	黄店镇刘家村	3	2	0	0	0	0	1	6	2	6	6	10	2	2	40
	黄店镇上唐村	8	2	0	0	0	1	1	6	6	6	6	10	2	2	50
	柏社乡洪塘里村	0	2	0	0	0	0	1	2	2	2	2	6	2	2	21
	梅江镇塔山村	0	2	0	0	0	0	1	6	2	6	2	6	2	2	29
	梅江镇祝宅村	0	0	0	0	0	0	1	2	2	2	6	10	2	2	27
	梅江镇梅街头村	0	0	0	0	0	0	1	6	6	6	6	10	6	2	43
	横溪镇宋宅村	0	2	0	0	0	0	1	6	6	2	6	10	2	2	37
	梅溪镇虞街村	8	2	0	0	0	0	1	6	2	6	6	6	2	2	41

续 表

县（市、区）	传统村落	保护规划编制与实施	对历史建筑、文物保护单位登记建档并挂牌保护的比例	建立保护规划及修复建设公示栏情况	对居民和游客建立警醒意义的保护标志数量	保护管理办法的制定	保护机构及人员	每年用于保护维修资金占全年村镇建设资金	村落环境整洁状况（村容村貌）	村落内部道路基础设施条件	村落排污设施	依托城市（镇）景区的距离	旅游交通	旅游产业发展基础	旅游产业发展水平	总计
浦江县	虞宅乡新光村	8	6	1	1	0	1	2	10	6	6	6	6	6	6	65
	檀溪镇潘周家村	8	2	0	0	0	0	1	6	6	6	6	6	2	2	45
	白马镇嵩溪村	8	4	0	0	0	1	2	10	6	6	6	6	6	2	57
	郑宅镇郑宅镇区	8	6	1	1	1	2	2	10	10	10	10	10	10	6	87
	黄宅镇古塘村	3	2	0	0	0	0	1	6	6	2	6	6	2	2	36
	杭坪镇杭坪村	8	1	0	0	1	1	2	6	6	6	6	10	6	2	55
	杭坪镇石宅村	3	4	0	0	0	1	1	6	6	6	6	6	6	2	47
	仙华街道登高村	8	2	0	0	0	1	1	6	2	6	6	6	2	2	42
	岩头镇礼张村	3	2	0	0	0	0	1	6	2	6	6	10	6	2	44
	虞宅乡马岭脚村	3	2	0	0	0	0	1	6	2	2	6	10	6	2	40

续 表

县（市、区）	传统村落	保护规划编制与实施	对历史建筑、文物保护单位登记建档并挂牌保护的比例	建立保护规划及修复建设公示栏情况	对居民和游客建立警醒意义的保护标志数量	保护管理办法的制定	保护机构及人员	每年用于保护维修资金占全年村镇建设资金	村落环境整洁状况（村容村貌）	村落内部道路基础设施条件	村落排污设施	依托城市（镇）景区的距离	旅游交通	旅游产业发展基础	旅游产业发展水平	总计
东阳市	虎鹿镇蔡宅村	8	10	2	2	2	2	3	10	10	8	10	10	10	10	97
	巍山镇大爽村	3	0	0	0	0	0	0	6	6	2	4	10	6	2	39
	虎鹿镇磨水仓村	0	0	0	0	0	0	1	2	2	2	2	2	2	2	15
	虎鹿镇厦程里村	8	0	0	0	2	2	1	8	10	8	6	10	8	2	65
	虎鹿镇坞葛村	0	0	0	0	0	0	1	6	2	6	4	2	6	2	29
	虎鹿镇西坞村	0	0	0	0	0	0	1	8	8	6	10	2	6	2	43
	画水镇天鹅村	0	0	0	0	0	0	1	8	2	2	2	10	6	2	33
	画水镇旭光村	0	0	0	0	0	0	2	6	6	6	10	10	2	2	44
	李宅镇李宅村	8	10	0	1	1	3	10	8	8	8	10	10	6	6	89
	马宅镇雅坑村	0	0	0	0	0	0	1	6	6	6	6	10	6	2	43
	南马镇上安恬村	3	0	0	0	0	0	1	6	6	6	6	10	2	2	42

续 表

县（市、区）	传统村落	保护规划编制与实施	对历史建筑、文物保护单位登记建档并挂牌保护的比例	建立保护规划及修复建设公示栏情况	对居民和游客建立警醒意义的保护标志数量	保护管理办法的制定	保护机构及人员	每年用于保护维修资金占全年村镇建设资金	村落环境整洁状况（村容村貌）	村落内部道路基础设施条件	村落排污设施	依托城市（镇）景区的距离	旅游交通	旅游产业发展基础	旅游产业发展水平	总计
东阳市	巍山镇白坦村	0	0	0	0	0	0	1	2	2	2	3	10	6	2	28
	巍山镇古渊头村	3	0	0	0	0	0	1	6	2	2	4	10	6	2	36
	佐村镇平坑村	0	0	0	0	0	0	1	2	2	2	2	2	2	2	15
	佐村镇平岩顶村	0	0	0	0	0	0	1	8	2	2	2	2	4	2	23
	佐村镇下里坑村	3	0	0	0	0	0	1	6	2	2	2	2	2	2	22
	佐村镇恒坑村	3	0	0	0	0	0	1	2	2	2	3	2	2	2	19
磐安县	冷水镇朱山村	0	0	0	0	0	0	3	10	6	6	6	10	10	2	53
	仁川镇石下村	0	0	0	0	0	0	1	6	6	6	6	10	4	2	41
	双峰乡大皿村	8	10	0	2	2	1	2	10	10	10	10	10	10	6	91
	盘峰乡榉溪村	8	10	2	1	1	3	3	10	10	10	4	10	10	6	88
	安文镇墨林村	3	0	0	0	0	0	2	10	6	6	6	10	6	2	51

续表

县（市、区）	传统村落	保护规划编制与实施	对历史建筑、文物保护单位登记建档并挂牌保护的比例	建立保护规划及修复建设公示栏情况	对居民和游客建立警醒意义的保护标志数量	保护管理办法的制定	保护机构及人员	每年用于保护维修资金占全年村镇建设资金	村落环境整洁状况（村容村貌）	村落内部道路基础设施条件	村落排污设施	依托城市（镇）景区的距离	旅游交通	旅游产业发展基础	旅游产业发展水平	总计
磐安县	双溪乡梓誉村	8	0	0	0	0	0	3	10	10	10	6	10	10	2	69
	尖山镇管头村	8	0	0	0	0	0	2	10	6	6	10	10	10	10	72
	胡宅乡横路村	8	0	0	0	0	0	2	10	6	6	6	10	10	6	64
	玉山镇马塘村	0	0	0	0	0	0	1	6	10	10	10	10	6	2	55
	双溪乡潘庄村	0	0	0	0	0	0	1	6	6	6	6	10	2	2	39
武义县	熟溪街道郭洞村	8	8	2	2	1	2	2	8	10	10	10	10	10	10	93
	大田乡岭下汤村	8	4	0	0	0	1	1	6	6	6	6	6	6	6	56
	俞源乡俞源村	8	10	2	2	1	3	2	10	10	10	6	10	10	10	94
	桃溪镇陶村	8	8	2	2	1	1	2	8	10	8	8	6	6	10	80
	大溪口乡山下鲍村	8	8	2	2	1	2	1	8	10	8	6	10	6	8	80
	柳城畲族镇上黄村	0	0	0	0	0	0	1	10	6	6	6	6	2	6	43

续 表

县（市、区）	传统村落	保护规划编制与实施	对历史建筑、文物保护单位登记建档并挂牌保护的比例	建立保护规划及修复建设公示栏情况	对居民和游客建立警醒意义的保护标志数量	保护管理办法的制定	保护机构及人员	每年用于保护维修资金占全年村镇建设资金	村落环境整洁状况（村容村貌）	村落内部道路基础设施条件	村落排污设施	依托城市（镇）景区的距离	旅游交通	旅游产业发展基础	旅游产业发展水平	总计
武义县	柳城畲族镇半塘村	8	2	0	0	0	1	1	10	10	10	6	10	2	6	66
	柳城畲族镇华塘村	3	2	0	0	0	1	1	6	6	6	6	10	6	6	53
	柳城畲族镇金川村	0	0	0	0	0	0	2	10	2	6	10	10	6	10	56
	坦洪乡上坦村	8	8	1	0	1	1	2	10	10	6	10	6	6	10	79
永康市	前仓镇厚吴村	8	8	1	2	1	1	2	10	10	10	10	10	10	10	93
	舟山镇舟山二村	8	4	0	0	0	1	2	6	6	6	6	10	6	6	61
	石柱镇塘里村	8	0	0	0	0	0	2	10	10	10	6	10	10	6	72
	芝英镇芝英村	8	0	0	0	0	1	1	6	6	6	6	10	6	6	56
	象珠镇清渭街村	3	0	0	0	0	1	1	6	6	6	10	10	2	2	47

续表

县（市、区）	传统村落	保护规划编制与实施	对历史建筑、文物保护单位登记建档并挂牌保护的比例	建立保护规划及修复建设公示栏情况	对居民和游客建立警醒意义的保护标志数量	保护管理办法的制定	保护机构及人员	每年用于保护维修资金占全年村镇建设资金	村落环境整洁状况（村容村貌）	村落内部道路基础设施条件	村落排污设施	依托城市（镇）景区的距离	旅游交通	旅游产业发展基础	旅游产业发展水平	总计
义乌市	赤岸镇朱店村	8	4	1	0	0	1	0	4	6	8	8	6	6	6	58
	赤岸镇尚阳村	8	4	2	1	0	1	1	8	7	8	6	8	8	2	64
	赤岸镇雅端村	8	6	2	1	0	1	1	10	8	6	8	10	8	2	71
	佛堂镇田心村	8	6	1	1	1	1	1	8	10	10	10	10	6	6	79
	佛堂镇倍磊村	8	6	2	1	1	1	1	10	8	8	10	10	6	6	78
	义亭镇缸窑村	8	6	2	0	1	1	0	8	6	8	6	6	2	6	60

表 17－2　　金华市传统村落保护与利用措施及开发条件分级

传统村落保护与利用措施及开发条件较好的传统村落（80～100 分）		具有一定传统村落保护与利用措施及开发条件的传统村落（60～79 分）		传统村落保护与利用措施及开发条件较差的传统村落（0～59 分）	
传统村落	分值	传统村落	分值	传统村落	分值
兰溪市诸葛镇诸葛村	97	武义县坦洪乡上坦村	79	婺城区塔石乡上阳村	58
东阳市虎鹿镇蔡宅村	97	义乌市佛堂镇田心村	79	金东区赤松镇山口村	58
金东区澧浦镇琐园村	96	义乌市佛堂镇倍磊村	78	义乌市赤岸镇朱店村	58
婺城区汤溪镇寺平村	95	磐安县尖山镇管头村	72	浦江县白马镇嵩溪村	57
武义县俞源乡俞源村	94	永康市石柱镇塘里村	72	兰溪市女埠街道垷坦村	56
武义县熟溪街道郭洞村	93	义乌市赤岸镇雅端村	71	武义县大田乡岭下汤村	56
永康市前仓镇厚吴村	93	金东区傅村镇畈田蒋村	70	武义县柳城畲族镇金川村	56
磐安县双峰乡大皿村	91	磐安县双溪乡梓誉村	69	永康市芝英镇芝英村	56
兰溪市黄店镇芝堰村	90	武义县柳城畲族镇半塘村	66	浦江县杭坪镇杭坪村	55
东阳市李宅镇李宅村	89	浦江县虞宅乡新光村	65	磐安县玉山镇马塘村	55
磐安县盘峰乡榉溪村	88	东阳市虎鹿镇厦程里村	65	金东区赤松镇下潘村	54
浦江县郑宅镇郑宅镇区	87	磐安县胡宅乡横路村	64	兰溪市黄店镇上包村	54
婺城区雅畈镇二村、三村	85	义乌市赤岸镇尚阳村	64	婺城区沙畈乡高儒村	53
金东区傅村镇山头下村	85	金东区澧浦镇蒲塘村	63	磐安县冷水镇朱山村	53
金东区赤松镇仙桥村	85	兰溪市永昌街道永昌村	61	武义县柳城畲族镇华塘村	53
兰溪市诸葛镇长乐村	83	兰溪市兰江街道姚村村	61	婺城区塔石乡珊瑚村	52
金东区岭下镇岭五村	82	永康市舟山镇舟山二村	61	磐安县安文镇墨林村	51
武义县桃溪镇陶村	80	义乌市义亭镇缸窑村	60	婺城区安地镇安地村	50

续 表

传统村落保护与利用措施及开发条件较好的传统村落（80～100分）		具有一定传统村落保护与利用措施及开发条件的传统村落（60～79分）		传统村落保护与利用措施及开发条件较差的传统村落（0～59分）	
传统村落	分值	传统村落	分值	传统村落	分值
武义县大溪口乡山下鲍村	80	—	—	金东区澧浦镇方山村	50
—	—	—	—	兰溪市黄店镇上唐村	50
—	—	—	—	金东区曹宅镇曹宅村	47
—	—	—	—	浦江县杭坪镇石宅村	47
—	—	—	—	永康市象珠镇清渭街村	47
—	—	—	—	婺城区开发区汤溪镇中戴村	45
—	—	—	—	兰溪市黄店镇桐山后金村	45
—	—	—	—	浦江县檀溪镇潘周家村	45
—	—	—	—	婺城区塔石乡塔石村	44
—	—	—	—	兰溪市女埠街道渡渎村	44
—	—	—	—	浦江县岩头镇礼张村	44
—	—	—	—	东阳市画水镇旭光村	44
—	—	—	—	婺城区雅畈镇石楠塘村	43
—	—	—	—	兰溪市梅江镇梅街头村	43
—	—	—	—	东阳市虎鹿镇西坞村	43
—	—	—	—	东阳市马宅镇雅坑村	43
—	—	—	—	武义县柳城畲族镇上黄村	43
—	—	—	—	婺城区洋埠镇湖前村	42
—	—	—	—	婺城区蒋堂镇下尹村	42
—	—	—	—	金东区澧浦镇郑店村	42

续　表

传统村落保护与利用措施及开发条件较好的传统村落（80～100分）		具有一定传统村落保护与利用措施及开发条件的传统村落（60～79分）		传统村落保护与利用措施及开发条件较差的传统村落（0～59分）	
传统村落	分值	传统村落	分值	传统村落	分值
—	—	—	—	浦江县仙华街道登高村	42
—	—	—	—	东阳市南马镇上安恬村	42
—	—	—	—	婺城区开发区汤溪镇鸽坞塔村	41
—	—	—	—	金东区江东镇雅湖村	41
—	—	—	—	金东区孝顺镇中柔村	41
—	—	—	—	兰溪市梅溪镇虞街村	41
—	—	—	—	磐安县仁川镇石下村	41
—	—	—	—	金东区源东乡东叶村	40
—	—	—	—	兰溪市水亭乡西姜村	40
—	—	—	—	兰溪市黄店镇刘家村	40
—	—	—	—	浦江县虞宅乡马岭脚村	40
—	—	—	—	婺城区琅琊镇上盛村	39
—	—	—	—	金东区塘雅镇前溪边村	39
—	—	—	—	东阳市巍山镇大爽村	39
—	—	—	—	磐安县双溪乡潘庄村	39
—	—	—	—	金东区赤松镇王宅村	37
—	—	—	—	金东区孝顺镇夏宅村	37
—	—	—	—	兰溪市横溪镇宋宅村	37
—	—	—	—	金东区岭下镇后溪村	36
—	—	—	—	金东区孝顺镇浦口村	36
—	—	—	—	金东区孝顺镇支家村	36
—	—	—	—	兰溪市永昌街道夏李村	36

续 表

传统村落保护与利用措施及开发条件较好的传统村落（80~100 分）		具有一定传统村落保护与利用措施及开发条件的传统村落（60~79 分）		传统村落保护与利用措施及开发条件较差的传统村落（0~59 分）	
传统村落	分值	传统村落	分值	传统村落	分值
—	—	—	—	浦江县黄宅镇古塘村	36
—	—	—	—	东阳市巍山镇古渊头村	36
—	—	—	—	婺城区塔石乡塘头村	35
—	—	—	—	婺城区汤溪镇上镜村	35
—	—	—	—	兰溪市诸葛镇万田村	35
—	—	—	—	婺城区塔石乡岱上村	34
—	—	—	—	金东区源东乡长塘徐村	34
—	—	—	—	兰溪市永昌街道社峰村	34
—	—	—	—	婺城区罗埠镇上潘村	33
—	—	—	—	东阳市画水镇天鹅村	33
—	—	—	—	兰溪市女埠街道虹霓山村	32
—	—	—	—	婺城区长山乡三村	31
—	—	—	—	婺城区乾西乡雅宅村	31
—	—	—	—	兰溪市黄店镇三泉村	30
—	—	—	—	兰溪市梅江镇塔山村	29
—	—	—	—	东阳市虎鹿镇坞葛村	29
—	—	—	—	东阳市巍山镇白坦村	28
—	—	—	—	婺城区安地镇山道村	27
—	—	—	—	兰溪市梅江镇祝宅村	27
—	—	—	—	东阳市佐村镇平岩顶村	23
—	—	—	—	东阳市佐村镇下里坑村	22

续 表

传统村落保护与利用措施及开发条件较好的传统村落（80～100 分）		具有一定传统村落保护与利用措施及开发条件的传统村落（60～79 分）		传统村落保护与利用措施及开发条件较差的传统村落（0～59 分）	
传统村落	分值	传统村落	分值	传统村落	分值
—	—	—	—	兰溪市柏社乡洪塘里村	21
—	—	—	—	东阳市佐村镇恒坑村	19
—	—	—	—	东阳市虎鹿镇磨水仓村	15
—	—	—	—	东阳市佐村镇平坑村	15
—	—	—	—	金东区赤松镇老石桥村	14

第十八章　金华市传统村落保护与利用综合评价

金华市传统村落保护与利用综合评价如表 18 – 1 所示。根据分值，本章将金华市传统村落综合评价分为三个等级（见表 18 – 2）：

（1）分值为 240 分及以上的表示传统村落保护与利用价值较高。

（2）分值为 150 ~ 239 分的表示传统村落保护与利用价值一般。

（3）分值为 150 分以下的表示传统村落保护与利用价值较低。

表 18 – 1　　金华市传统村落保护与利用综合评价　　单位：分

县（市、区）	传统村落	传统建筑	选址与传统格局	非物质文化遗产	保护措施与利用条件	总计
婺城区	雅畈镇石楠塘村	64	55	0	43	162
	雅畈镇二村、三村	84	75	73	85	317
	安地镇山道村	57	51	0	27	135
	长山乡三村	43	35	0	31	109
	塔石乡上阳村	72	62	62	58	254
	塔石乡珊瑚村	46	54	0	52	152
	塔石乡塘头村	33	24	0	35	92
	开发区汤溪镇鸽坞塔村	31	27	65	41	164
	开发区汤溪镇中戴村	71	77	0	45	193
	汤溪镇寺平村	94	93	71	95	353
	汤溪镇上镜村	41	42	0	35	118
	洋埠镇湖前村	44	56	0	42	142
	罗埠镇上潘村	14	42	0	33	89
	安地镇安地村	33	48	63	50	194
	蒋堂镇下尹村	34	44	58	42	178

续 表

县（市、区）	传统村落	传统建筑	选址与传统格局	非物质文化遗产	保护措施与利用条件	总计
婺城区	琅琊镇上盛村	34	46	55	39	174
	乾西乡雅宅村	42	46	93	31	212
	沙畈乡高儒村	49	55	0	53	157
	塔石乡岱上村	51	64	0	34	149
	塔石乡塔石村	34	38	55	44	171
金东区	傅村镇山头下村	93	90	94	85	362
	傅村镇畈田蒋村	73	70	67	70	280
	源东乡长塘徐村	59	60	0	34	153
	源东乡东叶村	62	67	47	40	216
	曹宅镇曹宅村	43	50	57	47	197
	赤松镇老石桥村	24	27	0	14	65
	赤松镇仙桥村	86	80	84	85	335
	赤松镇王宅村	43	50	0	37	130
	澧浦镇琐园村	86	87	89	96	358
	澧浦镇蒲塘村	77	71	67	63	278
	塘雅镇前溪边村	37	47	0	39	123
	岭下镇岭五村	81	80	94	82	337
	岭下镇后溪村	60	69	89	36	254
	江东镇雅湖村	44	52	0	41	137
	孝顺镇中柔村	73	74	55	41	243
	孝顺镇夏宅村	60	70	0	37	167
	孝顺镇浦口村	53	54	0	36	143
	赤松镇山口村	49	52	80	58	239
	赤松镇下潘村	69	71	60	54	254
	澧浦镇方山村	72	67	67	50	256
	澧浦镇郑店村	78	78	0	42	198
	孝顺镇支家村	60	66	85	36	247

续 表

县（市、区）	传统村落	传统建筑	选址与传统格局	非物质文化遗产	保护措施与利用条件	总计
兰溪市	永昌街道永昌村	70	75	76	61	282
	永昌街道社峰村	62	70	77	34	243
	永昌街道夏李村	52	60	0	36	148
	水亭乡西姜村	81	81	0	40	202
	诸葛镇万田村	55	60	0	35	150
	诸葛镇长乐村	91	85	69	83	328
	诸葛镇诸葛村	95	89	95	97	376
	兰江街道姚村村	70	68	69	61	268
	黄店镇三泉村	70	72	58	30	230
	黄店镇上包村	60	65	69	54	248
	黄店镇桐山后金村	63	66	0	45	174
	黄店镇芝堰村	92	86	78	90	346
	女埠街道虹霓山村	80	75	0	32	187
	女埠街道垷坦村	80	76	57	56	269
	女埠街道渡渎村	69	67	0	44	180
	黄店镇刘家村	60	61	80	40	241
	黄店镇上唐村	67	71	0	50	188
	柏社乡洪塘里村	65	71	0	21	157
	梅江镇塔山村	61	61	0	29	151
	梅江镇祝宅村	60	60	0	27	147
	梅江镇梅街头村	59	68	0	43	170
	横溪镇宋宅村	52	58	0	37	147
	梅溪镇虞街村	53	65	0	41	159

续　表

县（市、区）	传统村落	传统建筑	选址与传统格局	非物质文化遗产	保护措施与利用条件	总计
浦江县	虞宅乡新光村	71	77	91	65	304
	檀溪镇潘周家村	70	71	91	45	277
	白马镇嵩溪村	80	78	82	57	297
	郑宅镇郑宅镇区	88	83	72	87	330
	黄宅镇古塘村	62	66	87	36	251
	杭坪镇杭坪村	67	71	0	55	193
	杭坪镇石宅村	62	69	90	47	268
	仙华街道登高村	62	66	0	42	170
	岩头镇礼张村	68	65	73	44	250
	虞宅乡马岭脚村	59	65	58	40	222
东阳市	虎鹿镇蔡宅村	89	94	34	97	314
	巍山镇大爽村	75	84	0	39	198
	虎鹿镇磨水仓村	19	36	41	15	111
	虎鹿镇厦程里村	74	76	61	65	276
	虎鹿镇坞葛村	51	61	43	29	184
	虎鹿镇西坞村	51	62	49	43	205
	画水镇天鹅村	58	53	46	33	190
	画水镇旭光村	43	31	66	44	184
	李宅镇李宅村	71	65	77	89	302
	马宅镇雅坑村	50	38	60	43	191
	南马镇上安恬村	55	37	73	42	207
	巍山镇白坦村	74	50	56	28	208
	巍山镇古渊头村	67	57	58	36	218
	佐村镇平坑村	40	35	0	15	90
	佐村镇平岩顶村	38	49	77	23	187
	佐村镇下里坑村	43	62	0	22	127
	佐村镇恒坑村	52	51	59	19	181

续 表

县（市、区）	传统村落	传统建筑	选址与传统格局	非物质文化遗产	保护措施与利用条件	总计
磐安镇	冷水镇朱山村	61	65	49	53	228
	仁川镇石下村	31	34	0	41	106
	双峰乡大皿村	88	87	92	91	358
	盘峰乡榉溪村	93	84	89	88	354
	安文镇墨林村	71	69	48	51	239
	双溪乡梓誉村	94	83	0	69	246
	尖山镇管头村	76	78	62	72	288
	胡宅乡横路村	74	74	55	64	267
	玉山镇马塘村	47	47	88	55	237
	双溪乡潘庄村	46	41	0	39	126
武义县	熟溪街道郭洞村	94	90	73	93	350
	大田乡岭下汤村	75	75	51	56	257
	俞源乡俞源村	96	97	94	94	381
	桃溪镇陶村	76	77	83	80	316
	大溪口乡山下鲍村	81	82	72	80	315
	柳城畲族镇上黄村	60	72	54	43	229
	柳城畲族镇半塘村	58	65	55	66	244
	柳城畲族镇华塘村	54	68	43	53	218
	柳城畲族镇金川村	68	68	54	56	246
	坦洪乡上坦村	62	70	53	79	264
永康市	前仓镇厚吴村	92	91	90	93	366
	舟山镇舟山二村	68	73	54	61	256
	石柱镇塘里村	57	74	56	72	259
	芝英镇芝英村	80	74	63	56	273
	象珠镇清渭街村	65	75	47	47	234
义乌市	赤岸镇朱店村	79	67	58	58	262
	赤岸镇尚阳村	70	76	72	64	282
	赤岸镇雅端村	70	80	54	71	275
	佛堂镇田心村	78	77	72	79	306
	佛堂镇倍磊村	87	88	70	78	323
	义亭镇缸窑村	55	77	75	60	267

表 18－2　　金华市传统村落综合评价分级

传统村落保护与利用价值较高（240～400 分）		传统村落保护与利用价值一般（150～239 分）		传统村落保护与利用价值较低（0～149 分）	
传统村落	分值	传统村落	分值	传统村落	分值
武义县俞源乡俞源村	381	金东区赤松镇山口村	239	婺城区塔石乡岱上村	149
兰溪市诸葛镇诸葛村	376	磐安县安文镇墨林村	239	兰溪市永昌街道夏李村	148
永康市前仓镇厚吴村	366	磐安县玉山镇马塘村	237	婺城区洋埠镇湖前村	142
金东区傅村镇山头下村	362	永康市象珠镇清渭街村	234	金东区江东镇雅湖村	137
金东区澧浦镇琐园村	358	兰溪市黄店镇三泉村	230	婺城区安地镇山道村	135
磐安县双峰乡大皿村	358	武义县柳城畲族镇上黄村	229	磐安县双溪乡潘庄村	126
磐安县盘峰乡榉溪村	354	磐安县冷水镇朱山村	228	婺城区汤溪镇上镜村	118
婺城区汤溪镇寺平村	353	浦江县虞宅乡马岭脚村	222	东阳市虎鹿镇磨水仓村	111
武义县熟溪街道郭洞村	350	东阳市巍山镇古渊头村	218	兰溪市梅江镇祝宅村	147
兰溪市黄店镇芝堰村	346	武义县柳城畲族镇华塘村	218	兰溪市横溪镇宋宅村	147
金东区岭下镇岭五村	337	金东区源东乡东叶村	216	金东区孝顺镇浦口村	143
金东区赤松镇仙桥村	335	婺城区乾西乡雅宅村	212	金东区赤松镇王宅村	130
浦江县郑宅镇郑宅镇区	330	东阳市巍山镇白坦村	208	东阳市佐村镇下里坑村	127
兰溪市诸葛镇长乐村	328	东阳市南马镇上安恬村	207	金东区塘雅镇前溪边村	123
义乌市佛堂镇倍磊村	323	东阳市虎鹿镇西坞村	205	婺城区长山乡三村	109
婺城区雅畈镇二村、三村	317	兰溪市水亭乡西姜村	202	磐安县仁川镇石下村	106
武义县桃溪镇陶村	316	金东区澧浦镇郑店村	198	婺城区塔石乡塘头村	92
武义县大溪口乡山下鲍村	315	东阳市巍山镇大爽村	198	东阳市佐村镇平坑村	90
东阳市虎鹿镇蔡宅村	314	金东区曹宅镇曹宅村	197	婺城区罗埠镇上潘村	89

续 表

传统村落保护与利用价值较高（240～400 分）		传统村落保护与利用价值一般（150～239 分）		传统村落保护与利用价值较低（0～149 分）	
传统村落	分值	传统村落	分值	传统村落	分值
义乌市佛堂镇田心村	306	婺城区安地镇安地村	194	金东区赤松镇老石桥村	65
浦江县虞宅乡新光村	304	婺城区开发区汤溪镇中戴村	193	—	—
东阳市李宅镇李宅村	302	浦江县杭坪镇杭坪村	193	—	—
浦江县白马镇嵩溪村	297	东阳市马宅镇雅坑村	191	—	—
磐安县尖山镇管头村	288	东阳市画水镇天鹅村	190	—	—
兰溪市永昌街道永昌村	282	兰溪市黄店镇上唐村	188	—	—
义乌市赤岸镇尚阳村	282	兰溪市女埠街道虹霓山村	187	—	—
金东区傅村镇畈田蒋村	280	东阳市佐村镇平岩顶村	187	—	—
金东区澧浦镇蒲塘村	278	东阳市虎鹿镇坞葛村	184	—	—
浦江县檀溪镇潘周家村	277	东阳市画水镇旭光村	184	—	—
东阳市虎鹿镇厦程里村	276	东阳市佐村镇恒坑村	181	—	—
义乌市赤岸镇雅端村	275	兰溪市女埠街道渡渎村	180	—	—
永康市芝英镇芝英村	273	婺城区蒋堂镇下尹村	178	—	—
兰溪市女埠街道岘坦村	269	婺城区琅琊镇上盛村	174	—	—
兰溪市兰江街道姚村村	268	兰溪市黄店镇桐山后金村	174	—	—
浦江县杭坪镇石宅村	268	婺城区塔石乡塔石村	171	—	—
磐安县胡宅乡横路村	267	兰溪市梅江镇梅街头村	170	—	—

续 表

传统村落保护与利用价值较高（240～400分）		传统村落保护与利用价值一般（150～239分）		传统村落保护与利用价值较低（0～149分）	
传统村落	分值	传统村落	分值	传统村落	分值
义乌市义亭镇缸窑村	267	浦江县仙华街道登高村	170	—	—
武义县坦洪乡上坦村	264	金东区孝顺镇夏宅村	167	—	—
义乌市赤岸镇朱店村	262	婺城区开发区汤溪镇鸽坞塔村	164	—	—
永康市石柱镇塘里村	259	婺城区雅畈镇石楠塘村	162	—	—
武义县大田乡岭下汤村	257	兰溪市梅溪镇虞街村	159	—	—
金东区澧浦镇方山村	256	婺城区沙畈乡高儒村	157	—	—
永康市舟山镇舟山二村	256	兰溪市柏社乡洪塘里村	157	—	—
婺城区塔石乡上阳村	254	金东区源东乡长塘徐村	153	—	—
金东区岭下镇后溪村	254	婺城区塔石乡珊瑚村	152	—	—
金东区赤松镇下潘村	254	兰溪市梅江镇塔山村	151	—	—
浦江县黄宅镇古塘村	251	兰溪市诸葛镇万田村	150	—	—
浦江县岩头镇礼张村	250	—	—	—	—
兰溪市黄店镇上包村	248	—	—	—	—
金东区孝顺镇支家村	247	—	—	—	—
磐安县双溪乡梓誉村	246	—	—	—	—
武义县柳城畲族镇金川村	246	—	—	—	—
武义县柳城畲族镇半塘村	244	—	—	—	—
金东区孝顺镇中柔村	243	—	—	—	—
兰溪市永昌街道社峰村	243	—	—	—	—
兰溪市黄店镇刘家村	241	—	—	—	—

第四篇

金华市传统村落保护方法与措施

第十九章　金华市传统村落保护方法与措施总纲

一、金华市传统村落保护措施

（一）完善名录

继续开展补充调查，深入了解传统村落情况，抓紧将有重要价值的村落列入金华市传统村落名录。做好传统村落文化遗产详细调查，按照“一村一档”要求建立金华市传统村落档案。统一设置金华市传统村落的保护标志，实行挂牌保护。

（二）制定保护发展规划

各地要按照《中华人民共和国城乡规划法》以及《传统村落保护发展规划编制基本要求（试行）》抓紧编制和审批金华市传统村落保护发展规划。规划审批前应通过金华市住房和城乡建设局、文化和旅游局、文物局、财政局组织的技术审查。涉及文物保护单位的，要编制文物保护规划并履行相关程序后纳入保护发展规划。涉及非物质文化遗产代表性项目保护单位的，要由保护单位制定保护措施，报经评定该项目的文化主管部门同意后，纳入保护发展规划。

（三）加强建设管理

传统村落内新建、修缮和改造等建设活动，要经乡镇人民政府初审后报县级住房城乡建设部门同意，并取得乡村建设规划许可。涉及文物保护单位的，应征得主管部门的同意。严禁拆并传统村落。保护发展规划未经批准前，影响整体风貌和传统建筑的建设活动一律暂停。涉及文物保护单位区划内相关建设及文物迁移的，应依法履行报批手续。传统建筑工匠应持证上岗，修缮文物建筑的工匠应同时取得文物保护工程施工专业人员资格证书。

（四）加大资金投入

中央财政应考虑传统村落保护的紧迫性、现有条件和规模等差异，在明确各级政府事权和支出责任的基础上，统筹农村环境保护专项资金、“一事一议”财政奖补、美丽乡村建设专项资金、国家重点文物保护专项补助资金、中央补助地方文化体育与传媒事业发展专项资金、国家非物质文化遗产保护专项资金等，分年度支持中国传统村落保护发展。支持范围包括传统建筑保护利用示范、防灾减灾设施建设、历史环境要素修复、基础设施完善和公共环境整治、文物保护、国家级非物质文化遗产代表性项目保护。调动中央和地方两个积极性，鼓励地方各级财政在中央补助基础上加大投入力度。引导社会力量通过捐赠、投资、入股、租赁等方式参与保护。探索建立传统建筑认领保护制度。

（五）做好技术指导

金华市住房和城乡建设局、文化和旅游局、财政局、文物局四局制定金华市传统村落保护发展规划，组织保护技术开发研究、示范和技术指南编制工作，组织培训和宣传教育。各县（市、区）级住房和城乡建设局、文化和旅游局、文物局、财政局做好本地区的技术指导工作，成立县（市、区）级专家组并报金华市住房和城乡建设局备案。每个传统村落要确定一名省级专家组成员，参与村内建设项目决策，现场指导传统建筑保护修缮等。

二、传统村落保护应注意的问题

（一）传统村落遗产保护的独特性

“普世性”原则是不存在的，传统村落要根据自身遗产特色，提出根植于此的保护方法。虽然在全球化背景下，城市已趋同，但乡村仍保留了诸多本土化元素，尤其是传统村落延续的传统文化值得加倍重视，对此也需要采取适合金华市本地情况的保护方法。

（二）在现今发展背景下，保护与利用已不再矛盾

保护与利用已成为并行的因素，没有利用也不能被称为好的保护。同时要考虑保护投入与产出的比例，即经济实用性，多方考量后选择重点保护对象。

（三）对非物质、原有居民社区的关注，成为传统村落保护最为重视的方面

无论从价值体系的变化还是空间正义的探讨，都可见非物质、原有居民

社区已成为保护最关注的方面。尤其是在现今国内发展态势中，“绅士化”现象并不少见，政府或社会力量都过于关注如何通过历史文化遗产的保护带动旅游产业的发展，以此促进地方社会经济水平的迅速发展，最常见的策略就是迫不及待引入大量资金和人力，迁出原先居住在此的居民和产业，这些都有可能带来不良后果。为了避免“绅士化”现象的扩展，只有更开放、更民主的基层民众参与地方政府行为，才能使保护朝更为有序的方向发展。

（四）加强对传统村落保护与利用规划中约束条件的思考

现状调查需了解两类内容：规划能达成的前提假设和规划过程会遇到的约束条件。造成规划难以落实的常见原因之一就是想象了太多前提假设，而对于约束条件的思考太少。传统村落在经济、土地房屋产权、村民素质等各方面受到的约束较多，这些都应作为我们了解的部分，只有将约束条件考虑清楚，并考虑好如何在这些条件下尽可能地开展保护，并努力将约束条件化解甚至转变为保护支撑动力，才能更科学地预测未来情况。

（五）重视传统村落保护与利用规划的记录功能

现状分析不仅是为之后的设计做准备，也借机对遗产进行普查与记录。在注重物质原真性的同时，不能忽略对知识原真性的保护，面对快速城市化和木质建筑的折损，传统村落的完整程度必将不断下降，所以各方面应尽早记录。虽然文物部门会对重要文物建筑进行记录，但这只是很小的一部分，而村庄规划、土地规划等不会对大批传统村落民居、历史环境要素等做细致记录，保护规划的现状调研应填补这些空白，担负起遗产记录的主要责任。

三、传统村落保护规划原则

在全面保护传统村落自然景观风貌的前提下，突出传统村落的建筑、文化、民俗等特色，将旅游经济和农业经济结合起来发展，改善村民生活环境，提高村民生活水平。

（一）整体性保护原则

传统村落保护是一个动态、整体性的过程，在传统村落中，历史文化遗存往往与其环境不可分割。保护规划不仅要注重对村落物质遗存的保护，还应当重视社会结构体系、生态系统和历史文化的保护。传统村落遗产的保护是村镇系统的重要组成部分，是政府制定发展战略的重要考虑因素。

（二）原真性保护原则

注重保护历史文化遗产的历史真实性和历史环境风貌的完整性，保存历史文化遗产遗存的所有历史信息，对已不存在的“文物古迹”一般不提倡重建，对已有的文物进行科学展示永续利用。坚持“整旧如故，以存其真”的原则，修补采用材料、原工艺、原式样，并注意修复的可识别性。

（三）合理利用、持续保护原则

通过对历史文化遗产的正确保护与合理利用，赋予及调整其在时代变迁期的适当功能，做到合理地利用和更新，坚持持续保护的原则，改善村民居住条件，世代相传的传统村落有居民生活，传统村落才能具有活力。

（四）可持续发展的保护原则

重视历史文化遗产价值的延续，坚持可持续性发展，实现保护与开发利用的双赢。坚持传统村落社会经济、人口与环境的可持续发展，研究传统村落文化内涵，发展文化产业，实现保护的可持续性。

（五）保护规划管理的分类原则

针对传统建筑不同的历史、科学和艺术价值，现状完好程度，传统村落空间的不同类型和环境景观特征，采用分类保护的方法，制定相应的保护规定和整治措施，保持历史风貌的多样性。根据传统村落的历史文化价值及其环境要素的构成，确立总体保护的空间框架，整体保护传统村落的物质形态和文化内涵。

四、传统村落的保护框架

在传统村落的保护中，首先要制定完善的保护规划，对传统村落保护涉及的各个方面进行统一的梳理和指导，其次应该注意坚持“整体保护”和“活态传承”的保护原则，同时应该在保护实践中充分动员各方的力量，建立多方参与的服务组织，最后制定出协商式的工作方式和工作流程，让保护工作能够顺利有序地进行下去。

（一）规划先行，统筹指导

（1）传统村落的保护是一个复杂的工程，涉及各个方面的问题。在对传统村落实施保护的时候一定要坚持“规划先行，统筹指导”，合理地制定解决理念、管理、资金、技术等方面问题的措施，使历史文化遗产能够得到有效的保护，解决传统村落的破败衰落、人口外迁等问题，维护传统村落空间格局的同时，能够通过现有的技术提高村民的生活水平。

（2）对传统村落的保护规划需要明确保护的内容。保护的要素主要包括自然环境、人文环境以及物质文化遗存。自然环境包括山体、水体、农田、坡地、植被等，人文环境包括居民的社会生活、历史风俗、文化传统等，物质文化遗存包括文物保护单位、历史保护建筑以及其他有特色的建筑遗址等。

（3）制定传统村落的保护规划应该从实际出发，划定不同的层次，分级进行保护。一般情况下，传统村落的保护规划应该将传统村落分为核心保护区、风貌协调区和建设控制区，进行分级保护。对于核心保护区，应该严格保护传统村落的历史原真性，维护传统村落风貌的完整性，要确保在核心保护区范围内的建筑物、空间格局和环境不受破坏。对于核心保护区范围内的建设活动应该严格控制，主要以维修、整理、修复和内部更新为主，外观造型、体量、色彩、高度都应该符合相应的规定。对于风貌协调区和建设控制区的保护要求应该相应放宽，允许适当的建设活动和开发行为，在不影响核心保护区的情况下，合理利用传统村落的自然资源和人文资源，以发挥其经济价值。保护方法应该针对不同的对象而有所不同，采取原物保护、原貌保护、风貌保护、（传统村落）整体保护与活态传承和功能创新等综合方法，实现物质文化形态与非物质文化形态保护相结合，点、线、面保护相结合，实现自然环境与人文环境协调统一。

（二）整体保护

（1）传统村落保护是整体保护。根据住房和城乡建设部制定印发的《传统村落保护发展规划编制基本要求（试行）》，传统村落应进行整体保护，将村落及与其有重要视觉、文化关联的区域整体划为保护区加以保护；村域范围内的其他传统资源亦应划定相应的保护区；要针对不同范围的保护要求制定相应的保护管理规定。传统村落作为一种不可多得的历史文化遗存，是一个有机的整体，既有自然景观，又有人文景观，众多民居建筑不是孤立的，而是被联系在传统村落格局之中；既有物质环境，又有活跃于这一环境之中的社会生活和民俗民风；是不同时期在特定的地理位置上，由不同的个体创造的和谐统一体。因此，传统村落的任何保护性举措和利用性举措都必须坚持整体保护原则，而不是单纯对某些个体进行保护。

（2）对传统村落进行整体保护要尽量保持传统村落的历史原真性与统一性。传统村落的所有历史遗存都是在特定的环境下生存的，因此，在保护传统村落的时候必须注意不能对这种历史环境造成过多的影响。有时，适当的更新是必需的，但要注意有机更新，即在不破坏原有氛围的前提下有选择、有步骤地修旧如旧或新旧协调。当古建筑的初始形式有特殊的历史意义，而缺失部分在总体上只占很小比重时，可以修复缺损。对传统村落的典型建筑，如祠堂，名人的宅第、书院等，也可以部分修复，重要的已毁坏的标志性建筑可以依旧样重建，但要有测量的精确性，建筑的立墙、启窗、挑台应与原有建筑一致。在青瓦、漏花、石阶、栏杆等细节的选择上也应当精益求精，以使修复部分与其余部分整体上协调，以保持民居的历史可读性。有关部门应制定严格的保护规划，户主按照规划进行合理维修的，政府应给以适当补贴，反之则应处以罚款。

（3）对传统村落的整体保护，主要是要注重体现传统村落的独特文化气质风貌，通过强调传统村落的系统性、有机性和整体性，营造各具特色的村落文化氛围。传统村落的保护涉及的内容很广，情况复杂，传统村落的文化遗产既包括物质文化遗产，又包括非物质文化遗产，同时这些遗产是深深植根于这个传统村落形成的特定文化生态环境中的。整体保护要求针对文物、街区、传统村落总体格局的地域历史特征，采取从点到面到区域整体分层保护的原则。因此，对传统村落的保护不能仅仅注重物质层面的修复和保护，更应该注重对文化和社会生活环境的维护。应该为传统村落创造良好的生存大环境，让传统村落的周边环境也体现出与传统村落历史文化相协调的整体风貌，形成系统地展示传统村落历史文化风貌的整体历史文化环境。

（4）按照传统村落整体保护原则，建议设立金华市传统村落文化遗产生态保护区。

（三）活态传承

活态传承，即在文化遗产生成发展的环境当中进行保护和传承，在人民群众生产生活过程中进行传承与发展的传承方式。它不是以现代科技手段对文化遗产进行“博物馆”式的保护，即仅仅用文字、音频、视频等记录非物质文化遗产项目的方式进行保护。活态传承能达到遗产保护的终极目的，尤其是对非物质文化遗产的保护方面，活态传承这种保护方式显得尤其重要。

1. 活态传承思想体现了对人的重视

在过去的遗产保护中往往重视对文物、历史建筑等的保护，而忽视了在人们的生活中代代相传的文化遗产。活态传承的原则是要求对非物质文化遗产项目代表性传承人以及掌握传统村落建设技艺的传统工匠，应该给予足够的重视与扶持。非物质文化遗产的载体是传承人，传统村落的建设方法是传统村落延续的重要基因。因此，无论是英雄史诗、民间传说的讲述者，还是技艺精湛的工艺美术大师，无论是礼仪节庆的组织者、实施者，还是德艺双馨的表演艺术家，他们都是文化遗产的传承人，没有他们，就没有文化遗产的传承。对于传承人，金华市要拨付一定资金进行专项扶持，更需要帮助他们传授技艺给弟子，使这些技艺的传承人能够将技艺一代代流传下去，让数千年积累的文化传统继续保留下去。

2. 活态传承提出对非物质文化遗产进行生产性保护

通过生产性保护，一方面，使金华市传统村落中的非物质文化遗产项目能够在市场环境中生存，获得经济效益，从而调动从业人员的积极性，并吸引更多的人才进行这一项目的学习与传承；另一方面，通过生产性保护，让这些非物质文化遗产项目的产品走进千家万户，成为人民大众日常生活中的一部分，让非物质文化遗产扎根民间。只有这样，非物质文化遗产的传承发展才能建立良性循环，成为具有造血功能的完整系统，实现活态传承。

3. 活态传承要求将文化遗产与人民的生活融为一体，而不是完全保留以往的风俗习惯

由于生产生活方式的改变，金华市传统村落中有一些非物质文化遗产项目已经不适应目前的社会生活环境。保护非物质文化遗产，不是为了强行保存已经过时的风俗习惯或传统技艺，而是尊重历史，尊重祖先的创造，尊重社会历史的自然发展规律，让这些非物质文化遗产活在当下，并从中寻找持续发展与创新的灵感和力量。

（四）政府主导，多方参与

1. 政府应该充分发挥在传统村落保护中的主导作用

金华市各级政府需要处理好传统村落的保护与利用的关系，理顺各方关系，动员多方力量参与到传统村落的保护和利用中。政府要发动全民参与传统村落的保护管理，建立“政府主导、村民主体、社会参与”的传统村落保护机制，尝试建立多方协作的工作方式和工作流程，成立对传统村落的保护与利用负责的组织机构，让金华市传统村落的保护与利用更加规范化和常态化。

2. 要充分发挥传统村落村民在传统村落保护中的作用

由政府主导，鼓励“村民自保，村集体筹资保护”等保护形式，鼓励、帮助村民依靠自身的力量对传统村落进行保护，在文物、建设、旅游部门指导下对乡土建筑进行维修、管理和使用，政府应该为这种“自保”行为提供适当的资金和技术支持。同时发动村民对乡土建筑的破坏、损毁行为进行监督，规范乡土建筑的使用、管理、开放、展示行为。如果村民确实没有能力对自身居住的房屋进行符合要求的修缮，就应该由负责传统村落保护的组织机构出面，或者将产权进行转移，或者由村集体补贴，或者垫资抢修乡土建筑。总之，应该动员多方力量，参与到传统村落的保护中。

五、传统村落的利用思路

传统村落的保护必须与传统村落的发展结合起来，只有传统村落找到了能支撑自身生存发展的经济动力，传统村落中的居民生活有了保障，生活水平得到提高，传统村落才能得到延续，否则只能逐渐走向衰落和消亡。因此，必须把传统村落“人居环境得到明显改善”和“发展能力得到提升”作为发展的重要方向。通过提供基础设施、公共服务、社会保障等一系列措施来提高村民的收入水平和生活质量。

（一）基础设施向传统村落延伸和公共服务均等化

（1）要大力改善传统村落基础设施和公共服务水平。近年来，农村公共服务事业发展取得了长足进步，但还存在一些普遍性问题。在城乡二元结构的大背景下，国家财政对农村公共服务的投入相对较少，造成城乡之间基础设施水平和公共服务能力存在巨大的差别。目前，农村公共服务体系尚不健全，政府提供的公共服务数量有限，质量不高，难以满足村民要求。农村公共投资不足造成农村经济发展滞后，也是促使“空心村”出现的原因。传统村落的基础设施水平低下，公共服务缺乏，直接会导致村落缺乏吸引力，导致人口的流失和村落的衰败。因此，要解决传统村落的衰败问题，一定要改善目前传统村落中的基础设施和公共服务。

（2）加强传统村落的基础设施建设，应该在已有的基础上，继续加大投资力度，扩大实施规模，充实建设内容。一是加大以小型水利设施为重点的农田基本建设的力度。传统村落的核心是农耕文明，发展现代农业，提高农业质量和规模效应，都应该把农田建设摆在首位。二是加大农村公路建设的力度，目前传统村落由于交通条件的限制，不管是文化旅游资源还是自然生态资源，都无法得到更好的开发。提高传统村落交通基础设施的建设水平是进行传统村落开发的前提。三是加大传统村落供水工程建设的力度，尤其是高氟、高砷、苦咸、污染水及血吸虫病区的饮水安全问题，应该给予重点关注。四是加大传统村落的能源建设的力度，现在农村使用的能源普遍还是煤炭、秸秆等污染严重的材料，对村落的环境造成很大影响，而且效率较低。普及供电、供气设施，推广沼气、秸秆气化等清洁能源，能使传统村落的生活环境和生活质量得到大幅度的提高。

（二）应该注意加强传统村落公共服务的提供

（1）传统村落与其他农村地区一样，需要在农村基本公共服务上投入更多的财力、人力、物力。例如，农村义务教育，目前农村普遍教育硬件条件长期得不到改善，校舍面积严重不达标，教学设施落后，教师队伍不稳定，农村基层教育供给能力严重不足，仍然需要加大投入力度。

（2）农村的预防保健和基本医疗服务等公共卫生服务的能力也相对较差。

（3）除了教育、医疗等基本公共服务外，传统村落还需要在文物的调查和保护、乡土民居的修缮维护、传统技艺的传承和发扬等方面提供更多的公共服务。

（三）传统村落保护与利用的政府和社会服务体系

1. 构建以传统村落保护与利用为目标的政府和社会服务体系

要提供基础设施建设和公共服务，关键是要构建以传统村落保护与利用为目标的政府和社会服务体系。各级政府部门应该对传统村落的保护与利用给予高度的重视，对传统村落的建设和维护，规划、文物、建设等部门应该制定相应的保护措施和规范。在条件合适的县、市级政府，建立金华市传统村落保护与利用领导小组，由领导小组负责传统村落保护与利用的协调和指导工作。督促各职能部门分别负责对传统村落的保护、利用、管理工作，研究传统村落保护的政策措施，并解决实施过程中遇到的问题。

2. 积极促进政府向社会力量购买服务，为传统村落的保护与利用提供人力、物力的支持

积极促进政府向社会力量购买服务，是指传统村落的修整和维护，可以通过协商，按照一定的方式和程序，交由具备条件的社会力量承担，并由政府根据服务数量和质量向其支付费用。政府向社会力量购买服务，一则能够减轻政府的负担，二则能够融入更多的理念、方法，共同为传统村落的保护与利用贡献力量。

3. 社会保障体系的城乡全覆盖

（1）大力提升传统村落社会保障水平。在传统村落社区中，能够享受到一定程度社会保障的居民数量有限。对个人、家庭和社会影响最为深远的养老保险需要加大覆盖力度。目前社会保障体系中的其他内容，村落居民享受到的人数较低。

（2）农村地区社会保障的缺失，也是传统村落居民纷纷选择进城务工，形成大量“空心村”的原因。确保“空心村”“土著”的基本生活保障，加快发展学有所教、劳有所得、病有所医、老有所养、住有所居的全覆盖的社会保障体系，是解决传统村落衰败问题的关键举措。

（3）稳步提高农村社会保障支出在财政总支出中的比重，让广大农民切实从农村社会保障制度中享受到更多实惠。要打破城乡分治的制度设计和政策框架，改变目前财政对农村社会保障扶持偏少的现状，在农村首先建立健全以养老保险、医疗保险和最低生活保障为主的社会保障线，实现农民老有所养、病有所医、基本生活有保障的目标。为此，除了建立健全以大病统筹为主的新型合作医疗制度和医疗救助制度外，还要积极推进农村最低生活保障制度和农村养老保险制度建设。

4. 传统村落居民收入水平提升

（1）传统村落保护利用必须以民为本，调动村民积极性，尊重村民自治的权利。通过利用传统村落的自然人文资源进行开发获取利益，应该确保传统村落的开发成果能够惠及全体村民、为社会所共享。只有传统村落能够为当地居民带来经济利益，使居民收入水平能够不断提升，传统村落才能实现不断发展，免于衰落的命运。

（2）地方政府应充分尊重传统村落原有居民的知情权、自治权、参与经营权、决策权和监督权。不应以各种形式取代村民行使权利，尤其不能一味想着开发和旅游，把传统村落变成纯粹的赚钱工具。必须把传统居民收入水平的提升作为传统村落开发的首要目标，而不应该仅仅为了满足政绩的需要或者招商引资的需要。只有居民收入水平的提升才更能够调动村民保护传统村落的积极性。广大农民是传统村落保护的重要力量，只有农民群众认识到保护传统村落的意义以及与其切身利益的关系，才能促使全体村民参与传统村落的保护与利用。

（3）传统村落保护要注重村民经济和文化利益。把注重增加村民的经济利益和尊重维护村民习俗的文化权益作为保护利用的出发点和落脚点，确保村民在保护利用中获取收益，让合理利用的成果惠及全体村民，实现社会共享。

5. 传统村落居民生活质量改善

（1）传统村落的发展要与提高村落居民的生活质量结合起来。随着社会的发展，人民的生活质量有了明显提高，这也要求传统村落中人们的生活水平要与时俱进，不能仍然停留在过去，否则就会被淘汰。因此，传统村落的发展要与提高村落居民的生活质量结合起来。

传统村落不同于其他古文化遗址，也不是一个单纯的博物馆，而是一个鲜活的处于变动中的有机体。传统村落人文旅游资源显然不只是它的民居建筑，其传统日用品及相关实物工具、民俗文化、传统食品加工方法、民族服饰、传统手工艺品也是不可多得的资源，应得到及时的抢救性保护。但是在保护的同时，不能影响传统村落居民生活质量的提高。离开了传统村落居民的活动，传统村落的特色和生命力也就无所依附了。但生活在其中的居民，同时是生活在当代的人们，他们有提高生活质量的要求，有向城里人生活看齐的愿望。社会制度的根本变革和生活方式的改变，决定了简单要求传统村落居住者放弃对新生活的追求是不现实的。如果不考虑他们的这一生活需求，传统村落的保护就不可能得到当地人的支持。

（2）不断完善传统村落基础与公共服务设施。在不影响传统村落风貌的前提下，应该对传统村落中的生活环境、基础设施进行整治更新，让传统村落的村民也能够享受现代生活方式为生活带来的舒适和便捷。在对传统村落进行保护的时候，应该考虑在传统村落居住的村民的改善意愿，在保护传统村落文化遗产的真实性和完整性的前提下，满足他们改善生活质量的愿望。

六、传统村落保护的具体方法

（一）划定保护区划

在整体保护、区分重点的保护原则下，借鉴历史文化名城、名镇、名村的保护经验，可将传统村落的保护范围划定为三个层次的保护区域，即核心保护范围、建设控制地带和环境协调区。

（1）核心保护范围：将传统村落范围内文物保护单位、历史建筑、传统风貌建筑、历史环境要素等集中的区域划为核心保护范围。

（2）建设控制地带：指传统村落范围内除核心保护范围之外的所有区域建设控制地带。

（3）环境协调区：将村域可视范围内除核心保护范围和建设控制地带之外的田园、山水环境划为环境协调区（如按临近传统村落山体的山脊线划定）。

在保护区划划定的基础上，分别提出核心保护范围、建设控制地带、环境协调区的相关保护要求，核心保护范围重在对历史建筑、文物保护单位及其环境的保护；建设控制地带重在对新建建筑物、构筑物在使用性质、高度、体量、色彩等方面的控制；环境协调区应控制新的建设行为对山水环境的破坏。

（二）保护村落的传统格局

本章将村落传统格局的保护分为山水格局保护与传统村落格局保护两个层次。

1. 山水格局的保护

传统村落在选址布局时往往注重村落本身与周边山水的紧密结合，并在村落营建过程中继续强化二者的联系。因此，山水格局不仅包括一般意义上的山水与村落的相对位置关系与选址定位基准，还包括传统村落形态与周围山水间的视线通廊及村落营建过程中按要求对山水环境的完善。

山水格局的保护可分为两个方面：一是山水环境的本体不被破坏（如开山采石、填河开路、破坏植被、污染等）；二是传统村落形态与周围山水间的视线通廊不被遮挡或破坏（如被高层建筑遮挡、景观范围内有极不协调建筑等）。

在传统村落规划建设的现有管理体系中，涉及山体、水体开发利用的管理依据主要是传统村落的土地利用规划。因此，在传统村落山水格局的保护中，可结合传统村落土地利用规划，将山体、水体、耕地等需要保护的重要山水环境要素纳入强制性的土地利用管理中，防止可能的破坏行为。另外，对视线通廊的保护可利用视线分析的方法，通过对眺望景观、标志性景观、自然环境之间的视线分析，开辟视廊，对视廊范围内的建设行为进行规划控制。通过土地利用规划控制与视廊控制的叠加，形成村域范围内的建设控制引导，实现对村域山水格局的整体保护与控制。

2. 传统村落格局的保护

传统村落格局包括传统村落的轮廓、街巷肌理、重要公共空间节点、历史水系及其他环境要素的相对位置等，是传统村落发展变迁的印记，具有丰富的文化内涵。传统村落的边界是村落营建之初确定的“规划范围”，是传统村落展示其文化内涵的重要界面；尺度宜人的历史街巷是构成传统村落传统特色的重要部分，部分传统街巷与村落内的水圳、池塘、溪流等水系之间存在紧密的对应关系，形成特有的文化景致；另外，在传统村落中，往往散布着一些孤植或零散的景观空间，这些景观空间不大，常位于特殊位置，具有一定的文化内涵，它们与山势或水势相结合，成为村落主体景观的补充或局部视觉景观的核心，它们往往与周围山川格局一样成为传统村落内部对景或欣赏的对象，包括重要空间节点与其他环境要素的相对位置等。它们往往也是村落进行文化活动的重要场地，是村落内的精神文化空间。因此，传统村落格局的保护主要是保护历史街巷、历史水系、重要空间节点、传统村落边界及其他环境要素的相对位置等。

历史街巷的保护主要是保护街巷的结构、走势、宽度、铺装以及形成街巷的建筑物立面和尺度；历史水系的保护主要是保护水系的走向、位置及堤岸材质的使用、周边景观环境的塑造、水体污染的控制等；重要空间节点的保护主要是控制空间影响范围内的周边环境风貌，如围合广场的建筑第一界面、广场内的重要构筑物（如古树、戏台）、广场的铺装等；传统村落边界的保护主要是控制处于村落主要展示界面（如沿河、沿湖）上的建筑位置、立面、屋顶样式及材质、尺度、朝向，以及牌坊、古树等其他要素不被破坏。

（三）保护村落的历史风貌

1962 年，联合国教科文组织《关于保护景观和遗址的风貌与特性的建议》指出，风貌保护是“保存并在可能的情况下修复无论是自然的或人工的，具有文化或艺术价值，或构成典型自然环境的自然、乡村或城市和遗址的任何部分”。历史风貌是传统村落中最易感知与最具表现力的特色组成部分，它反映了传统建筑物及传统村落空间的整体特色与历史氛围，所有建筑、构筑物、绿化等均参与了历史风貌的构建与表达。因此，历史风貌也是传统村落中非常脆弱的保护要素。历史风貌的保护具有一定的特殊性，主要表现在对历史风貌的监测与保护对象的复杂化，无论对历史风貌是保护、破坏还是修复均具有长期性、综合性、渐进性的特点。历史风貌的保护不是通过保护一砖一瓦来实现的，其往往受到新材料、新技术、新民居的威胁，被打着“改善生活条件”旗号的老建筑更新逐步蚕食，因此，历史风貌的保护重点应主要集中在对历史风貌的明确界定、建立以建筑物保护为主的长效控制机制，同时制定与历史风貌有关的各保护对象的保护措施。

1. 建筑的保护与控制

传统村落是一个“生活社区”，是处于持续的发展与更新中的，因此，传统村落内的建筑构成复杂多样，不同建设年代、保存质量、价值的建筑共存。对建筑的保护与控制应建立在详细的实地调研、现状评估的基础上，针对不同建筑的保存状况提出相应的保护与控制措施。

对传统村落范围内现状建筑的年代、保存质量、历史风貌等进行评估分级（一般可分为文物保护单位、传统风貌建筑、风貌协调建筑、风貌不协调建筑），进行分类保护。文物保护单位应根据文物建筑修复的要求进行修缮和维护；传统风貌建筑主要是对其外观进行维修，保持其传统风貌特征；风貌协调建筑可予以保留，并控制相关建设活动；对风貌不协调建筑进行整治更新或拆除，使其风貌协调。

结合村落的保护区划，对核心保护范围、建设控制地带、环境协调区内的建筑控制强度要加以区别。核心保护范围内的建筑应实行原高控制，必须新建的公共服务设施宜控制在一层为宜，不得超过两层；建设控制地带内的建筑高度原则上不应高于核心保护范围内的最高公共建筑，应控制在两层，不得超过三层；对于环境协调区内的新建建筑及构筑物，以不破坏村落整体风貌为原则，建筑物不应超过四层。

2. 其他环境要素的保护与控制

对影响村落历史风貌的其他历史环境要素，如古树、古桥、围墙、铺地等应进行保护、加固、修缮，不应改变历史环境要素的外观特征及周围环境，控制要素可视范围内的建设行为。

3. 田园环境的控制

对传统村落周围由基本农田和山水林地等构成的田园环境的保护，重点在于保护自然植被，引导绿化植被及农业植被的种植，如婺城区珊瑚村油菜花的种植为珊瑚村增添了浓厚的田园气息。

对传统村落田园环境的控制，要做到以下几点：研究当地植物种群类型，在生态修复中优先使用；了解村落内具有文化内涵的树种，并加以重点保护；耕地保护，主要根据本地粮食产物进行种植（如水稻等），保护村民正常的生产生活；对本地具有观赏性的开花类植物如油菜花、梨花、桃花等，应鼓励并引导种植，在环境协调区内保证一定规模的种植面积，为村落旅游展示创造优美的田园环境。

（四）保护村落优秀传统文化

应深入挖掘和整理村落非物质文化遗存，继承和发扬优秀传统文化，包括村落发展过程中起重要作用的宗族文化，以及村民在生产生活中创造的具有浓郁地方特色的传统手工技艺、表演艺术、口头传统和表述、社会风水、礼仪节庆等。

1. 宗族文化的保护与传承

宗族文化是中国特有的传统文化，它与儒学、礼教文化相得益彰，是民间崇尚的传统文化，它传承于族人之间，记载于字里行间，铭刻在人们心中。目前，宗族文化已发生了很大变化，宗族的活动也基本是文化性的，更多的是一种心理上的需求。宗族文化的保护应重在传承。可通过恢复部分积极的宗族活动如续修族谱、宗族恳亲会等推动宗族文化更广泛、更悠久地传承。

2. 其他非物质文化遗产的保护与传承

应深入挖掘和整理传统村落非物质文化遗产，体现传统村落的文化内涵，继承和发扬优秀传统文化，通过建立非物质文化遗产档案和资料库，对非物质文化遗产进行重点保护，对濒危文化遗产进行抢救保护，建立切实可行的非物质文化遗产传承机制，积极扶持与培养传承人，保护村落的文化特色。同时需对村落内各类文化空间进行保护，可恢复部分已消失的文化空间，结合非物质文化遗产进行展示性利用。

七、传统村落保护与利用的协调

《历史文化名城名镇名村保护条例》第二十二条规定，历史文化名城、名镇、名村所在地县级以上地方人民政府应当根据当地经济社会发展水平，按照保护规划，控制历史文化名城、名镇、名村的人口数量，改善历史文化名城、名镇、名村的基础设施、公共服务设施和居住环境。这一条例明确了传统村落的保护需处理好保护与发展的关系。

（一）保护传统村落，开辟新区

传统村落规模的控制包括人口规模控制和用地规模控制两个方面。目前，“开辟新区，保护旧城”是历史文化遗产保护中经常采用的策略，也是控制传统村落规模较为有效的方法。

1. 人口规模控制

根据传统村落环境资源的承载能力，合理确定传统村落人口容量，特别是传统村落核心保护区范围内，人口规模要适度，避免因人口过多而增加的建设行为对传统村落造成破坏，也要避免人口过少使传统村落失去生机与活力，影响传统村落生活的延续性；同时，要保持传统村落人口结构的合理性，把控传统村落内人口老龄化的趋向，保持合适比例的本地居民数量，适当控制本地居民的大量外迁及外来人口的迁入，避免大量外来人口的迁入对传统村落的“乡土文化”造成冲击。

2. 用地规模控制

传统村落建设用地规模应严格控制，除必要的公共服务设施外（如厕所等），传统村落内不宜进行新的建设行为。传统村落村域范围内的新增建设用地的位置、面积也必须严格控制，避免对传统村落整体环境造成破坏。

3. 开辟新区

新增的人口和建设用地布局在传统村落外围，使之形成新、老两片发展区，新增拓展区以发展为主，增加传统村落整体活力；传统村落以保护为主，禁止进一步拓展和内部新建建设，为未来遗产的展示利用提供基础。拓展区的位置选择应结合前文的建设控制引导进行综合考虑，以不影响传统村落整体风貌为前提。应充分利用村域内现有自然村落，避免占用耕地。在同一地域范围内的不同村落间总是存在着千丝万缕的血缘关系，甚至有些村落本身就是传统村落人口迁建形成的，因此，利用现有自然村落承载传统村落人口，具有较强的可操作性和现实性。

（二）调整传统村落空间

历史文化建筑核心保护区是传统村落保护的重点，是传统村落价值与特色最为集中的区域，未来应逐步疏解其与保护相冲突的相关职能，并改变其目前单一的居住功能，如集中的家畜养殖、与传统村落古村历史文化不相关的工业等。要适度疏散人口，降低传统村落内的发展压力，同时改善传统村落内的卫生环境。要根据未来产业的发展引导，结合村落空间布局特征，增加相应旅游服务、文化展示、零售等功能，改变村落目前以单一居住为主的功能布局形式，促进村民就地就业，提高村民收入水平，使村民在传统村落保护中获益。

（三）完善村落基础设施与公共服务设施

传统村落历史文化积淀深厚，形成年代久远，往往较为偏僻闭塞，经济发展滞后，致使村落基础设施和公共服务设施缺乏、落后，难以满足新一代村民的生活需要。因此，改善基础设施和公共服务设施，对于传统村落的保护和利用至关重要。

改善基础设施，主要包括完善村落内部交通及对外交通，提高村民出行及游客到达村落的便捷性。改善用水、排水等设施，满足居民日常生活中用水、排水等需求，同时促进村落环境卫生的改善。改善公共服务设施，主要包括增加村民、游客必要的生活设施，如学校、幼儿园、商店、医院等。

（四）新建建筑引导

对风貌保护的要求主要体现在两方面：一是对包括原有城市外在景观、传统建筑以及历史环境要素的保护；二是指在新的建设活动中，应该通过控制建筑高度、创造与传统风格相协调的建筑形象等规划设计手法，尽量做到既满足现代生活需要，又不失历史传统特色。

新建房屋是目前对传统村落整体风貌破坏的最大因素。因此，在控制传统村落范围内不再新建的前提下，对传统村落外围拓展片区新建的民居及传统村落范围内不协调建筑的整治改造，应进行风貌引导，充分利用传统村落及当地建筑元素（如建造技术、材料、装饰等），使其与古村的整体风貌相协调。

（五）产业发展引导

目前金华市传统村落居民的主要收入来源是外出务工和农业生产，居民的经济收入有限。所以传统村落应充分利用浓厚的历史文化资源条件、优良的山水自然环境，引导发展生态农业、旅游文化产业和文化创意产业及其衍生的相关产业，如特色农产品和旅游小商品加工业等；需禁止非生态友好型产业，以免对传统村落整体环境造成破坏。如诸葛村、寺平村等传统村落的旅游产业发展迅速，带动了如家庭旅馆、特色农产品、旅游小商品加工等产业的盈利，增加了村民的就业岗位，提高了村民的生活水平，使村民对村落的保护更加热情。

八、当前对于传统村落保护的趋势

（一）保护的内容

当前对于传统村落的保护主要围绕在以下几方面：

（1）对传统村落空间格局的保护；

（2）对传统村落历史文脉的保护与利用；

（3）对传统建筑及历史环境的保护；

（4）对传统生活形态的保护。

（二）保护的原则

（1）历史原真性；

（2）历史风貌的完整性（不仅要保护历史建筑，还要保存构成整体风貌的所有要素）；

（3）维持生活的延续性（维持原有生活功能，促进活力提升）。

从前文所描述的传统村落保护的矛盾与更新的需求来看，面临经济衰退和自然环境恶化的传统村落保护，应更加关注的是对传统的村落特征、建筑特征与人的行为特征的理解，以期待改善落后的局面，使传统村落与周边和谐共生，提升其居住的适宜性与活力。

（三）保护的趋势

近代历史文化遗产保护工作的演变，从早期静态的“原貌保存”，发展到现在的允许在维护历史文化保护与地区发展相融合的做法，使历史保存观念逐渐融入整体发展进程之中，这也为拥有丰富历史文化遗产的传统村落再生提供了一个解决方向。

正因为有人在传统村落里生活，从人居环境的适宜性出发，必须对传统村落某些不适合现代生活的部分，在不破坏村落内在底蕴的前提下进行更新改造，使其作为容纳人们生活的空间得以更适合人类的居住生活，不至于成为死板的“历史标本”而丧失其存在的本质。

因此，对于传统村落的保护，不仅仅是限定于阻止其发展变化，而是寄希望于在继承传统的前提下为传统村落发展所需要的变化提供积极的条件，就当前发展趋势来看，整治的最终目的是完成传统村落环境为适应其发展需求的环境更新，更新是一种手段，也是一种过去与未来生活方式相互衔接的方法与目标。

（四）传统村落保护具体措施

确定传统村落的保护内容具体指在村落传统资源调查的基础上，综合分析村落的特征，明确其载体，这些特征及其载体正是需要着重保护和延续的对象。同时，应分析这些特征及其载体的综合价值及其面临的主要问题，从而有针对性地制定保护及控制措施，提出解决问题的方法。传统村落的保护内容包括以下几个方面。

1. 村落选址与山水格局保护

（1）传统村落的选址一般具有传统文化特色和地方景观代表性。利用自然环境条件，使村落布局与自然山水融为一体，包括沿江、抱湖、靠山等几种选址类型，能够反映特定历史时期的居住文化和地域背景，并与维系村民生产生活的方式密切相关。这不仅构筑了一个有利于子孙后代生存繁衍的生活空间，而且营造了一个富有诗意和哲理的精神家园，富有厚重的历史感和怡情养性的审美情趣。

（2）对村落的选址和山水格局进行保护，要对传统村落的选址特征进行分析。主要是通过文献阅读、村民访谈等，了解村落的选址理念以及与之相关的山体、河流、植被等要素，通过图解分析村落的选址与布局特点、轴线对位、视觉廊道等。对与传统村落有直接的视觉关联的山形水系、地形地貌、自然植被、农作物等自然景观环境特征进行考察与分析，对主要景观特征及其内容构成、形态特征、人文内涵等进行分析。

（3）要通过对既有规划分析、村民访谈与实地考察等方式，分析对村落选址、自然景观环境造成破坏性影响的土地利用、工程项目、建构筑物等因素。对自然植被、农作物等的形态和种类特征应该进行实地考察和拍摄，分析植被和农作物类型，并且制定适当的保护措施。

（4）对村落选址和山水格局保护进行分析应该至少得出如下成果：传统村落选址与自然景观环境特征分析图、传统村落选址与自然景观影响因素分析图。通过对环境特征和影响因素的识别，明确具体的保护对象并制定相应的保护措施。

2. 传统建筑保护

在传统村落中，传统的乡土建筑往往是最能体现传统村落特征的关键要素。这些传统乡土建筑承载着数千年的传统文化和乡土情结，是美丽中国的核心景区和景观“基因”，具有多方面的珍贵价值，既包括文化价值和社会价值等，也包括独特的商业价值。根据我国传统建筑（乡土建筑）的不同特点，可以将我国传统建筑分为多种类型。

对传统村落中的传统建筑制定保护措施的时候，需要对建筑的特征进行分析。

（1）类型分析：对传统建筑的时代、功能、构造类型等进行分类归纳，整理出传统建筑的类型体系。

（2）布局与形制特征：对传统建筑与周边环境的关系、建筑间的相互关系、建筑的空间组合关系、建筑尺度、屋顶形式等进行分析。

（3）构造特征：对传统建筑的台基、地面、墙体、构架等特征进行分析。

（4）材料与工艺特征：对传统建筑的主要建造材料及建造工艺特征进行分析。建筑材料与工艺特征，包括台基、地面的材料与做法，墙体类型及做法、柱网形式及材料、特色，屋架的结构特征，屋顶的形式、材料及做法等。有的墙体是采用夯土方法修筑的，而有的是采用石材修筑的。

（5）装饰装修特征：对传统的装饰装修细节（如屋顶墙面装饰、门窗种类及做法，家具与陈设、雕刻彩绘等）进行系统性的分析。建筑的装饰特征，包括各种木雕、砖雕、石雕、泥塑、匾额、字画、油漆彩画等的特征。

（6）相关风俗特征：对营造风俗、使用方式等进行分析。

（7）建筑综合特征：通过对前面的布局形制、构造、材料、装饰等特征的梳理，总结概括出建筑最鲜明最突出的特征。

（8）传统建筑特征分析成果包括：传统建筑形制类型分析图，传统建筑构造类型分析图，传统建筑材料及工艺类型分析图，传统建筑装饰装修细节分析图，传统建筑营建、使用风俗特征分析图。

3. 传统村落形态保护

传统村落格局鲜明，体现有代表性的地方传统营造文化，同时能够鲜明体现出有代表性的传统生产和生活方式，以及传统村落整体格局保持完整的乡土特征。传统村落形态包括山区、林区、平原地区等不同的传统村落形态布局类型。传统村落形态主要包括传统村落的街巷格局、村落肌理、整体风貌等。传统村落保护中的一个重要内容就是村落形态的保护，从古至今，不同地区的传统村落形态格局都有自己的特征，因此对传统村落格局的整理和复原工作十分重要。对传统村落形态的分析内容包括：

（1）传统村落传统格局演变分析：通过文献研究、舆图解读、实地考察研究等，对传统村落格局的产生、发展、演变过程进行分析。

（2）格局特色分析：主要的空间序列和景观轴线、景观视廊等。

（3）街巷河道分析：与村民生产、生活、利用的关系。

（4）公共空间分析：村落内外主要公共空间体系的构成，各空间的规模、形状、周边建筑、景观要素等，以及村民对其传统的使用方式。

（5）整体风貌特征分析：村落的整体轮廓线形状，主要的控制因素（如建筑与植被的关系、制高点的分布）等。

（6）影响因素分析：对村落格局和整体风貌构成不利影响的因素。

4. **日常生产、生活活动要素保护**

传统村落中居民的日常生产、生活活动是传统村落精神的最好体现。只有有了居民的活动、只有代代延续下来的乡土文化与人际交往模式得到持续的传承，传统村落才能够保持自身的活力，并且得到不断的发展。

在人们的日常生产、生活活动中，最主要的影响因素包括古井、古树、广场、街巷交叉口等公共交往空间，风水要素，生产景观要素等。

要对居民的日常生产、生活活动要素进行保护，实际上还要对传统村落的历史环境要素进行保护。历史环境要素包括反映村落历史风貌、构成村落特征的要素，如塔桥亭阁、井泉沟渠、壕沟寨墙、堤坝涵洞、石阶铺地、码头驳岸、碑幢刻石、庭院园林、古树名木以及传统产业遗存，历史上建造的用于生产、消防、防盗、防御的特殊设施等。对历史环境要素特征进行分析，主要应该从以下几个方面进行：

（1）地域、民族特征：历史环境要素的功能、所用材料和筑造工艺的地域、民族、时代特点。

（2）体系化特征：因村民生产生活的各种需求，如商贸交通、手工业生产、防御性等，而产生的一系列历史环境要素的系统构成及相互的关系。

（3）技术与艺术特征：历史环境要素在促进人与自然和谐、有效利用自然资源等方面的智慧和技巧。

（4）影响因素分析：对各历史环境要素的保护与传承构成不利影响的因素。

（5）传统村落历史环境要素的分析成果大致包括：历史环境要素地域民族特征分析图、历史环境要素体系化特征分析图、历史环境要素影响因素分析图。

5. **非物质文化遗产保护**

传统村落拥有的非物质文化遗产也是重点保护的内容。在现有的涉及村落文化遗产的保护政策中，普遍对非物质文化遗产的保护重视不够，学术研究中也出现重视物质文化遗产研究，轻视非物质文化遗产研究的现象。传统村落中的非物质文化遗产受到的重视明显不足，导致了非物质文化遗产的迅速衰亡。因此，对传统村落中非物质文化遗产的保护显得尤为重要。

非物质文化遗产的调查内容包括：村落中的传统民俗和文化，包括非物质文化遗产代表性项目及其他传统的生产生活方式、乡风民俗等内容，以及其所依托的场所和建筑、实物用具的保护；了解相关知识的特殊村民（如族长、寨老、非遗传承人、老手艺人、庙会主持人、传承了传统建造技术和手工艺的工匠等）；传统手工艺品、食品、器具的做法工艺等。

对非物质文化遗产特征的分析应该从以下几个方面进行：

（1）传承与演变特征：各项主要非物质文化遗产产生与发展的原因及演变过程、传承人等的分析。

（2）地域与民族特征：主要非物质文化遗产活动的地域性、民族性特点。

（3）场所线路分析：主要非物质文化遗产活动与村落形态的关系，与村民生产生活的关联度分析等。

（4）实物用具特征：用具制作的工艺、材料特征、使用方式等的分析。

（5）非物质文化遗产传承的不利因素。

（6）对非物质文化遗产特征的分析成果包括：非物质文化遗产活动场所分析图、线路变化分析图。

6. 传统村落特征总结

通过以上对传统村落的选址、山水格局、传统建筑、村落形态、日常生产生活活动、非物质文化遗产等方面的特征进行详细深入的分析后，应该对传统村落的特征进行综合描述，整理出最能体现传统村落特色的综合特征。这种综合特征的分析应该从以下几个方面切入：

（1）与较大区域范围内（地理区域、文化区域、民族区域）的传统村落相比较的特征。

（2）与邻近区域（邻近县）内的传统村落相比较的特征。

（3）传统村落的综合特征。

在传统村落资源调查的基础上，综合分析村落各项资源的特征及其综合特征和价值，分析传统资源保护面临的主要问题，以此作为传统村落保护与发展规划的指引。

九、传统村落的保护总体要求及相关误区

（一）传统村落保护总体要求

传统村落的保护对象由中国传统村落档案中所记载的传统村落资源总表定义。传统村落保护的总体要求是：

（1）对所有保护对象均应划定保护范围，必要时还应划定建设控制区，以控制保护对象的周边景观环境。

（2）所有保护对象原则上均应实施原址保护，如遇重大危险或者与重要建设项目冲突时，应经科学论证并报管理机构批准后，方可迁建。

（3）保护区划的边界关键点应设立明显的界桩和标志，所有的保护对象均应设立保护标志或挂牌，明示公众。

（4）文物保护单位按文物相关法律法规实施保护。

（二）要避免的三个误区

（1）保护不等于“活在过去”。从历史发展的角度来看，任何文化都是动态变化发展的，没有什么文化可以永远活在过去，成为永久的“活化石”和博物馆。因此，保护传统村落绝不是单纯保护古建筑不变更、古街道不变样、生产生活方式不转变，绝不能要求当地的居民如同古人一般生活在过去，甚至不让他们享受现代化的城市生活。故步自封，维持原状，甚至牺牲村落居民发展的方式是传统村落保护的一大误区。

（2）利用不等于“旅游开发”。传统村落的保护和开发有多种方式，如博物馆式、集散为整式、历史街区保护式、特色产业式、旅游开发式等。但是目前金华市入选的中国传统村落中，至少有半数传统村落明确表示要走旅游开发的道路。诚然，旅游开发是非常重要的发展方式，可以吸引更多资金投入到村落的保护与利用上，激发村民保护传统村落的热情，但过度旅游开发带来的环境和文化破坏的负面影响不能小觑，徒有村落建筑之空壳而无文化之形神的旅游开发是失败的。

（3）借鉴不等于照搬复制。金华市一些传统村落发展势头很好，通过招商引资，以企业为引导对传统村落进行修复和建设，做出了品牌，这些成功的传统村落大都具有鲜明的文化识别度。因此，传统村落应结合本地实际走出特色发展道路，不能一味地复制成功的开发案例，贸然地招商引资。即使是已经形成规模、条件比较成熟的村落，在招商引资的过程中，也要把握好节奏和方向，不能让传统村落在利益的引导下走向歧途。

第二十章　金华市传统村落自然环境和景观（村落选址与山水格局）保护措施

一、自然生态地理保护

传统村落的存在离不开与之息息相关的自然环境，包括山体、水系、土壤、植被、气候等。每一个传统村落的选址都是对自然要素做出的综合选择。不同的自然环境孕育着形态不同的传统村落，因此保护传统村落必须首先保护其自然环境。

（一）山体水系的自然地理保护

金华市古称婺州，这里的许多传统村落历史文化底蕴深厚，千年积淀，四面环山，具有我国典型的左青龙、右白虎、前朱雀、后玄武的风水格局。自然环境已经成为传统村落特色中的一部分。自然环境与景观保护以生态保护为重点进行，包括周边的山体、水系、水口园林、古树名木等。相关机构要根据我国《中华人民共和国森林法》《风景名胜区条例》《中华人民共和国环境保护法》对生态环境保护的规定，采取科学有效的保护方法。

1. 山体

保护传统村落必须保护传统村落内外及周边山体、植被的自然形态，保护周边自然生态环境；保护动植物的生物多样性；严格保护生态植被，禁止一切不合理的砍伐活动。

2. 水系

保护传统村落的水系，禁止占用河道用地，禁止向河道中倾倒垃圾；要恢复岸线自然形态，清理环境，增加村旁水面深度，保持维护两岸现有的开放空间，加强对沿岸特色水景的保护。要依据历史适度增加两岸传统树种的数量。

3. 水口园林

要对传统村落中现有较好的庭院绿化予以严格保护。加强园林绿化的整治，广植树木，提高植被覆盖率，保护好形成村落的自然山水环境，保持良好的生态状况；按历史景象、原有树种重点恢复原有水口及园林的风貌。

4. **古树名木**

通过除虫、施肥、浇水、修剪，采用传统的方法和新的科技措施，保护现有古树。对少数生存状况较差的古树，采取特种养护措施，在养护技术上逐步实现规范化、制度化，使得古树名木的长势实现良性循环。

（二）分类分区保护

将金华市传统村落按照自然环境景观的不同进行分类（见表20－1），对不同类型传统村落自然环境要素采取分级保护、严格控制建设的措施。同时，调整传统村落的产业结构，使之适应时代的需要，打造和谐共生的传统村落景观和特色。

1. **水、院、山、区**

对自然环境资源丰富的传统村落，要实行分区保护，并及时调整产业结构。可将传统村落分为历史游览区、综合服务区、居民区、生态旅游区和农耕体验区等，进行分类保护。通过资源整合，将以第一产业为主的传统农村产业结构逐渐转变为以第三产业为主的产业结构，如设置生态旅游区，引导传统农业向生态农业、观光农业方向发展。

2. **旅游开发、生态配套**

以耕读文化为主要特色的传统村落一般具有耕地较多、文化氛围浓厚、自然风光优美和生态环境基础良好的特点。应在不破坏村庄历史风貌、自然环境、乡村景观的前提下建立新村，新村必须与旧村协调发展。将传统农业升级为观光农业、生态农业，以农业加工和旅游作为产业定位，同时，改变粗放的经营方式，实现产品的精品化，进行产品创新。

3. **景观视廊的构建**

在水系较为发达的传统村落中，水系是村落赖以生存的条件，村中的池塘和稻田与村内的古木（多为樟树和柏树）共同构成传统村落的自然环境和乡村景观。要采取清理水塘、整合稻田、种植林木、延续古村渔业的措施，加强景观视廊的构建。

该类传统村落需要控制建筑物的高度和建设用地，对显现地域文化特色的传统建筑群的天际轮廓线进行保护，延续历史风貌；打造大水塘，使之成为该类传统村落视廊的中心；街巷空间整治从街巷立面入手，对街巷立面的形式、色彩、材料等进行调整改造，同时要从空间肌理上梳理街巷网络，清理废弃的建筑，拓展巷道的空间。

表 20－1　　金华市传统村落按自然环境景观的不同分类

县（市、区）	传统村落	自然环境类型
婺城区	雅畈镇石楠塘村	水系较为发达
	雅畈镇二村、三村	耕读文化为主要特色
	安地镇山道村	自然环境资源丰富
	长山乡三村	耕读文化为主要特色
	塔石乡上阳村	自然环境资源丰富
	塔石乡珊瑚村	自然环境资源丰富
	塔石乡塘头村	自然环境资源丰富
	开发区汤溪镇鸽坞塔村	耕读文化为主要特色
	开发区汤溪镇中戴村	耕读文化为主要特色
	汤溪镇寺平村	水系较为发达
	汤溪镇上镜村	耕读文化为主要特色
	洋埠镇湖前村	耕读文化为主要特色
	罗埠镇上潘村	耕读文化为主要特色
	安地镇安地村	水系较为发达
	蒋堂镇下尹村	水系较为发达
	琅琊镇上盛村	耕读文化为主要特色
	乾西乡雅宅村	耕读文化为主要特色
	沙畈乡高儒村	耕读文化为主要特色
	塔石乡岱上村	自然环境资源丰富
	塔石乡塔石村	耕读文化为主要特色
金东区	傅村镇山头下村	耕读文化为主要特色
	傅村镇畈田蒋村	耕读文化为主要特色
	源东乡长塘徐村	耕读文化为主要特色
	源东乡东叶村	水系较为发达
	曹宅镇曹宅村	耕读文化为主要特色
	赤松镇老石桥村	自然环境资源丰富
	赤松镇仙桥村	水系较为发达
	赤松镇王宅村	耕读文化为主要特色

续 表

县（市、区）	传统村落	自然环境类型
金东区	澧浦镇琐园村	水系较为发达
	澧浦镇蒲塘村	水系较为发达
	塘雅镇前溪边村	耕读文化为主要特色
	岭下镇岭五村	耕读文化为主要特色
	岭下镇后溪村	耕读文化为主要特色
	江东镇雅湖村	耕读文化为主要特色
	孝顺镇中柔村	水系较为发达
	孝顺镇夏宅村	耕读文化为主要特色
	孝顺镇浦口村	耕读文化为主要特色
	孝顺镇支家村	耕读文化为主要特色
	赤松镇山口村	耕读文化为主要特色
	赤松镇下潘村	耕读文化为主要特色
	澧浦镇方山村	水系较为发达
	澧浦镇郑店村	水系较为发达
兰溪市	永昌街道永昌村	耕读文化为主要特色
	永昌街道社峰村	耕读文化为主要特色
	永昌街道夏李村	耕读文化为主要特色
	水亭乡西姜村	耕读文化为主要特色
	诸葛镇万田村	耕读文化为主要特色
	诸葛镇长乐村	水系较为发达
	诸葛镇诸葛村	水系较为发达
	兰江街道姚村村	水系较为发达
	黄店镇三泉村	耕读文化为主要特色
	黄店镇上包村	耕读文化为主要特色
	黄店镇桐山后金村	耕读文化为主要特色
	黄店镇芝堰村	水系较为发达
	女埠街道虹霓山村	耕读文化为主要特色
	女埠街道岘坦村	水系较为发达

续 表

县（市、区）	传统村落	自然环境类型
兰溪市	女埠街道渡渎村	耕读文化为主要特色
	黄店镇刘家村	耕读文化为主要特色
	黄店镇上唐村	耕读文化为主要特色
	柏社乡洪塘里村	耕读文化为主要特色
	梅江镇塔山村	耕读文化为主要特色
	梅江镇祝宅村	耕读文化为主要特色
	梅江镇梅街头村	耕读文化为主要特色
	横溪镇宋宅村	水系较为发达
	梅溪镇虞街村	水系较为发达
浦江县	虞宅乡新光村	耕读文化为主要特色
	檀溪镇潘周家村	耕读文化为主要特色
	白马镇嵩溪村	水系较为发达
	郑宅镇郑宅镇区	耕读文化为主要特色
	黄宅镇古塘村	耕读文化为主要特色
	杭坪镇杭坪村	水系较为发达
	杭坪镇石宅村	耕读文化为主要特色
	仙华街道登高村	水系较为发达
	岩头镇礼张村	耕读文化为主要特色
	虞宅乡马岭脚村	耕读文化为主要特色
东阳市	虎鹿镇蔡宅村	耕读文化为主要特色
	巍山镇大爽村	耕读文化为主要特色
	虎鹿镇磨水仓村	自然环境资源丰富
	虎鹿镇厦程里村	耕读文化为主要特色
	虎鹿镇坞葛村	自然环境资源丰富
	虎鹿镇西坞村	自然环境资源丰富
	画水镇天鹅村	水系较为发达
	画水镇旭光村	耕读文化为主要特色
	李宅镇李宅村	耕读文化为主要特色

续 表

县（市、区）	传统村落	自然环境类型
东阳市	马宅镇雅坑村	自然环境资源丰富
	南马镇上安恬村	耕读文化为主要特色
	巍山镇白坦村	耕读文化为主要特色
	巍山镇古渊头村	水系较为发达
	佐村镇平坑村	自然环境资源丰富
	佐村镇平岩顶村	自然环境资源丰富
	佐村镇下里坑村	自然环境资源丰富
	佐村镇恒坑村	自然环境资源丰富
磐安县	冷水镇朱山村	耕读文化为主要特色
	仁川镇石下村	自然环境资源丰富
	双峰乡大皿村	耕读文化为主要特色
	盘峰乡榉溪村	耕读文化为主要特色
	安文镇墨林村	自然环境资源丰富
	双溪乡梓誉村	水系较为发达
	尖山镇管头村	自然环境资源丰富
	胡宅乡横路村	自然环境资源丰富
	玉山镇马塘村	耕读文化为主要特色
	双溪乡潘庄村	自然环境资源丰富
武义县	熟溪街道郭洞村	水系较为发达
	大田乡岭下汤村	自然环境资源丰富
	俞源乡俞源村	水系较为发达
	桃溪镇陶村	耕读文化为主要特色
	大溪口乡山下鲍村	耕读文化为主要特色
	柳城畲族镇上黄村	自然环境资源丰富
	柳城畲族镇半塘村	水系较为发达
	柳城畲族镇华塘村	自然环境资源丰富
	柳城畲族镇金川村	水系较为发达
	坦洪乡上坦村	耕读文化为主要特色

续　表

县（市、区）	传统村落	自然环境类型
永康市	前仓镇厚吴村	水系较为发达
	舟山镇舟山二村	耕读文化为主要文化
	石柱镇塘里村	自然环境资源丰富
	芝英镇芝英村	耕读文化为主要文化
	象珠镇清渭街村	耕读文化为主要文化
义乌市	赤岸镇朱店村	自然环境资源丰富
	赤岸镇尚阳村	耕读文化为主要文化
	赤岸镇雅端村	自然环境资源丰富
	佛堂镇田心村	耕读文化为主要文化
	佛堂镇倍磊村	耕读文化为主要文化
	义亭镇缸窑村	自然环境资源丰富

二、山水格局与传统村落格局的保护

（一）山水格局的保护

本章将金华市传统村落山水格局完整情况分为五个等级（见表 20 – 2），按照等级的不同施行不同的保护方法。

等级为★—★★★的传统村落，山水格局一般，保护现状一般。针对这一类村落，主要保护村落周围山脉植被，防止过度开垦。保护村落水口以及水源地，避免污染。

等级为★★★★—★★★★★的传统村落，山水格局完整，保护现状良好，山水格局与村落选址蕴含传统风水理论。这类传统村落的保护，需要结合村落土地利用规划，将山体、水系、耕地等需保护的重要山水环境要素纳入强制性的土地利用管理中，防止可能的破坏。另外，对视线通廊的保护可利用视线分析的方法，通过对眺望景观、标志性景观、自然环境之间的视线分析，开辟视廊，对视廊范围内的建设进行规划控制。最后，通过土地利用规划控制与视廊控制的叠加，形成村域范围内的建设控制引导，实现对村域山水格局的整体保护。

表 20－2　　金华市传统村落山水格局分级

县（市、区）	传统村落	山水格局分级
婺城区	雅畈镇石楠塘村	★★★
	雅畈镇二村、三村	★★
	安地镇山道村	★★★★
	长山乡三村	★★
	塔石乡上阳村	★★★★
	塔石乡珊瑚村	★★★★
	塔石乡塘头村	★★
	开发区汤溪镇鸽坞塔村	★★
	开发区汤溪镇中戴村	★★
	汤溪镇寺平村	★★★★
	汤溪镇上镜村	★★
	洋埠镇湖前村	★★
	罗埠镇上潘村	★
	安地镇安地村	★
	蒋堂镇下尹村	★★
	琅琊镇上盛村	★★
	乾西乡雅宅村	★★
	沙畈乡高儒村	★★
	塔石乡岱上村	★★★★
	塔石乡塔石村	★★★
金东区	傅村镇山头下村	★★★★
	傅村镇畈田蒋村	★★
	源东乡长塘徐村	★★
	源东乡东叶村	★★★
	曹宅镇曹宅村	★★★
	赤松镇老石桥村	★★★★
	赤松镇仙桥村	★★★
	赤松镇王宅村	★★

续　表

县（市、区）	传统村落	山水格局分级
金东区	澧浦镇琐园村	★★★
	澧浦镇蒲塘村	★★★
	塘雅镇前溪边村	★★
	岭下镇岭五村	★★★★
	岭下镇后溪村	★★★
	江东镇雅湖村	★★
	孝顺镇中柔村	★★
	孝顺镇夏宅村	★★
	孝顺镇浦口村	★★
	赤松镇山口村	★★
	赤松镇下潘村	★★
	澧浦镇方山村	★
	澧浦镇郑店村	★
	孝顺镇支家村	★
兰溪市	永昌街道永昌村	★★★
	永昌街道社峰村	★★★
	永昌街道夏李村	★★
	水亭乡西姜村	★★★
	诸葛镇万田村	★★★★
	诸葛镇长乐村	★★★★★
	诸葛镇诸葛村	★★★★★
	兰江街道姚村村	★★
	黄店镇三泉村	★★★
	黄店镇上包村	★★★
	黄店镇桐山后金村	★★★
	黄店镇芝堰村	★★★★
	女埠街道虹霓山村	★★★
	女埠街道岘坦村	★★★★

续 表

县（市、区）	传统村落	山水格局分级
兰溪市	女埠街道渡渎村	★★★
	黄店镇刘家村	★★
	黄店镇上唐村	★★
	柏社乡洪塘里村	★★★
	梅江镇塔山村	★★
	梅江镇祝宅村	★★
	梅江镇梅街头村	★★★
	横溪镇宋宅村	★★
	梅溪镇虞街村	★★★★
浦江县	虞宅乡新光村	★★★★
	檀溪镇潘周家村	★★★
	白马镇嵩溪村	★★★
	郑宅镇郑宅镇区	★★★
	黄宅镇古塘村	★★
	杭坪镇杭坪村	★
	杭坪镇石宅村	★★
	仙华街道登高村	★★
	岩头镇礼张村	★★★
	虞宅乡马岭脚村	★★★
东阳市	虎鹿镇蔡宅村	★★
	巍山镇大爽村	★★★★
	虎鹿镇磨水仓村	★★★
	虎鹿镇厦程里村	★★★
	虎鹿镇坞葛村	★★★
	虎鹿镇西坞村	★★★
	画水镇天鹅村	★★★
	画水镇旭光村	★
	李宅镇李宅村	★★

续 表

县（市、区）	传统村落	山水格局分级
东阳市	马宅镇雅坑村	★
	南马镇上安恬村	★★
	巍山镇白坦村	★
	巍山镇古渊头村	★★★
	佐村镇平坑村	★★
	佐村镇平岩顶村	★★★
	佐村镇下里坑村	★★
	佐村镇恒坑村	★★
磐安县	冷水镇朱山村	★★★★
	仁川镇石下村	★★★
	双峰乡大皿村	★★★★
	盘峰乡榉溪村	★★★★★
	安文镇墨林村	★★★★
	双溪乡梓誉村	★★★★
	尖山镇管头村	★
	胡宅乡横路村	★★
	玉山镇马塘村	★
	双溪乡潘庄村	★★★
武义县	熟溪街道郭洞村	★★★★★
	大田乡岭下汤村	★★★
	俞源乡俞源村	★★★★★
	桃溪镇陶村	★★★
	大溪口乡山下鲍村	★★★★
	柳城畲族镇上黄村	★★★★
	柳城畲族镇半塘村	★★★
	柳城畲族镇华塘村	★★★
	柳城畲族镇金川村	★★★★
	坦洪乡上坦村	★★★

续 表

县（市、区）	传统村落	山水格局分级
永康市	前仓镇厚吴村	★★★★★
	舟山镇舟山二村	★★★
	石柱镇塘里村	★★★★
	芝英镇芝英村	★★★
	象珠镇清渭街村	★★★
义乌市	赤岸镇朱店村	★★★★
	赤岸镇尚阳村	★★★★
	赤岸镇雅端村	★★★★
	佛堂镇田心村	★★★
	佛堂镇倍磊村	★★★
	义亭镇缸窑村	★★★★

（二）传统村落格局的保护

传统村落格局的保护主要是保护历史街巷、历史水系、重要空间节点、村落边界及其他环境要素的相对位置等。本章将金华市传统村落按照格局完整程度分为格局较差（★）、格局一般（★★）以及格局较为完整（★★★）三个等级（见表 20－3），制定不同的保护措施。

表 20－3　　金华市传统村落格局完整程度分级

县（市、区）	传统村落	格局分级
婺城区	雅畈镇石楠塘村	★★
	雅畈镇二村、三村	★★★
	安地镇山道村	★★★
	长山乡三村	★★
	塔石乡上阳村	★★★
	塔石乡珊瑚村	★★★
	塔石乡塘头村	★★
	开发区汤溪镇鸽坞塔村	★

续　表

县（市、区）	传统村落	格局分级
婺城区	开发区汤溪镇中戴村	★
	汤溪镇寺平村	★★★
	汤溪镇上镜村	★★
	洋埠镇湖前村	★★
	罗埠镇上潘村	★★
	安地镇安地村	★★
	蒋堂镇下尹村	★★
	琅琊镇上盛村	★
	乾西乡雅宅村	★★
	沙畈乡高儒村	★★
	塔石乡岱上村	★★★
	塔石乡塔石村	★★
金东区	傅村镇山头下村	★★★
	傅村镇畈田蒋村	★★★
	源东乡长塘徐村	★★
	源东乡东叶村	★★
	曹宅镇曹宅村	★★
	赤松镇老石桥村	★★★
	赤松镇仙桥村	★★★
	赤松镇王宅村	★★
	澧浦镇琐园村	★★★
	澧浦镇蒲塘村	★★★
	塘雅镇前溪边村	★★
	岭下镇岭五村	★★★
	岭下镇后溪村	★★
	江东镇雅湖村	★★
	孝顺镇中柔村	★★
	孝顺镇夏宅村	★★

续 表

县（市、区）	传统村落	格局分级
金东区	孝顺镇浦口村	★
	孝顺镇支家村	★★
	赤松镇山口村	★★
	赤松镇下潘村	★
	澧浦镇方山村	★
	澧浦镇郑店村	★★
兰溪市	永昌街道永昌村	★★★
	永昌街道社峰村	★★★
	永昌街道夏李村	★★
	水亭乡西姜村	★★★
	诸葛镇万田村	★★
	诸葛镇长乐村	★★★
	诸葛镇诸葛村	★★★
	兰江街道姚村村	★★★
	黄店镇三泉村	★★★
	黄店镇上包村	★★
	黄店镇桐山后金村	★
	黄店镇芝堰村	★★★
	女埠街道虹霓山村	★★★
	女埠街道岘坦村	★★★
	女埠街道渡渎村	★★
	黄店镇刘家村	★
	黄店镇上唐村	★
	柏社乡洪塘里村	★★
	梅江镇塔山村	★★
	梅江镇祝宅村	★
	梅江镇梅街头村	★★
	横溪镇宋宅村	★
	梅溪镇虞街村	★★★

续　表

县（市、区）	传统村落	格局分级
浦江县	虞宅乡新光村	★★★
	檀溪镇潘周家村	★★
	白马镇嵩溪村	★★
	郑宅镇郑宅镇区	★★★
	黄宅镇古塘村	★★
	杭坪镇杭坪村	★
	杭坪镇石宅村	★
	仙华街道登高村	★★
	岩头镇礼张村	★★
	虞宅乡马岭脚村	★★
东阳市	虎鹿镇蔡宅村	★★★
	巍山镇大爽村	★★
	虎鹿镇磨水仓村	★
	虎鹿镇厦程里村	★★
	虎鹿镇坞葛村	★★
	虎鹿镇西坞村	★★
	画水镇天鹅村	★
	画水镇旭光村	★
	李宅镇李宅村	★★★
	马宅镇雅坑村	★★
	南马镇上安恬村	★
	巍山镇白坦村	★★
	巍山镇古渊头村	★★
	佐村镇平坑村	★★
	佐村镇平岩顶村	★★
	佐村镇下里坑村	★★
	佐村镇恒坑村	★★

续 表

县（市、区）	传统村落	格局分级
磐安县	冷水镇朱山村	★★
	仁川镇石下村	★
	双峰乡大皿村	★★
	盘峰乡榉溪村	★★
	安文镇墨林村	★★★
	双溪乡梓誉村	★★★
	尖山镇管头村	★★
	胡宅乡横路村	★★
	玉山镇马塘村	★
	双溪乡潘庄村	★★
武义县	熟溪街道郭洞村	★★★
	大田乡岭下汤村	★★
	俞源乡俞源村	★★★
	桃溪镇陶村	★★
	大溪口乡山下鲍村	★★
	柳城畲族镇上黄村	★★★
	柳城畲族镇半塘村	★★
	柳城畲族镇华塘村	★★
	柳城畲族镇金川村	★★
	坦洪乡上坦村	★
永康市	前仓镇厚吴村	★★★
	舟山镇舟山二村	★★
	石柱镇塘里村	★★
	芝英镇芝英村	★★
	象珠镇清渭街村	★★
义乌市	赤岸镇朱店村	★★
	赤岸镇尚阳村	★★★
	赤岸镇雅端村	★★
	佛堂镇田心村	★★
	佛堂镇倍磊村	★★
	义亭镇缸窑村	★★★

1. 格局较差的传统村落

这类村落格局大多已经被破坏，现今保存较少，主要保护的是现存较为完整的分散区块，例如宋宅村，其大多数传统格局已经被破坏。村落保护主要采取迁出居民、划定保护范围、设立缓冲区、确定文物保护单位及文物保护点等措施，防止村落进一步被破坏。

2. 格局一般的传统村落

这类村落以长山乡三村、湖前村等为代表，它们的村落格局基本保留，但是在现代建设过程中，其原有格局遭到破坏。这类村落在金华市传统村落中数量最多，需要加大保护力度。

（1）保护传统历史街巷，对已经破坏的街巷进行恢复。

（2）保护传统街巷与村落内的水圳、池塘、溪流等水系之间的对应位置，恢复传统村落原有水系池塘。禁止非法填埋池塘、占据河道等行为。

（3）保护孤植或零散的景观空间。这些景观空间不大，常位于特殊场合，具有一定文化内涵，与山势或水势相结合，成为村落主体景观的补充或局部视觉景观的核心。对于传统村落内小体量的景观节点，例如广泛分布于村落中的古樟树、古井、古戏台等，划定保护范围进行专项保护。

（4）保护传统公共空间。祠堂、厅堂、戏台、广场等往往与周围山川格局一样成为村落内部景观，它们往往也是村落进行村内文化活动的重要场地，是构成村落内精神文化空间的一部分。要对传统村落中现有的和已经破坏的祠堂、厅堂等进行登记修缮，还原传统公共空间，恢复传统精神文化传承。

3. 格局较为完整的传统村落

这类村落以诸葛村、芝堰村为代表。这类传统村落格局保存完整，大多数传统建筑质量保存良好，传统街巷、节点、景观小品较为全面，传统文化传承良好。保护措施主要是对现有历史街巷、水系等进行保护。

（1）保护历史街巷。保护街巷的结构、走势、宽度、铺装以及形成街巷的建筑物，对于原有传统街巷的结构走势等，严禁修建性破坏。对已经建设的违规建筑进行拆除。

（2）保护历史水系。保护水系的走向，保护堤坝的位置及堤岸材质，对受到破坏的区域采用传统材料进行修复，还原传统水系风貌。保护水系周边景观环境，在水系两侧设置保护区域，控制污染。

（3）保护重要空间节点。保护村落内景观的周边环境风貌，如围合广场的建筑第一界面、广场内的重要构筑物（如古树、戏台）、广场的铺装等。

（4）保护村落边界。保护处于村落主要展示界面（如沿河、沿湖）上的建筑位置、立面、屋顶样式及材质、尺度、朝向，以及牌坊、古树等其他要素不被破坏。

三、历史文化风貌的保护

（一）“点、线、面”结合的保护

传统村落的保护必须从传统村落整体格局出发，对传统村落的传统风貌进行整体保护。传统村落历史文化保护区一般是由街巷、院落、建筑、绿化等的物质环境要素和非物质环境要素组成的整体，对于此类区城，应完整地保护其历史信息，并展示出来。金华市传统村落内历史文化风貌保护方向统计参照表20－4。

（1）从整体层次上保护传统风貌，同时加强对传统村落的历史地段、文物古迹、自然环境的保护，及时抢救和恢复原始风貌和建筑遗迹。

（2）以点带线，以线促面，形成整体风貌意象，展示特色风貌。空间形态上表现为节点（标志性历史景观）、轴线（历史风貌带）和区域（历史地段）三个层次，规划以路串点、以路串面、以河串点，拓展传统村落的文化内涵，保留传统村落的民风习俗，打造具有地方特色的传统产品，并赋予其新意而加以发展，以延续历史文化传统，丰富人民生活。

表20－4　金华市传统村落历史文化风貌保护方向

县（市、区）	传统村落	“点”保护	“线”保护	“面”保护
婺城区	雅畈镇石楠塘村		√	
	雅畈镇二村、三村			√
	安地镇山道村			√
	长山乡三村	√		
	塔石乡上阳村			√
	塔石乡珊瑚村			√
	塔石乡塘头村		√	
	开发区汤溪镇鸽坞塔村	√		
	开发区汤溪镇中戴村	√		
	汤溪镇寺平村			√
	汤溪镇上镜村		√	
	洋埠镇湖前村		√	
	罗埠镇上潘村	√		

续　表

县（市、区）	传统村落	“点”保护	“线”保护	“面”保护
婺城区	安地镇安地村		√	
	蒋堂镇下尹村	√		
	琅琊镇上盛村		√	
	乾西乡雅宅村		√	
	沙畈乡高儒村		√	
	塔石乡岱上村			√
	塔石乡塔石村		√	
金东区	傅村镇山头下村			√
	傅村镇畈田蒋村		√	
	源东乡长塘徐村	√		
	源东乡东叶村		√	
	曹宅镇曹宅村	√		
	赤松镇老石桥村		√	
	赤松镇仙桥村			√
	赤松镇王宅村	√		
	澧浦镇琐园村			√
	澧浦镇蒲塘村			√
	塘雅镇前溪边村		√	
	岭下镇岭五村		√	
	岭下镇后溪村		√	
	江东镇雅湖村	√		
	孝顺镇中柔村		√	
	孝顺镇夏宅村	√		
	孝顺镇浦口村	√		
	孝顺镇支家村	√		
	赤松镇山口村	√		
	赤松镇下潘村	√		
	澧浦镇方山村	√		
	澧浦镇郑店村	√		

续 表

县（市、区）	传统村落	“点”保护	“线”保护	“面”保护
兰溪市	永昌街道永昌村			√
	永昌街道社峰村			√
	永昌街道夏李村		√	
	水亭乡西姜村			√
	诸葛镇万田村		√	
	诸葛镇长乐村			√
	诸葛镇诸葛村			√
	兰江街道姚村村			√
	黄店镇三泉村			√
	黄店镇上包村		√	
	黄店镇桐山后金村	√		
	黄店镇芝堰村			√
	女埠街道虹霓山村			√
	女埠街道埧坦村			√
	女埠街道渡渎村		√	
	黄店镇刘家村	√		
	黄店镇上唐村		√	
	柏社乡洪塘里村	√		
	梅江镇塔山村		√	
	梅江镇祝宅村		√	
	梅江镇梅街头村		√	
	横溪镇宋宅村	√		
	梅溪镇虞街村			√
浦江县	虞宅乡新光村			√
	檀溪镇潘周家村		√	
	白马镇嵩溪村		√	
	郑宅镇郑宅镇区		√	
	黄宅镇古塘村	√		

续 表

县（市、区）	传统村落	“点”保护	“线”保护	“面”保护
浦江县	杭坪镇杭坪村	√		
	杭坪镇石宅村		√	
	仙华街道登高村		√	
	岩头镇礼张村		√	
	虞宅乡马岭脚村		√	
东阳市	虎鹿镇蔡宅村			√
	巍山镇大爽村		√	
	虎鹿镇磨水仓村	√		
	虎鹿镇厦程里村		√	
	虎鹿镇坞葛村	√		
	虎鹿镇西坞村	√		
	画水镇天鹅村	√		
	画水镇旭光村	√		
	李宅镇李宅村		√	
	马宅镇雅坑村	√		
	南马镇上安恬村		√	
	巍山镇白坦村			√
	巍山镇古渊头村	√		
	佐村镇平坑村	√		
	佐村镇平岩顶村	√		
	佐村镇下里坑村	√		
	佐村镇恒坑村	√		
磐安县	冷水镇朱山村			√
	仁川镇石下村		√	
	双峰乡大皿村			√
	盘峰乡榉溪村			√
	安文镇墨林村		√	
	双溪乡梓誉村			√

续 表

县（市、区）	传统村落	“点”保护	“线”保护	“面”保护
磐安县	尖山镇管头村			√
	胡宅乡横路村			√
	玉山镇马塘村	√		
	双溪乡潘庄村		√	
武义县	熟溪街道郭洞村			√
	大田乡岭下汤村		√	
	俞源乡俞源村			√
	桃溪镇陶村		√	
	大溪口乡山下鲍村		√	
	柳城畲族镇上黄村			√
	柳城畲族镇半塘村		√	
	柳城畲族镇华塘村		√	
	柳城畲族镇金川村		√	
	坦洪乡上坦村	√		
永康市	前仓镇厚吴村			√
	舟山镇舟山二村			√
	石柱镇塘里村		√	
	芝英镇芝英村			√
	象珠镇清渭街村		√	
义乌市	赤岸镇朱店村	√		
	赤岸镇尚阳村			√
	赤岸镇雅端村			√
	佛堂镇田心村		√	
	佛堂镇倍磊村		√	
	义亭镇缸窑村	√		

（二）传统村落河网空间格局保护

金华市水系丰富，许多传统村落依水而建，河网空间格局的保护以全面保护、合理利用、公众参与为原则。以水系为脉络保护传统村落空间和环境，对“街—河—街”“街—河—屋”“屋—河—屋”三种临水空间特色村巷进行梳理，建立街巷空间组织体系，保护特色街巷的空间尺度及沿街界面的连续性与完整性，保护传统空间肌理。建筑以立面整饰为主，保持协调统一的村巷、街巷景观；积极发展旅游业，向游人展示具有村落特色的山水、建筑空间和文化，实施动态保护；控制该类传统村落的人口和用地规模，根据传统村落的环境承载力迁出影响较大的企业；对旧房进行改造，使其与传统风貌和谐；制定保护法规和乡规民约，使村民依法依章保护传统村落。

（三）有机与动态的可持续保护

传统村落的保护要遵循“循序渐进、有机更新、居民参与、动态保护”的原则。由于历史变迁，传统村落往往由分散的、中断的、不延续的节点和片段构成，应将其整合成一个有机统一的整体，坚持动态保护与静态保护相结合，强调群众参与，提高居民保护意识，使传统村落在保护中得到持续发展。

（四）规范基础设施建设

传统村落中的基础设施建设需要考虑传统村落不同于当代村落的特殊性，需要在保护传统村落面貌不被破坏的基础上，建设消防、供水供电、通信、排水等设施。金华市传统村落现今基础设施建设情况参照表 20－5。

（1）三线：传统村落内“三线”架设须按传统村落保护要求铺设于地下或隐蔽架设。

（2）能源：在保护区内，禁止使用燃煤锅炉、土制锅炉和大灶，一律使用清洁燃料（电、油、气）设备。宾馆、饭店、餐厅、食堂使用的炉灶必须安装统一的除油烟专用设备。

（3）排污：配备了清洁卫生设备的房屋，应在适当位置留有出水管道，以便与排污水管连接。不得以任何形式向路、街、巷、弄及河溪、水圳、沼湖等水系内排放污水。现有未建污水处理设施的宾馆、饭店、浴室等，要限期建设污水处理设施。新建住宅必须建有化粪池。

（4）设备：禁止宾馆、饭店和相关商业经营场所，在旅游线路上和主要街巷朝向人行巷道的位置或在居民窗户附近设置空调散热装置。

（5）环境卫生：控制村内餐饮业的发展规模，建立垃圾分类回收系统，设置垃圾回收焚烧炉处理生活垃圾；建设生态公共厕所，建设标准要达到二级以上。

表 20－5　　金华市传统村落现今基础设施建设情况

县（市、区）	传统村落	基础设施对村落面貌基本无影响	基础设施对村落影响一般	基础设施对村落面貌影响较为严重
婺城区	畈镇石楠塘村		√	
	雅畈镇二村、三村	√		
	安地镇山道村	√		
	长山乡三村			√
	塔石乡上阳村	√		
	塔石乡珊瑚村	√		
	塔石乡塘头村		√	
	开发区汤溪镇鸽坞塔村			√
	开发区汤溪镇中戴村			√
	汤溪镇寺平村	√		
	汤溪镇上镜村		√	
	洋埠镇湖前村		√	
	罗埠镇上潘村		√	
	安地镇安地村		√	
	蒋堂镇下尹村			√
	琅琊镇上盛村		√	
	乾西乡雅宅村		√	
	沙畈乡高儒村		√	
	塔石乡岱上村	√		
	塔石乡塔石村			√
金东区		傅村镇山头下村	√	
		傅村镇畈田蒋村		√
		源东乡长塘徐村		√

续　表

县（市、区）	传统村落	基础设施对村落面貌基本无影响	基础设施对村落影响一般	基础设施对村落面貌影响较为严重
金东区	源东乡东叶村		√	
	曹宅镇曹宅村			√
	赤松镇老石桥村	√		
	赤松镇仙桥村		√	
	赤松镇王宅村			√
	澧浦镇琐园村	√		
	澧浦镇蒲塘村		√	
	塘雅镇前溪边村		√	
	岭下镇岭五村	√		
	岭下镇后溪村		√	
	江东镇雅湖村			√
	孝顺镇中柔村		√	
	孝顺镇夏宅村			√
	孝顺镇浦口村		√	
	孝顺镇支家村		√	
	赤松镇山口村		√	
	赤松镇下潘村		√	
	澧浦镇方山村			√
	澧浦镇郑店村			√
兰溪市	永昌街道永昌村		√	
	永昌街道社峰村		√	
	永昌街道夏李村		√	
	水亭乡西姜村	√		
	诸葛镇万田村		√	
	诸葛镇长乐村	√		
	诸葛镇诸葛村	√		

续 表

县（市、区）	传统村落	基础设施对村落面貌基本无影响	基础设施对村落影响一般	基础设施对村落面貌影响较为严重
兰溪市	兰江街道姚村村		√	
	黄店镇三泉村	√		
	黄店镇上包村			√
	黄店镇桐山后金村			√
	黄店镇芝堰村	√		
	女埠街道虹霓山村	√		
	女埠街道岘坦村		√	
	女埠街道渡渎村		√	
	黄店镇刘家村			√
	黄店镇上唐村		√	
	柏社乡洪塘里村			√
	梅江镇塔山村		√	
	梅江镇祝宅村			√
	梅江镇梅街头村		√	
	横溪镇宋宅村			√
	梅溪镇虞街村	√		
浦江县	虞宅乡新光村	√		
	檀溪镇潘周家村		√	
	白马镇嵩溪村		√	
	郑宅镇郑宅镇区		√	
	黄宅镇古塘村			√
	杭坪镇杭坪村		√	
	杭坪镇石宅村		√	
	仙华街道登高村		√	
	岩头镇礼张村		√	
	虞宅乡马岭脚村		√	

续　表

县（市、区）	传统村落	基础设施对村落面貌基本无影响	基础设施对村落影响一般	基础设施对村落面貌影响较为严重
东阳市	虎鹿镇蔡宅村	√		
	巍山镇大爽村	√		
	虎鹿镇磨水仓村		√	
	虎鹿镇厦程里村		√	
	虎鹿镇坞葛村	√		
	虎鹿镇西坞村	√		
	画水镇天鹅村	√		
	画水镇旭光村			√
	李宅镇李宅村		√	
	马宅镇雅坑村		√	
	南马镇上安恬村	√		
	巍山镇白坦村		√	
	巍山镇古渊头村		√	
	佐村镇平坑村		√	
	佐村镇平岩顶村	√		
	佐村镇下里坑村		√	
	佐村镇恒坑村		√	
磐安县	冷水镇朱山村	√		
	仁川镇石下村		√	
	双峰乡大皿村	√		
	盘峰乡榉溪村	√		
	安文镇墨林村	√		
	双溪乡梓誉村	√		
	尖山镇管头村		√	
	胡宅乡横路村		√	
	玉山镇马塘村			√
	双溪乡潘庄村		√	

续　表

县（市、区）	传统村落	基础设施对村落面貌基本无影响	基础设施对村落影响一般	基础设施对村落面貌影响较为严重
武义县	熟溪街道郭洞村	√		
	大田乡岭下汤村		√	
	俞源乡俞源村	√		
	桃溪镇陶村			√
	大溪口乡山下鲍村		√	
	柳城畲族镇上黄村	√		
	柳城畲族镇半塘村	√		
	柳城畲族镇华塘村			√
	柳城畲族镇金川村			√
	坦洪乡上坦村			√
永康市	前仓镇厚吴村	√		
	舟山镇舟山二村			√
	石柱镇塘里村	√		
	芝英镇芝英村		√	
	象珠镇清渭街村		√	
义乌市	赤岸镇朱店村		√	
	赤岸镇尚阳村			√
	赤岸镇雅端村	√		
	佛堂镇田心村			√
	佛堂镇倍磊村			√
	义亭镇缸窑村			√

第二十一章　金华市传统村落传统建筑与风貌保护措施

一、传统建筑与文物保护单位保护原则

传统村落中的传统建筑，如果是文物保护单位或者是特别重要的历史建筑、建议历史建筑、传统风貌建筑物，需按照《文物保护法》要求进行保护。如果是历史建筑和建议历史建筑，则按照《历史文化名城名镇名村保护条例》的要求进行保护并改善设施。如果属于传统风貌建筑，应该在不改变外观风貌的前提下，根据实际要求采取维护、修缮、整治等措施。对于其他建筑，应根据对村落风貌的影响程度，分别采取保留、整治、改造等措施。

文物保护单位指经县级以上人民政府核定公布应予保护的文物古迹。《中华人民共和国文物保护法》（2015 年修正）、《历史文化名城名镇名村保护条例》对不可移动文物及历史建筑的保护法规如表 21－1 所示。

表 21－1　《中华人民共和国文物保护法》（2015 年修正）、《历史文化名城名镇名村保护条例》对不可移动文物及历史建筑的保护法规

法律/法规	条款	具体内容
《中华人民共和国文物保护法》（2015 年修正）	第十九条	在文物保护单位的保护范围和建设控制地带内，不得建设污染文物保护单位及其环境的设施，不得进行可能影响文物保护单位安全及其环境的活动。对已有的污染文物保护单位及其环境的设施，应当限期治理
	第二十条	建设工程选址，应当尽可能避开不可移动文物；因特殊情况不能避开的，对文物保护单位应当尽可能实施原址保护。 实施原址保护的，建设单位应当事先确定保护措施，根据文物保护单位的级别报相应的文物行政部门批准，并将保护措施列入可行性研究报告或者设计任务书。

续 表

法律/法规	条款	具体内容
《中华人民共和国文物保护法》（2015年修正）	第二十条	无法实施原址保护，必须迁移异地保护或者拆除的，应当报省、自治区、直辖市人民政府批准；迁移或者拆除省级文物保护单位的，批准前须征得国务院文物行政部门同意。全国重点文物保护单位不得拆除；需要迁移的，须由省、自治区、直辖市人民政府报国务院批准。 依照前款规定拆除的国有不可移动文物中具有收藏价值的壁画、雕塑、建筑构件等，由文物行政部门指定的文物收藏单位收藏。 本条规定的原址保护、迁移、拆除所需费用，由建设单位列入建设工程预算
	第二十一条	国有不可移动文物由使用人负责修缮、保养；非国有不可移动文物由所有人负责修缮、保养。非国有不可移动文物有损毁危险，所有人不具备修缮能力的，当地人民政府应当给予帮助；所有人具备修缮能力而拒不依法履行修缮义务的，县级以上人民政府可以给予抢救修缮，所需费用由所有人负担。 对文物保护单位进行修缮，应当根据文物保护单位的级别报相应的文物行政部门批准；对未核定为文物保护单位的不可移动文物进行修缮，应当报登记的县级人民政府文物行政部门批准。 文物保护单位的修缮、迁移、重建，由取得文物保护工程资质证书的单位承担。 对不可移动文物进行修缮、保养、迁移，必须遵守不改变文物原状的原则
	第二十二条	不可移动文物已经全部毁坏的，应当实施遗址保护，不得在原址重建。但是，因特殊情况需要在原址重建的，由省、自治区、直辖市人民政府文物行政部门报省、自治区、直辖市人民政府批准；全国重点文物保护单位需要在原址重建的，由省、自治区、直辖市人民政府报国务院批准
	第二十三条	核定为文物保护单位的属于国家所有的纪念建筑物或者古建筑，除可以建立博物馆、保管所或者辟为参观游览场所外，作其他用途的，市、县级文物保护单位应当经核定公布该文物保护单位的人民政府文物行政部门征得上一级文物行政部门同意后，报核定公布该文物保护单

续 表

法律/法规	条款	具体内容
《中华人民共和国文物保护法》（2015年修正）	第二十三条	位的人民政府批准；省级文物保护单位应当经核定公布该文物保护单位的省级人民政府的文物行政部门审核同意后，报该省级人民政府批准；全国重点文物保护单位作其他用途的，应当由省、自治区、直辖市人民政府报国务院批准。国有未核定为文物保护单位的不可移动文物作其他用途的，应当报告县级人民政府文物行政部门
《历史文化名城名镇名村保护条例》	第二十六条	历史文化街区、名镇、名村建设控制地带内的新建建筑物、构筑物，应当符合保护规划确定的建设控制要求
	第二十七条	对历史文化街区、名镇、名村核心保护范围内的建筑物、构筑物，应当区分不同情况，采取相应措施，实行分类保护。 历史文化街区、名镇、名村核心保护范围内的历史建筑，应当保持原有的高度、体量、外观形象及色彩等
	第三十二条	城市、县人民政府应当对历史建筑设置保护标志，建立历史建筑档案。 历史建筑档案应当包括下列内容： （一）建筑艺术特征、历史特征、建设年代及稀有程度； （二）建筑的有关技术资料； （三）建筑的使用现状和权属变化情况； （四）建筑的修缮、装饰装修过程中形成的文字、图纸、图片、影像等资料； （五）建筑的测绘信息记录和相关资料
	第三十三条	历史建筑的所有权人应当按照保护规划的要求，负责历史建筑的维护和修缮。 县级以上地方人民政府可以从保护资金中对历史建筑的维护和修缮给予补助。 历史建筑有损毁危险，所有权人不具备维护和修缮能力的，当地人民政府应当采取措施进行保护。 任何单位或者个人不得损坏或者擅自迁移、拆除历史建筑
	第三十四条	建设工程选址，应当尽可能避开历史建筑；因特殊情况不能避开的，应当尽可能实施原址保护。 对历史建筑实施原址保护的，建设单位应当事先确定保护措施，报城市、县人民政府城乡规划主管部门会同同级文物主管部门批准。

续 表

法律/法规	条款	具体内容
《历史文化名城名镇名村保护条例》	第三十四条	因公共利益需要进行建设活动，对历史建筑无法实施原址保护、必须迁移异地保护或者拆除的，应当由城市、县人民政府城乡规划主管部门会同同级文物主管部门，报省、自治区、直辖市人民政府确定的保护主管部门会同同级文物主管部门批准。 本条规定的历史建筑原址保护、迁移、拆除所需费用，由建设单位列入建设工程预算

对风貌建筑进行修缮改造，应在深入研究并掌握其结构、材料、构造和色彩等方面特点的基础上展开，并且不得改变原尺度、风格、材料和工艺，应保持原有的室内外形式（如墙面、屋面、地面、门窗等），应尽量回收和利用原材料。改造、修缮工程宜采用小规模逐步推进的方法，不宜一次性整饬一新。

对于与村落传统风貌协调、维持有传统风貌的其他建筑，其建筑质量仍然较好的，可以作为保留类建筑，作为乡村风貌的组成部分。

二、传统村落整体风貌保护措施

（一）传统村落分区保护

传统村落构成要素的作用与表现如表 21－2 所示。对于古民居数量较多的传统村落必须分区保护，一般将其分为保护区、建设控制区、环境协调区，如表 21－3 所示。

表 21－2　　传统村落构成要素的作用与表现

要素	构成要素的具体表现	保护规划中各要素的作用与表现	实际保护实施管理过程中各要素的作用与表现
区域	村落平面范围	一般划定核心保护区、建设控制区、环境协调区	对保护较差的区域一般仅以标志物或节点为中心保护周边区域；对管理较好的区域，针对建设用地当中的较为核心的区域，有一些严格的保护措施，一般是以村落大概的核心街巷为分界线，而对外围的环境协调区，尤其是非建设用地，控制管理极少

续 表

要素	构成要素的具体表现	保护规划中各要素的作用与表现	实际保护实施管理过程中各要素的作用与表现
边界	边界1是村落外围房屋与农田的交界地带，边界2为行政区域边界、自然山体边界等	核心保护区边界根据重要保护对象分布而定；建设控制区边界在绝大多数规划案例中一般都与边界1重合，环境协调区一般与边界2重合	对于核心保护区，边界在实际操作过程中较难确认，管理多以建设用地、街巷、村小组产权地边界为管理界线。将村落进行成片旅游开发的村落，会出现明显的旅游控制区，一般包括村落建设用地和外部小部分田地
街巷	街巷分为连接村外部的主街巷、进村道路和村内部的次要街巷	部分街巷会与核心保护区边界重合	是风貌统一控制的关键，政府实施管理的首选对象。在实施管理的过程中，靠近村落核心街巷和较为偏远的街巷，二者的保护管理控制明显不同
节点	街巷的交叉点为普通节点，鼓楼、公共池塘、小广场等为重要节点	核心保护区一般尽可能将重要节点划入，节点多为划定保护分区边界的参照点	具有生活、生产重要功能，是村民自发保护的重点
标志物	典型民居、祠堂、戏台、寺庙等保护建筑，标志物为一般保护建筑，重要标志物为文物保护建筑	核心保护区一般尽可能将标志物划入，尤其是重要标志物	是政府组织修复的首选，通常以标志物为中心打造周边地区，保护较差村落常常仅对重要标志物有所保护

表21－3　　　　传统村落保护区域划分

名称	含义
保护区	保护区为历史文化遗产保护区。重点保护传统村落的空间形态、水体体系、建筑群体环境、传统建筑以及具有地方特色的人文景观和民俗风情。严格保护历史形成的村落格局、街巷肌理、传统民俗文化以及构成风貌的各种组成要素
建设控制区	建设控制区为重点文物保护单位的主要缓冲地带。承担传统村落内需要发展而又不宜在村落内发展的建设项目
环境协调区	环境协调区为传统村落外围的环境构成要素——山体植被、村庄、水系和农田，是传统村落赖以生存的基础

（二）传统村落保护区

1. 传统村落保护区的划定原则

传统村落保护区的划定原则包括：①保护区的划定应科学、合理，既能有效实现对各项资源的保护，又具有实际的可操作性；②保护区的边界应清晰、明确，便于理解与管理；③在核心保护范围之外，与村落特征有直接关联的自然景观、零散资源亦应划定相应的保护范围，必要时还应划定建设控制区。

2. 具体的传统村落保护区划分

（1）核心保护范围与建设控制区。核心保护范围是指传统格局和历史风貌较为完整、传统建筑集中成片的范围。建设控制区是指为保护传统村落整体的景观环境，在核心保护范围之外划定的区域。

（2）文物保护单位保护范围与建设控制区。各级文物保护单位的保护范围和建设控制区以及地下文物埋藏区的界线，应以各级人民政府公布的保护范围、建设控制区为准。

（3）自然景观环境保护范围。根据传统村落自然景观环境特征与视觉控制要求所确定的视域范围就是村落的自然景观环境保护范围。

（4）历史环境要素保护范围。历史环境要素保护范围应根据历史环境要素的规模、用途、现状、周边条件等，以有效防止历史环境要素被破坏为目的而划定。

（三）保护区保护措施

1. 总体要求

核心保护区沿街巷两侧的建筑必须保持传统建筑风貌，不得随意翻建，翻建房屋必须恢复原样，禁止擅自增设或改变原有风貌。该区内的保护建筑应由县级以上人民政府确定保护级别，并做出标记，实行挂牌保护。

2. 具体要求

（1）不得在保护区内新建有污染的建设项目。

（2）建房层次保持一层、二层，原有三层建筑的予以保留，高度在6～8米为宜。

（3）保护区内修、建、翻、改、扩房屋及开门面和进行外部装饰，必须做到与历史渊源相承接，与古村风貌相协调，与毗邻房屋相衔接，与整体格局相适应，与传统村落保护规划相符合。

（4）保护区内的空地改造须严格控制，除恢复一些必要的配套古民居建筑外，要以增加绿化为主，但须注意树种搭配，须与古村保护相协调。

（5）建筑均须采用传统色彩，不得用其他风格色彩及变相处理。

（四）建设控制区保护措施

1. 总体要求

建设控制区应严格控制建设，对新、改、扩建建筑必须在建筑高度、体量、色彩以及环境尺度、比例上与传统建筑风貌相协调。

2. 具体要求

（1）内建房层次以二层、三层为主，檐口高度应控制在9米以下。

（2）对确定需要新、改、扩建的建筑，必须在建筑体量、色彩、高度以及环境的比例、尺度上与传统建筑风貌相协调。外部采用灰瓦屋顶、马头墙，内部可满足现代生活需要。

（五）环境协调区保护措施

1. 总体要求

环境协调区应严格控制大中型的建筑项目，保护现有的植被，严禁开山采石，从而保护金华市传统村落的山水环境。

2. 具体要求

（1）环境协调区要限制高大建筑，建筑物高度控制在12米以下，建筑物的高度、体量、色彩、材料的使用须与周围的环境相协调。

（2）严格控制大中型的建筑项目，限制各种工业污染以及任何有不良环境影响的建设项目。

（3）在环境协调区内禁止一切毁林行为，实行封山育林等措施，保护植被，严禁开山采石，防止水土流失，保护山水环境。

（六）相关法律法规

传统村落保护区划的管理规定与控制要求主要是依照《历史文化名城名镇名村保护条例》，并针对村落的具体情况制定。《历史文化名城名镇名村保护条例》中适合传统村落保护区的保护法规如表21－4所示。

表21－4　《历史文化名城名镇名村保护条例》中适合传统村落保护区的保护法规

法律/法规	条款	具体内容
《历史文化名城名镇名村保护条例》	第二十四条	在历史文化名城、名镇、名村保护范围内禁止进行下列活动：

续 表

法律/法规	条款	具体内容
《历史文化名城名镇名村保护条例》	第二十四条	（一）开山、采石、开矿等破坏传统格局和历史风貌的活动； （二）占用保护规划确定保留的园林绿地、河湖水系、道路等； （三）修建生产、储存爆炸性、易燃性、放射性、毒害性、腐蚀性物品的工厂、仓库等； （四）在历史建筑上刻划、涂污
	第二十五条	在历史文化名城、名镇、名村保护范围内进行下列活动，应当保护其传统格局、历史风貌和历史建筑；制订保护方案，经城市、县人民政府城乡规划主管部门会同同级文物主管部门批准，并依照有关法律、法规的规定办理相关手续： （一）改变园林绿地、河湖水系等自然状态的活动； （二）在核心保护范围内进行影视摄制、举办大型群众性活动； （三）其他影响传统格局、历史风貌或者历史建筑的活动
	第二十六条	历史文化街区、名镇、名村建设控制地带内的新建建筑物、构筑物，应当符合保护规划确定的建设控制要求
	第二十七条	对历史文化街区、名镇、名村核心保护范围内的建筑物、构筑物，应当区分不同情况，采取相应措施，实行分类保护。 历史文化街区、名镇、名村核心保护范围内的历史建筑，应当保持原有的高度、体量、外观形象及色彩等
	第二十八条	在历史文化街区、名镇、名村核心保护范围内，不得进行新建、扩建活动。但是，新建、扩建必要的基础设施和公共服务设施除外。 在历史文化街区、名镇、名村核心保护范围内，新建、扩建必要的基础设施和公共服务设施的，城市、县人民政府城乡规划主管部门核发建设工程规划许可证、乡村建设规划许可证前，应当征求同级文物主管部门的意见。 在历史文化街区、名镇、名村核心保护范围内，拆除历史建筑以外的建筑物、构筑物或者其他设施的，应当经城市、县人民政府城乡规划主管部门会同同级文物主管部门批准

三、传统村落街巷风貌保护

街巷空间是人们对传统村落认知的主要元素，金华市传统村落中街巷的保护需要首先对不同村落现状进行详细的分析与评价，根据用地的地势高低变化和地质等情况，确定主要街巷的布局走向和水系分布以及具体街巷宽度、两侧建筑高度。在此基础上，对传统街巷进行保护利用，相关法律、法规、文件参照表 21－5。

（一）传统村落街巷保护措施

根据不同传统村落中街巷面貌以及保存现状不同，可将传统村落中的街巷分为风貌较好和风貌较差两种类型。

（1）对风貌较好街巷，要维护好平面空间肌理形态，不得随意拓宽、改道，不得改变沿街建筑的边界和建筑高度，维护、维修历史街巷传统铺地形式，统一协调建筑墙面、院墙、石阶、门与门罩、石凳、水圳、路灯及绿地开放空间等。

（2）对风貌较差的街巷，要恢复传统空间特征，修复传统路面形式。

具体保护措施有：

（1）控制空间尺度。严格控制传统村落中的主要街巷两侧建筑及环境的传统风貌，不得改变宽度和空间尺度。沿街巷建筑高度与街宽的比例不得大于1∶3。

（2）控制传统村落中的街道景观。主要巷道两侧不得摆摊设点，不得在街道、路口、横向交叉马路上摆设桌球等娱乐设施。

（3）控制传统村落中的主要街巷路面。主要街巷的青石板路面的原有风貌是重点保护内容之一，任何单位和个人不得随意翻改和损坏。

（4）保存传统村落街巷肌理。街巷应保持原有格局，原则上不得进行拓宽。

（5）传统村落中临街旧门脸、围墙在不影响安全的前提下，应通过修复继续使用。已改变原状需要恢复的必须按传统形式复建，临街院墙应使用马头墙等传统做法进行保护。

（6）沿传统村落主要街巷的房屋严禁增开店面，对不符合传统村落风貌要求的店面进行改造，均须采用木店板门或莲花门，严禁使用防盗门、卷帘门、铝合金门窗等。

（7）整条街巷色彩应协调，遇有色彩不协调的外装饰墙面，应采用传统工艺予以恢复。

（8）与传统村落风貌不符的标牌、广告、灯箱等附属设施、设备，原则上应予以拆除。

（9）街巷路面应采用传统材料和铺地方式。路面上应尽量减少井盖数量。

表 21－5　相关法律、法规、文件中关于历史街巷、传统风貌保护等的相关条款

法律/法规/文件	条款	具体内容
《雅典宪章》(1933)	—	在所有可能条件下，将所有干路避免穿行古建筑区，并使交通不增加拥挤，亦不使妨碍城市有机的新发展
《关于在国家一级保护文化和自然遗产的建议》	42	未经专门行政部门批准，一律不准兴建新建筑物，也不准对位于保护区或附近的财产予以拆除、改造、修改或砍伐其树木
《关于历史性小城镇保护的国际研讨会的决议》	—	避免破坏历史元素，其乍一看似乎不太重要，但是其累积的损失将会是不可挽回的
《内罗毕建议》	29	除非在极个别情况下并出于不可避免的原因，一般不应批准破坏古迹周围环境而使其处于孤立状态，也不应将其迁移他处
	30	历史地区及其周围环境应得到保护，避免因架设电杆、高塔、电线或电话线、安置电视天线及大型广告牌而带来的外观损坏。在已经设置这些装置的地方，应采取适当措施予以拆除。张贴广告、霓虹灯和其他各种广告、商业招牌及人行道与各种街道设备应精心规划并加以控制，以使它们与整体相协调。应特别注意防止各种形式的破坏活动
《华盛顿宪章》	十	当需要修建新建筑物或对现有建筑物改建时，应该尊重现有的空间布局，特别是在规模和地段大小方面
	十二	历史城镇和城区内的交通必须加以控制，必须划定停车场，以免损坏其历史建筑物及其环境
	十三	城市或区域规划中作出修建主要公路的规定时，这些公路不得穿过历史城镇或城区，但应改进接近它们的交通

续　表

法律/法规/文件	条款	具体内容
《历史文化名城名镇名村保护条例》	第二十一条	历史文化名城、名镇、名村应当整体保护，保持传统格局、历史风貌和空间尺度，不得改变与其相互依存的自然景观和环境
	第二十二条	历史文化名城、名镇、名村所在地县级以上地方人民政府应当根据当地经济社会发展水平，按照保护规划，控制历史文化名城、名镇、名村的人口数量，改善历史文化名城、名镇、名村的基础设施、公共服务设施和居住环境
	第二十三条	在历史文化名城、名镇、名村保护范围内从事建设活动，应当符合保护规划的要求，不得损害历史文化遗产的真实性和完整性，不得对其传统格局和历史风貌构成破坏性影响
	第二十四条	在历史文化名城、名镇、名村保护范围内禁止进行下列活动： （一）开山、采石、开矿等破坏传统格局和历史风貌的活动； （二）占用保护规划确定保留的园林绿地、河湖水系、道路等； （三）修建生产、储存爆炸性、易燃性、放射性、毒害性、腐蚀性物品的工厂、仓库等； （四）在历史建筑上刻划、涂污
	第二十五条	在历史文化名城、名镇、名村保护范围内进行下列活动，应当保护其传统格局、历史风貌和历史建筑；制订保护方案，并依照有关法律、法规的规定办理相关手续： （一）改变园林绿地、河湖水系等自然状态的活动； （二）在核心保护范围内进行影视摄制、举办大型群众性活动； （三）其他影响传统格局、历史风貌或者历史建筑的活动

续 表

法律/法规/文件	条款	具体内容
《城市紫线管理办法》	第十一条	历史文化街区和历史建筑已经破坏，不再具有保护价值的，有关市、县人民政府应当向所在省、自治区、直辖市人民政府提出专题报告，经批准后方可撤销相关的城市紫线。 撤销国家历史文化名城中的城市紫线，应当经国务院建设行政主管部门批准
	第十二条	历史文化街区内的各项建设必须坚持保护真实的历史文化遗存，维护街区传统格局和风貌，改善基础设施、提高环境质量的原则。历史建筑的维修和整治必须保持原有外形和风貌，保护范围内的各项建设不得影响历史建筑风貌的展示。 市、县人民政府应当依据保护规划，对历史文化街区进行整治和更新，以改善人居环境为前提，加强基础设施、公共设施的改造和建设
	第十三条	在城市紫线范围内禁止进行下列活动： （一）违反保护规划的大面积拆除、开发； （二）对历史文化街区传统格局和风貌构成影响的大面积改建； （三）损坏或者拆毁保护规划确定保护的建筑物、构筑物和其他设施； （四）修建破坏历史文化街区传统风貌的建筑物、构筑物和其他设施； （五）占用或者破坏保护规划确定保留的园林绿地、河湖水系、道路和古树名木等； （六）其他对历史文化街区和历史建筑的保护构成破坏性影响的活动
	第十五条	在城市紫线范围内进行新建或者改建各类建筑物、构筑物和其他设施，对规划确定保护的建筑物、构筑物和其他设施进行修缮和维修以及改变建筑物、构筑物的使用性质，应当依照相关法律、法规的规定，办理相关手续后方可进行

续　表

法律/法规/文件	条款	具体内容
《历史文化名城名镇名村保护规划编制要求（试行）》	第三十四条	对历史文化街区保护范围内的建筑物、构筑物进行分类保护，分别采取修缮、改善、整治和更新等措施。 （一）文物保护单位：按照批准的文物保护规划的要求落实保护措施。 （二）历史建筑：按照《历史文化名城名镇名村保护条例》要求保护，改善设施。 （三）传统风貌建筑：不改变外观风貌的前提下，维护、修缮、整治、改善内部设施。 （四）其他建筑：根据对历史风貌的影响程度，分别提出保留、整治、改造要求
	第三十六条	在不改变街道空间尺度和风貌的情况下，优化历史文化街区内的交通环境
	第三十七条	在不改变街道空间尺度和风貌的情况下，提出历史文化街区内基础设施改善和消防等防灾规划措施
	第三十八条	对户外广告、招牌、空调室外机、太阳能热水器等建筑外部设施以及垃圾箱、电话亭、铺地、井盖等街道公共设施的尺寸、形式、材料和位置等提出规划控制要求
《GB 50357—2005 历史文化名城保护规划规范》	3. 2. 5	历史文化街区内应保护文物古迹、保护建筑、历史建筑与历史环境要素
	3. 3. 1	历史文化名城保护规划必须控制历史城区内的建筑高度。在分别确定历史城区建筑高度分区、视线通廊内建筑高度、保护范围和保护区内建筑高度的基础上，应制定历史城区的建筑高度控制规定
	3. 3. 2	对历史风貌保存完好的历史文化名城应确定更为严格的历史城区的整体建筑高度控制规定
	3. 3. 3	视线通廊内的建筑应以观景点可视范围的视线分析为依据，规定高度控制要求。视线通廊应包括观景点与景观对象相互之间的通视空间及景观对象周围的环境

续 表

法律/法规/文件	条款	具体内容
《苏州市历史文化名城名镇保护办法》	第十八条	古城内应当控制古城容量，改善环境质量： (一) 古城内应当控制居住人口至25万人。 (二) 调整工业布局，不再新增工业和仓储用地。现有工厂、仓库不得扩建，影响古城保护的，应当逐步搬迁。土地利用必须符合规划要求。 (三) 改善环境质量，河道水质不低于地面水Ⅳ类，大气质量优于二级，声环境达到功能区标准。 (四) 控制过境车辆进城，改善古城周边道路交通状况，优先发展公共汽车、轻轨等城市公共交通，缓解古城交通压力。 (五) 增加绿地面积，居住用地的绿地率不低于25%，公共设施用地的绿地率不低于30%。现状不符合要求的，该用地内不得新建任何建筑
	第十九条	古城内的各项建设工程必须符合下列规定： (一) 新建大型公共设施必须符合规划布局要求。 (二) 不得新建与古城风貌不相协调的水塔、烟囱、电视塔、微波塔等构筑物，已有的要逐步拆除。 (三) 不得新建、扩建医院、学校及行政办公楼。 (四) 根据不同区域的规划要求，严格控制建筑高度。 (五) 户外广告必须与建筑风貌协调，不得遮挡原建筑的细部处理。 (六) 沿街设置的空调应当进行遮蔽，不得影响建筑立面效果。沿人行道的底层立面不得设置空调，不得设置突出开敞式阳台。 (七) 禁止新建架空线路，已有架空线路逐步进入地下
	第二十条	古城内应当保持路河平行双棋盘格局的河道景观和道路景观，保护传统的街道空间形态与尺度

续　表

法律/法规/文件	条款	具体内容
《苏州市历史文化名城名镇保护办法》	第二十一条	古城内应当保持三横三直加一环的水系及小桥流水的水巷特色： （一）保障水系的完整、畅通，在重点地区应当恢复骨干水系。不得占用、破坏或者填埋、堵塞、缩小现有河道。 （二）定期对河道清淤、分类保洁，保持水面清洁。 （三）保持原有驳岸、古桥、河埠等河道设施完好，新建的驳岸、河埠、桥梁不得破坏传统风貌。 （四）河道内现有排污口逐步取消，实行污水集中处理，不得擅自向河道内排放污水、倾倒垃圾或设置水障碍物。 （五）严格控制河道两岸的建设，沿河建筑高度与形式保持与河道景观相协调。 （六）实施城市引水工程，提高水体稀释和自净能力，改善水质。 （七）新治理的河道沿河应当设置必要的保护范围
	第二十二条	古城内的文物保护单位、尚未公布为文物保护单位但有较高文物价值的控制保护建筑和有关文物遗存的保护，依照有关法律、法规和规章的规定执行
	第二十三条	文物保护单位和控制保护建筑应当按照保护规划的要求确定保护范围和建设控制地带或者风貌协调区，并设立保护标志，设置专门机构或人员负责保护管理
	第二十五条	重点保护平江、拙政园、怡园、山塘、阊门五个历史街区，采取有效措施进行保护： （一）遵循原貌保护的原则，保护好真实的历史遗存。历史街区内的道路、河道的空间格局和原有形式不得破坏。 （二）对历史街区内的每一幢建筑应当进行定性、定位分析，提出保护修缮与更新的措施，保存好风貌较好的建筑物的外貌，内部设施可合理改善以适应现代生活的需要。

续 表

法律/法规/文件	条款	具体内容
《苏州市历史文化名城名镇保护办法》	第二十五条	（三）对历史街区内的古井、古桥、古牌坊等不得破坏。 （四）历史街区内限制通行汽车。 （五）在历史街区内禁止建设影响历史街区风貌的建筑物、构筑物，现有损害历史街区风貌的建筑物、构筑物应当逐步拆除。 （六）历史街区内的文物保护单位和控制保护建筑按有关规定执行
	第二十六条	盘门、观前、十全街三个地区为传统风貌地区。应当保护区域内文物古迹及有价值的历史建筑，新建建筑物应体现苏州传统的建筑和空间形态，集中体现苏州地方文化和城市独特风貌
	第三十一条	历史文化名镇保护管理委员会及其专门管理机构，根据国家的有关法律、法规和规章，结合当地实际，负责具体的名镇保护和日常管理工作。 市、县级市规划行政主管部门会同文物行政主管部门应当对历史文化名镇的保护工作加强指导和检查
	第三十二条	历史文化名镇的土地利用和各项建设必须有利于名镇的保护，延续名镇原有的历史文脉和传统风貌。在保护范围周边地区的建设必须与名镇风貌相协调。在保护范围内原有损害名镇风貌的建筑物、构筑物应当有计划地进行改造或者拆除
	第三十三条	保护历史文化名镇的水系、道路、空间格局和传统文化，并按照有关规定，保护好古建筑、古桥、园林、驳岸等历史遗存
	第三十四条	历史文化名镇应以旅游及文化为主要产业，不得影响名镇的保护，防止无序和过度开发
《关于加强历史文化名城规划工作的几点意见》	—	在文物保护单位的保护范围内一般不得进行其他工程建设，在建设控制地带既要求对新建工程的高度、体量进行必要的控制，又要求建筑的形式、风格和古城环境相协调
《杭州市历史文化街区和历史建筑保护办法》	第二十一条	在历史文化街区的风貌协调区内新建、扩建、改建建筑时，应当在高度、体量、色彩等方面与历史文化街区的风貌相协调

续 表

法律/法规/文件	条款	具体内容
《杭州市历史文化街区和历史建筑保护办法》	第二十六条	历史文化街区内根据保护规划确定拆除的建筑物，按照城市房屋拆迁管理的规定执行。 历史文化街区内根据保护规划确定保留的建筑物、构筑物及其他设施，属公有的，由所在地的区人民政府或其组建的历史文化街区管理机构负责统一修缮；属私人所有的，由所有人按照保护规划的要求自行修缮，或委托其他专业机构修缮，所需费用由所有人承担。为保护历史文化街区，确需对居民进行搬迁的，各区人民政府或其组建的历史文化街区管理机构可以对居民依法实施搬迁，搬迁安置的标准按照城市房屋拆迁管理的规定执行。居民可选择异地安置、货币安置或回迁安置等安置方式，其中选择回迁安置的，回迁后房屋面积增加的部分，按照市场价格购买。 所有人、使用人不愿履行或无力履行保护义务的，各区人民政府或其组建的历史文化街区管理机构可依法予以搬迁
	第二十七条	各区人民政府或其组建的历史文化街区管理机构应当逐步完善历史文化街区内的道路、供水、排水、消防等配套设施
《西安宣言》	—	有关历史建筑、古遗址和历史地区保护与管理的法律、法规和准则，应规定在其周围设立保护区域或缓冲地带，以反映和保护其环境的重要性和独特性

（二）金华市传统村落街巷保护与利用现状

金华市传统村落街巷保护与利用现状如表 21 –6 所示。

表 21 –6　　金华市传统村落街巷保护与利用现状

区市县	序号	传统村落	历史街巷	风貌较好	风貌较差
婺城区	1	雅畈镇石楠塘村	古宅巷、石楠塘鹅卵石古道等		√
	2	雅畈镇二村、三村	雅畈古长街路等	√	
	3	安地镇山道村	村内传统巷道	√	

续 表

区市县	序号	传统村落	历史街巷	风貌较好	风貌较差
婺城区	4	长山乡三村	传统巷道		√
	5	塔石乡上阳村	上阳古街	√	
	6	塔石乡珊瑚村	村庄中心两条古街巷	√	
	7	塔石乡塘头村	村庄中心两条古街巷	√	
	8	开发区汤溪镇鸽坞塔村	祠堂一侧有几条古街巷		√
	9	开发区汤溪镇中戴村	村庄中心两条古街巷		√
	10	汤溪镇寺平村	村内四条主要街巷	√	
	11	汤溪镇上镜村	村内两条古街巷	√	
	12	洋埠镇湖前村	一条主要街巷	√	
	13	罗埠镇上潘村	—		√
	14	安地镇安地村	安地老街	√	
	15	蒋堂镇下尹村	古金瞿老街	√	
	16	琅琊镇上盛村	传统街巷		√
	17	乾西乡雅宅村	传统街巷		√
	18	沙畈乡高儒村	传统街巷		√
	19	塔石乡岱上村	传统街巷	√	
	20	塔石乡塔石村	传统街巷		√
金东区	21	傅村镇山头下村	村内所有街巷	√	
	22	傅村镇畈田蒋村	畈田蒋老街	√	
	23	源东乡长塘徐村	传统街巷	√	
	24	源东乡东叶村	传统街巷	√	
	25	曹宅镇曹宅村	村内两条古街巷		√
	26	赤松镇老石桥村	—		
	27	赤松镇仙桥村	金浦古道	√	
	28	赤松镇王宅村	传统巷道		√
	29	澧浦镇琐园村	传统街巷	√	
	30	澧浦镇蒲塘村	传统街巷		
	31	塘雅镇前溪边村	传统巷道		√

续 表

区市县	序号	传统村落	历史街巷	风貌较好	风貌较差
金东区	32	岭下镇岭五村	坡阳古街	√	
	33	岭下镇后溪村	传统巷道		√
	34	江东镇雅湖村	传统巷道		√
	35	孝顺镇中柔村	传统巷道		√
	36	孝顺镇夏宅村	传统巷道		√
	37	孝顺镇浦口村	传统巷道		√
	38	孝顺镇支家村	长弄塘巷	√	
	39	赤松镇山口村	十字北街、十字南街等		√
	40	赤松镇下潘村	金义古道、下潘老街	√	
	41	澧浦镇方山村	方山岭古道	√	
	42	澧浦镇郑店村	传统巷道		√
兰溪市	43	永昌街道永昌村	永昌古街道	√	
	44	永昌街道社峰村	传统街巷	√	
	45	永昌街道夏李村	传统街巷		√
	46	水亭乡西姜村	传统街巷	√	
	47	诸葛镇万田村	传统巷道		√
	48	诸葛镇长乐村	村内古街巷、古驿道	√	
	49	诸葛镇诸葛村	村内古街巷	√	
	50	兰江街道姚村村	传统街巷	√	
	51	黄店镇三泉村	传统巷道	√	
	52	黄店镇上包村	传统街巷		√
	53	黄店镇桐山后金村	传统街巷		√
	54	黄店镇芝堰村	严婺古道	√	
	55	女埠街道虹霓山村	传统街巷	√	
	56	女埠街道岘坦村	传统街巷十余处	√	
	57	女埠街道渡渎村	传统街巷		√
	58	黄店镇刘家村	传统巷道		√
	59	黄店镇上唐村	传统巷道		√

续 表

区市县	序号	传统村落	历史街巷	风貌较好	风貌较差
兰溪市	60	柏社乡洪塘里村	传统街巷		√
	61	梅江镇塔山村	传统巷道		√
	62	梅江镇祝宅村	传统街巷		√
	63	梅江镇梅街头村	传统街巷	√	
	64	横溪镇宋宅村	传统街巷		√
	65	梅溪镇虞街村	传统街巷	√	
浦江县	66	虞宅乡新光村	瞿岩岭古道	√	
	67	檀溪镇潘周家村	浦桐古道		√
	68	白马镇嵩溪村	传统街巷	√	
	69	郑宅镇郑宅镇区	传统街巷	√	
	70	黄宅镇古塘村	传统巷道		√
	71	杭坪镇杭坪村	传统巷道		√
	72	杭坪镇石宅村	传统街巷	√	
	73	仙华街道登高村	佛堂古道	√	
	74	岩头镇礼张村	传统街巷		√
	75	虞宅乡马岭脚村	马岭古道		√
东阳市	76	虎鹿镇蔡宅村	传统街巷	√	
	77	巍山镇大爽村	传统街巷	√	
	78	虎鹿镇磨水仓村	传统街巷		√
	79	虎鹿镇厦程里村	玉程街、横街、中街、大街、廿字弄堂、崇实路		√
	80	虎鹿镇坞葛村	传统街巷		√
	81	虎鹿镇西坞村	传统街巷	√	
	82	画水镇天鹅村	传统街巷		√
	83	画水镇旭光村	传统街巷		√
	84	李宅镇李宅村	传统街巷	√	
	85	马宅镇雅坑村	传统街巷		√
	86	南马镇上安恬村	传统街巷		√

续 表

区市县	序号	传统村落	历史街巷	风貌较好	风貌较差
东阳市	87	巍山镇白坦村	传统街巷	√	
	88	巍山镇古渊头村	传统街巷		√
	89	佐村镇平坑村	传统街巷		√
	90	佐村镇平岩顶村	传统街巷		√
	91	佐村镇下里坑村	古驿道		√
	92	佐村镇恒坑村	传统街巷		√
磐安县	93	冷水镇朱山村	传统街巷	√	
	94	仁川镇石下村	传统街巷		√
	95	双峰乡大皿村	中心古街	√	
	96	盘峰乡榉溪村	传统街巷	√	
	97	安文镇墨林村	传统街巷	√	
	98	双溪乡梓誉村	传统街巷	√	
	99	尖山镇管头村	传统街巷	√	
	100	胡宅乡横路村	澄溪古道	√	
	101	玉山镇马塘村	传统街巷		√
	102	双溪乡潘庄村	传统街巷		√
武义县	103	熟溪街道郭洞村	—	√	
	104	大田乡岭下汤村	—	√	
	105	俞源乡俞源村	—	√	
	106	桃溪镇陶村	古商业街	√	
	107	大溪口乡山下鲍村	—	√	
	108	柳城畲族镇上黄村	传统街巷	√	
	109	柳城畲族镇半塘村	—	√	
	110	柳城畲族镇华塘村	—	√	
	111	柳城畲族镇金川村	传统街巷		√
	112	坦洪乡上坦村	书堂园巷、下衢堂巷、上仓巷、后坛巷、古井巷		√

续 表

区市县	序号	传统村落	历史街巷	风貌较好	风貌较差
永康市	113	前仓镇厚吴村	三条主要古街	√	
	114	舟山镇舟山二村	传统街巷	√	
	115	石柱镇塘里村	村内两条历史街巷	√	
	116	芝英镇芝英村	九横八纵传统街巷	√	
	117	象珠镇清渭街村	清渭街	√	
义乌市	118	赤岸镇朱店村	传统街巷	√	
	119	赤岸镇尚阳村	尚阳古街	√	
	120	赤岸镇雅端村	传统街巷	√	
	121	佛堂镇田心村	古道七条	√	
	122	佛堂镇倍磊村	中心街	√	
	123	义亭镇缸窑村	传统街巷	√	

四、金华市传统村落传统建筑保护措施

（一）传统建筑整体保护措施

传统建筑主要分为保护类建筑和一般建筑，这两类建筑保护的侧重点不同，保护类建筑重在保护，一般建筑重在控制。因此其保护措施就有所区别。

（1）建筑按等级评定分级保护：一级、二级建筑以修复为主，三级至五级建筑允许改造，具体级别及定义如表 21－7 所示。

表 21－7　　金华市传统建筑分级

级别	定义
一级建筑	已列入各级文物保护单位的，具有很高历史、艺术、科学价值的建筑物
二级建筑	有一定的历史、科学、艺术价值，传统风貌完整，保存度完好，拟列入文物保护单位的建筑物
三级建筑	历史、科学、艺术价值一般的民国时期的建筑物
四级建筑	与历史风貌协调、无冲突的现代建筑物
五级建筑	与历史风貌不协调、有冲突的现代建筑物

（2）一级建筑：应遵循“不改变文物原状”的原则，采用原材料并严格按原样保护修缮，对主体建筑周边5米内兴建的任何新建筑进行严格控制。若一级建筑为国家级、省级、市级、县级文物保护单位的，应以文物保护单位的主体建筑的控制范围为主。

（3）二级建筑：保留原有格局，定期维护修缮外貌，在不影响主体建筑的前提下，有条件的可改善厨卫设施状况。

（4）平面：建筑平面必须以内天井为核心，依地势自由组合布局，一切扩建、新建建设活动必须符合金华市传统民居的平面形式。

（5）外观形式：核心区内立面、屋顶、马头墙、地面及装修细部一律按徽派建筑的传统手法设计施工。建设控制区内外部采用灰瓦屋顶、马头墙，内部则满足现代生活需要。

（6）结构材料：结构必须是抬梁式或穿斗式木构架（针对保护类建筑），材料以砖木为主材。必要时可适当采用现代结构和保护技术来固定，但也只能用传统的做法来完成。装饰材料既要符合消防要求，又要体现传统风格。

（7）色彩：传统民居建筑维修、景点恢复和危房翻、改、扩建门面及外墙装饰粉刷，须采用与传统民居建筑相适应的黑、白、灰色调，门窗油漆须采用暗红色、栗褐色、木本色。

（二）传统建筑内部及其附属物的保护措施

1. 传统建筑内部空间的保护措施

随着时代发展，传统村落居民对居住建筑舒适度需求有极大提高，同时传统建筑由于不能满足现代人生活需求而备受争议，因此需要在不破坏传统建筑整体风貌的基础上，对传统建筑内部进行改造，以延续其使用价值。

（1）对室内私密性要求较高的空间，结合室内木结构支撑体系与木楼板体系的特点，分别进行轻质隔音板改造和柔性隔音垫层的铺设，改善传统建筑的隔音效果。

（2）根据需要，从构造设计方面着手，充分利用传统民居建筑中的空间形态组合，调节微气候环境，加强墙体等围护构件的保温、隔热性能，如对房屋的外层，可结合保温隔热材料来改造、提升室内环境，可以因地制宜，对天井院与室内空间进行有效组合以取得冬暖夏凉、适宜居住的生活空间。

（3）从利用可再生能源方面着手，在改造设计方面尽可能提供并使用可再生资源的设备和技术条件，如太阳能热水器、公共沼气池建设等。

2. 传统建筑附属物的保护措施

（1）满足沿线居住空间需求，保护附属建筑。对传统建筑的保护观念，已经从局限于对古建筑立面的形式保护，发展到现在侧重于延续居住其中的人的行为活动与对人们生活需求的满足，因此，在保护传统建筑过程中，同时需要保护能够延续传统建筑功能的附属建筑。

（2）可适度建设附属建筑。对建筑物及其附属物进行适当的更新，使其能够尽量满足人们的生活需要，必要情况下，可以将传统村落内废弃的或者闲置的土地作为住宅用地，但是建筑形式应是传统建筑形式，以求与整体风貌融合，达到形式上的统一。

（3）对于传统建筑附属物的保护更新，应当遵循传统的外观形式，进行适当的改建或扩建。在不破坏外观形象的情况下，适当地做些改变或是局部改建，在不破坏整体风貌的情况下，可以调整建筑高度或层数，但同样地，任何改建或扩建均需以传统建筑形式为标准。

五、传统村落乡土建筑与新乡土建筑保护措施

（一）乡土建筑与新乡土建筑

乡土建筑是指民间自发的传统风土建筑，具有民间浓厚的乡村农家小院气息。乡土建筑包括乡土的住宅、寺庙、祠堂、书院、戏台、酒楼、商铺、作坊、牌坊、小桥等。乡土建筑本质上是乡土性在岁月流逝中乡土精神和本土文化的外在显现。

在当代传统村落建筑建造过程中，出现了新乡土建筑。新乡土建筑可以看作现代性与传统性的统一体。新乡土建筑是一种现代建筑与传统文化结合的产物，是金华市传统村落现代化发展的体现。

（二）乡土建筑识别方式

根据《关于乡土建筑遗产的宪章》给出的乡土建筑识别标准，对金华市传统村落乡土建筑进行识别。乡土建筑的识别标准：

（1）某一社区共有的一种建造方式。

（2）一种可识别的、与环境适应的地方或区域特征。

（3）风格、形式和外观一致，或者使用传统上建立的建筑型制。

（4）非正式流传下来的用于设计和施工的传统专业技术。

（5）一种对功能、社会和环境约束的有效回应。

（6）一种对传统的建造体系和工艺的有效应用。

（三）乡土建筑保护准则

乡土建筑保护准则主要有：

（1）乡土建筑的保护必须由跨学科的专家来执行，同时要认识到改变与发展是无法避免的，还需要尊重群体已经形成的文化特征。

（2）当代有关乡土建筑、建筑群和聚居地的工程应当尊重建筑及群落的文化价值与传统特色。

（3）乡土性很少由单一的建筑物来代表，一般是通过维持与保存每一区域内具有代表性的建筑群与聚居地来展现的。

（4）乡土建筑遗产是构成文化景观不可或缺的一部分，两者的关系必须在制定保护措施时予以考虑。

（5）乡土性包含的不只是物质形式以及建筑物、结构和空间的组合，也包括对它们使用和理解的方式，以及依附于它们的传统文化和无形因素。

（四）乡土建筑保护措施

乡土建筑保护措施：

（1）研究与记录。对乡土建筑物实施任何工程都必须经过慎重考虑，且必须先对它的形式和结构进行全面分析。分析报告必须存放于对公众开放的档案管理处。

（2）布局、景观与建筑群。对乡土建筑物的改变必须要尊重并尽量维持其原有布局，要考虑它们与物质环境和文化景观的关系以及各个建筑物之间的关系。

（3）传统营造系统。乡土建筑的传统营造系统与工艺的连续性对乡土建筑的表达形式至关重要，并且对建筑的修缮与修复极为重要。必须保留、记录这些技艺，并通过教育与培训传承给下一代工匠与建造者。

（4）材料与构件的替换。针对当代使用需求而对乡土建筑进行的合理改变，应当使用那些可以维持建筑原有表达方式、外观、质地和形式的材料，并保持建筑材料的一致性。

（5）改造。对乡土建筑的改造与再利用，应当在尊重其结构的完整性、特色与形式的基础上，满足适当的人类生活需求。对于没有中断过使用的乡土建筑形式，社区的道德规范可以作为干预的手段来促进改造。

（6）变化与阶段性修复。应尊重乡土建筑随着时间的推移而出现的变化，这些变化也是其重要组成部分，因此，在对乡土建筑进行修缮时，不应苛求其各部分都成为同一个时期的风格。

（7）培训。为了维护乡土建筑的文化价值，政府、相关团体和组织必须重点关注以下几个项目：为从事保护工作的人员提供的有关乡土遗产的教育项目；为协助社区维护传统建筑系统，提供的材料和工艺的培训项目；为推动公众，特别是年青一代，对乡土遗产的认识的信息项目；用于专业技术与经验交流的地区性乡土建筑网络项目。

六、传统村落建筑要素控制

传统村落建筑要素控制主要是从建筑控制的角度来保护村落实体环境，包括重要单体建筑的保护和其他建筑保护与整治方式两类。将整体风貌控制归入此部分，是因为整体风貌控制划定的依据主要是以建筑单体为控制点，其控制对象也以建筑要素为主。此部分整体风貌控制主要是从高度、建筑等方面来进行。

（一）传统村落建筑的保护与控制

传统村落是一个“生活社区”，是处于持续的发展与更新中的，因此，传统村落内的建筑构成复杂多样，不同建设年代、不同保存质量、不同价值的建筑共存。对建筑的保护与控制应建立在详细的实地调研、现状评估的基础上，针对不同建筑的保存状况提出相应的保护与控制措施。

对村落范围内现有建筑的建设年代、保存质量、历史风貌等进行评估分级（一般可分为文物保护单位、传统风貌建筑、风貌协调建筑、风貌不协调建筑），进行分类保护。文物保护单位应根据文物建筑修复的要求进行修缮维护；传统风貌建筑主要是对其外观进行维修，保持其传统风貌特征；风貌协调建筑可予以保留，并控制相关建设活动；对风貌不协调建筑进行整治、更新或拆除，使其风貌协调。

结合传统村落的保护区划，对核心保护范围、建设控制地带、环境协调区内的建筑控制强度引导相区别。

核心保护范围内的建筑应实施原高控制，必须新建的公共服务设施宜控制在一层为宜，不得超过两层；建设控制地带内的建筑高度原则上不应高于核心保护范围内的最高公共建筑，控制在两层，不得超过三层；对于环境协调区内的新建建筑及构筑物，以不破坏传统村落整体风貌为原则，建筑物不应超过四层。

金华市传统村落传统建筑分区保护措施总体控制要求如表 21 -8 所示。

表 21 -8　　金华市传统村落传统建筑分区保护措施总体控制要求

措施	具体做法
改善	针对历史建筑所进行的不改变外观特征，调整、完善内部布局及设施的建设活动。改善的对象是虽受到一定的损坏，但建筑格局和外貌保持了传统特征的建筑。此类建筑应认真维护修复，修复时可在保持建筑外貌和典型特征前提下，内部按照现代居住要求进行改善

续 表

措施	具体做法
整修	针对与历史风貌有冲突的建筑物和环境因素进行的改建活动。整修的对象是金华市传统村落中近年建设的，虽在材料、尺度上与传统风貌不相适应，但要视需要对外貌、色彩适当进行立面调整的建筑
拆除	拆除的对象是近年建设的一些与整体风貌不符合、严重影响景观视觉效果的建筑
日常保养	及时化解外力侵害可能造成损伤的预防性措施，主要是对有隐患的部分进行连续监测，记录存档，并按照有关的规范实施保养工程
防护加固	针对损伤而采取的加固措施。所有的措施都不得对原有实物造成损伤，并尽可能保持原有的环境特征。新增加的构筑物应朴素实用，尽量淡化外观。保护性建筑兼作陈列馆、博物馆的，应首先满足保护功能的要求
现状修整	在不扰动现有结构、不增添新构件、基本保持现状的前提下进行的一般性工程措施。主要工程有归整歪闪、坍塌、错乱的构件，修补少量残损的部分，清除无价值的近代添加物等。修整中清除和补配的部分应保留详细的记录
重点修复	保护工程中对原物干预最多的重大工程措施，主要工程有恢复结构的稳定状态、增加必要的加固结构、修补损坏的构件、添配缺失的部分等。要慎重使用全部解体修复的方法，经过解体后修复的结构，应当全部清除隐患，保证较长时期不再修缮。修复工程应当尽量多保存各个时期有价值的痕迹，恢复的部分应以现存实物为依据。附属的文物在有可能遭受损伤的情况下才允许拆卸，并在修复后按原状重新安装。经核准易地保护的工程也属此类
环境治理	防止外力损伤，展示文物原状，保障合理利用的综合措施。治理的主要工作：清除可能引起灾害和有损景观的建筑杂物，预防可能影响文物古迹安全的生产及社会活动，防止环境污染造成文物的损伤，配备为公众服务及保障安全的设施。服务性建筑应远离文物主体，展陈、游览设施应统一设计安置。绿化应尽可能恢复历史状态，避免使用现代园林的手法，并防止因绿化而损害文物

（二）重要单体建筑的保护

此类措施包括三部分内容。

1. 重要建筑单体的确定

单体确定包括对文物保护单位或不可移动文物、保护建筑的普查，有案例还做了主要街巷、水塘的情况调查。

2. 保护范围及建设控制地带的划定

文物保护单位的保护范围一般以文物主管部门核定的范围为准，有的案例单独依据建筑详图按实际情况划定保护范围，有的案例则笼统地提出“以建筑中心外扩 30 米”之类的方案。

3. 保护范围、建设控制地带的保护与管理措施

规划中一般有单独列项的保护区的保护要求和控制措施，还有细致的建筑保护与整治方式，这些都易与重要建筑单体的保护与管理措施重合。

（三）其他建筑保护与整治方式

1. 建筑分类

建筑分类所依据的评估要素最常见的有五个方面，即结构的安全性、环境状况、功能状况、交通状况、情感因素。

分类方法有三种：第一种是直接根据建筑风貌简单分级，级别仅有序号，没有名称；第二种分类最为多见，根据建筑价值，以四大类为基础，即文物建筑、保护建筑、历史建筑、一般建筑，不同传统村落在此基础上再细化，如将文物建筑又分为文物保护单位和准备报批的文物建筑，将历史建筑分为一般历史建筑和风貌不完整历史建筑，将一般建筑分为风貌协调建筑和风貌不协调建筑等；第三种是根据整治措施将建筑分级，如保留类建筑、改造类建筑、重建类建筑等，此方法在传统村落保护中也较常见。

2. 保护与整治方式

将建筑物、构筑物按规定分为文物保护单位、历史建筑、传统风貌建筑、其他建筑，对每类建筑设定不同保护措施。

（四）整体风貌控制

1. 高度控制

一般通过点、线、面三层提出控制措施。点是文物古迹及周边的高度控制，以及重要标志性建筑物的控制；线一般指视廊控制；面指保护分区的高度控制。

区域高度控制划分方法主要有两种：一种是直接按保护范围划分区域，

针对核心保护区、建设控制地带、环境协调区分别提出高度控制措施；另一种是另行划分高度控制区域，如定为维持原有高度区域、控制二层区域之类。对应的图纸有高度控制规划图、视廊控制规划图。

2. 新建建筑控制

虽然保护区域和建筑单体的保护措施中一般会有针对新建建筑的控制要求，但有的案例中仍单独制作新建建筑控制规划，这些案例都是处于城市边缘地带的或拟建新区的村落，新房建设问题较为集中突出。对应图纸有密度控制规划图和容积率控制规划图。

3. 审批控制

审批控制要求不同，导致保护效果不同。

（1）文物保护单位和保护建筑除维持原有功能，仅可作博物馆、展览室或参观游览场所，不得改作其他用途。如需作其他用途，可依法定程序上报审批。

（2）保护区内所有建筑都未改作其他用途。需要上级审批的主要是新建住房，建筑不得高于两层。

4. 传统建筑控制

此类措施当中较易落实的有：

（1）所有古建筑一律不得拆除。

（2）对重要建筑逐一进行测绘、编制保护档案和做出标志说明，提升村委和村民的基本保护意识。传统建筑控制要求中较难落实的就是建筑的修复，即使有政府或公司大力注资改造，修复能力也有限。大片民居的修复，本来最应依靠的是住户自身的力量，但对现今大多数金华市传统村落而言还不太现实。绝大多数空心村落的留守老人没有多余的钱财来修整房屋，村民主动修缮传统建筑的情况也较少出现。

5. 非传统建筑控制

此类措施当中较易落实的有：

（1）新建住房体量、高度控制。传统村落时间长远，靠近核心保护区域一般都较为密集，村民自有宅基地面积一般不会太大。通过控制高度，控制房屋体量。

（2）贴线率。因为在自有宅基地上建房，不能超出宅基地边界，所以村民一般都尽可能地将宅基地全用上。而一般传统旧街道的宅基地划分沿街一面是基本齐平的，所以贴线率被无形提高了。对于传统街道而言，一般贴线率较高，风貌也显得较为统一。

此类措施中较难落实的有：

（1）新建住房外观控制。村落不同于城市，家家户户在自己的土地上建房，根据各家要求和审美观念，新建住房外观很难统一。各级传统村落保护主管部门需要配备专业人员对传统村落进行立面改造及对新建建筑进行技术指导。

（2）拆除不符合风貌要求的建筑。对于村落中不符合要求的建筑拆除，不仅涉及庞大的资金，还有相比城市保护更为复杂的房屋产权问题，以及村民对自有宅基地、自有住房的情感，这些都影响着建筑拆除，使其十分困难。将原本不符合风貌的外贴瓷砖剔除，然后再做成仿古外立面，这种做法虽然有一些投机取巧的嫌疑，但能够以较小的损失来实现整体风貌的控制，所以这种办法在保护实践操作中很常见。

6. 风貌控制

此类措施中较容易落实的有：

（1）历史环境元素的保护。码头、广场、古树、古井、古桥，这些历史环境元素都与居民日常生活息息相关，而且很多涉及民间风水要求，居民一般不会对其破坏，甚至会自发进行日常维护。

（2）道路交通控制要求。路面铺设、部分道路加宽，停车场的设置，这些涉及村民日常生活需求，所需金额不会太大，一般村落稍有经济能力就会实施此项。对于机动车行驶的限制要求，一般村落内部由于巷道较窄，机动车进出也易损坏路面，村落也容易自发提出此项要求。

（3）环境协调区内农田、山体的保护。这些地区一般都包含农田，尤其是基本农田所在地，管理相对严格，农田、山体的保护相对较好。

七、金华市传统村落传统建筑的有机更新

（一）建筑分类、保护与更新手段的确定

当前，民间对于传统民居的修缮尚未规范化，往往造成修缮失序的局面，而村民的自发修缮、工匠修缮方式的自由化、廉价材料的使用，这一系列的行为往往造成对民居不经意的破坏。而对于现代生活的向往与对旧宅内生的感情偏好使得村民对于修缮工作往往犹豫不决、难以决断。传统村落的保护并不是在原有地区大拆大建地重新开发，而是应该在控制建筑物的高度、轮廓以及门窗形式、墙面的构成与划分等方面体现地方特征，现阶段还需有专业人员或标准图集予以指导帮助。因此，有机更新的适用性也在于在现有条件下，进行合理的规划、可行性研究，协助与引导村民当前的生活、生产的安排。

（二）传统建筑更新与施工技艺

1. 传统建筑的保护原则

我国古建筑的保护一直遵循梁思成先生倡导的“整旧如旧”原则，这一原则已受到国际社会的普遍认同。理想的修缮方案，应将传统民宅的“构造思想、构造方法、构造材料和结构特性”保留下来。因此，对于传统建筑的保护也应当遵循以下原则：

（1）对具有重大历史、文化或建筑价值的建筑物给予绝对的保存和修葺，以延续村落的历史记忆；

（2）对保留价值不高或者维护成本太高的旧建筑物进行拆除式重建；

（3）对继续维持其机能的旧建筑物进行维修，以阻止建筑物的机能及物质外观老化；

（4）通过提高村落的经济和环境状况使得村落能够继续展现其生活的连贯性。

2. 传统建筑的更新方法

在传统建筑的保存与维护中，应当适当地采用各种技术手段，以恢复和营造传统特色风貌。不论是从保护的角度，还是从古代建筑学的角度，都迫切需要对金华古民宅的材料、结构、构造、营造技术进行研究，并能够按照古建筑原本的方法进行修缮。

各种修复工法不全的情况对传统建筑的修复技艺提出了挑战，如何在保持其外观等不变的情况下，通过建造以及修复技艺的传承，更有效和更方便地修复传统建筑以及村落环境，使其更加适应现代生活方式，并最大限度地保留原有风貌，使得金华市传统村落能够一直维持下去，这是一种传统与现代的交融与挑战。

目前，我国现阶段的修缮方法主要有“清理维护、落架重修、铁件加固、残点贴补”等。新技术在古建筑加固领域已开始尝试，如采用水泥、树脂灌浆料等加固糟朽的古代木构件，基于纳米技术的古建筑加固构件也已出现。

在对濒危传统建筑进行抢救性保护时，常常因加固方法错误而使一些重要传统建筑受到新的损害。

3. 新建筑的改造建议

因为现代化生活方式的植入而衍生的许多设备附加物往往破坏了传统村落的整齐与建筑物立面的美感，例如，街巷内各种杂乱的线路管道使人们行走不便，甚至有的村落在传统建筑优美的立面上，布满了电线或是搭建雨棚，甚至悬挂空调外机，使原本就十分狭窄的传统巷陌更加拥挤，这些归根结底都是旧有建筑物与现代生活相互影响的结果。

传统手法对古建筑的修复和改造常常与建筑用途及必要的功能相矛盾，如何既保留传统的外观形式，又满足现代功能的需求？只有找出这两者的联系，才能做到具体问题具体解决。

（1）沿街或沿主要道路的建筑：沿街或者沿主要道路的建筑往往会被改建为商店或者在空地处新建商业店铺，此时就需要根据周边环境的情况来具体选择建筑形式。若周边传统民居建筑居多，则应该与周边呼应，采用传统民居建筑的形式，但可以在店铺门口设以传统式的招牌，以显示其商业用途，但尽量使整个建筑轮廓与形式都是传统式的。

（2）新旧建筑的高度控制：应考虑建筑的视觉效果，确认建筑高度与现存的邻里特征、待建用地的坡度对建筑高度的影响、现存建筑和新建筑之间在高度上的关系、现存建筑和新建筑之间高度上的变化。

第二十二章　金华市传统村落历史文化与文物古迹保护措施

一、历史环境要素保护措施

历史环境要素的内涵比较广泛，因此各个传统村落的历史环境要素可能差别很大。参照前文中建筑物及自然景观环境保护措施与要求，对各个传统村落，根据具体类型与周边情况采取相应的保护措施。

历史环境要素保护原则如下：

（1）各历史环境要素均应加以妥当保护，除非对村民的生产生活、村庄建设造成重大的不利影响，否则不应拆毁、消除。

（2）对重要的历史环境要素，可根据其实际情况列入文物保护单位或历史建筑，按照文物保护的要求加以保护，采取现状维护、考古发掘、局部恢复、全部恢复等措施。

（3）对一般的历史环境要素，可根据实际需要采取景观改造等措施，但应限定改造的方式和方法，维护其乡村特征。

应该对历史环境要素，如传统的石桥、古井、水车等与历史上居民日常生活息息相关的传统建筑物、构筑物等，加以维护。对一般的历史环境要素，如传统风貌并不突出的建筑物、构筑物等，可以进行适当改造，但必须与当地的景观风貌相适应，在颜色上、使用的材料上、功能上与当地的环境相协调，也应符合当地居民的需要。

在对历史环境要素进行改造时，应该避免两种错误的做法：

（1）将原有的历史建筑物和构筑物完全拆除，转而用现代的建设方法和设计理念建造出一批“假古董”。传统村落遭到破坏的一个原因就是村落建设“破坏原风貌，打造新景观”。一些地方任意改造当地历史建筑原貌，按现代生活需要或主观的旅游开发规划来打造新景观、建造“假古董”或模仿古建筑建造“山寨建筑”，这些新景观、假古董或山寨建筑没有历史的沉淀，也就没有古韵。

（2）大拆大建。受城市化的影响，为了追求现代生活，一些村落盲目跟风大城市，进行大拆大建，建设“大广场”“大草坪”，美其名曰为居民提供公共空间，实际上这种大面积的公共空间实用性很低，完全打破了原有的传统肌理和历史风貌，是对传统村落的巨大破坏。

此外，在对历史环境要素进行改造时应该坚持“原真性”的原则。在不影响居民生活水平提高的前提下，应尽量保持其原有的风貌。除非特别需要，否则不要进行大规模的现代建设活动。

二、传统村落文物古迹分区保护：历史文化保护区

在划定各级文物保护单位范围的同时，划定历史文化保护区范围，即核心保护区，根据传统村落各个构成要素现状及分布情况等将具有保护价值的街巷、民居等划入保护范围。对历史文化保护区进行分级保护，根据历史建筑价值、保存现状、环境等因素将保护区分为两个等级，其一是重点保护区，其二是一般保护区。在历史文化保护区外围再划定建设控制地带和环境协调区。根据区域等级的不同，提出不同的保护要求，制定不同的保护、整治措施。

历史文化保护区内保护历史原真性，真实体现传统村落历史风貌，延续传统村落生活形态。保护区内所有建筑均对建筑的建造年代、文化价值、保存程度等条件进行综合价值建筑评定，将建筑划分为文物建筑、历史建筑、保留建筑、改造建筑、拆除建筑。其中，针对文物建筑采取完全保护和修缮的措施；对与环境较为协调且质量较好的一般建筑进行保留、维护；对与环境不协调的建筑予以整治和改造，使之与传统风貌环境相协调；对没有保存价值且破坏传统建筑风貌的建筑，一律予以拆除。

三、文物古迹保护措施

1. 保护文物古迹原真性

保护文物古迹的“原真性”，保存其周边历史环境信息，使其真实留存。对于古建筑群，应保证其完整真实，维护其整体格局以及处理好古建筑群同周边环境的关系；传统建筑保护应提高保护的科学性，及时抢救濒危的文物古迹；合理利用传统建筑，正确处理传统建筑保护和旅游开发的关系；坚持“保护为主、抢救第一、合理利用”的保护原则，使文物古迹及其环境得到有效的保护和发展。

2. 历史悠久与文化底蕴深厚的传统村落

该类传统村落经过千年的历史沉淀，遗存无数价值丰富的传统建筑。经当地政府和居民的努力，现存的传统建筑大部分得到了修缮和保护。

该类传统村落的传统建筑保护坚持原址原貌，维护文物古迹的原真性，并以“维护文物原状”为原则，保护传统建筑周边环境的真实性，并划定文物保护单位保护范围和建设控制地带。

3. 传统村落中的传统建筑功能再生

某些村落保存了较多的明清和近代建筑，其中明清古建筑类型较多，有古桥、戏台、古井、古民居、古寺等。该类传统村落传统建筑的保护以原真性保护为原则，重点保护村落里的古庙、祠堂、门楼牌匾等文物古迹，对保存较为完整、蕴含丰富历史信息的传统民居的修复，应注意修复的可识别性，使用原材料、原工艺，采用可逆性技术。

4. 传统建筑功能转变

在保护传统建筑的前提下对其进行合理利用，发展旅游经济，丰富旅游文化。

5. 动态与静态结合保护

保存较为完好的传统村落，通过对非物质文化遗产的动态保护延续文物古迹的生命。该类传统村落非物质文化遗产资源丰富，通过设置旅游“动态产品”，对非物质文化遗产进行保护利用与弘扬发展，在保护非物质文化的同时促进作为非物质文化载体的文物古迹得以保护利用。

6. 保护文物古迹，延展使用功能

对于传统村落中的文物古迹，因自然、历史和人为等因素，部分建筑的使用性质已经改变，一些住宅缺少现代化设施配套。因此，在恢复历史建筑传统风貌、保护建筑价值的同时，应赋予其新的活力与吸引力。对于公庙、祠堂等历史建筑，可改善其内部及周边环境，将其再利用为展览馆、文化聚会场所、婚宴场所、画室。现今仍保持祭拜功能的公庙或祠堂，则定期举办文化活动。对于具有传统风貌的民居建筑，可以改善其内部设施，保持其居住功能，作为家庭式游客住宿用房（民宿、乡村客栈等）。

第二十三章　金华市传统村落形态保护措施

一、传统村落形态分类

村落可通过模糊的或明显的边界来限定，根据传统村落最初外界环境的不同，本书将金华市传统村落按照边界类型划分为以下三种形式。

（1）开放渗透型。即传统村落边界外侧为完全自然空间，指传统村落与自然山水相接壤。村落被自然元素包围而隐于山林之中，耕作区域不与村落相邻，一般由一条道路连接外界。这种传统村落一般位置偏远，经济落后，受城市化的冲击较小；或者受自然地理条件限制，而位于悬崖峭壁或深山之中，传统村落与自然界紧密相连，城市化的影响未波及此地，从而较好地保存了传统形态和文化。

（2）半开敞互为补给型。即传统村落边界外侧为半自然空间，指传统村落与村落相邻空间为人工开凿的水塘、河道、生产性农田或种植林区等一系列经过改造的自然环境空间。在这种情况下，边界空间的众多元素具有风水导向、交通运输、生产生活、防火防灾等功能，这些元素作为媒介不断与村落和外界发生双向互动。整个边界区域如同一层过渡空间，将传统村落与自然界联系起来，使村落虽然没有明确的界线，但也有内外的区别。

（3）内向封闭型。即传统村落边界为全人工界面，由城墙、院墙、碉楼等建筑或构筑物组成。这种传统村落具有明显的村落边界及入口位置，防御能力强。

受中国农耕经济影响，传统村落大多以农业生产为主，村落与生产性农田相连，故而第二种传统村落的数量最多。同时，由于第一种村落的地理位置会影响第三种村落的自我防御性，所以目前最容易遭到破坏的也是第二种类型。

二、传统村落形态保护

（一）界面的连续性

外围具有城墙、院墙等围合物或河流水系等阻隔因素的传统村落受到的城市化破坏程度较小，外围局部具有遮挡物或边界特征的村落受损程度次之，边界空间完全打散的村落受损最为严重。这说明具有完整连续的边界空间对村落内部具有一定的保护作用。此外，连续的界面空间可以更鲜明地表现村落形象并带给人们美好印象，为此需要强调传统村落边界界面的连续性。

界面的连续性体现在自然空间关系以及平面、立面的连续等方面。自然空间关系主要指自然环境形成的界面，比如边界清晰的山丘、水系、台地高差等，它们可以形成牢固且完整的边界。只要在村落发展或者保护时不被破坏，这类边界空间将提供最为自然的引导和保护。

平面连续性元素包括村落外侧结构肌理、地面细部、建筑组合形式、使用功能、维护程度等。建议将严重影响整体连续性和完整性的建筑予以拆除；个别位置的坍塌、受损，建议按照原始资料以“修旧如旧”原则修缮复原；对于无法获得原有详细资料的部分，提倡用“碎片整理”的方法先对坍塌位置周边的建构单元进行提炼，然后按照原有尺度和肌理移植到受损位置进行填补。

立面连续性元素包括立面式样、建筑材料、装饰特点、界面色彩、轮廓线以及相似的开窗方式等。以相似的主题元素形成连续特征，可在平面基础上对边界空间连续性进行强化，增加视觉力量，进而以鲜明的边界分割村落与城市区域。

（二）空间的清晰性

尽管清晰完整的村落景观不是一个传统村落唯一的重要特征，但在村民及游客的感受中，它具有特殊的重要性。此处的清晰性主要是指边界空间应具有明晰的过渡阶段和场所环境，使城市和村落之间不会突兀地直接相连，也为村民和体验者提供一个观察、欣赏的区间。此时边界空间是一个“面”的衔接和延续，而不是“线”性隔断。

在保护边界空间清晰性时，需要注意两点：一是对空间的范围做出划定。环境场所对于视觉的缓冲和提示非常重要，而清晰的边界空间就是为进入村落的人们提供一个逐渐接近以观察村落的区域。边界区域尺度以三倍界面高度以上为佳。以普通民居作为界面时，其过渡区域应大于 30 米，以城墙等构筑物作为界面时，过渡区域应超过 50 米。二是尽可能保留村落边界空间内的田野、古树、小桥、石凳、水塘、老井等元素。它们保留着村落清晰的记忆，触摸这些不同类型的“边界空间”要素，可以领悟该地域的文化、自然环境、生活中所表现出的智慧；另外，这些元素对村落边界系统具有节点作用。

（三）用地规模控制

村落建设用地规模应严格控制，除了必要的公共服务设施外，古村内不宜进行新的建设行为。村域范围内的新增建设用地的位置、面积也必须予以严格控制，避免对村落整体环境造成破坏。

（四）开辟新区

新增的人口和建设用地布局在古村外围，使之形成新、老两片发展区，新增拓展区以发展为主，增加村庄整体活力；古村以保护为主，禁止进一步的拓展和内部新建建设，为未来遗产展示利用提供基础。拓展区的位置选择应根据前文的建设控制引导进行综合考虑，以不影响传统村落整体风貌为前提。应充分利用村域内现有自然村落，避免占用耕地。

第二十四章　金华市传统村落日常生活、生活活动要素保护措施

一、传统村落人居环境构成要素

作为中国传统聚落的一种形态，金华市传统村落的形成与发展有两大因素至关重要：其一为地缘，其二为血缘。村民在充分尊重现有的生存条件和环境的前提下，结合自然来建造满足人们的生理、心理需求的建筑物或构筑物，而这些反过来结合地缘对传统村落人居环境状况起着十分重要的作用。本章在理顺传统村落人居环境构成元素的基础上对其进行了深入的分析，构成传统村落的生活要素、环境要素如表 24－1、表 24－2 所示。

表 24－1　　构成传统村落的生活要素

生活要素类别	生活要素内容
景观要素	自然要素：山势起伏、群山环绕、河流湖畔、树林、天空
	人为要素：村落、道路、广场、农田、铁道、山坡
需求要素	设施要素：住宅、商店、学校、公共建筑、车站、娱乐设施、宗祠
	空间要素：农田、沟渠、行道树、灌木丛、林地、池塘、岗丘、梯田、墓地
景质要素	居住要素：建筑、院落、树木、花草、照壁、围墙、栅栏、绿篱、井亭
	交通要素：路面、人行小道、停车场、公共汽车站、桥梁、市场
	信息要素：布告栏、招牌、道路标识
	娱乐休闲要素：座椅、长凳、石桌、凉亭、花坛、行道树
	卫生要素：垃圾桶、邮箱、公厕、垃圾收集处、岗亭、电话亭、消防栓、路灯、边沟
	设备要素：电线、电线杆、护坡、挡土墙
情感要素	民俗要素：传统文艺、风俗、习惯、节庆活动
	生产要素：印染、纺织、生产方式、商业形式、农耕形态
	感官要素：色、光、眩光、阴影、噪声、气味、热、冷、清洁、污秽、有序、杂乱、习惯、不适宜、动态、静态、新、旧、开阔、闭塞

表 24－2　构成传统村落的环境要素

环境要素类别		环境要素内容	一般处理方法
村落环境	内部街巷	电线杆、沟渠、民居、祠堂、学校、商铺、给排水等设施	对电线、管线等有碍视觉美观的因素，最简单的方式是用树木及灌木遮挡，尽量做到建筑形式及色彩的统一、格调统一，限制硬质地面的铺装使用，注意考虑路面排水的通畅
	村落周边	农田、广场、防护林、水域、停车场等	考虑到未来交通工具的扩展，对汽车的驶入进行限制，并预留公共停车场，注意农田以及绿地的保护
沿途环境	沿路景观	沿街店面、沟渠、农田、绿篱、管线设施	沿道路景观的塑造及建筑形式的统一，店铺招牌、广告的统一设计，砌石和绿篱的保存，管线设施的统一设置
	外部空间	溪流、林地、梯田、桥梁、挡土墙、护坡、自然村落、高压走廊等	溪流和周围环境的保护，农田的保护，护坡、挡土墙的处理，避免高压走廊对村落的穿越，原生林的景观保持

二、传统村落居民生活形态保护

在传统村落保护中不仅要保护传统风貌，更要保护传统居民生活形态。传统村落所处的环境和居民的日常生活形态是传统村落的有机组成部分，其保护必须坚持“以人为本”的原则，不仅要改善村落的历史环境，还要改善居民生活条件。妥善处理村民生活水平提高与传统村落保护的关系。

1. 延续传统村落生命

除保护古建筑群本身外，历史环境保护扩大到了整个传统村落。文物建筑控制区内逐步恢复古建筑群及其周边环境的历史风貌，与传统风貌不协调的建筑物或构筑物应予以拆除或改造；提高绿化覆盖率，改善生态环境；风貌协调区重在修复城墙，恢复历史格局。

对现有居民进行有效的居民调控，要迁出核心保护区内所有居民，拆除区内无使用价值的建筑；同时进行景观改造，保留现有树木。传统村落保护需要综合考虑村内居民的生活需求，帮助居民改善居住环境，提高生活品质，延续传统村落的生命力。

2. 场所精神的塑造

场所是由人、事件和环境构成的，场所精神是场所对于人的意义。部分传统村落有祭祀空间、交易空间、集会空间、院落空间等，它们都是具有社会活动、社会交往意义的形态完整、脉络清晰的街巷空间。对居民生活和传统建筑赖以生存的街巷应予以保护，并对其加以整修和更新、维护和再利用，复活其场所精神。本着“以人为本”的原则，要妥善处理居民生活与文物保护的关系，保护居民生活空间，给予居民居住私密性和居住自由，改善基础设施，提高居民生活品质和文化情趣，使民居与传统建筑和谐共处。

三、传统村落日常生活的环境保护

（一）传统村落保护规划

传统村落有机更新是对传统村落文脉以及历史环境的保护，涉及对有机更新区域内的相关历史保护范围的划定，从而能够对传统村落延续至今的整体格局实行保护。

目前，在新农村建设及美丽乡村建设的大背景下，相关传统村落往往急于求成，而忽视了对传统村落最根本的特征文脉的理解，保护结果往往形成了“千村一面”的尴尬局面。

传统村落保护规划的制订，要从整体村落特色延续和细部的环境整治两方面加以考虑：

（1）宏观上，传统村落建筑格局、群体和建筑形式、类型乃至自然环境是村落特色中不可分割的部分，规划设计也应在理解其特征要义的基础上制订。

（2）微观上，建筑材料、街道设施、农田水利，甚至包括施工质量都应列入考虑的范畴，从而保护村落的总体布局、结构，保持农业生产、生产生活空间的合理布局，保障村落在建筑、经济及社会各领域的协调发展。

（二）传统村落土地利用规划

由于涉及资金运作，传统建筑以及文物保护、村落风貌维系等内容需要综合调整，需要对实际情况进行调查，首先必须明确村落的土地用途，建筑物的用途、结构、形式风格，以及所有权性质、关系等现状，然后制订相应的保护规划。传统村落土地利用规划最核心内容是用地发展方向和土地使用调整，其他内容如用地规模预测与控制、功能定位、功能分区和布局等均以此为基准规划，以下对这两项分别论述。

（1）用地发展方向

传统村落用地在发展方向选择上，重点是要考虑如何对传统村落整体格局进行尽量全面的保护，所以一般选择对现有格局影响较小的地方。此外，因为保护区内对住房拆建控制严格，所以为了满足村民住房要求应尽量增设新村，减少保护区内人口密度和新建住宅的建设。对新居住用地的选择，很多是将闲置工业用地划为新村发展的预留居住用地，或是将原有废弃地、闲置地利用，要注意与旧村间隔一定距离，以免影响旧村景观。要协调好新村与老村的发展关系。

（2）土地使用调整

传统村落规划编制土地调整的关注重点为两个方面：①土地面积增加的类型。规划土地面积拟增加的常见类型有广场用地、公共用地、停车场、商业金融用地、旅游服务设施用地。广场用地、公共绿地多利用祠堂周边空地、工厂拆迁后的土地，商业金融用地、旅游服务设施用地针对村落旅游发展要求，需考虑展览、陈列馆的增加。②村落空间格局的恢复。对重要建筑的重建，如戏台、庙宇、宗祠、村落入口等，要留出用地。

对历史环境元素的恢复，如水塘的重修，不仅要恢复消防水池的功能，还要使村落格局更完整；将不符合保护要求的建筑拆除或进行功能置换，如将占用重要保护建筑的行政办公场所迁出，加强对工厂、企业建设的控制。同时，保护规划应对布置在保护范围内的生产、储存爆炸性、易燃性、放射性、毒害性、腐蚀性物品的工厂、仓库等，提出迁移方案。

（三）传统村落绿地系统、景观系统与环境保护规划

1. 绿地系统规划

传统村落规划应包括绿化景观的规划内容，可以将绿地系统和景观系统规划内容分开，有的规划会将两者合为一体。绿化内容可分为环境协调区、街道绿化、集中绿地、宅院绿化、特殊要求五类。其中，环境协调区主要是针对山水格局中的山体提出保护要求，特殊要求是针对历史文化村落绿化的特殊要求。绿地系统规划对应图纸为绿地系统规划图。绿地系统规划类型与措施如表24－3所示。

表 24－3　　　　　　　　绿地系统规划类型与措施

规划类型	主要措施
环境协调区	针对村庄农田、果林、山体提出控制要求，与村落整体山水格局相统一，主要是形成环绕村的面状绿化，打造景观轴线和序列，尤其重视对村落入口农田的规划
街道绿化	主要干道的绿化，尤其是规划的主要游线要种植行道树
集中绿地	（1）完善村庄内部的街头、广场、公园绿地，尤其是重要景观节点绿化设计。 （2）“见缝插针”，采用小块绿地集中形式，尽量利用宅前屋后、道路两侧空地
宅院绿化	（1）保护现有庭院绿地。 （2）院落内部的绿化以点状的大树绿化为主。 （3）增加庭院绿化，鼓励居民种植花卉、植物
特殊要求	针对历史文化村落绿化的特殊要求： （1）保护古树的各种措施。 （2）选择本地树种和花卉，采用传统手法栽植

2. 景观系统规划

景观系统规划内容分为水系景观和街巷景观，水系景观是对村落山水格局中的水系提出保护要求，街巷景观则包括公共空间、街巷控制、景观小品。景观系统规划分类与措施如表 24－4 所示。

表 24－4　　　　　　　　景观系统规划分类与措施

景观类别		主要措施
水系景观		（1）河流及沿线的景观规划。 （2）保护水源，控制水质。 （3）疏浚河道。 （4）对水塘的处理，一是恢复水塘结构，重新开挖历史水塘，二是对水塘内植物养殖提出要求
街巷景观	公共空间	（1）规划设计重要景点，尤其是村落中心。 （2）利用空置地，增加公共开放空间。 （3）重要建筑物旁开敞空间的改造
	街巷控制	（1）控制街巷的长度。 （2）控制街巷铺地的材质与样式。 （3）控制街巷两侧界面
	景观小品	建筑小品、街道小品的设计，尽量选择当地特有的或与地域风格相协调的材料与样式

景观系统规划对应的图纸为景观系统规划图，图中主要是将景观系统分区，分析其外界和内部的景观渗透影响，规划景观轴、景观中心、景观控制点的位置。部分重点传统村落规划需要详细的重要景观节点设计图纸，包含详细的平面设计图或是手绘意向图。

3. 环境保护规划

环境保护规划应对保护范围内的污水、废气、噪声、固体废弃物等提出具体治理措施，这些措施也大多被列入公共设施或基础设施规划当中。环境保护规划中提出频率较高的措施如下：

（1）加强对周边林地、耕地的保护，禁止随意开发，禁止任何单位和个人违法进行建设。

（2）应在水系整体层面统一规划，保护水质。

（3）加强对山体林地的保护，禁止挖山采石，对已开挖山体做好复绿工作。

（4）明确生态建筑相关内容。

（5）明确垃圾处理方式和污染治理要求。

（四）道路交通规划

此部分对应的图纸为道路交通规划图，在图上对过境交通、车行道路、步行道路、停车场、主要人流集散点等进行分析。综合内容主要有以下方面。

1. 规划目标和原则

规划目标和原则归纳为以下三点：

（1）保护村落原有的空间格局和比例尺度。

（2）尊重村落原有的历史性土地划分和交通模式。

（3）充分保证村落内外应有的交通可达性，切实提高村民生活质量和促进旅游发展。

2. 区域及村落对外交通

区域及村落对外交通主要有三部分的内容：

（1）道路调整，主要是过境交通的调整，减少对保护区的影响，这个问题在靠近城市建设用地的乡村尤为凸显。

（2）路基宽度和路面形式要求，路基宽度应严格执行《公路工程技术标准》；路面规划有水泥地、柏油路面、弹石路面。

（3）交通标志，主要是提出要增加引导标志，方便游客出入。

3. 村落内部车行交通

村落内部车行交通归纳有三部分内容：

（1）关于道路宽度和路面形式、标高要求，此类道路宽度为4～7米，路面主要有青石板路面、卵石路面，路面标高低于两侧建筑 0.3 米。

（2）规划主次车行交通，形成回路系统。

（3）车辆限行，传统村落规划将核心保护区列为车辆禁行区域，在核心保护区外形成环形的车行系统，其次是将某路段设为车辆限制区域。《历史文化名城名镇名村保护规划编制要求（试行）》中对交通规划的仅有要求为“保护范围内要控制机动车交通，交通性干道不应穿越保护范围，交通环境的改善不宜改变原有街巷的宽度和尺度”，与此点对应。

4. 村落内部巷道

关于村落内部巷道的常见内容有两部分：

（1）巷道宽度和路面形式要求。此类巷道宽度为 1.5 ~4 米，路面为青石板路面或卵石路面。

（2）原有风貌的保护与完善。主要措施有严禁拓宽规划确定的风貌保护街巷，保护风貌特色及空间尺度，如对已浇注了水泥的街巷，建议恢复青石板路面，打通各户、各院之间堵塞的街巷、门户、院墙，形成完整的步行系统。

5. 游览线路规划

对进行旅游开发的金华市传统村落，需要制订游览路线规划，除规划传统村落内部道路交通系统外，还需要规划慢行游步道、登山道、骑行道等。

6. 消防交通规划

可将传统村落内主要车行道路作为消防通道，或设置步行道宽度不小于 4 米，在紧急情况下作为消防车道使用。

7. 停车场、码头等交通设施规划

不在核心保护区内设置停车场，选择在传统村落入口、风貌较差地段、准备拆除的工业用地、新村设置。此外，发展旅游业的传统村落旅游车辆停车场和村民自用停车场分开，设置小规模停车场地以供村民停放摩托车、自行车、小型农机车辆。《传统村落保护发展规划编制基本要求（试行）》中提出要规划公交车站位置。

8. 公共服务设施规划

公共服务设施规划内容需要在传统村落规划中开展。《历史文化名城名镇名村保护规划编制要求（试行）》只简单提出要有改善公共服务设施的规划方案。对传统村落公共服务设施改善的重点包括：①对祖宅、宗祠等重要公共建筑的利用。可设置各种活动室，作为公共集会和祭祀等活动的场所。②对旅游服务配套设施的添加，包括旅游停车、商贸等方面。

（五）基础设施规划

传统村落市政工程设施规划内容，包括给水工程规划，排水工程规划，雨水、污水工程规划，电力电信工程规划，综合防灾规划，环卫设施工程规划，供电规划，燃气工程规划。

《历史文化名城名镇名村保护规划编制要求（试行）》中针对此项内容有三点要求：

（1）保护范围内市政设施，应考虑街巷的传统风貌，要采用新技术、新方法，保障安全和基本使用功能。

（2）对常规消防车辆无法通行的街巷提出特殊消防措施，对以木质材料为主的建筑应制定合理的防火安全措施。

（3）保护规划应当合理提高历史文化名镇名村的防洪能力，采取工程措施和非工程措施相结合的防洪工程改善措施。

（六）旅游规划

《历史文化名城名镇名村保护规划编制要求（试行）》中对旅游规划未提及，《传统村落保护发展规划编制基本要求（试行）》中只简单提到一句“可能的旅游线路组织”，相关内容大致分为两类：

第一类是旅游策划类，包括旅游发展现状概况与分析、旅游市场分析、旅游发展定位和发展目标、旅游产品形象和主题定位策划、旅游发展策略。

第二类是旅游规划类，包括旅游容量预测、旅游规划结构和分区、旅游交通规划、旅游项目和景点的开发、旅游服务设施规划、旅游开发模式。旅游交通规划包括旅游线路设计，即车行、步行游路主线和支线及停车场设置。旅游项目和景点的开发包括旅游规划要素设计，即主要游览点设置。旅游服务设施规划包括公共服务设施，景区管理设施，游客休憩设施，住宿、餐饮和集中购物设施，标识、标牌设施等规划设计。

四、传统村落日常生活质量的保护

（一）居民人口调控

根据传统村落的定位和发展旅游业、节约用地的需要，适当控制传统村落的人口规模，降低现有历史建筑内人口居住密度，对居住其中的部分人口根据其意愿，让其自主选择是否继续留在传统村落居住或者由政府引导至新的村民居住地，对传统村落的住户给予相应的资金与政策的补偿。

1. 居民调控对策

根据保护需要，分类控制居民建筑内的人口密度，对人口密度过大的居住建筑中的部分人口实施搬迁措施；将搬迁人口集中安置于建设控制地带之外的规划安置点；调整建设控制地带内居民点向建设控制地带外发展，控制人口密度，净化和整治景观风貌；合理安排保护区内居民点的布局和土地利用，改善环境与基础设施，提高居民生活质量；以保护区生态环境容量测算，作为保护区居住人口密度调控依据。

2. 居民点调控

根据保护规划，将居民点调控划分为三种类型，即搬迁型、控制型、缩小型，针对三种类型分别提出不同的调控策略。

（1）人口外迁

外迁的主要原因是当前传统村落内部居住拥挤，在人口过密的情况下，地价和租金上涨，使建筑所有者通过出租和出让房屋获得经济收益，同时搬到传统村落外面居住，这是在传统村落内自发的人口迁移现象中普遍存在的。从传统文化的延续来说，原有居民的迁出可能会对传统村落习俗、氛围产生影响，由此引发的传统生活的无法延续问题值得相关部门注意。与此相反的则是在村落环境及居住条件改善后，部分外迁的居民开始逐渐回迁，不仅增强了村落的活力，而且有利于传统村落风俗及村落形态的延续。

因此，在传统村落的有机更新过程中，应当遵循生活延续性的原则，特别是以居住为主的传统村落，应适当控制原住人口的外迁，特别是那些上了年纪的人，他们是村落历史的口头传诵者，“落叶归根”思想也使他们若无特殊情况则不愿意搬迁。若有需要，则应鼓励青年人外迁。但从现实意义上说，搬迁所需的补偿性资金等对大部分村落来说尚无法落实。

（2）拆迁安置

采取异地定点安置的方法，虽然简化了建筑产权错综复杂的关系，降低了保护和更新的难度，但其最大的缺点是丧失了村落内部的传统生活方式，改变了原有的传统村容村貌，这种客观政策等原因导致的行为应尽量避免。

（3）建筑产权

由于历史因素，不完善的建筑产权难以再分配，传统村落的部分房产所有权不明，甚至如祠堂等产权呈现公私不分的混乱局面。在传统村落保护过程中，居民也日益认识到传统建筑及传统村落的重要价值。在对金华市传统村落保护与利用中，传统村落中的公共建筑和历史建筑的产权关系、居民与政府之间的权属关系必须明确，同时，村民不仅仅是获得居住使用权，也需要按照规定履行房屋维护和修缮的义务，通过政府部门的技术指导和资金补偿，以更好地维护传统建筑。

（二）居住质量的有机更新

1. 传统村落居住质量

改善居住质量既包括改善住宅，也包括通过规划设计和建设来改善和提高乡村居住环境的质量。因此，对当前金华市传统村落来说，对其村落居住环境的改善更容易形成祥和、安全、健康、便捷的人居环境，从而提高传统村落的居住质量。

2. 传统村落保护与更新方式

当前，对于维系着丰富历史文化精髓的传统村落的保护与更新有两种方式：

（1）剥离式。剥离式是指抽取传统建筑中的生产生活内容，只保留其外在的物质外壳的方式，如现在很流行的仿古一条街、民族村等。但这种方式的弊端是村落往往为了短期的投资利益回报，致使商业气息太浓，外在的物质外壳虽具有传统建筑的“形”，但失去了发展了上百年的传统民居的“神”。同时，由于其建筑功能的改变，原有的生活方式被阻碍，原本反映地方独特文化传统的生活氛围变成了单独的器物展示和风俗表演，那些作为地方文化所特有的生活要素被减弱甚至消除了。

（2）整合式。整合式则是村落试图利用历史地段的历史背景，通过新建筑与旧建筑及环境设施的融合来达到一种氛围的一致的方式。

（三）传统村落更新的实践探索

传统村落更新的实践主要有三种：整旧如旧，以存其真；重塑旧颜，延续文脉；旧貌新颜，古为今用。

（四）公共空间的有机更新

理想的传统村落应该是既保存旧有的街巷空间形态，又延续村落充沛的生命力的居住行为。随着现代化生活各项功能的渐渐介入，应完善符合现代化生活机制的公共服务设施，并结合传统建筑物旧有的立面风貌，完善建筑物内部与现代生活相符合的各项设施，而非单纯地恢复其历史面貌，应充分关注居民生活的适宜性与舒适性，这样才能使传统村落生活能够延续。

几百年来，在传统村落基址上形成的路网、水系、用地划分、街巷空间是在实际生活中逐渐发展而来的，自然会与整体风貌和自然环境和谐共存。从传统村落人口的构成来说，村民大都由同根同族发展而来，相较于居民来源复杂的城市社区，传统村落内更易于形成一种自觉的集体凝聚意识。人们的沟通与交往、家族的荣誉感以及认同感，人们易于建立亲密的邻里关系，从而超越城市居民间的冷漠感。因此，更应该创造出适宜人们交往的公共空间场所。

传统村落公共空间保护与利用，主要基于居民生活需要的满足：

（1）从村落的实际性质出发，公共空间不必太大，应考虑人的行为尺度。

（2）添加适宜老人和小孩活动的场所和设施。

（3）铺设具有乡土特征的透水路面，如沙石或草地，这样的路面维护方便，成本低廉。

（4）在村口及村委会前设置小广场或告示栏，广场空间能够满足集体活动。

（5）人车分离，保证居民安全、不受干扰。

公共空间诸如祠堂、村口等是为村民提供的休憩、活动、交流的场所，能够维系村民感情，并加强村民的地区认同感。要加强传统街巷空间环境改善，管制公共空间的私人占用，促进生活街道的多元使用，让传统街巷空间成为公共生活空间及活动场所。

五、传统村落历史文化遗产是产业发展的重要基础

传统村落留下的残垣断壁能够产生独特的意义。在经济相对发达的欧洲乡村地区，就是利用已有的自然和历史文化资源，依据可持续发展的原则，发展特色产业，从而创造就业机会，提高经济收入，减少村落的人口流失。金华市传统村落所拥有的历史文化遗产同样可以为产业发展提供基础，增强传统村落的凝聚力，使用自然资源和文化资源可以带动整个区域的发展，产生长期的发展效益，为改善传统村落居民生活环境发挥重要作用。

六、处理好旅游开发与传统村落保护之间的关系

传统村落以旅游开发为主导是可以取得长久效益的，但旅游开发与村落保护的关系则最需要得到保障，两者是相辅相成的关系。只有建立在基于保护层面的有机更新，才能深化地方历史风情、风貌及美学价值，这样才能使人们身临其境地理解村落具体的特性之源。合理开发旅游资源，对旅游开发和文化展示中的历史文物和重要历史建筑要进行环境生态承载量评估，避免造成开发性破坏。

金华市传统村落旅游开发必须要融入区域旅游发展环境，通过村落形象设计与营销，加强传统村落的认同感，让更多民众了解维护传统村落文化价值与环境质量的重要性。只有选取适当的传统村落旅游开发项目，依托周边旅游资源形成联动开发，才能发挥它的优势。

第二十五章　金华市传统村落非物质文化遗产保护措施

一、传统村落非物质文化遗产类型与特征

《保护非物质文化遗产公约》将非物质文化遗产定义为：被各社区、群体，有时是个人，视为其文化遗产组成部分的各种社会实践、观念表述、表现形式、知识、技能以及相关的工具、实物、手工艺品和文化场所。

（一）传统村落非物质文化遗产类型划分方法

国务院参考国际惯例，结合国内学者及专家对非物质文化遗产的解读，于 2006 年公布了第一批国家级非物质文化遗产名录，并将非物质文化遗产分为目前所公认的十大类，即民间文学、民间音乐、民间舞蹈、传统戏剧、曲艺、杂技与竞技、民间美术、传统手工技艺、传统医药、民俗。

（二）传统村落非物质文化遗产的特征

非物质文化遗产的“非物质性”是相对于物质文化遗产而言的，是区别于物质文化遗产的独特之处，是相对物质文化遗产表现出来的特色。传统村落非物质文化遗产主要具有以下几种特点。

（1）非物质性与物质性。非物质文化遗产与物质文化遗产之间最本质的区别就在于非物质文化遗产的非物质性。物质文化遗产是历史文化的物质载体，是由某种物质材料创造并制作的，是有形的东西。非物质文化遗产的存在形态和物质文化遗产的是完全不同的，它是非物质的、无形的。然而，非物质文化遗产的“物质”形态也不容忽视。直观且具体的“物质”形态是我们认识并感受非物质文化遗产的重要渠道，也是确保非物质文化遗产能够传承不可或缺的要素。非物质文化遗产不能简单与物质文化遗产保存画等号，但是其保护又不能够离开物品的展示与证明。况且，传承人本身就是非物质文化遗产的物质载体的一种高级形式。认识到非物质文化遗产所具有的“物质”形态，对于我国进行非物质文化遗产保护工作意义重大。

（2）活态性与传承性。非物质文化遗产属于人类行为活动，必须要借助人的行为、活动来动态地且直接地体现，这种动态性表现在非物质文化遗产的整个存在过程当中，是与静态文物的明显区别。

非物质文化遗产中的传说、表述、表演和传统手工艺技能的操作者，是非物质文化遗产“活态”文化创造的主体，具有很大的能动性，处于“活态”文化的核心地位。他们在不同的时间、不同的地点、不同的场景或场次的表演、表述与技能操作，都可能是不同的阐述，都是一种新的创造。同样的戏曲剧目，不同的剧种表演之间会有所差别，即使是同一剧种的不同表演者，其面部表情、姿势、唱腔、念白、体态、手势或唱、念、做、打，也会不同，于是便形成丰富多样的表演流派。同时，这些表演、表述会随着不同时间、不同场景或场次、不同地点等发生新的变化。时代的发展、社会的进步，对于表演、表述等都会有不同程度的影响，从而使其呈现不同的面貌。“活态性”是非物质文化遗产的重要特征之一，是其生命线，是非物质文化遗产的最本质状态。

同时，非物质文化遗产能够流传至今，其本身的可传承性功不可没。依靠模仿学习、口传心授等方式，老一辈的艺术表演家们将各种技能、习惯及行为传承给下一代，从而实现该类非物质文化遗产的不断延续，使后人能够获取和解读过去人们的行为特征、思想观念和生活习惯等信息。

（3）群体性与地域性。非物质文化遗产由群体创作，在该群体生活的地域内广泛流传并延续，最终融为当地文化传统的一部分。这里所说的群体是指以一定方式聚居的人群。

地域性是指非物质文化遗产所具有的地区特色。非物质文化遗产与所在地域之间关系非常密切，不同地域人群的人文环境、价值观等因素的不同导致了不同地域间非物质文化遗产项目的差别，甚至同样的非物质文化遗产项目，在不同的地域，表现出来的特点也有所不同。

（4）可接受性。可接受性是从非物质文化遗产的传承方面来讲的，即非物质文化遗产可以被共同体、群体与个人所接受。非物质文化遗产由一定的共同体、群体或个人创造，是对自然界认知的表达，是共同体、群体与个人情感的一种表达与表现形式，也是对主观、客观世界认知的实践。这些表达与实践只有通过共同体内成员的认可，引发人们文化价值上的认同与情感上的共鸣，并被共同体或个人接受之后，才可以成为民族文化财产。反之，如果该非物质文化遗产不具有可接受性，其无形的文化价值也就得不到认可，不能够引起人们情感上的共鸣与文化价值上的认同，那非物质文化遗产就失去了生命力，也就失去了传承价值。

二、传统村落非物质文化遗产保护存在的问题

1. 政府对传统村落非物质文化遗产普查力度不够

由于传统村落民间文化历史悠久、种类繁多，政府部门的普查工作力度不大，导致对非物质文化遗产整体状况、存在种类、数量和消失的状况认识不清，缺乏深入和广泛的了解。规划组在调研中发现传统村落普遍对自身所拥有的非物质文化遗产不够了解。规划组在对金华市各级非物质文化遗产分类与统计分析中发现，金华市传统村落非物质文化遗产较为丰富。金华市各级政府需要加大对传统村落非物质文化遗产普查的力度，深度挖掘传统村落非物质文化遗产资源。

2. 保护非物质文化遗产的观念滞后，资金技术缺乏，对非物质文化遗产的价值缺乏正确的开发利用

由于对非物质文化遗产的保护工作未纳入金华市国民经济和社会发展总体规划，与保护相关的一系列问题得不到系统性解决，保护标准和目标管理以及收集、整理、调查、记录、建档、展示、利用等工作相对薄弱，保护、管理资金不足。

观念滞后表现在：

（1）轻视或忽视民间文化在传统村落主流文化中的地位和作用。

（2）在认识和实践及法制建设中，“文化遗产”被“文物”所取代，“文物”保护被等同于对整个文化遗产的保护，从而使非物质文化遗产的保护得不到足够重视。

（3）认为非物质文化遗产的消失是一种客观必然，主张任其自生自灭，无须保护。

（4）认为目前国家财力有限，无暇顾及，等经济高度发达后，再进行保护。

这些认识上的偏差对有效开展传统村落中的非物质文化遗产的保护工作产生了严重的影响。

3. 非物质文化遗产缺乏法律保护依据

现有的《文物保护法》只是将有形文化遗产列入保护范围，对非物质文化遗产，既没有科学的界定和权威的说明，也未能列入该法的保护之下。虽然少数地方出台了地方性法规，但仍不能适应非物质文化遗产保护的需要。

非物质文化遗产是金华市传统村落保护与利用的重要对象，也是金华市传统村落重要的资源，需要制定相应的传统村落非物质文化遗产保护与利用政策，加大对传统村落非物质文化遗产的保护力度，并加大开发与利用力度。

4. 缺乏非物质文化遗产的教育及人才的培养，传承渠道不畅

教育领域对非物质文化遗产缺乏重视和价值认知，教育与非物质化遗产保护、传承脱节。我国大学中与非物质文化遗产相关的学科极度缺乏，不能培养提供保护非物质文化遗产所需的社会人才。年青一代的公民越来越远离本民族的传统文化，生活在充斥着选秀、圣诞节等“快餐文化”和“洋节”的环境中，而丧失了对民族文化的关注与热爱，中华民族5000多年绵延不断的民族民间文化将面临断裂的危险。

目前，金华市各类非物质文化遗产传承基地、保护基地构建具有一定基础，但这些基地普遍依托学校、企业等，只有极少数依托传统村落。因此，金华市迫切需要在中国历史文化名村、浙江省历史文化名村、中国传统村落及其他重要传统村落建立各类非物质文化遗产传承与教育基地。

三、传统村落非物质文化遗产保护原则

为有效地对金华市传统村落中的非物质文化遗产进行保护，应坚持以下原则：

（1）坚持多样性原则，尊重非物质文化遗产的民族特性。文化是一个民族生存、延续、发展的内在动力，是一个民族的重要特征，是民族构成的基本要素。金华市传统村落中非物质文化遗产类型多样，也具有鲜明的地域特征与民族特性。

（2）坚持区别对待原则。非物质文化遗产的保护不是不加区别的盲目保护。文化的产生、发展、消亡都有一个过程。在此过程中，必然良莠不齐，甚至沉渣泛起。这是文化发展的规律。对于非物质文化遗产的保护，不能一味强调保护而忽略了糟粕。这是不辨良莠的盲目复古，是有悖于保护的宗旨的。对非物质文化遗产的保护，是要使其中优秀的部分与中国特色社会主义相适应。因此，对于那些糟粕，必须进行科学分析并予以剔除；对于那些优秀内容，则应大力发展。

（3）坚持发展性原则。非物质文化遗产的保护不是主张一成不变。文化总有其存在的客观条件。当一种文化赖以存在的客观条件发生变化后，这种文化就必然会发生变化。事实上，文化本身就是不断发展、不断创新的结果。金华市传统村落中的各种文化大都形成于农业社会，如果一成不变，就难以适应现代社会的发展要求。因此，对非物质文化遗产最好的保护就是利用。传统村落需要在加大非物质文化遗产保护的基础上，加大对非物质文化遗产的利用与开发力度，使其在传统村落旅游开发中起到重要作用，让传统村落中的非物质文化遗产得到充分利用，并体现其应有的价值。

（4）坚持原真性原则。1964 年的《威尼斯宪章》明确了原真性原则，强调将文化遗产真实地、完整地传承下去是我们的责任。原真性主要体现在内容、形式和环境等方面。当前，对非物质文化遗产的内容和形式的破坏屡屡发生。非物质文化遗产产生于民间，存在于民间，是特定区域的民众生产生活及其精神世界的一部分，只有在特定的环境中，才能得以存在和发展。

四、传统村落非物质文化遗产保护对策

金华市传统村落中非物质文化遗产保护对策主要有：

（1）加强非物质文化遗产的法律、规划、政策保护。立法保护是国际社会保护文化遗产的通常做法，也是最有效的手段之一。1889 年，突尼斯颁布《文学和艺术产权法，用法律来保护民间文学艺术》；1950 年，日本颁布《文化财保护法》；1960 年，韩国实行《无形文化财保护法》；1976 年，美国制定了《民俗保护法案》。现在世界上以知识产权法保护民间文学艺术的国家已有 50 个左右。当然，我国对非物质文化遗产保护的立法工作已逐步展开。1997 年，国务院出台《传统工艺美术保护条例》。2002 年 8 月，《中华人民共和国民族民间文化保护法》的建议稿出台。2003 年，原文化部主持起草《民族民间传统文化保护法（草案）》。次年，在全国人民代表大会专门委员会的建议下，该草案更名为《中华人民共和国非物质文化遗产保护法》。2005 年 3 月，国务院颁发了《关于加强我国非物质文化遗产保护工作的意见》，这是国家最高行政机关首次就我国非物质文化遗产保护工作发布的权威指导意见。2011 年，中华人民共和国第十一届全国人民代表大会常务委员会第十九次会议通过《中华人民共和国非物质文化遗产法》。2007 年 5 月，浙江省第十届人民代表大会常务委员会第三十二次会议通过《浙江省非物质文化遗产保护条例》。相关部门依托这些法律、法规，制定金华市传统村落非物质文化遗产保护与利用方面的政策、制度等，以指导金华市传统村落非物质文化遗产合理有序保护与利用。

（2）加强非物质文化遗产的开发，以开发促进保护。文化的保护与开发是紧密联系、相互制约的。没有保护，就失去了可供开发的文化资源；没有开发，原有文化就难以适应社会发展，也就得不到较好的保护。因此，适度开发也是一种保护，并且是一种有效的保护。非物质文化遗产具有深厚的文化底蕴，对人们有着强烈的吸引力，蕴藏着巨大的社会效益与经济效益。一是可以借助传统村落中的民俗节日发展旅游业；二是可以挖掘有直接开发价值的物质产品，如服饰、工艺品、药品等；三是可以开发各民族的传统表演艺术。

（3）加强对金华市传统村落非物质文化遗产的宣传。金华市传统村落中的非物质文化遗产较为丰富，需要组织专门力量对金华市传统村落中的非物质文化遗产进行资料收集、整理、挖掘与整体宣传。

（4）加强金华市传统村落文化生态区与文化生态博物馆建设。传统村落文化生态博物馆就是将金华市传统村落中的物质和精神文化与其相宜的生态环境结合起来，作为一个文化整体来保护和展现。这种保护，实际上是对文化生态的保护，使文化遗产在适宜的环境中得以原汁原味地保存，从而成为“活文化”。

（5）大力培养金华市传统村落中的各类传承人，在传统村落中建立各类非物质文化遗产传承与教育基地。非物质文化遗产最大的特点就是与传承人紧密联系在一起，只有通过传承人的复述、表演、制作，人们才能感受到非物质文化遗产的存在。因此，保护、培养传统村落中的非物质文化遗产传承人，在传统村落中建立非物质文化遗产传承与教育基地是非物质文化遗产保护的关键。制定相关法律法规，将金华市传统村落中那些在工艺技术上或表演艺术上有绝技、绝活的老艺人认定为“人间国宝”，并拨出可观的专项资金，录制、保存其作品资料，资助其培养传人，改善其生活和从艺条件。不仅国家对“人间国宝”在经济上给予不菲的补助，在税收等制度上给予优惠，各民间专业协会、社会团体也被吸引进来合力赞助。这一认定和保护体制受到联合国教科文组织的鼓励，目前已在韩国、泰国、菲律宾和法国等国家得到推广。

（6）加强对金华市传统村落中非物质文化遗产从艺人员的普查，健全金华市传统村落非物质文化遗产从艺人员档案。当前，金华市传统村落中一些珍稀非物质文化遗产因传承乏人而濒临消失，如果不加紧抢救保护，这些曾产生广泛影响的文化遗产将很快消失。为此，我们要通过鼓励老艺人带徒授艺、举办培训班等方式加强传承人的培养。在条件具备的地区，还可以引进课堂。有关部门应尽快启动对金华市传统村落中的非物质文化遗产传承人进行普查，健全金华市传统村落非物质文化遗产传承人档案，对他们的劳动和贡献予以充分肯定，给予相应的物质和精神鼓励，并在生活上适当帮助。

（7）借助现代技术，加强金华市传统村落中非物质文化遗产的整理和研究。1979 年的国家重大项目“十部中国民族民间文艺集成志书”，调动了十几万名文化工作者，对浩繁的文化遗产进行了第一次全面的普查和抢救，保存了大量基础资料。金华市传统村落中的非物质文化遗产资源丰富，迫切需要设立专项资金，专门对金华市传统村落中的非物质文化遗产的记录和整理工作提供支持。

五、传统村落非物质文化遗产保护措施

（一）对于传统村落中的非物质文化遗产保护的要求和措施

（1）分级保护：根据非物质文化遗产调查与特征分析，按其传承程度划分为良好、一般、濒危三个等级，作为制定相关保护措施的依据。

（2）场所保护：对非物质文化遗产的传承场所，包括场所的主要线路、建筑、空间进行保护，不应随意占用、变更。

（3）实物与原材料保护：对于需要相关原材料进行传承的非物质文化遗产，应对保障相关原材料的生产、制作、储存等提出相应的规划措施，以保障传统的材料、技艺能够继续传承。

（4）传承人的保护：应对非物质文化遗产传承人、具有传统技能的工匠、手工艺者等予以政策、资金上的支持。

（5）设立非物质文化遗产传承馆、传承与教育基地：为开展非物质文化遗产的整理、研究、学术交流和非物质文化遗产代表性项目的宣传、展示，应对有关实物进行保护，在适当地点设立非物质文化遗产传承场所或展示设施、传承与教育基地等。

（6）非物质文化遗产场所、路线保护规划图等规划成果保护：对于传统文化的保护与利用包括对非物质文化遗产的传承人、传承场所、有关实物与相关原材料的保护，以及管理与扶持、研究与宣教等的规定与措施。

对传统文化空间、线路的保护，规划应对属于传统村落的民俗节庆以及承载非物质文化遗产的文化空间、场地、活动线路进行系统研究，包括节日期间如何形成庆典气氛、场地氛围与自然及人工环境之间有何关联、节庆场地在平常如何使用与维护等。在此基础上，提出文化空间、线路保护和利用的要求和措施。应避免随意扩大或压缩文化空间、随意将节庆场地硬化、简单模仿邻近村落、传统文化商业化等行为。

（二）非物质文化遗产的保护方式

1. 抢救性保护

抢救性保护主要是针对濒危的非物质文化遗产项目。针对这类遗产的保护方式有：

（1）抢救性记录和保存。支持采取文字、图片、音像、多媒体等方式，真实、全面、系统地记录传统技艺流程、代表剧（节）目、仪式规程等信息，包括资源调查、设备购置、采集记录、数字化加工处理，档案保存、成果出

版等。列入国家级非物质文化遗产代表性传承人抢救性记录工程和非物质文化遗产数字化管理系统试点的项目，主管部门应补助经费，优先支持。

（2）传承工作。非物质文化遗产的传承工作包括租赁传承场所、购置传承设备、举办培训、师带徒、职业教育、班社剧团传承、复排剧目、编写教材等。

2. 生产性保护

针对传统技艺、传统美术、传统药物等炮制类非遗名录项目进行生产性保护，在金华市相关传统村落中建立非物质文化遗产生产性保护基地。

3. 社会性保护

针对传统节日、传统仪式类遗产，在金华市相关传统村落中举办旅游节庆活动。

4. 传承性保护

针对金华市传统村落中的民间文学、传统音乐、传统舞蹈、传统戏剧、传统曲艺等遗产项目（基本都是非营利或少营利的，缺乏必要的资金支撑，传承动力较低）开展非物质文化遗产传承与教育基地。

5. 存档及数字化保护

针对所有非物质文化遗产项目及相关背景材料，采取以下措施：

（1）开展金华市传统村落非物质文化遗产普查；

（2）建立金华市传统村落非物质文化遗产四级名录体系；

（3）评定非物质文化遗产传承人等级；

（4）收藏与展示金华市传统村落中的非物质文化遗产成果；

（5）建立金华市传统村落非物质文化遗产资料库、数据库；

（6）确立金华市传统村落非物质文化遗产传承人口述史调查制度。

加快建设金华市传统村落非物质文化遗产信息系统与数据库，并构建金华市传统村落非物质文化遗产网站：

（1）加快建设金华市传统村落非物质文化遗产信息系统，为传统村落保护规划提供理论指导和信息支撑。同时，要积极构建网络数字平台，以音频、视频等方式宣传和记录非物质文化遗产，为广大群众和规划人员提供一个交流、学习、信息获取的共享平台。

（2）构建金华市传统村落非物质文化遗产网站。非物质文化遗产类型主要包括民间传说、传统技艺、民俗、传统戏剧、曲艺等，其保护规划要求建立非物质文化遗产档案，建立金华市传统村落宣传网站，运用新闻、出版物、广告等宣传金华市传统村落中的物质文化遗产和非物质文化遗产，让更多的人全面了解金华市传统村落的历史文化魅力。

（3）建立金华市传统村落保护规划数据库。全面记录金华市传统村落中的社会经济状况、历史文化背景、自然地理环境、村落建筑特点、布局和非物质文化遗产历史信息。通过数据库的建立，方便群众和相关专业人员准确、快捷地获取所需要的信息，提高金华市传统村落保护效率和数字化水平。

6. 保护非物质文化遗产的物质载体、传承人文空间

金华市传统村落中的非物质文化遗产需要借助一定的载体将其有形化，因此，应加强金华市传统村落中非物质文化遗产物质载体及其生存环境的保护。非物质文化遗产是有生命的文化，其传承离不开人，多靠口头相传，因此也应保护传承人，并提供文化遗产的传承文化空间。

（1）针对金华木雕传承（该类非物质文化遗产在金华市传统村落中历史悠久，有近 20 个金华市传统村落中拥有该类非物质文化遗产），具体的保护措施有：

①建立遗产展示场所：建设展览馆、文化展示园，通过文字、图片、语言、技艺传授等形式对金华木雕类非物质文化遗产进行保护、发扬。

②开设技艺培训：木雕雕刻精美、工艺精湛，制作技艺应得到传承，对遗留的木刻匾额进行修复的同时，开设木雕工艺培训，使更多的人亲自体会金华木雕文化。

（2）针对金华市传统村落中的地方戏剧、民间歌舞等，具体保护措施为开办民艺剧场。民艺剧场为地方戏剧、民间歌舞提供了一个极好的展示空间，不仅使非物质文化遗产有了传播和发扬的场所，也丰富了村民和游客的生活内容。

（3）恢复街道功能：传统街道是该类传统村落的特色空间，也是村民的聚会场所，要恢复该类街区的原始商业功能，重塑街巷活力。

（4）建立展馆传承方式：将传统建筑改造为历史文化展馆，村内的非物质文化遗产以文字、录音、录像等方式进行展示，传播古村历史文化。

（5）建立家庭传承方式：鼓励非物质文化遗产的家庭传承，通过财政补贴、代销合作等方式，促进地方手工艺制作，开发旅游商品，并设立专门的文化产品展示空间。

第五篇

金华市传统村落利用规划

第二十六章　金华市传统村落利用现状与产业基础

一、旅游开发状况

根据旅游开发程度，本章将金华市传统村落分为旅游开发程度高、旅游开发程度中等、旅游开发程度低或无旅游开发三种类型。

（1）旅游开发程度高的传统村落。这类传统村落大部分传统风貌保存较好、文物古迹较多、政府投入开发较早，开发已进入正轨，村内历史文化建筑得到维护，村庄环境得到整治，传统村落品牌逐渐打响，传统村落旅游开发起到了很好的示范作用。

（2）旅游开发程度中等的传统村落。随着近几年传统村落旅游的兴起，一些传统村落也开始挖掘自身的历史文化遗产，当地政府逐渐提高了保护的意识，并将传统村落空间保护作为保护的前站，这有利于传统文化的延续，也有利于随后的文化旅游产业发展。但总体上，该类传统村落旅游开发程度处于中等阶段，旅游接待人次尚未形成规模，旅游经济发展水平较低。

（3）旅游开发程度低或无旅游开发的传统村落。这类传统村落的特点：①传统空间相对衰败或空间萎缩；②政府对于这类传统村落的空间整治以保护为主要目的，旅游开发还未步入正轨。该类传统村落尚未具备旅游接待能力，前来观光游览的旅游者处于零散阶段或还没有旅游者到访，旅游经济发展尚未起步。

根据旅游开发程度，本章将金华市传统村落分为五个等级（见表 26 - 1）。“ + ”越多，代表旅游开发程度越高。

表 26 - 1　　金华市传统村落旅游开发程度等级

区（市、县）	传统村落	利用现状	旅游开发程度
婺城区	雅畈镇石楠塘村	居住为主，无旅游及商业开发	+
	雅畈镇二村、三村	居住为主，兼具商用，正在开展旅游开发	+ +

续　表

区（市、县）	传统村落	利用现状	旅游开发程度
婺城区	安地镇山道村	居住为主，无旅游开发	+
	长山乡三村	居住为主，无旅游开发	+
	塔石乡上阳村	居住为主，无旅游开发	+
	塔石乡珊瑚村	居住为主，有少量旅游开发	+ +
	塔石乡塘头村	居住为主，无旅游开发	+
	开发区汤溪镇鸽坞塔村	居住为主，无旅游开发	+
	开发区汤溪镇中戴村	居住为主，无旅游开发	+
	汤溪镇寺平村	居住为主，旅游开发程度较高	+ + + + +
	汤溪镇上镜村	居住为主，无旅游开发	+
	洋埠镇湖前村	居住为主，无旅游开发	+
	罗埠镇上潘村	居住为主，无旅游开发	+
	安地镇安地村	居住为主，无旅游开发	+
	蒋堂镇下尹村	居住为主，无旅游开发	+
	琅琊镇上盛村	居住为主，无旅游开发	+
	乾西乡雅宅村	居住为主，无旅游开发	+
	沙畈乡高儒村	居住为主，无旅游开发	+
	塔石乡岱上村	居住为主，无旅游开发	+
	塔石乡塔石村	居住为主，无旅游开发	+
金东区	傅村镇山头下村	居住为主，兼具旅游开发	+ + + +
	傅村镇畈田蒋村	居住为主，兼具旅游开发	+ + + +
	源东乡长塘徐村	居住为主，无旅游开发	+
	源东乡东叶村	居住为主，无旅游开发	+
	曹宅镇曹宅村	居住为主，无旅游开发	+

续 表

区（市、县）	传统村落	利用现状	旅游开发程度
金东区	赤松镇老石桥村	无居民居住，正在进行旅游开发	+ + +
	赤松镇仙桥村	居住为主，少部分商业开发，正在进行旅游开发	+ +
	赤松镇王宅村	居住为主，无旅游开发	+
	澧浦镇琐园村	居住为主，兼具旅游开发	+ + + + +
	澧浦镇蒲塘村	居住为主，兼具旅游开发	+ +
	塘雅镇前溪边村	居住为主，无旅游开发	+
	岭下镇岭五村	居住为主，大量商业开发，正在进行旅游开发	+ + + +
	岭下镇后溪村	居住为主，无旅游开发	+
	江东镇雅湖村	居住为主，无旅游开发	+
	孝顺镇中柔村	居住为主，无旅游开发	+
	孝顺镇夏宅村	居住为主，无旅游开发	+
	孝顺镇浦口村	居住为主，少量手工业，无旅游开发	+ +
	孝顺镇支家村	居住为主，无旅游开发	+
	赤松镇山口村	居住为主，无旅游开发	+
	赤松镇下潘村	居住为主，少量旅游开发	+ +
	澧浦镇方山村	居住为主，少量旅游开发	+ +
	澧浦镇郑店村	居住为主，少量旅游开发	+ +
兰溪市	永昌街道永昌村	居住为主，少量旅游开发	+ +
	永昌街道社峰村	居住为主，无旅游开发	+
	永昌街道夏李村	居住为主，无旅游开发	+
	水亭乡西姜村	居住为主，无旅游开发	+
	诸葛镇万田村	居住为主，无旅游开发	+
	诸葛镇长乐村	居住为主，兼具旅游开发	+ + + + +
	诸葛镇诸葛村	居住为主，兼具旅游开发	+ + + + +
	兰江街道姚村村	居住为主，少量旅游开发	+ + +

续 表

区（市、县）	传统村落	利用现状	旅游开发程度
兰溪市	黄店镇三泉村	居住为主，无旅游开发	+
	黄店镇上包村	居住为主，无旅游开发	+
	黄店镇桐山后金村	居住为主，无旅游开发	+
	黄店镇芝堰村	居住为主，兼具旅游开发	+ + + + +
	女埠街道虹霓山村	居住为主，无旅游开发	+
	女埠街道埧坦村	居住为主，无旅游开发	+
	女埠街道渡渎村	居住为主，无旅游开发	+
	黄店镇刘家村	居住为主，无旅游开发	+
	黄店镇上唐村	居住为主，无旅游开发	+
	柏社乡洪塘里村	居住为主，无旅游开发	+
	梅江镇塔山村	居住为主，无旅游开发	+
	梅江镇祝宅村	居住为主，无旅游开发	+
	梅江镇梅街头村	居住为主，无旅游开发	+
	横溪镇宋宅村	居住为主，无旅游开发	+
	梅溪镇虞街村	居住为主，无旅游开发	+
浦江县	虞宅乡新光村	居住为主，旅游开发较好	+ + + + +
	檀溪镇潘周家村	居住为主，兼具旅游开发	+ +
	白马镇嵩溪村	居住为主，兼具旅游开发	+ +
	郑宅镇郑宅镇区	居住为主，兼具旅游开发	+ + + +
	黄宅镇古塘村	居住为主，无旅游开发	+
	杭坪镇杭坪村	居住为主，无旅游开发	+
	杭坪镇石宅村	居住为主，无旅游开发	+
	仙华街道登高村	居住为主，无旅游开发	+
	岩头镇礼张村	居住为主，无旅游开发	+
	虞宅乡马岭脚村	居住为主，兼具旅游开发	+ +
东阳市	虎鹿镇蔡宅村	居住为主，兼具旅游开发旅游开发	+ + + +
	巍山镇大爽村	居住为主，无旅游及商业开发	+

续　表

区（市、县）	传统村落	利用现状	旅游开发程度
东阳市	虎鹿镇磨水仓村	居住为主，无旅游及商业开发	+
	虎鹿镇厦程里村	居住为主，无旅游及商业开发	+
	虎鹿镇坞葛村	居住为主，无旅游及商业开发	+
	虎鹿镇西坞村	居住为主，无旅游及商业开发	+
	画水镇天鹅村	居住为主，无旅游及商业开发	+
	画水镇旭光村	居住为主，无旅游及商业开发	+
	李宅镇李宅村	居住为主，有少量旅游开发	+ + +
	马宅镇雅坑村	居住为主，无旅游及商业开发	+
	南马镇上安恬村	居住为主，少量手工业，无旅游开发	+
	巍山镇白坦村	居住为主，有少量旅游开发	+ + +
	巍山镇古渊头村	居住为主，有少量旅游开发	+ +
	佐村镇平坑村	居住为主，无旅游及商业开发	+
	佐村镇平岩顶村	居住为主，无旅游及商业开发	+
	佐村镇下里坑村	居住为主，无旅游及商业开发	+
	佐村镇恒坑村	居住为主，无旅游及商业开发	+
磐安县	冷水镇朱山村	居住为主，无旅游及商业开发	+
	仁川镇石下村	居住为主，无旅游及商业开发	+
	双峰乡大皿村	居住为主，旅游开发程度较高	+ + + + +
	盘峰乡榉溪村	居住为主，有少量旅游开发	+ +
	安文镇墨林村	居住为主，无旅游及商业开发	+
	双溪乡梓誉村	居住为主，兼具商用，正在开展旅游开发	+ +
	尖山镇管头村	居住为主，有少量旅游开发	+ +
	胡宅乡横路村	居住为主，旅游开发程度较高	+ + + + +
	玉山镇马塘村	居住为主，有少量旅游开发	+ + +
	双溪乡潘庄村	居住为主，无旅游及商业开发	+
武义县	熟溪街道郭洞村	居住为主，旅游开发程度较高	+ + + + +
	大田乡岭下汤村	居住为主，无旅游及商业开发	+

续 表

区（市、县）	传统村落	利用现状	旅游开发程度
武义县	俞源乡俞源村	居住为主，旅游开发程度较高	+ + + + +
	桃溪镇陶村	居住为主，无旅游及商业开发	+ +
	大溪口乡山下鲍村	居住为主，无旅游及商业开发	+ +
	柳城畲族镇上黄村	居住为主，有少量旅游开发	+ + +
	柳城畲族镇半塘村	居住为主，无旅游及商业开发	+ +
	柳城畲族镇华塘村	居住为主，无旅游及商业开发	+ +
	柳城畲族镇金川村	居住为主，无旅游及商业开发	+ +
	坦洪乡上坦村	居住为主，无旅游及商业开发	+
永康市	前仓镇厚吴村	居住为主，旅游开发程度较高	+ + + + +
	舟山镇舟山二村	居住为主，无旅游及商业开发	+
	石柱镇塘里村	居住为主，旅游开发程度较高	+ + + +
	芝英镇芝英村	居住为主，无旅游及商业开发	+
	象珠镇清渭街村	居住为主，无旅游及商业开发	+
义乌市	赤岸镇朱店村	居住为主，无旅游及商业开发	+
	赤岸镇尚阳村	居住为主，无旅游及商业开发	+ +
	赤岸镇雅端村	居住为主，无旅游及商业开发	+ + +
	佛堂镇田心村	居住为主，无旅游及商业开发	+
	佛堂镇倍磊村	居住为主，有少量旅游开发	+
	义亭镇缸窑村	居住为主，有少量旅游开发	+ +

二、产业基础

金华市传统村落产业基础主要有农业、林业、旅游业、民宿（农家乐）业，少数村落具有一定的手工业、商业，如表 26 – 2 所示。本章将金华市传统村落产业基础分为四种类型。

（1）农业为主型传统村落。该类传统村落农田较多，主要以田园风光及传统村落景观为主，主要产业基础是传统或现代农业，兼具林业或苗木产业，手工业、旅游业、商业、民宿（农家乐）业等缺乏或较弱。

（2）林业为主型传统村落。该类传统村落往往位于山区，主要以山林风光及传统村落景观为主，主要产业基础是传统林业，手工业、旅游业、商业、民宿（农家乐）业缺乏或较弱。

（3）商业为主型传统村落。该类传统村落具有传统街区或特色街区，自古以来就是商业集聚地。现有街巷具有一定的商业街区功能。

（4）旅游业为主型传统村落。该类传统村落历史建筑资源、文物古迹资源等级较高，往往具有全国重点文物保护单位，被评为中国历史文化名村、浙江省历史文化名村、中国传统村落等，已进行旅游开发，旅游业已成为村落重要产业基础。

表 26－2　　金华市传统村落产业基础

区（市、县）	传统村落	农业	林业	手工业、商业	旅游业	民宿（农家乐）业
婺城区	雅畈镇石楠塘村	√	√			
婺城区	雅畈镇二村、三村	√	√			
婺城区	安地镇山道村	√	√			
婺城区	长山乡三村	√	√			
婺城区	塔石乡上阳村	√	√			
婺城区	塔石乡珊瑚村	√	√		√	
婺城区	塔石乡塘头村	√	√			
婺城区	开发区汤溪镇鸽坞塔村	√	√			
婺城区	开发区汤溪镇中戴村	√	√			
婺城区	汤溪镇寺平村	√	√	√	√	√
婺城区	汤溪镇上镜村	√	√			
婺城区	洋埠镇湖前村	√	√			
婺城区	罗埠镇上潘村	√	√			
婺城区	安地镇安地村	√	√			
婺城区	蒋堂镇下尹村	√	√			
婺城区	琅琊镇上盛村	√	√	√		
婺城区	乾西乡雅宅村	√	√			
婺城区	沙畈乡高儒村	√	√			
婺城区	塔石乡岱上村	√	√			
婺城区	塔石乡塔石村	√				

续 表

区（市、县）	传统村落	农业	林业	手工业、商业	旅游业	民宿（农家乐）业
金东区	傅村镇山头下村	√	√	√	√	
	傅村镇畈田蒋村	√		√	√	√
	源东乡长塘徐村	√	√			
	源东乡东叶村	√	√			
	曹宅镇曹宅村	√				
	赤松镇老石桥村	√	√			
	赤松镇仙桥村	√		√		
	赤松镇王宅村	√	√	√		
	澧浦镇琐园村	√		√		
	澧浦镇蒲塘村	√	√	√		
	塘雅镇前溪边村	√	√			
	岭下镇岭五村	√	√	√		
	岭下镇后溪村	√	√			
	江东镇雅湖村	√	√			
	孝顺镇中柔村	√	√			
	孝顺镇夏宅村	√				
	孝顺镇浦口村	√	√			
	孝顺镇支家村	√				
	赤松镇山口村	√	√			
	赤松镇下潘村	√	√			
	澧浦镇方山村	√	√			
	澧浦镇郑店村	√				
兰溪市	永昌街道永昌村	√		√		
	永昌街道社峰村	√				
	永昌街道夏李村	√		√		
	水亭乡西姜村	√		√		
	诸葛镇万田村	√				
	诸葛镇长乐村	√		√	√	√

续　表

区（市、县）	传统村落	农业	林业	手工业、商业	旅游业	民宿（农家乐）业
兰溪市	诸葛镇诸葛村	√	√	√	√	√
	兰江街道姚村村	√		√	√	√
	黄店镇三泉村	√	√	√		
	黄店镇上包村	√	√		√	√
	黄店镇桐山后金村	√	√	√		
	黄店镇芝堰村	√	√	√	√	√
	女埠街道虹霓山村	√				
	女埠街道岘坦村	√	√			
	女埠街道渡渎村	√		√		
	黄店镇刘家村	√	√	√		
	黄店镇上唐村	√		√		
	柏社乡洪塘里村	√				
	梅江镇塔山村	√	√			
	梅江镇祝宅村	√		√		
	梅江镇梅街头村	√				
	横溪镇宋宅村	√	√			
	梅溪镇虞街村	√	√			
浦江县	虞宅乡新光村	√	√	√		
	檀溪镇潘周家村	√				
	白马镇嵩溪村	√		√	√	√
	郑宅镇郑宅镇区					
	黄宅镇古塘村	√		√		
	杭坪镇杭坪村	√	√			
	杭坪镇石宅村	√	√	√		
	仙华街道登高村	√	√	√	√	√
	岩头镇礼张村	√		√		√
	虞宅乡马岭脚村	√	√	√	√	√

续　表

区（市、县）	传统村落	农业	林业	手工业、商业	旅游业	民宿（农家乐）业
东阳市	虎鹿镇蔡宅村				√	
	巍山镇大爽村	√				
	虎鹿镇磨水仓村	√				
	虎鹿镇厦程里村	√	√			
	虎鹿镇坞葛村	√				
	虎鹿镇西坞村	√	√			
	画水镇天鹅村	√				
	画水镇旭光村	√				
	李宅镇李宅村				√	
	马宅镇雅坑村	√				
	南马镇上安恬村			√		
	巍山镇白坦村			√		
	巍山镇古渊头村				√	
	佐村镇平坑村	√				
	佐村镇平岩顶村	√				
	佐村镇下里坑村	√				
	佐村镇恒坑村	√				
磐安县	冷水镇朱山村	√				
	仁川镇石下村	√				
	双峰乡大皿村			√	√	
	盘峰乡榉溪村				√	
	安文镇墨林村	√	√			
	双溪乡梓誉村	√				
	尖山镇管头村			√	√	√
	胡宅乡横路村			√	√	√
	玉山镇马塘村			√	√	√
	双溪乡潘庄村	√				√

续 表

区（市、县）	传统村落	农业	林业	手工业、商业	旅游业	民宿（农家乐）业
武义县	熟溪街道郭洞村	√	√	√	√	√
	大田乡岭下汤村					
	俞源乡俞源村	√	√	√	√	√
	桃溪镇陶村	√		√		
	大溪口乡山下鲍村	√	√			
	柳城畲族镇上黄村	√	√		√	√
	柳城畲族镇半塘村	√				
	柳城畲族镇华塘村	√	√			
	柳城畲族镇金川村	√		√		
	坦洪乡上坦村	√				
永康市	前仓镇厚吴村	√	√	√	√	√
	舟山镇舟山二村	√		√		
	石柱镇塘里村	√	√		√	√
	芝英镇芝英村	√		√		
	象珠镇清渭街村	√		√		
义乌市	赤岸镇朱店村	√	√			
	赤岸镇尚阳村	√	√			
	赤岸镇雅端村	√	√			
	佛堂镇田心村	√		√		
	佛堂镇倍磊村	√		√		
	义亭镇缸窑村	√		√		

三、旅游交通现状

根据金华市绿道规划，金华市域范围内共规划 12 条绿道，其中，经过传统村落，或者 6 千米可达距离范围内的有传统村落的绿道有 11 条。金华市绿道经过的传统村落如表 26 -3 所示。

1 号绿道：连接兰溪、金华、义乌和东阳，以都市体验、古婺文化、滨水休闲为特色，沿兰江、金华江、义乌江、东阳江、白溪，串联兰溪古城、金华古子城、燕尾洲、佛堂古镇、义乌国际商贸城、木雕文化旅游区、东白山风景区等重要发展点，并预留与桐庐、嵊州绿道的联系廊道，总长212.6千米。

2号绿道：连接金华、武义、永康，以山水体验、五金文化为特点，自金华燕尾洲沿武义江、永康江至永康厚吴，串联燕尾洲、雅畈历史街区、武义老城、中国科技五金城、石城山景区、厚吴村等重要发展点，并预留与缙云绿道的联系廊道，总长94.2千米。

3号绿道：连接金华和武义，以休闲度假、古村文化为特色，自燕尾洲沿武义江、梅溪，穿越南山进入武义往南至柳城，串联石门农场、仙源湖度假区、王宅、俞源、柳城等重要发展点，并预留与松阳绿道的联系廊道，总长90.7千米。

4号绿道：连接浦江、兰溪、义乌、东阳、磐安，以山水观光、影视文化、生态休闲为特色，自浦江虞宅至兰溪梅江，经义乌上溪、佛堂、东阳南马、横店进入磐安，连接仙华山风景区、横溪镇、义乌铜山湖湿地公园、双江湖水利枢纽工程、双林风景区、八华山风景区、南马镇、横店镇、八面山森林公园、南江水库、花台山森林公园、花溪风景区、方前双岩景区、高姥山旅游区等重要发展点，并预留与桐庐、天台绿道的联系廊道，总长243.4千米。

5号绿道：连接义乌、东阳、永康，以休闲运动、风景观光为特色，自义乌大陈经东阳中心城区、横店、永康龙山、古山至方岩风景区，连接华溪森林公园、浪坑口郊野公园、东阳体育中心、三都—屏岩风景区、横店、方岩风景区等重要发展点，并预留与诸暨、缙云绿道的联系廊道，总长107.6千米。

6号绿道：连接兰溪和浦江，以农家体验、传统文化为特色，自兰溪游埠沿衢江、兰江、梅江至浦江黄宅、白马，串联兰溪老城、女埠古镇、横溪城头风景区、南山风景区、上山遗址、郑宅等重要发展点，并预留与龙游、诸暨绿道的联系廊道，总长142.2千米。

7号绿道：位于兰溪，以历史文化、民俗体验为特色，自兰溪中心城区至诸葛村，连接兰溪中心城、永昌古镇、诸葛村等重要发展点，并预留与建德绿道的联系廊道，总长21.2千米。

8号绿道：连接兰溪、金华和义乌，以休闲度假、景区观光、道教文化、名人故地为特色，自兰溪古城、赤山湖度假区沿北山南侧经金华罗店、曹宅至义乌上溪，串联赤山湖旅游度假区、双龙洞景区、曹宅镇、大佛寺风景区、山头下村、岩口湖度假区等重要发展点，总长74.8千米。

9号绿道：连接义乌和永康，以山野体验、寻古探幽为特色，自义乌佛堂、赤岸至永康中心城区，串联佛堂古镇、赤岸古镇、五指山景区、飞龙山景区、西津桥商业旅游街区等重要发展点，总长 44.8 千米。

10 号绿道：在武义境内连接 2 号区域绿道与 3 号区域绿道，以山水休闲为特色，自武义中心城区至王宅，串联温泉度假区、古竹旅游功能区、王宅等重要发展点，总长 19.8 千米。

11 号绿道：在永康境内连接 2 号区域绿道与 5 号区域绿道，以乡村体验、工业旅游为特色，自永康中心城区经芝英至古山，串联西津桥旅游街区、中国科技五金城、古山胡氏旧宅等重要发展点，总长 16.1 千米。

12 号绿道：位于磐安境内，贯穿磐安南北，以山地运动、山野体验、生态休闲为特色，自尖山经墨林至新渥，串联夹溪风景区、尚湖万亩茶艺景区、仓泉景区、螺岩景区、大盘山自然保护区、灵山古民居、百丈潭风景区等重要发展点，总长 80.0 千米。

表 26－3　　金华市绿道经过的传统村落

绿道序号	传统村落名称	传统建筑	选址与传统格局	非物质文化遗产	保护措施与利用条件	总计
1	金东区澧浦镇琐园村	86	87	89	96	358
1	金东区塘雅镇前溪边村	37	47	0	39	123
1	金东区孝顺镇中柔村	73	74	55	41	243
1	金东区孝顺镇夏宅村	60	70	0	37	167
1	金东区孝顺镇浦口村	53	54	0	36	143
1	东阳市虎鹿镇蔡宅村	89	94	34	97	314
1	东阳市虎鹿镇厦程里村	74	76	61	65	276
1	东阳市李宅镇李宅村	71	65	77	89	302
1	东阳市巍山镇白坦村	74	50	56	28	208
1	东阳市巍山镇古渊头村	67	57	58	36	218
1	义乌市佛堂镇倍磊村	87	88	70	78	323
1	义乌市义亭镇缸窑村	55	77	75	60	267
2	婺城区雅畈镇石楠塘村	64	55	0	43	162
2	婺城区雅畈镇二村、三村	84	75	73	85	317
2	金东区岭下镇岭五村	81	80	94	82	337
2	永康市前仓镇厚吴村	92	91	90	93	366

续 表

绿道序号	传统村落名称	传统建筑	选址与传统格局	非物质文化遗产	保护措施与利用条件	总计
3	婺城区安地镇安地村	33	48	63	50	194
3	武义县俞源乡俞源村	96	97	94	94	381
3	武义县桃溪镇陶村	76	77	83	80	316
3	武义县柳城畲族镇半塘村	58	65	55	66	244
3	武义县柳城畲族镇华塘村	54	68	43	53	218
4	浦江县虞宅乡新光村	71	77	91	65	304
4	浦江县杭坪镇杭坪村	67	71	0	55	193
4	浦江县仙华街道登高村	62	66	0	42	170
4	东阳市画水镇旭光村	43	31	66	44	184
4	东阳市南马镇上安恬村	55	37	73	42	207
4	磐安镇盘峰乡榉溪村	93	84	89	88	354
5	永康市舟山镇舟山二村	68	73	54	61	256
6	婺城区洋埠镇前村	44	56	0	42	142
6	兰溪市兰江街道姚村村	70	68	69	61	268
6	兰溪市女埠街道埧坦村	80	76	57	56	269
6	兰溪市女埠街道渡渎村	69	67	0	44	180
6	兰溪市梅江镇塔山村	61	61	0	29	151
6	兰溪市梅江镇祝宅村	60	60	0	27	147
6	兰溪市梅江镇梅街头村	59	68	0	43	170
6	兰溪市横溪镇宋宅村	52	58	0	37	147
6	兰溪市梅溪镇虞街村	53	65	0	41	159
6	浦江县郑宅镇郑宅镇区	88	83	72	87	330
6	浦江县宅镇古塘村	62	66	87	36	251
7	兰溪市永昌街道永昌村	70	75	76	61	282
7	兰溪市永昌街道社峰村	62	70	77	34	243
7	兰溪市诸葛镇万田村	55	60	0	35	150
7	兰溪市诸葛镇长乐村	91	85	69	83	328

续　表

绿道序号	传统村落名称	传统建筑	选址与传统格局	非物质文化遗产	保护措施与利用条件	总计
7	兰溪市诸葛镇诸葛村	95	89	95	97	376
8	金东区傅村镇山头下村	93	90	94	85	362
8	金东区傅村镇田蒋村	73	70	67	70	280
8	金东区源东乡长塘徐村	59	60	0	34	153
8	金东区曹宅镇曹宅村	43	50	57	47	197
8	金东区赤松镇仙桥村	86	80	84	85	335
8	金东区赤松镇王宅村	43	50	0	37	130
8	金东区赤松镇下潘村	69	71	60	54	254
8	金东区孝顺镇支家村	60	66	85	36	247
9	义乌市赤岸镇雅端村	70	80	54	71	275
9	义乌市佛堂镇田心村	78	77	72	79	306
11	永康市石柱镇塘里村	57	74	56	72	259
11	永康市芝英镇芝英村	80	74	63	56	273
12	磐安县冷水镇朱山村	61	65	49	53	228
12	磐安县安文镇墨林村	71	69	48	51	239
12	磐安县尖山镇管头村	76	78	62	72	288
12	磐安县胡宅乡横路村	74	74	55	64	267
12	磐安县玉山镇马塘村	47	47	88	55	237

第二十七章　传统村落保护与利用成功实践

一、“博物馆式”保护与利用模式

“博物馆式”保护也可理解为“冻结式保护”。“博物馆式”保护与利用模式有利于将传统村落很多信息原真性地保留下来，从而使传统村落成为供人参观、学习和观光旅游的重要地方。这种方式在城市历史地段保护中应用较多，如美国威廉斯堡的保护将整个旧城划为历史保护区，区内保持原有的街道形式与建筑风格，城郊也仍保留着风车磨坊、麦仓等供人参观。对传统村落的“博物馆式”保护，则缘于“生态博物馆”的理念，它被称为没有围墙的“活体博物馆”，最早见于法国1971年建立的克勒索蒙特索矿区生态博物馆。1998年，我国积极利用国际基金，与挪威合作兴建了中国第一座民族文化生态博物馆——六枝梭戛生态博物馆，相当完整地保存和延续了苗族部落独特的文化传统。总体来看，传统村落“博物馆式”的保护方式虽然能够最大限度地保护传统村落的原生态、完整性，但这种模式最大的瓶颈是资金的压力，因此不可能在传统村落保护中全面推行，也没有必要全面推行，况且这种模式是否能够真正发挥效果也有待长期检验。另外，这种保护与利用模式过于强调保护的近期利益，而忽视了传统村落内部长远的社会、经济和文化发展。

二、旅游利用式保护

目前，大部分中国传统村落采取了以旅游促保护的传统村落利用模式。这种模式以旅游开发的名义为传统村落的基础设施改建、卫生状况改善、景观美化等带来了基础性的投资，也有利于村民致富并增强居民的保护意识。

从旅游资源的角度来看，格局完整、风貌依旧的传统村落景观是一种不可多得的旅游资源。而就传统村落旅游资源的主要开发——受益主体来看，目前一种开发模式是乡村集体主导模式，由于村集体在旅游管理方面专业知识相对缺乏，村办旅游公司缺乏专业的市场运作知识，目前这种模式仍处于一个摸索的过程。尽管这种模式风险较大，但村民获益较为明显，因此容易得到社区的支持与配合。另一种模式是以市场力量为主导开发的模式。这种模式将传统村落开发外包给外来市场主体的方式，解决了村民自己开发的诸多问题，但处理不当也会造成村民利益的受损从而引起村民的不配合。此外，还存在一种由政府、村民、市场主体、民间机构等多主体开发的传统村落旅游利用模式。

当然，过度的旅游开发也会造成村落传统文化形态的流失和异化。当地居民原生态生活减少，商业利益的驱动使民居成为商铺和客栈，传统村落变成了一种商业的布景，这种只有形式没有内容的保护在以旅游业为主的传统村落、古镇中已日渐表现出来。

三、重点街区及院落保护与利用模式

有些传统村落遭受现代工业的冲击后已经完全改变了形态面貌，只留下了个别文物建筑或街道和这些遗迹附带的文化财产。但这些老街区、老院落是历史故事或历史时间留下的“物证”，由此构成这些传统村落的品位和底蕴。对于此类传统村落，只能重点对村落中成一定规模并具有历史文化价值和旅游利用价值的重点的街区和院落进行抢救性保护。这种因地制宜的保护方式在一定程度上是经济、合理的，是传统村落历史遗迹保护与经济发展博弈的结果。

四、拼贴式保护

所谓拼贴式保护是指集散为整的保护方式。这种方式是针对文物单体分布较散、历史地段不连续的村庄而言，做法是将一些文物单体或构件搬迁至一处，新建一个“历史地段”，整合成一种特殊的文化资源。拼贴式保护的方式在城市历史地段保护中也常采用，如日本在战后将“明治维新”期间兴建的一些西洋建筑统一迁建复制到名古屋犬山附近，称为“明治村”；瑞士则将全国有代表性的古民居迁到巴林拜尔，成为一个大型的实物博览区。我国江西省景德镇也将一些分散的明代祠堂、瓷窑作坊和瓷窑迁往一处，形成古代瓷窑作坊区，便于集中保护与观赏。在21世纪，这种做法可以避免在新农村建设下大量迁村并点造成文物灭失及本土文化记忆的流失。

五、乡村旅游开发模式

传统村落的保护开发最后大都走上旅游开发的道路。传统村落旅游开发成为乡村旅游的一种类型。随着近些年国内乡村旅游的兴起，各地特色村庄因其资源、民族、区位、市场等因素形成了不同的开发模式。依据开发经营主体的不同可分为企业、村集体、村民、政府以及混合型五类，各经营操作主体之下又可细分为不同的经营形式。各种形式的开发模式特征如表 27 - 1所示。

表 27 - 1　　国内乡村旅游开发模式总结

经营主体	经营形式	投资主体	特点
企业经营	企业承包经营	外来投资者	企业与政府签订承包经营合同，对乡村旅游地进行承包经营
	企业独立开发	外来投资者	旅游地没有原有居民，企业与周边乡村社区居民没有直接利益关系
	企业独立经营，社区居民参与	外来投资者	企业对征地进行补偿，招收社区村民进入企业工作；居民经营旅游服务项目等获利
	股份合作制企业独立经营	外来投资者、社区居民、政府等	企业独立经营，村民成为员工，社区集体和村民以资源、土地或现金、劳动入股企业，参与决策、经营、分配
村集体开发经营	村集体独立开发经营	村集体	村民进入旅游公司工作，村集体占有企业全部股份
	村集体组织全民参与开发	村集体	村集体组织全民集资并投工建设基础设施、参与旅游开发经营活动和收益分配
村民自主经营	村民自主开发经营	村民	村民自主开发经营旅游接待服务，有的组成社区旅游机构负责村民旅游服务管理
政府主导村民参与	政府主导村民开发	政府、村民	旅游地位于大型景区内，居民自主经营旅游服务项目并缴纳税费

续　表

经营主体	经营形式	投资主体	特点
混合型开发	公司＋农户	外来投资者、村民	公司进行宣传促销和组织客源，农户提供服务并获取收益，公司征收特许经营费和管理费
	企业＋村委会＋农民协会	外来投资者、当地村民	村民入股并分红，企业与村委会、农民协会和外地旅行社在旅游开发经营中合作，并按比例分配门票收入
	企业＋村委会＋农户	外来投资者、村委会	村委会以资源和现金入股参与分配，村民可进入企业工作，村委会对社区个体经营进行管理监督，村民主要以提供旅游服务获利
	村集体组织居民自愿参与旅游开发	村集体、村民	村民可自愿参与村集体的旅游项目，利益按农户平均分配。村民也可自主经营旅游服务项目自行获益，村集体对村民进行约束与监督管理

六、农耕休闲体验类传统村落保护与利用

该类传统村落保留了许多经过历史积淀而具有典型地域特征和深厚的文化底蕴，这些传统村落是金华市独特的景观旅游资源。对这一类传统村落实行五种保护模式：

（1）挖掘地方特色，建立乡村博物馆。传统村落有乡土艺术文化特色，反映了金华地区独特的农耕文化特征。要充分利用传统建筑，建设博物馆、展览馆等，保护、传承村落承载的丰富的历史文化内涵，发扬地方精神。

（2）建立自然文化旅游示范基地。金华郊区的传统村落对城区具有较大的吸引力，可以发展乡村旅游为城市人口提供休憩游乐的空间，结合自然与文化特色，建立自然文化旅游示范基地。

（3）建设生态教育与拓展基地。金华郊区的传统村落的发展强调生态旅游，使人们享受传统村落的自然生态的同时，提高对生态环境保护的认识。

（4）构建城市居民第二居所。传统村落有城市无可比拟的自然环境，将

传统村落建设成城市居民的第二居所，将城市人口引入传统村落休闲度假，从而促进当地经济发展。

（5）建设企业度假基地。传统村落是企业度假的首选去处，要制定保护利用规划，有控制性地进行开发与建设。

七、有机性与宜居性融合类传统村落的保护与利用

该类传统村落历史悠久、风光绮丽、文化深厚，应制定以延续地方历史文化为重点的保护与利用规划，坚持传统村落保护依靠政府、专家和居民的共同努力。

（1）挖掘文化特色。该类传统村落有很多具有地方特色的节庆活动，将这些具有历史价值和地方特色的活动转化为旅游项目，带动地方经济，拓宽保护的意义。

（2）传承文化习俗。通过文化宣传、展览，建立博物馆等方式延续有机生活理念，传承地方特色文化。

八、街巷脉络传承——具有保存完好街巷类传统村落的保护与利用

此类传统村落的保护重点在于延续和传承传统村落生活状态，实现传统村落的有机复兴。

（1）公共空间保护。整合传统村落空间，植入新的功能要素，整合村落的水系空间脉络肌理，利用传统建筑进行公共空间的建设，构成村落的公共空间体系，增进居民的交流，促进各种文化活动的开展。

（2）民居改造自建：积极引导居民规范进行改造自建，探索浙南地区新的居住模式。

第二十八章　公司治理型、政府主导型、集体自理型传统村落旅游开发利用模式

一、公司治理型传统村落旅游开发利用模式

（一）基本内涵

随着传统村落保护开发的不断深入，一些传统村落的旅游影响力逐渐增加，旅游规模不断扩大，同时旅游市场竞争白热化使这些传统村落的旅游开发迫切需要专业的市场主体对传统村落的资源进行整合再利用。这种需求包括品牌运营、产品开发、项目投资等方面，因此传统村落旅游公司应运而生。引入外来专业旅游公司对传统村落进行旅游开发运作，一般会取得较好的效果。

由专业的旅游公司对传统村落进行治理开发的模式可以分为三种基本的类型。

（1）由外来的市场投资者为主体建立的传统村落旅游公司对传统村落进行旅游承包经营。

（2）旅游公司来自传统村落当地，由当地政府或社区成立，对传统村落的开发运营进行管理。

（3）由个人成立的公司对传统村落的旅游开发进行承包经营。

金华市传统村落旅游开发的公司是由当地政府主导并投资成立的，属于上述第二种类型。这些旅游公司起步晚，公司总体规模小、底子薄，还未真正建立起现代企业制度，权责不明的现象较为明显。

（二）适用范围

旅游公司对传统村落进行专业化的旅游开发运营模式管理，其适用的条件有以下类型的传统村落：

（1）传统村落历史文化遗产丰厚，传统村落空间保存完整，旅游资源量大而广，具有较高的旅游开发价值。

（2）传统村落旅游发展相对较早，传统村落一些著名景点早已为人所知，传统村落知名度高，传统村落村民具有较高的旅游意识。

（3）传统村落自身没有能力进行村庄空间整治和旅游开发。

（4）传统村落当地政府缺乏专业化的旅游策划、旅游品牌运作、旅游投资管理能力，传统村落旅游的进一步发展需要专业的、懂市场的操作主体来运行。

远离城市、保存较好、历史文化资源远近闻名、商贾文化盛行的金华市传统村落，具备了旅游公司治理的一些条件。金华市其他传统村落中也有一些整体风貌保存较好、历史闻名的传统村落，采取引入外来的投资主体或由政府投资成立旅游公司进行旅游开发将是可行的。

（三）运作机制

1. 模式运作

旅游公司运作的传统村落保护与利用模式，按其操作主体及发挥的作用，可分为社区主导型治理模式、政府主导型治理模式及法人主导型治理模式。

政府主导的公司治理模式的参与者主要有政府及其所属的旅游公司以及村民三方。

作为出资者的政府是企业的所有者、拥有企业所有权并成为委托人。政府间接拥有制定传统村落旅游开发的策略、决定旅游项目的立废、分配旅游收益等权力，实际上是控制了传统村落旅游资源的开发权和收益权。

作为旅游开发企业来说，经理人员和广大员工是企业的主体，他们为实现出资者（政府）的利润最大化目标工作并领取工资报酬。尽管传统村落旅游公司拥有一定的旅游开发权和旅游经营权，传统村落内的旅游资源能够得到重新整合，旅游运作更加市场化和专业化，但是政府作为旅游企业的所有者，这种两权不分的情况强化了政企不分，从而使政府兼有国家管理者的职能和国有资产所有者的职能，导致企业治理行为的行政化。村民在传统村落旅游开发模式中基本被排斥在外，他们通过提供相关旅游服务而间接获益。

2. 模式特征

政府投资成立旅游公司进行传统村落的治理是金华市传统村落普遍实行的一种模式，本书的研究也以这一类型为主。这种传统村落保护与旅游开发模式有其自身的特点，总体来看，以下三个方面的特征最为显著。

（1）资金投入主体多级化

前期开发的资金投入是传统村落旅游开发的瓶颈。在传统村落的整治中要打造一个优美的旅游形象，前期的投入是巨大的，要整治、协调的内容很多。以县（市、区）、乡镇两级的政府投入与村集体共同出资的形式开展传统村落保护与利用，在很大程度上解决了传统村落保护前期投入的资金难题，使一些重要的项目能够迅速开展，并在短期内获得回报。同时，三级投入主体联合保护开发、共同受益，有利于调动镇、村两级开发的积极性，减小开发的阻力。

（2）体现较多的外部正效应

政府作为开发的大股东，其作用更多地表现为对传统村落的外部治理。政府拥有对企业经营管理人员的任命权以及对重大决策的审批权，还能在外部环境治理中起到很好的协调作用。传统村落在外围环境整治中所遇到的矛盾较多，牵涉的层面较广，旅游公司往往无力解决这些问题，这就需要政府出面协调一些部门，解决一些矛盾。从严格意义上讲，地方政府对传统村落社会、文化、环境的发展具有不可推卸的责任，这些与追求经济建设目标处于同等的地位。政府介入旅游开发，将对传统村落内外环境的改善、基础设施建设、旅游市场拓展和旅游形象提升有重大作用，这无论对村民还是对旅游者来说都是有益的。

（3）治理结构行政化

政府介入的旅游公司治理模式带有浓厚的行政色彩，国有股权控股下的传统村落旅游公司治理结构，在某种程度上形成了政府主导的单边治理形式。公司的运营无论是外部治理还是内部治理都带有浓厚的行政色彩。这种行政性表现为政府部门直接向企业派总经理、副总经理等经营者，但并不能实施有效的监督。这种政府委派形式的总经理管理制，会使公司的独立性受到影响。显然，这种传统村落旅游公司的治理结构是一种不规范的法人治理结构，对旅游公司的发展是不利的。

3. 局限性

（1）治理机制外强内弱

与行政监督相似，政府主导型的旅游公司治理机制外强内弱。首先，旅游公司内部监督机制流于形式，如同很多国企改制不彻底，企业经营者缺乏监督。其次，对于不合格的企业经营者，旅游公司没有解雇的权力，只能进行职位的调整。如果经营较好，企业经营者会得到相应晋升。因此，上级政府的评价决定了企业经营者的利益。最后，企业经营者在没有相应激励机制的约束下，往往能够获取高年薪或高提成。同时，在这种模式下，内部员工的利益与表达也很少能够被顾及。

（2）模式效果损益不一

政府介入下的传统村落开发最大的优势在于容易转化、协调前期传统村落空间整治过程中产生的社会阻力，整治的效果能够很快体现。但长远来看，这种模式的效果不能仅仅停留在空间物质环境的整治开发上，而应更多地落实在促进村庄社会经济发展的层面上。目前，旅游公司治理下的传统村落保护与利用模式或多或少存在村民的利益被侵占的问题。

旅游模式中为村民考虑的制度设计过少，而且覆盖面较小。旅游开发中村民所获得的直接利益较少，或者利益分配不公造成贫富分化严重，如就业安排、居民房屋拆迁、社区居民公共场所占用等矛盾都未能得到妥善考虑和处理。因此，这种开发模式有可能造成空间保护效益显著但社会效益不够明显，甚至可能形成明显的贫富分化。

（3）社会治理难度加大

传统村落的空间整治有时是先由政府包揽，待整治完成后再由公司负责后期的旅游开发，有时传统村落的空间整治和旅游开发完全由旅游公司进行。但无论是由政府前期整治还是由旅游公司完全负责，公司与村民、公司与社区之间的利益冲突将时刻存在。尽管政府在前期的整治过程中解决了部分保护开发目标与村民的利益纠葛，但在后期公司的景区开发管理中又会出现新的问题，产生新的矛盾。而完全由公司出面进行的开发保护，从运营之初就会与村民的利益诉求产生冲突。一方面，村民的利益诉求在公司治理下没有得到较多考虑；另一方面，村落旅游兴起后社会发生变迁、产业转型加快、外来人员增多，以及社会中介不发达、村集体管理职能弱化等原因将使传统村落旅游公司与社区居民之间产生交流沟通障碍，这样社会治理成本将会增加，社会治理的难度将会加大。

（4）文化传承或有损害

传统村落的文化传承是保护和开发的重要方面，没有文化的发掘和传承就不可能有传统村落旅游的可持续发展。虽然旅游公司治理下的传统村落的经济效益不断显现，村民在旅游开发过程中也紧跟旅游经济建设的大潮，但是村民对于文化旅游的理解过于浅显，传统村落文化旅游可能被商品交易所取代。从某种程度上说，传统村落旅游开发中的过度商业化较难避免，但无序的小商品市场氛围势必会影响传统村落的文化氛围。旅游公司作为市场主体，其逐利的性质使其不可能过度关注这种文化的销蚀现象，公司与村民的相互作用或将导致村落文化传承出现危机。

二、政府主导型传统村落旅游开发利用模式

（一）模式内涵

1. 基本内涵

一方面，当地经济发展、城镇化的速度太快，保护的速度远远赶不上

破坏的速度，一些保护变得不了了之；另一方面，传统村落保护是一块“硬骨头”，一些简单的修缮远不能形成经济利益，无利可图的事情操作起来则举步维艰。随着传统村落保护呼声的高涨，迫于保护的道义和政绩要求，一些地方政府开始介入传统村落保护。处于保护前期的这种传统村落保护开发模式，大部分是当地政府主导实施的，保护与开发的政策与保护规划也由政府制定，传统村落的管理、开发和保护经费由政府财政承担。传统村落的管理权和经营权统一于政府，政府在这些传统村落保护中处于绝对的主导地位。

2. 适用范围

在金华市，政府主导型传统村落旅游开发利用模式一般适用于传统村落较为分散的地区。这些传统村落淹没于城镇化的汪洋中，不加保护则随时可能消失。

一些传统村落地处近郊，当地城镇化程度较高，人口流动较快，保存下来的传统村落所剩无几。政府对于这类传统村落多是注重文物的保护和文化的传承。当然这类传统村落也应该具有较好的历史文化遗存和知名度，政府的保护可以使文化遗产得以保存，也为传统村落日后的旅游开发奠定基础。一般来说，这类传统村落在城镇化的大潮中破损严重，许多旧屋已被废弃或重建，传统村落的传统空间破碎化程度高，而且对于一些重要文物的修缮，所有者则无力承担。政府也多是从保护的角度出发，重整历史空间，尽量让其能够名副其实。

目前金华市大部分的传统村落存在这类情况，一些传统村落中的文物、建筑得不到修复，另外传统村落中的社会经济发展冲淡了人们传统村落保护的意识，导致文化遗产的保护无人问津。因此，大部分传统村落的文化传承都需要政府的倡导并组织实施。

（二）运作机制

1. 模式运作

政府主导型传统村落旅游开发利用模式是一种自上而下的模式，其行政指令性质较为普遍。政府作为重要的操作主体，其运作模式也相对简单，即地方政府如县（市、区）、镇的政府出面组织文物、规划、旅游等主管部门成立传统村落管理委员会这一政府派出机构，或者其下属职能部门进行资金筹集、资本运营，并招标组织施工单位进行传统村落的整治以及后期维护、经营。在这种模式下，政府是传统村落经营管理的唯一主体，传统村落旅游地的管理权和经营权统一，传统村落的管理、保护和开发经费由政府财政承担。政府利用自身的行政资源优势可以制定相关的法规政策，举办乡村旅游系列讲座，传播乡村旅游知识和传统村落保护知识，并通过采取优惠政策鼓励村民参与到乡村旅游之中。

2. **模式特征**

（1）公共权力与公共利益统一

政府是公共权力的行使者，也是公共利益的维护者。一些传统村落经济发展缓慢多与政府少作为或不作为有关联。随着乡村旅游业的兴起以及传统村落文化保护的呼声加强，政府加强对传统村落的保护和投入是社会诉求，也是自身责任。另外，促进传统村落经济社会发展是政府义不容辞的任务。因此，政府主导下的传统村落开发也是较为传统且普遍采用的形式。

（2）开发运营行政化特征

政府主导型传统村落旅游开发利用模式从传统村落的空间保护规划编制、传统村落旅游开发目标实现到传统村落的运营管理无不体现着行政化的特征。这将成为政府日常工作及政绩的一部分。传统村落开发的行政指令性以及政府财政的大力支持都将极大地提高村落整治开发的效率，能够体现我国集中力量办大事的制度优越性。此外，政府在前期的投入、规划以及村民政策宣传、动迁、安置方面将发挥行政优势。同时，政府对于传统村落开发的政策可能因为政府换届而受到影响，各届政府对于传统村落保护开发的思路和做法有可能使遗留问题堆积而引发矛盾，也可能造成旅游发展策略的波动、旅游发展的不可持续。

3. **模式局限性**

（1）投入主体间内部矛盾

传统村落保护的政府投入主体有时因为彼此利益的关系，不可能由一级政府或一个部门来单独担任，这样势必造成其他各级政府利益分配出现不合理的情况。如以区（县）政府牵头进行的传统村落开发就有可能在利益分配问题上损害地方乡镇政府的利益，从而影响效率。这种由于投入主体单一化或分配机制不公造成的内部主体之间的矛盾只能依靠更加合理、完善的制度来协调。另外，按现行保护体制，传统村落保护涉及文物（文化）、建设、规划等多个部门，管理主体较多，过去由于传统村落保护资金有限，一些管理部门只重视重点文物古迹的保护，造成政出无门的现象，现在政府加大投入后又有可能出现政出多门，朝令夕改的情况。

（2）市场抗风险能力较弱

政府投资主导在前期的整治开发中发挥较大作用，但在后期经营维护中则可能由于缺乏专业人才进行旅游策划、市场营销等而没有市场竞争力。这样在传统村落维修整治过后可能会有一段观光旅游的高峰期，随着传统村落开发后的新鲜感逐渐消退以及同质化竞争的加剧，传统村落的旅游市场可能会陷入低迷。另外，旅游业市场波动很大，淡旺季区分明显，再加上宏观经济影响，很有可能导致旅游开发投入收益不平衡，造成传统村落旅游开发市场抗风险能力较弱。

（3）保护实施存在阻力

虽然政府主导下的传统村落开发模式在整治之初能够发挥行政效率的优势，但势必会费一番周折，因为着眼于公民私有财产的整治和改造必须要满足资产所有者的利益。政府主导下的传统村落开发最初会因为对村民利益的忽视而有可能得不到村民的支持，况且旅游投资不可能马上见效，村民自存形态也不可能马上就能转变为以经商、服务等提供旅游服务项目为生。政府在街面改造尤其是对涉及产权关系复杂的历史文化建筑进行整治时，将面临整治后的收益分割问题，因为这些历史文化建筑日后将成为旅游系统的重要节点。而村民迫切希望能继承祖上遗产，并享受回报。另外，在界面修整时，村民有个人需求需要满足，自身房屋局部拆毁等引起的房屋空间改变也将影响村民生活。因此，政府主导的整治开发远没有村民自发进行所遇到的阻力小，政府需要在政策保障、利益协调方面与村民达成共识。

（4）村民利益受到一定剥夺

阻止传统村落传统空间衰落及文化流失现象是政府主导下保护开发的初衷。政府出于公益目的进行的传统空间整治和重点文物保护，使传统村落的传统空间保护的效益能够立竿见影地呈现，一些重点文物的保护也使传统村落的重要文化载体得以保存并焕发文化魅力。因此这种模式在空间整治和文化传承方面都有较好的效果。但长期来看，在传统村落旅游经营步入正轨之后，随着旅游收益大部分上交政府，作为传统村落文化资源的主体——村民，其内心会产生利益剥夺感，这种利益剥夺感表现为村民不配合政府旅游、故意破坏文物、制造垃圾、扰乱治安环境等行为，这些行为不利于传统村落的保护与传承。

三、集体自理型传统村落旅游开发利用模式

（一）模式内涵

1. 基本内涵

传统村落村民是村落历史文化的直接继承者，其对于遗产的使用和开发具有先天的发言权。集体自理型传统村落旅游开发利用模式正是村集体或村民共同出资进行传统村落的保护开发并获取收益的形式。在这种模式下，村

落形成一个景区，传统民居的产权属于村民，景区的公共空间如林场、水域、山体等则属于村民集体所有，由村民选举成立的村民委员会代表其行使所有者权利。

这种模式又可以分为以下三种情况：

（1）完全由村集体投资成立旅游公司，独立开发经营乡村社区的旅游经济活动，村民可成为公司员工并获得工资。

（2）由村集体、村民两者合资成立公司，村民可参与公司的一些旅游项目并获取收益，也可以进行独立的旅游服务项目经营。

（3）村民自主进行“农家乐”等旅游开发，自主经营并获益，或者由专门的社区旅游机构进行宣传并联系客源，由农户负责接待。

无论哪种形式，传统村落居民都是旅游资源的直接使用和受益者，村民参与旅游的程度和形式较为彻底。

2. 适用范围

从原则上讲，集体自理型传统村落旅游开发利用模式适用于全部的传统村落开发。但由于一些村庄村集体保护开发意识不强，村民的积极性不高，集体负责人缺乏能力等，该模式的案例并不多见。金华市一部分传统村落，如中国传统村落、中国历史文化名村、浙江省历史文化名村等，当地政府对其的保护已提上了议事日程，并形成了前文的旅游公司治理与政府主导开发两种模式。除此之外，金华市还有一般性的传统村落，其古迹文物数量少、建筑价值不高、历史文化建筑或建筑群周边整体环境风貌已经破坏，虽然可以反映出一定历史时期的聚落特色，但由于保护开发的力度不够而使传统特色濒于消失，更没有引起社会关注。这类传统村落的开发与收益不成正比，政府也多半不会投资保护，更有甚者将有可能被拆并。

一般性传统村落在金华市大量存在。之所以称为传统村落，一是其具有深厚的文化渊源，村庄规模较大、人口较多；二是其还有一些文化古迹遗存，有一定的旅游开发资源和价值。由于这类传统村落数量较大，传统村落政府鞭长莫及，因而“自发、自治、开发效益自享”是其可选的形式。这类传统村落保护的方式也可称为“集体自理型”。这里的“集体”包括村民集体组织及个人。

（二）运作机制

1. 模式运作

（1）经营主体

村集体、农村合作社、宗族、个人都可能成为集体自理型传统村落的经营主体。

由于传统村落发展的层次不一，有的经济发达，有的较为落后，根据经济实力的不同，其开发主体可以是村集体、村民、个体或村民旅游组织(如旅行社)。村集体拥有传统村落集体资产处置权，可以争取到上级部门的传统村落保护资金，以集体形式存在的集体资产也是传统村落开发的主要资金来源，包括传统村落空间环境的整治、基础设施的建设等公共领域以及大型旅游项目的建设开展，因此村集体往往成为传统村落开发的主体。此外，由农村合作社或个人自发组织的农家乐、渔家乐、采摘、民宿等自主经营、自负盈亏的小型个体也是传统村落开发的主体之一，并具有很大的活力。

(2) 模式运行

由村集体组织或个人自发组织的传统村落开发，采取的形式具有多样化特征。如在开发前期，由村集体募集资金进行传统村落历史文化建筑、文物、基础设施改造，并进行统一门票收费和综合管理；当村集体经济实力较弱时，多由村民联合或个人进行某处历史文化建筑的修整开放，门票收入归个人所有；另外是传统村落村民围绕村落的历史文化、自然景观而进行的为数众多的私人农家乐、渔家乐等形式。当然这些形式也与传统村落各自的自然、历史文化资源禀赋、村落经济的发达程度有关，发展的阶段也可能不同。但总体来看，投资收益避免了一些中间环节，见效快，传统村落居民受益匪浅。

2. 模式特征

(1) 所有权与经营权统一

集体自理型传统村落旅游开发利用模式使传统村落旅游资源的所有权和经营权高度统一起来，由乡村旅游资源的所有者来直接经营，其形式或者由村民委托村集体对传统村落旅游资源进行整体开发，或者由村民在自发的基础上分散自主经营。这样避免了一些因产权代理关系复杂化而导致的纠纷，也使经营收益的分配更加公平合理，提高了村民参与保护经营的积极性。其表现形式是许多村民通过提供餐饮、住宿或休闲、娱乐服务等，形成了一个组群，使传统村落旅游成为一个品牌。村民自主经营祖传资源也使其对于文物的保护更为重视，有利于古迹文物的保护，在产品开发时，也能够较好地体现原汁原味的地方特色。

(2) 村民参与更为彻底

在集体自理型传统村落旅游开发利用模式下，村民参与的程度更彻底，参与的形式更加多元。村民在传统村落的制度建立、规划制定、资金的募集、旅游项目等方面都可以参与其中。村民民主参与的程度不断提高，也有利于村落的和谐发展。此外，随着经营者的增多，竞争将会趋于激烈。分散的经营者由于自身经营观念、经济实力等限制，可能会无力应对竞争，或者采取拉客、压价等不正当竞争手段，导致行业集体受损，损害传统村落旅游形象。

3. 模式类型

传统文物古迹遗产保护以及历史风貌和历史文化的传承是传统村落集体和村民的重要任务。在当代，旅游开发的介入是传统村落遗产保护的主要方式和动力。无论是村民集体经营还是个人承包或自主经营，传统村落保护都要采用适合的旅游开发策略，使保护工作能够顺利进行，在旅游开发模式中，投资方式、经营管理、利益分配是开发模式的关键。

一般来说，集体自理型传统村落旅游开发利用模式的投资方式包括村民集体投资、个人集资开发等形式。从经营的主体来分，也可以分为集体（社区）经营管理、村民个人或联合经营、外来社会人士经营（与当地村民或村集体达成协议）三种。村民参与利益分配的方式包括从事旅游服务产业收入、在旅游景区内就职收入、股份分红等形式。具体如表 28－1 所示。

表 28－1　集体自理型传统村落旅游开发利用模式具体分类

传统村落旅游投资方	村落经营管理方	村民利益分配
社区独资开发 A1 个人（联合）投资 A2 社会人士投资 A3	社区经营管理 B1 自主经营管理 B2	旅游相关服务经营收入 C1 在景区内就职 C2 股份分红 C3

通过列表可以得到集体自理型传统村落旅游开发利用模式的具体三种模式：

模式一：A1＋B1＋（C1＋C2＋C3）。

模式二：A2＋B2＋C1。

模式三：A3＋C1。

（1）模式一是社区集体开发的形式，这种模式能够充分保障全体村民的利益，使全体村民加入旅游开发，提高了村民参与的积极性和民主性。社区村民的利益收入包括旅游经营收入、景区就职工资以及股份分红三种形式，且自主开发下的旅游收益全部沉淀在了传统村落内部，村民获取的比例相对较高，有利于保护村民的利益；缺点是对于经济条件不好的传统村落，开发初期的资金短缺问题突出。

（2）模式二是村民或村民个人联合对传统村落内自主产权的历史文化建筑自发维修经营或者经营农（渔）家乐而获取回报的形式，这种方式是传统村落开发的最原始形式。村民经营农家乐具有投资少、见效快、就业灵活、资源再利用等特点，但众多农家乐内容单一、竞争激烈、缺乏规范也是常见问题。

（3）模式三是一些非传统村落内的社会成功人士通过历史文化建筑产权购买而进行的旅游开发行为。他们在保护历史文化建筑方面受到人们的称赞，同时通过自主经营获得了开发收入。不过这类人一般不是为了发家致富，而是出于一种责任感和生活态度。这种类型目前在金华市还不多见。

4. 问题分析

（1）开发保护政策更需完善。对于一般性传统村落而言，首先现行的传统村落保护办法是严格学术理论意义上的传统村落认定标准，其严格的条条框框并不适用于一般性传统村落。因为没有统一的标准来认定一般性传统村落的存在价值，所以传统村落在新农村拆村并点、“三改一拆”过程中的去留问题仍然悬而未决。

这个问题在金华市也很严重，“三改一拆”问题也是一直困扰着金华市传统村落保护与利用的核心问题之一。现行的决断往往出自地方政府，拆村并点过程中传统村落常常被并入相邻经济条件好、规模较大的中心村。另外，对于一般性传统村落而言，资金问题仍然是当务之急，现行的政策对于农民出卖自己的房屋产权还有诸多限制，一些历史文化建筑的产权归属问题复杂，厘清这一问题还没有专业的仲裁机构，所以一些问题长期未能解决，导致保护阻力重重。政府在民间对于村落保护开发方面的鼓励还仅仅停留在表面，村民自发的一些保护行为缺乏政府的支持，村落发展还缺乏长远的制度保障。

（2）一般性传统村落监测机制缺失。一般性传统村落仍然具有历史价值、传统建筑价值、传统生活价值以及旅游发展价值，传统村落的这些价值将在新的社会发展阶段不断凸显出来。但一般性传统村落的传统生活正发生着蜕变，传统环境生态、社会生态脆弱，传统村落随时可能消亡。

目前，对于传统村落的传统生活监测、生态环境监测、传统空间监测还远未开展，因此一些传统村落名不副实，让游客乘兴而来、败兴而归。对于传统村落的监测，尤其是一般性传统村落的监测是紧迫的，这项工作能为传统村落构建一个监测保护体系，也能为传统村落的发展提供依据。

（3）传统村落利用模式急需创新。目前，金华市传统村落的保护与利用模式相对单一。保存较好、规模成片的传统村落走上了旅游公司经营治理的模式，旅游发展逐步成为村落发展的主业；一些历史底蕴深厚、保存较好的传统村落则在政府的介入下走上了政府主导开发的道路。相对而言，大部分“资质”较差的传统村落，也就是一般性传统村落的发展面临的问题重重。在政府关心不够的情况下，集体自理的模式对于这类传统村落发展较为适用，这样一方面可以发动民间的力量加入村庄保护发展的进程中，另一方面村民自理、利益自享能够提高其开发的积极性。同时，要看到这类传统村落发展的模式是多种多样的，由于各自品质不同、机遇各异，传统村落发展的道路则或可不同。

（三）模式优化

（1）规划先行。在工业化和城镇化的双重压力下，传统村落的保护矛盾重重。一些村民随着生活水平的提高，不断提出翻新住宅的要求，传统村落中充斥着大量的现代住宅，传统公共空间也往往给建设让路，如建筑施工对公共空间的占用等。因此，对于一般性传统村落保护来说，要先从传统物质空间的保护入手，通过划定核心保护范围减轻外围现代空间对传统空间风貌的蚕食，为传统村落传统文化遗产的保留提供制度保障。

（2）筹集资金。传统村落资金筹集一直是保护的难题。对于一些历史遗产遗存较多、保护面较大的一般性传统村落来说，保护资金更是缺口巨大。集体自理型传统村落的历史遗产保护资金大部分来源于集体资产，但是单一的开发模式，使集体对于耗资巨大的古迹保护来说心有余而力不足。从资源的占有主体来看，村民是历史文化资源的产权所有者，集体开发与居民的利益需求相结合才能发挥保护与利用模式的可持续性。因此，一般性传统村落保护不仅要倡导村民发展私营形式的个体旅游服务，而且要在保护资金的投入上倡导村民及社会的加盟，还要积极争取上级的扶持，使村集体、社会、居民都加入遗产保护，共同开发保护、共同受益。

（3）制度保障。集体自理型传统村落旅游开发利用模式在初期由于自发性及随意性较大，致使传统村落遗产保护效果有时适得其反，造成无法弥补的缺憾。因此，在保护开始阶段，村集体除了要认真做好调查研究和方案外，政府在其保护的过程中也要加强监督指导。对于传统村落保护，要制定完善的制度，明确政府、社区居民各自的职责、权利和义务，根据制度对一些违规行为进行处罚。传统村落内的制度包括村民住房产权关系转移的制度、村落环境卫生整治制度、政府与村民利益分配的制度、鼓励和禁止的一些行为规定等。一般性传统村落旅游开发还处于萌芽和起步阶段，在开发保护的初始阶段，最主要的是防止现有文物古迹、历史建筑、空间节点等遭到进一步破坏。另外，政府要做好农家乐的规范管理工作，杜绝安全卫生事件，使旅游开发能够健康发展。

（4）提高传统村落监测和评价水平。对传统村落的监测是新近研究的课题。金华市大部分一般性的传统村落尚未建立监测评价体系。工业化逐渐渗透下的传统村落，其内部的社会生态、环境生态都面临着重大威胁。尤其是环境生态这一看得见的范围内，水体、大气、固废污染不可忽视。构建对传统村落保护状态的立体监测模式，在立体监测中采取了气象（水文）监测、环境监测、生态监测、旅游监测、保护性巡逻监测与传统村落周边景观监测六种监测方法。此外，要建立科学的传统村落保护效果的评价体系，使传统村落保护效果能得到科学的评判，为传统村落保护和发展的项目实施和政策制定提供科学的依据。

（5）选择适合的传统村落保护利用模式。一般性传统村落数量众多且各自情况不同，根据区位、经济发展条件、历史文化资源遗产的价值及保存程度可分为不同类型。因此，不同情况组合的传统村落可以选择的利用模式是多样的。如对于城郊的传统村落来说，由于离城区较近，农家体验型的传统村落生态文化游发展具有优势，因此要充分利用传统村落交通方便、客源充足的特点，深入挖掘传统村落历史文化资源，开展多种形式的旅游项目，打造周末游、假日游品牌。城外的传统村落由于距城市较远，有的有着得天独厚的自然景观和人文底蕴，旅游的知名度更因其“富在深山而有远亲”。因此，在改善交通的前提下，要注重传统村落原生态的宣传，做好传统村落原生态生活的保护，改善旅游服务设施，打造传统村落的品牌。

（四）模式选择

金华市传统村落旅游开发利用模式分为公司治理、政府主导、集体自理三种类型，本章根据金华市现状将传统村落进行分类（见表28－2）。

表28－2　金华市传统村落开发模式选择

县（市、区）	传统村落	公司治理型	政府主导型	集体自理型
婺城区	雅畈镇石楠塘村			√
	雅畈镇二村、三村		√	
	安地镇山道村	√		√
	长山乡三村			√
	塔石乡上阳村		√	√
	塔石乡珊瑚村	√		√
	塔石乡塘头村			√
	开发区汤溪镇鸽坞塔村			√
	开发区汤溪镇中戴村		√	√

续　表

县（市、区）	传统村落	公司治理型	政府主导型	集体自理型
婺城区	汤溪镇寺平村	√	√	√
	汤溪镇上镜村			√
	洋埠镇湖前村			√
	罗埠镇上潘村			√
	安地镇安地村			√
	蒋堂镇下尹村			√
	琅琊镇上盛村			√
	乾西乡雅宅村			√
	沙畈乡高儒村			√
	塔石乡岱上村			√
	塔石乡塔石村			√
金东区	傅村镇山头下村		√	√
	傅村镇畈田蒋村			√
	源东乡长塘徐村			√
	源东乡东叶村			√
	曹宅镇曹宅村		√	√
	赤松镇老石桥村	√		√
	赤松镇仙桥村		√	√
	赤松镇王宅村			√
	澧浦镇琐园村	√	√	√
	澧浦镇蒲塘村			√
	塘雅镇前溪边村			√
	岭下镇岭五村	√	√	√
	岭下镇后溪村			√
	江东镇雅湖村			√
	孝顺镇中柔村			√
	孝顺镇夏宅村		√	√
	孝顺镇浦口村			√

续 表

县（市、区）	传统村落	公司治理型	政府主导型	集体自理型
金东区	孝顺镇支家村			√
	赤松镇山口村			√
	赤松镇下潘村			√
	澧浦镇方山村			√
	澧浦镇郑店村			√
兰溪市	永昌街道永昌村		√	√
	永昌街道社峰村		√	√
	永昌街道夏李村			√
	水亭乡西姜村			√
	诸葛镇万田村			√
	诸葛镇长乐村	√	√	√
	诸葛镇诸葛村	√	√	√
	兰江街道姚村村		√	√
	黄店镇三泉村			√
	黄店镇上包村		√	√
	黄店镇桐山后金村			√
	黄店镇芝堰村	√	√	√
	女埠街道虹霓山村		√	√
	女埠街道岘坦村		√	√
	女埠街道渡渎村			√
	黄店镇刘家村			√
	黄店镇上唐村			√
	柏社乡洪塘里村			√
	梅江镇塔山村			√
	梅江镇祝宅村			√
	梅江镇梅街头村			√
	横溪镇宋宅村			√
	梅溪镇虞街村			√

续 表

县（市、区）	传统村落	公司治理型	政府主导型	集体自理型
浦江县	虞宅乡新光村	√	√	√
	檀溪镇潘周家村			√
	白马镇嵩溪村	√	√	√
	郑宅镇郑宅镇区	√	√	√
	黄宅镇古塘村			√
	杭坪镇杭坪村			√
	杭坪镇石宅村			√
	仙华街道登高村			√
	岩头镇礼张村			√
	虞宅乡马岭脚村			√
东阳市	虎鹿镇蔡宅村	√	√	
	巍山镇大爽村	√		
	虎鹿镇磨水仓村	√		√
	虎鹿镇厦程里村	√		
	虎鹿镇坞葛村	√		
	虎鹿镇西坞村	√		
	画水镇天鹅村	√		
	画水镇旭光村			√
	李宅镇李宅村		√	
	马宅镇雅坑村			√
	南马镇上安恬村	√		
	巍山镇白坦村	√		
	巍山镇古渊头村	√		
	佐村镇平坑村			√
	佐村镇平岩顶村	√		
	佐村镇下里坑村			√
	佐村镇恒坑村			√

续 表

县（市、区）	传统村落	公司治理型	政府主导型	集体自理型
磐安县	冷水镇朱山村	√	√	√
	仁川镇石下村	√		√
	双峰乡大皿村		√	√
	盘峰乡榉溪村	√	√	
	安文镇墨林村		√	√
	双溪乡梓誉村		√	
	尖山镇管头村	√		√
	胡宅乡横路村	√		√
	玉山镇马塘村	√		
	双溪乡潘庄村	√		√
武义县	熟溪街道郭洞村	√	√	√
	大田乡岭下汤村			√
	俞源乡俞源村	√	√	√
	桃溪镇陶村	√		
	大溪口乡山下鲍村			√
	柳城畲族镇上黄村	√		√
	柳城畲族镇半塘村			√
	柳城畲族镇华塘村			√
	柳城畲族镇金川村			√
	坦洪乡上坦村			√
永康市	前仓镇厚吴村		√	√
	舟山镇舟山二村			√
	石柱镇塘里村	√		√
	芝英镇芝英村			√
	象珠镇清渭街村			√
义乌市	赤岸镇朱店村			√
	赤岸镇尚阳村			√
	赤岸镇雅端村	√		√
	佛堂镇田心村			√
	佛堂镇倍磊村			√
	义亭镇缸窑村	√		√

第二十九章　金华市传统村落保护与利用动力、模式与路径

一、传统村落利用的特殊性

（一）历史原真性与外来文明的矛盾

历史原真性是国际评估历史文化遗产的重要标准之一，传统村落的保护和发展最重要的是保护其真实而原生态的风貌。但传统村落在发展过程中经常面临外来文明的冲击，例如外来投资、工业化、旅游开发等因素会导致大量非本土商品的进入、外地人员的入住和本地人员的流出，使传统村落出现一种趋向：文化异化、外来文化的入侵逐步破坏传统村落原生态平衡机制，进而破坏传统村落的完整性和原真性。

（二）传统物质空间与现代生活方式的矛盾

随着时代的不断进步，居民的生活观念和生活方式都在急剧变化，传统村落中原有的基础设施、室内布局与外部环境已经不能满足人们日益增长的现代生活的需要，也不适应现代产业经济发展的需要。然而，盲目的现代化造成村落历史风貌的破坏。比如，现代交通工具的使用对传统村落原生道路产生较大的破坏；居民改造房屋时使用新的建筑材料，破坏了建筑风貌的延续性；新住宅的建造多采用现代风格，影响整体景观风貌的协调性和统一性等。

（三）原生态与商业化的矛盾

在商业化过程中，参与传统村落保护和开发的各利益相关方往往只从自身利益回报的角度来思考和行动，造成了只注重开发而不顾保护的局面，导致传统村落的自然度、美感度和和谐度严重下降，完全破坏了村落高品质、高层次的精神文化功能，违背了村落的社会公益性质。为了迎合游客的需要，肆意改造传统建筑、修建各种“假古董”、开设大量商业网点贩卖“假特产”

等过度商业化的现象屡见不鲜，破坏了原有民居的格局以及整个传统村落的风貌，造成了传统村落原生文化的消失。

金华市传统村落旅游开发基本上处于初级阶段，过度商业化现象尚未出现。

（四）延续性与空心化的矛盾

传统村落的人、地、物、事是统一的整体，而人是保证其生生不息的动力，只有在生活中才能继承真正的传统和文化。然而，由于很多传统村落经济落后、产业单一，很多村民外出打工；同时，由于传统村落的住房质量往往较差，生活基础设施相对落后，很多村民出于对现代、方便、快捷的生活方式的追求，便舍弃了传统院落，导致传统村落的“空心化”现象日趋严重，严重阻碍了民俗文化的传承，使传统村落生活失去了真实性。

由于金华市社会经济较为发达，城镇化水平较高，金华市传统村落“空心化”较为严重，延续性受到严重挑战。

（五）有限环境容量与工业化污染的矛盾

传统村落以农业为主并且生产力落后，其工业化有以小型、落后产业为主的特点，工业化过程中的生产效率低、浪费严重、污染严重的问题尤为突出。村落相对有限的空间、有限的环境容量与不断增加的环境污染的矛盾日益突出，加上外来打工的众多流动人口造成的拥挤和污染，直接影响了传统村落特有的环境品位与居民日常生活。

这种矛盾在金华市传统村落中较小。

二、传统村落利用原则

（一）原真性保护原则

传统村落的利用首先必须体现历史环境原真性保护的原则。尘封的历史遗存携带了大量真实的历史信息，是传统村落历史文化价值的主要载体。如果失去这些真实的载体，传统村落的保护和发展就失去了存在的依据。因此，传统村落发展过程中必须保持较多的历史建筑物以维持传统的历史氛围，避免传统村落的工业化和商业化破坏历史环境的原真性。

（二）整体性保护原则

传统村落的发展要遵循保护历史风貌完整性的原则。风貌保护的对象是有特色的组群景观，其中不一定有特别重要的文物或古迹，但作为一个整体，这种景观的形体、形象已成为某个地点、区域或某种文化的标志；风貌保护的目标则是基于对文献和遗存实物的研究来反映历史场景，以获得在地方文化上的认同感。在保护与利用的具体运作中，往往容易出现只注重经济效益和强调局部空间形态的问题，而忽略了传统村落整体肌理的掌控。整体性保护原则正是要求注重传统村落整体格局和功能的完整、建筑环境的完整、新与旧在整体上的平衡以及经济效益与环境效益的双向平衡。

（三）因地制宜原则

传统村落发展的因地制宜原则是指充分利用地方优势、地方资源，促进地方经济水平和生活水平的提高。合理地调配和利用资源，提高资源的利用率，对传统村落的不可再生资源进行保护的同时，要对传统村落的可再生资源进行合理的利用。因地制宜原则更结合实际，可以有针对性地解决传统村落的实际问题，还可以节约开发成本，规避发展风险。同时，因地制宜原则能延续当地的特色优势，传承当地历史文化习俗，深入挖掘和积极培育浓郁的地方特色和民族特色，激发村落活力。

（四）可持续发展原则

传统村落发展应遵循可持续发展原则，即以服务民生、提升效益作为传统村落保护与开发的核心，积极保护与合理利用历史文化遗产，探索“在保护中求发展，在发展中更好地保护”的良性循环，实现经济、社会、文化、生态的可持续发展，既能相对满足当代人的需求，又不对后代的发展构成危害。

三、按保护与利用主体划分保护与利用类型

按影响力的不同，传统村落保护与利用的主体包括政府、乡村集体领导力量、市场力量、民间力量、村民五类。

传统村落采取的保护与利用模式常常因为资源权属、政策优先权、财力、影响力等而由一类主体所倡导并组织实施，或者由多类主体基于共同的利益而联合保护开发，因此形成了不同的保护操作形式。但由于利益诉求和利益分配矛盾的存在，无论哪个操作，主体都需要不断地进行模式修正和利益平衡才能实现效益的最大化。

按主要操作主体划分，目前，金华市传统村落保护与利用主要有四种类型：

（1）由政府注资成立旅游公司对传统村落进行整体的运营管理，包括门票定价和售卖、维护和品牌运作等方面（政府注资成立旅游公司）；

（2）由政府出面对传统村落内的主要空间进行整治，本着修旧如旧的原则，对一些重点文物古迹、传统街区界面等进行维护（以政府资金为主进行村落保护与整治）；

（3）一些传统村落自发形成的村落保护开发形式，开发主体是村集体或村民个人（联合），依托村落内的文化遗产，发展旅游休闲产业，开展文化体验、农家乐、渔家乐、采摘等休闲活动（村集体或村民自发）；

（4）由公司注资进行保护与利用。

目前，金华市传统村落中具有一定旅游开发价值的传统村落，保护与利用主体情况如表 29 –1 所示。

表 29 –1　　金华市传统村落旅游开发程度及保护与利用主体

县（市、区）	传统村落	旅游开发程度	保护与利用主体
婺城区	雅畈镇石楠塘村	+	村集体或村民自发
	雅畈镇二村、三村	+ +	以政府资金为主进行村落保护与整治
	安地镇山道村	+	村集体或村民自发
	长山乡三村	+	村集体或村民自发
	塔石乡上阳村	+	以政府资金为主进行村落保护与整治
	塔石乡珊瑚村	+ +	村集体或村民自发
	塔石乡塘头村	+	村集体或村民自发
	汤溪镇鸽坞塔村	+	村集体或村民自发
	汤溪镇中戴村	+	村集体或村民自发
	汤溪镇寺平村	+ + + + +	政府注资成立旅游公司、以政府资金为主进行村落保护与整治
	汤溪镇上镜村	+	村集体或村民自发
	洋埠镇湖前村	+	村集体或村民自发
	罗埠镇上潘村	+	村集体或村民自发
	安地镇安地村	+	村集体或村民自发
	蒋堂镇下尹村	+	村集体或村民自发

续 表

县（市、区）	传统村落	旅游开发程度	保护与利用主体
婺城区	琅琊镇上盛村	+	村集体或村民自发
	乾西乡雅宅村	+	村集体或村民自发
	沙畈乡高儒村	+	村集体或村民自发
	塔石乡岱上村	+	村集体或村民自发
	塔石乡塔石村	+	村集体或村民自发
金东区	傅村镇山头下村	+ + + +	以政府资金为主进行村落保护与整治
	傅村镇畈田蒋村	+ + + +	以政府资金为主进行村落保护与整治
	源东乡长塘徐村	+	村集体或村民自发
	源东乡东叶村	+	村集体或村民自发
	曹宅镇曹宅村	+	村集体或村民自发
	赤松镇老石桥村	+ + +	由公司注资进行保护与利用
	赤松镇仙桥村	+ +	以政府资金为主进行村落保护与整治
	赤松镇王宅村	+	村集体或村民自发
	澧浦镇琐园村	+ + + + +	以政府资金为主进行村落保护与整治
	澧浦镇蒲塘村	+ +	村集体或村民自发
	塘雅镇前溪边村	+	村集体或村民自发
	岭下镇岭五村	+ + + +	以政府资金为主进行村落保护与整治
	岭下镇后溪村	+	村集体或村民自发
	江东镇雅湖村	+	村集体或村民自发
	孝顺镇中柔村	+	村集体或村民自发
	孝顺镇夏宅村	+	村集体或村民自发
	孝顺镇浦口村	+ +	村集体或村民自发
	孝顺镇支家村	+	村集体或村民自发

续　表

县（市、区）	传统村落	旅游开发程度	保护与利用主体
金东区	赤松镇山口村	+	村集体或村民自发
	赤松镇下潘村	+ +	村集体或村民自发
	澧浦镇方山村	+ +	村集体或村民自发
	澧浦镇郑店村	+ +	村集体或村民自发
兰溪市	永昌街道永昌村	+ +	村集体或村民自发
	永昌街道社峰村	+	村集体或村民自发
	永昌街道夏李村	+	村集体或村民自发
	水亭乡西姜村	+	以政府资金为主进行村落保护与整治
	诸葛镇万田村	+	村集体或村民自发
	诸葛镇长乐村	+ + + + +	村集体或村民自发、以政府资金为主进行村落保护与整治
	诸葛镇诸葛村	+ + + + +	村集体或村民自发、以政府资金为主进行村落保护与整治
	兰江街道姚村村	+ + +	村集体或村民自发
	黄店镇三泉村	+	村集体或村民自发
	黄店镇上包村	+	村集体或村民自发
	黄店镇桐山后金村	+	村集体或村民自发
	黄店镇芝堰村	+ + + + +	以政府资金为主进行村落保护与整治
	女埠街道虹霓山村	+	以政府资金为主进行村落保护与整治
	女埠街道垷坦村	+	村集体或村民自发
	女埠街道渡渎村	+	村集体或村民自发
	黄店镇刘家村	+	村集体或村民自发
	黄店镇上唐村	+	村集体或村民自发
	柏社乡洪塘里村	+	村集体或村民自发
	梅江镇塔山村	+	村集体或村民自发

续 表

县（市、区）	传统村落	旅游开发程度	保护与利用主体
兰溪市	梅江镇祝宅村	+	村集体或村民自发
	梅江镇梅街头村	+	村集体或村民自发
	横溪镇宋宅村	+	村集体或村民自发
	梅溪镇虞街村	+	村集体或村民自发
浦江县	虞宅乡新光村	+ + + + +	村集体或村民自发、以政府资金为主进行村落保护与整治
	檀溪镇潘周家村	+ +	村集体或村民自发
	白马镇嵩溪村	+ +	村集体或村民自发、以政府资金为主进行村落保护与整治
	郑宅镇郑宅镇区	+ + + +	村集体或村民自发、以政府资金为主进行村落保护与整治
	黄宅镇古塘村	+	村集体或村民自发
	杭坪镇杭坪村	+	村集体或村民自发
	杭坪镇石宅村	+	村集体或村民自发
	仙华街道登高村	+	村集体或村民自发
	岩头镇礼张村	+	村集体或村民自发
	虞宅乡马岭脚村	+ +	村集体或村民自发
东阳市	虎鹿镇蔡宅村	+ + + +	政府注资成立旅游公司、以政府资金为主进行村落保护与整治
	巍山镇大爽村	+	政府注资成立旅游公司、以政府资金为主进行村落保护与整治
	虎鹿镇磨水仓村	+	村集体或村民自发
	虎鹿镇厦程里村	+	以政府资金为主进行村落保护与整治
	虎鹿镇坞葛村	+	政府注资成立旅游公司、村集体或村民自发

续 表

县（市、区）	传统村落	旅游开发程度	保护与利用主体
东阳市	虎鹿镇西坞村	+	以政府资金为主进行村落保护与整治
	画水镇天鹅村	+	政府注资成立旅游公司、村集体或村民自发
	画水镇旭光村	+	村集体或村民自发
	李宅镇李宅村	+ + +	以政府资金为主进行村落保护与整治
	马宅镇雅坑村	+	政府注资成立旅游公司、村集体或村民自发
	南马镇上安恬村	+	以政府资金为主进行村落保护与整治
	巍山镇白坦村	+ + +	以政府资金为主进行村落保护与整治
	巍山镇古渊头村	+ +	以政府资金为主进行村落保护与整治
	佐村镇平坑村	+	村集体或村民自发
	佐村镇平岩顶村	+	以政府资金为主进行村落保护与整治
	佐村镇下里坑村	+	村集体或村民自发
	佐村镇恒坑村	+	村集体或村民自发
磐安县	冷水镇朱山村	+	以政府资金为主进行村落保护与整治
	仁川镇石下村	+	由公司注资进行保护与利用、村集体或村民自发
	双峰乡大皿村	+ + + + +	以政府资金为主进行村落保护与整治
	盘峰乡榉溪村	+ +	以政府资金为主进行村落保护与整治

续 表

县（市、区）	传统村落	旅游开发程度	保护与利用主体
磐安县	安文镇墨林村	+	以政府资金为主进行村落保护与整治、由公司注资进行保护与利用
	双溪乡梓誉村	+ +	以政府资金为主进行村落保护与整治
	尖山镇管头村	+ +	由公司注资进行保护与利用、村集体或村民自发
	胡宅乡横路村	+ + + + +	由公司注资进行保护与利用、村集体或村民自发
	玉山镇马塘村	+ + +	由公司注资进行保护与利用
	双溪乡潘庄村	+	村集体或村民自发
武义县	熟溪街道郭洞村	+ + + + +	以政府资金为主进行村落保护与整治、由公司注资进行保护与利用
	大田乡岭下汤村	+	村集体或村民自发
	俞源乡俞源村	+ + + + +	以政府资金为主进行村落保护与整治、由公司注资进行保护与利用
	桃溪镇陶村	+ +	村集体或村民自发
	大溪口乡山下鲍村	+ +	村集体或村民自发
	柳城畲族镇上黄村	+ + +	以政府资金为主进行村落保护与整治
	柳城畲族镇半塘村	+ +	村集体或村民自发
	柳城畲族镇华塘村	+ +	村集体或村民自发
	柳城畲族镇金川村	+ +	村集体或村民自发
	坦洪乡上坦村	+	村集体或村民自发
永康市	前仓镇厚吴村	+ + + + +	政府注资成立旅游公司、村集体或村民自发

续 表

县（市、区）	传统村落	旅游开发程度	保护与利用主体
永康市	舟山镇舟山二村	+	以政府资金为主进行村落保护与整治
	石柱镇塘里村	+ + + +	村集体或村民自发
	芝英镇芝英村	+	村集体或村民自发
	象珠镇清渭街村	+	村集体或村民自发
义乌市	赤岸镇朱店村	+	村集体或村民自发
	赤岸镇尚阳村	+ +	村集体或村民自发
	赤岸镇雅端村	+ + +	村集体或村民自发
	佛堂镇田心村	+	村集体或村民自发
	佛堂镇倍磊村	+	村集体或村民自发
	义亭镇缸窑村	+ +	村集体或村民自发

四、传统村落保护与利用利益相关者的职责

传统村落保护与利用模式的利益相关者是传统村落保护所要考虑的主体，传统村落的发展是建立在创造经济效益、改善居住环境、保护传统文化、满足社会发展等各方面的要求之上的。因此，在传统村落保护与开发过程中，利益相关者间的关系平衡是传统村落保护与利用模式能够稳定运行的重要考量。传统村落保护与利用模式的确定需要对利益相关者的构成主体、制度设计、具体操作等方面进行统筹研究。就传统村落旅游来看，其利益相关者分为外部利益相关者和内部利益相关者，内部利益相关者构成了传统村落保护与利用模式的主体。

传统村落的保护与发展参差不齐，仅对旅游开发主体中的利益相关者进行讨论将显得不切实际，要秉承实事求是原则，依据金华市传统村落保护与开发的程度和所处阶段，对不同的操作实体和可能涉及的利益相关者进行考察。如在传统村落开发过程中，当地政府、旅游公司（有时是政府出资设立的）、村集体、村民个人（联合）、民间组织等可能参与到传统村落保护与开发过程中来。

各利益相关者作为保护与利用主体，主要职责如表 29－2 所示。

表 29 – 2　　金华市传统村落保护与利用的利益相关者的主要职责

利益相关者	主要职责
政府	政府的首要任务是实现传统村落内传统建筑风貌保护、村落整体空间格局整治、文化传承、生态环境整治等公共利益。政府应在金华市传统村落整治过程中发挥重要作用
村民	传统村落村民作为物质文化遗产的继承主体，面临着改善生存条件的现实需求，其资源所有人的身份也对传统村落资源重组后的价值增值，享有无可争辩的权利。村民的利益理应在传统村落发展中受到重视，一些村庄集体自主经营的情况对传统村落村民来说受益最多
市场	市场的参与，一方面对传统村落内的建筑维修、旅游品牌运作、资金的管理等能够提供更加专业化、市场化的管理，提高了传统村落资源利用的效率；另一方面，市场主体的唯利性，损害了传统村落空间、生活的原真性
村集体	村集体有时也可作为传统村落保护的主体，其集合的村民的自治性质能够与村民的利益共进退，是村民参与保护的重要组织
宗族	有些传统村落宗族所形成的民间力量对于家传祖宅的修缮和开发具有重要作用，是传统村落传统建筑保护中需要协调的重要元素
旅游者	旅游者是旅游目的地资金的输入者之一，并且在传统村落可持续经营中扮演重要角色。传统村落旅游产业围绕为旅游者提供优质的旅游服务展开，旅游者利益的满足是旅游开发模式的潜在目标

五、传统村落保护与旅游利用模式选择

（一）按照村落与中心城镇距离、经济发展条件、旅游资源禀赋选择

由于各村落距离中心城镇的远近、经济发展条件及旅游资源禀赋不同，传统村落保护与利用模式也随之变化，具体见表 29 – 3。

表 29－3　　金华市传统村落保护与旅游利用模式选择建议——城郊、远郊及经济发展条件、资源禀赋

<table>
<tr><td rowspan="4">城郊型</td><td rowspan="4">经济发展条件</td><td colspan="3">旅游资源禀赋</td></tr>
<tr><td>水平</td><td>好</td><td>差</td></tr>
<tr><td>好</td><td>开发为主，社区独资、个人经营</td><td>政府投资保护为主，局部开发；个人经营</td></tr>
<tr><td>差</td><td>开发为主，个人联合经营</td><td>政府保护为主，局部开发可个人承包经营</td></tr>
<tr><td rowspan="4">远郊型</td><td rowspan="4">经济发展条件</td><td colspan="3">旅游资源禀赋</td></tr>
<tr><td>水平</td><td>好</td><td>差</td></tr>
<tr><td>好</td><td>开发为主，社区独资、个人经营</td><td>政府投资保护为主、个人经营</td></tr>
<tr><td>差</td><td>开发为主，个人联合经营</td><td>政府保护为主，局部开发可个人承包经营</td></tr>
</table>

（二）按照保护与旅游利用主体选择

事实上，在不同操作主体运行的模式下，又可以形成很多灵活的保护开发形式。各传统村落根据自身的特色可以采取差异化的保护与利用模式。

（1）在历史遗存较为丰富的传统村落中，可以采取政府主导下整体旅游开发模式，也可以采取“业户＋政府”共同保护开发的模式。

（2）在一些文化遗产较少的传统村落保护中，可以采取村民个人开发经营或者社会市场主体（如社会法人）投资经营的形式。

将传统村落保护与旅游利用模式灵活多样化处理，在村民能够实施保护的范围内提倡个人保护开发，村民无力经营的，集体或市场主体可以参与保护开发。在开发的不同时期要灵活调整保护的策略。另外，在开发模式中要充分考虑保护的社会效益，使保护不仅仅停留在经济利益的满足上，更多的是一份文化的传承与保护。

（三）传统村落旅游利用的差异性发展

提供不同的旅游产品是旅游者选择旅游目的地的重要原因。传统村落提供了历史文化建筑、寺庙宗祠、文物古迹、民俗服饰等物质产品以及民风民情、传统文化氛围体验等精神产品。大量的传统村落旅游开发呈现同质化的恶性竞争，不利于传统村落的可持续发展。因此，打造一个符合自身特色并拥有稳定客源的旅游目的地形象就显得尤为重要。

金华市传统村落可分为自然资源型、人文资源型、特色农业型三种。针对不同类型的传统村落，可依据其特点采用不同的开发策略。

（1）自然资源型传统村落可整合发展各类渔家乐、农家乐，开发参与体验式旅游产品。

（2）对于传统村落遗存较好、民俗资源丰富的人文资源型传统村落来说，可以对其进行保护性开发，可以文化体验为主，修复其生态环境。

（3）对于特色农业型的传统村落，如以花卉、苗木、蔬果等产业集聚的村落，则可借助特色产业的集聚效应发展农业观光旅游。

根据以上三种类型，金华市传统村落旅游利用模式选择建议如表 29 – 4 所示。

表 29 – 4　　金华市传统村落旅游利用模式选择建议

传统村落类型	旅游利用模式的选择	利益主体合作模式
自然资源型	旅游景区经营模式——企业化经营管理； 客源市场开发模式——改善交通可进入性，树立特色旅游形象	“公司 + 业户”模式； “社区 + 公司 + 业户”模式； 村办企业开发模式
人文资源型	旅游景区经营模式——企业化经营管理； 旅游产品开发模式——以人文体验旅游产品的开发为主	分散、自主经营模式； “社区 + 公司 + 业户”模式； “公司 + 业户”模式
特色农业型	旅游开发主导模式——政府主导； 旅游扶贫模式——社区参与	“公司 + 业户”模式； “社区 + 公司 + 业户”模式； 村办企业开发模式； 个体农庄模式

（四）金华市传统村落保护与旅游利用模式选择

本章根据金华市各传统村落所属类型，对金华市传统村落保护与旅游利用模式进行了整理，具体如表 29－5 所示。

表 29－5　　金华市传统村落保护与旅游利用模式

县（市、区）	传统村落	传统村落类型	保护与旅游利用模式的选择
婺城区	雅畈镇石楠塘村	人文资源型	旅游产品开发模式——以人文体验旅游产品的开发为主
	雅畈镇二村、三村	人文资源型	旅游产品开发模式——以人文体验旅游产品的开发为主
	安地镇山道村	自然资源型	客源市场开发模式——改善交通可进入性，树立特色旅游形象
	长山乡三村	人文资源型	旅游产品开发模式——以人文体验旅游产品的开发为主
	塔石乡上阳村	人文资源型	旅游景区经营模式——企业化经营管理
	塔石乡珊瑚村	特色农业型	旅游扶贫模式——社区参与
	塔石乡塘头村	自然资源型	客源市场开发模式——改善交通可进入性，树立特色旅游形象
	开发区汤溪镇鸽坞塔村	人文资源型	旅游产品开发模式——以人文体验旅游产品的开发为主
	开发区汤溪镇中戴村	人文资源型	旅游产品开发模式——以人文体验旅游产品的开发为主
	汤溪镇寺平村	人文资源型	旅游景区经营模式——企业化经营管理
	汤溪镇上镜村	人文资源型	旅游产品开发模式——以人文体验旅游产品的开发为主

续 表

县（市、区）	传统村落	传统村落类型	保护与旅游利用模式的选择
婺城区	洋埠镇湖前村	人文资源型	旅游产品开发模式——以人文体验旅游产品的开发为主
	罗埠镇上潘村	人文资源型	旅游产品开发模式——以人文体验旅游产品的开发为主
	安地镇安地村	人文资源型	旅游产品开发模式——以人文体验旅游产品的开发为主
	蒋堂镇下尹村	人文资源型	旅游产品开发模式——以人文体验旅游产品的开发为主
	琅琊镇上盛村	人文资源型	旅游产品开发模式——以人文体验旅游产品的开发为主
	乾西乡雅宅村	人文资源型	旅游产品开发模式——以人文体验旅游产品的开发为主
	沙畈乡高儒村	人文资源型	旅游产品开发模式——以人文体验旅游产品的开发为主
	塔石乡岱上村	人文资源型	旅游产品开发模式——以人文体验旅游产品的开发为主
	塔石乡塔石村	自然、人文资源型	旅游景区经营模式——企业化经营管理
金东区	傅村镇山头下村	人文资源型	旅游景区经营模式——企业化经营管理
	傅村镇畈田蒋村	人文资源型	旅游景区经营模式——企业化经营管理
	源东乡长塘徐村	人文资源型	旅游景区经营模式——企业化经营管理
	源东乡东叶村	人文资源型	旅游景区经营模式——企业化经营管理

续 表

县（市、区）	传统村落	传统村落类型	保护与旅游利用模式的选择
金东区	曹宅镇曹宅村	人文资源型	旅游产品开发模式——以人文体验旅游产品的开发为主
	赤松镇老石桥村	自然资源型	客源市场开发模式——改善交通可进入性，树立特色旅游形象
	赤松镇仙桥村	人文资源型	旅游景区经营模式——企业化经营管理
	赤松镇王宅村	自然、人文资源型	旅游产品开发模式——以人文体验旅游产品的开发为主
	澧浦镇琐园村	人文资源型	旅游景区经营模式——企业化经营管理
	澧浦镇蒲塘村	自然、人文资源型	旅游景区经营模式——企业化经营管理
	塘雅镇前溪边村	自然、人文资源型	旅游景区经营模式——企业化经营管理
	岭下镇岭五村	人文资源型	旅游景区经营模式——企业化经营管理
	岭下镇后溪村	自然、人文资源型	旅游景区经营模式——企业化经营管理
	江东镇雅湖村	人文资源型	旅游产品开发模式——以人文体验旅游产品的开发为主
	孝顺镇中柔村	人文资源型	旅游产品开发模式——以人文体验旅游产品的开发为主
	孝顺镇夏宅村	人文资源型	旅游产品开发模式——以人文体验旅游产品的开发为主

续 表

县（市、区）	传统村落	传统村落类型	保护与旅游利用模式的选择
金东区	孝顺镇浦口村	人文资源型	旅游产品开发模式——以人文体验旅游产品的开发为主
	孝顺镇支家村	人文资源型	旅游产品开发模式——以人文体验旅游产品的开发为主
	赤松镇山口村	人文资源型	旅游产品开发模式——以人文体验旅游产品的开发为主
	赤松镇下潘村	人文资源型	旅游景区经营模式——企业化经营管理
	澧浦镇方山村	人文资源型	旅游产品开发模式——以人文体验旅游产品的开发为主
	澧浦镇郑店村	人文资源型	旅游产品开发模式——以人文体验旅游产品的开发为主
兰溪市	永昌街道永昌村	人文资源型	旅游产品开发模式——以人文体验旅游产品的开发为主
	永昌街道社峰村	人文资源型	旅游产品开发模式——以人文体验旅游产品的开发为主
	永昌街道夏李村	人文资源型	旅游产品开发模式——以人文体验旅游产品的开发为主
	水亭乡西姜村	自然、人文资源型	旅游产品开发模式——以人文体验旅游产品的开发为主
	诸葛镇万田村	人文资源型	旅游产品开发模式——以人文体验旅游产品的开发为主
	诸葛镇长乐村	人文资源型	旅游景区经营模式——企业化经营管理
	诸葛镇诸葛村	人文资源型	旅游景区经营模式——企业化经营管理
	兰江街道姚村村	自然、人文资源型	旅游景区经营模式——企业化经营管理

续 表

县（市、区）	传统村落	传统村落类型	保护与旅游利用模式的选择
兰溪市	黄店镇三泉村	自然、人文资源型	旅游产品开发模式——以人文体验旅游产品的开发为主
	黄店镇上包村	自然资源型	旅游景区经营模式——企业化经营管理
	黄店镇桐山后金村	人文资源型	旅游产品开发模式——以人文体验旅游产品的开发为主
	黄店镇芝堰村	人文资源型	旅游景区经营模式——企业化经营管理
	女埠街道虹霓山村	人文资源型	旅游景区经营模式——企业化经营管理
	女埠街道梘坦村	人文资源型	旅游产品开发模式——以人文体验旅游产品的开发为主
	女埠街道渡渎村	人文资源型	旅游产品开发模式——以人文体验旅游产品的开发为主
	黄店镇刘家村	人文资源型	旅游产品开发模式——以人文体验旅游产品的开发为主
	黄店镇上唐村	人文资源型	旅游景区经营模式——企业化经营管理
	柏社乡洪塘里村	人文资源型	旅游产品开发模式——以人文体验旅游产品的开发为主
	梅江镇塔山村	人文资源型	旅游产品开发模式——以人文体验旅游产品的开发为主
	梅江镇祝宅村	人文资源型	旅游产品开发模式——以人文体验旅游产品的开发为主
	梅江镇梅街头村	自然、人文资源型	旅游产品开发模式——以人文体验旅游产品的开发为主
	横溪镇宋宅村	人文资源型	旅游产品开发模式——以人文体验旅游产品的开发为主

续 表

县（市、区）	传统村落	传统村落类型	保护与旅游利用模式的选择
兰溪市	梅溪镇虞街村	自然、人文资源型	旅游产品开发模式——以人文体验旅游产品的开发为主
浦江县	虞宅乡新光村	自然、人文资源型	旅游产品开发模式——以人文体验旅游产品的开发为主
	檀溪镇潘周家村	人文资源型	旅游产品开发模式——以人文体验旅游产品的开发为主
	白马镇嵩溪村	自然资源型	旅游产品开发模式——以人文体验旅游产品的开发为主
	郑宅镇郑宅镇区	自然、人文资源型	旅游产品开发模式——以人文体验旅游产品的开发为主
	黄宅镇古塘村	人文资源型	旅游产品开发模式——以人文体验旅游产品的开发为主
	杭坪镇杭坪村	人文资源型	旅游产品开发模式——以人文体验旅游产品的开发为主
	杭坪镇石宅村	人文资源型	旅游产品开发模式——以人文体验旅游产品的开发为主
	仙华街道登高村	人文资源型	旅游产品开发模式——以人文体验旅游产品的开发为主
	岩头镇礼张村	人文资源型	旅游产品开发模式——以人文体验旅游产品的开发为主
	虞宅乡马岭脚村	人文资源型	旅游产品开发模式——以人文体验旅游产品的开发为主
东阳市	虎鹿镇蔡宅村	人文资源型	旅游景区经营模式——企业化经营管理
	巍山镇大爽村	人文资源型	旅游景区经营模式——企业化经营管理
	虎鹿镇磨水仓村	自然资源型	客源市场开发模式——改善交通可进入性，树立特色旅游形象

续　表

县（市、区）	传统村落	传统村落类型	保护与旅游利用模式的选择
东阳市	虎鹿镇厦程里村	人文资源型	旅游产品开发模式——以人文体验旅游产品的开发为主
	虎鹿镇坞葛村	自然资源型	客源市场开发模式——改善交通可进入性，树立特色旅游形象
	虎鹿镇西坞村	特色农业型	旅游扶贫模式——社区参与
	画水镇天鹅村	自然资源型	客源市场开发模式——改善交通可进入性，树立特色旅游形象
	画水镇旭光村	人文资源型	旅游产品开发模式——以人文体验旅游产品的开发为主
	李宅镇李宅村	人文资源型	旅游产品开发模式——以人文体验旅游产品的开发为主
	马宅镇雅坑村	自然资源型	客源市场开发模式——改善交通可进入性，树立特色旅游形象
	南马镇上安恬村	人文资源型	旅游产品开发模式——以人文体验旅游产品的开发为主
	巍山镇白坦村	人文资源型	旅游产品开发模式——以人文体验旅游产品的开发为主
	巍山镇古渊头村	自然资源型	客源市场开发模式——改善交通可进入性，树立特色旅游形象
	佐村镇平坑村	自然资源型	客源市场开发模式——改善交通可进入性，树立特色旅游形象
	佐村镇平岩顶村	人文资源型	旅游产品开发模式——以人文体验旅游产品的开发为主

续 表

县（市、区）	传统村落	传统村落类型	保护与旅游利用模式的选择
东阳市	佐村镇下里坑村	自然资源型	客源市场开发模式——改善交通可进入性，树立特色旅游形象
	佐村镇恒坑村	自然资源型	客源市场开发模式——改善交通可进入性，树立特色旅游形象
磐安县	冷水镇朱山村	人文资源型	旅游产品开发模式——以人文体验旅游产品的开发为主
	仁川镇石下村	自然资源型	客源市场开发模式——改善交通可进入性，树立特色旅游形象
	双峰乡大皿村	人文资源型	旅游产品开发模式——以人文体验旅游产品的开发为主
	盘峰乡榉溪村	人文资源型	旅游产品开发模式——以人文体验旅游产品的开发为主
	安文镇墨林村	自然资源型	客源市场开发模式——改善交通可进入性，树立特色旅游形象
	双溪乡梓誉村	自然资源型	客源市场开发模式——改善交通可进入性，树立特色旅游形象
	尖山镇管头村	人文资源型	旅游产品开发模式——以人文体验旅游产品的开发为主
	胡宅乡横路村	人文资源型	旅游产品开发模式——以人文体验旅游产品的开发为主
	玉山镇马塘村	人文资源型	旅游产品开发模式——以人文体验旅游产品的开发为主
	双溪乡潘庄村	自然资源型	客源市场开发模式——改善交通可进入性，树立特色旅游形象

续 表

县（市、区）	传统村落	传统村落类型	保护与旅游利用模式的选择
武义县	熟溪街道郭洞村	自然、人文资源型	旅游景区经营模式——企业化经营管理
	大田乡岭下汤村	人文资源型	旅游产品开发模式——以人文体验旅游产品的开发为主
	俞源乡俞源村	自然、人文资源型	旅游景区经营模式——企业化经营管理
	桃溪镇陶村	人文资源型	旅游产品开发模式——以人文体验旅游产品的开发为主
	大溪口乡山下鲍村	人文资源型	旅游产品开发模式——以人文体验旅游产品的开发为主
	柳城畲族镇上黄村	自然资源型	旅旅游产品开发模式——以人文体验旅游产品的开发为主
	柳城畲族镇半塘村	人文资源型	旅游产品开发模式——以人文体验旅游产品的开发为主
	柳城畲族镇华塘村	人文资源型	旅游产品开发模式——以人文体验旅游产品的开发为主
	柳城畲族镇金川村	人文资源型	旅游产品开发模式——以人文体验旅游产品的开发为主
	坦洪乡上坦村	人文资源型	旅游产品开发模式——以人文体验旅游产品的开发为主
永康市	前仓镇厚吴村	自然、人文资源型	旅游景区经营模式——企业化经营管理
	舟山镇舟山二村	人文资源型	旅游产品开发模式——以人文体验旅游产品的开发为主
	石柱镇塘里村	人文资源型	旅游产品开发模式——以人文体验旅游产品的开发为主
	芝英镇芝英村	人文资源型	旅游产品开发模式——以人文体验旅游产品的开发为主

续 表

县（市、区）	传统村落	传统村落类型	保护与旅游利用模式的选择
永康市	象珠镇清渭街村	人文资源型	旅游产品开发模式——以人文体验旅游产品的开发为主
义乌市	赤岸镇朱店村	人文资源型	旅游产品开发模式——以人文体验旅游产品的开发为主
	赤岸镇尚阳村	人文资源型	旅游产品开发模式——以人文体验旅游产品的开发为主
	赤岸镇雅端村	人文资源型	旅游产品开发模式——以人文体验旅游产品的开发为主
	佛堂镇田心村	人文资源型	旅游产品开发模式——以人文体验旅游产品的开发为主
	佛堂镇倍磊村	人文资源型	旅游产品开发模式——以人文体验旅游产品的开发为主
	义亭镇缸窑村	人文资源型	旅游产品开发模式——以人文体验旅游产品的开发为主

六、传统村落多用途利用模式

总结传统村落发展的特殊性和发展原则，可以发现外生经济增长模型的利用模式并不适合传统村落的发展。这种由外部因素决定的利用模式，不但不能稳定农村经济，不能使传统村落获得可持续发展，还会对传统村落原有的生产方式、生活方式、文化习俗、建筑形式、村落格局和整体历史风貌产生巨大的影响和破坏。因此，传统村落发展不能单纯依靠外生力量，而更多地要依靠自身优势。

金华市传统村落数量多、类型多、分布广，保护与利用的条件也有很大差异。对传统村落的保护除了要有制度、政策保障外，还要提高文化自觉，认识村落价值，增强保护发展的动力。根据传统村落发展的动力机制，结合传统村落的特殊性和发展原则，本书从产业类型、区位优势、资源优势、技术优势等方面提出了六类传统村落利用模式。

（一）市场依托型模式

市场依托型模式是指传统村落以城市生产生活需求为结合点，依托城乡接合部的区位优势，发挥城市的带动作用。通过打通城镇干道、完善配套设施、满足市场需求、拓宽发展空间，着力打造市场依托型传统村落。

市场依托型模式适用于区位优越、临近主要市场的传统村落。这类传统村落应当充分借助主要市场的带动作用，依托本身的资源优势，从类型、档次方面提供对应需求的产品，并根据市场的变化做出相应的调整，推动村落的经济发展，最终实现经济、社会、文化协调发展。

（二）技术支持型模式

技术支持型模式是传统村落以先进科学技术为依托，通过规模化建设、产业化经营、循环化利用，带动村落发展，实现农民增收的一种传统村落利用模式。这一模式需要重视农业技术推广和自主创新，重视政府的引导和示范带头作用。

资源禀赋一般的传统村落可以采用技术支持型模式。通过政府、集体、企业三方合作，引入优质的技术支撑及现代化管理模式，实现农民增收、企业营利、生态保护、基建完善、价值回归等共赢目标。

（三）特色产业型模式

特色产业型模式是在一个乡或村的范围内，依据所在地区独特的优势，围绕一个特色产品或产业链，实行专业化生产经营，一村一业发展壮大来带动村落综合发展的一种传统村落利用模式。

农业历史悠久、传统产业优势明显的村落，可以通过规划对村落中非物质文化遗产及其代表性传承人和文化生态环境进行抢救和保护，并充分利用传统产业特色，发展文化创意、休闲旅游、体验旅游等新经济模式，还原美丽乡村，促进传统产业发展，提高村民收入水平。

（四）养老休闲型模式

养老休闲型模式是一种候鸟型和旅游休闲型相结合的农家寄养式的异地养老模式，而传统村落的养老休闲型模式正是以农村优美的自然环境和安逸的生活环境吸引老年人，通过集观赏、娱乐、体验、养老于一体的新兴休闲产业，打造一种新型的老年人生活方式，从而带动传统村落经济和社会发展。

养老休闲型模式一般适用于自然生态环境良好、距离都市较近的传统村落。这类村落可依托环境优势，加强环境整治，发展异地养老服务产业，通过农家乐等形式，提高村民收入水平，以旅游收入反哺生态保护，形成良性循环。

（五）旅游利用型模式

旅游利用型模式是以旅游资源为依托，以旅游活动为内容，通过旅游开发促进传统村落发展的一种模式。发展旅游业，一是要有可以挖掘的旅游资源，包括自然资源和人文资源，二是要有与旅游相配套的娱乐、住宿、餐饮等基础设施以及便利的交通条件。

对于传统村落保护良好、旅游资源条件突出的传统村落，可以采用旅游利用型模式，挖掘自身的独特卖点，结合周边旅游资源，形成具有强吸引力的旅游品牌，并通过改善交通条件及配套旅游服务设施带动旅游产业发展。同时，应当规划先行、加强管理，防止旅游发展中对传统景观风貌及社会环境造成影响及破坏。

（六）文化创意型模式

文化创意型模式是充分挖掘、梳理与利用传统村落的民俗文化来大力发展文化创意产业的模式。这种模式不仅可以丰富游客体验，促进产业结构调整，增加农民收入，繁荣农村经济，还起到对农村民俗文化保护和传承的重大作用。

民间艺术传统积淀深厚的传统村落，可以大力发展文化创意产业，并使之成为支柱产业，依托知名艺术家带动从艺群众，鼓励精品创作，提升艺术水平，提高影响力和声誉。在发展文化创意产业的同时，应严格保护传统村落环境及相关的物质文化遗产与非物质文化遗产。同时，通过家庭生态博物馆等形式，带动艺术传播与旅游业发展。

其中，除市场依托型模式、技术支持型模式主要是从市场角度、技术支撑角度分析传统村落发展社会经济的条件与发展路径外，其他四种类型都属于与旅游紧密关联或本身就是旅游开发的类型，如文化创意型、特色产业型、养老休闲型，这些开发类型可实施旅游产业融合发展战略，开发旅游特色产业。

金华市传统村落按照产业开发模式进行开发方向选择如表 29 – 6 所示。

表 29－6　　金华市传统村落按照产业开发模式进行开发方向选择

县（市、区）	传统村落	特色产业型	养老休闲型	旅游利用型	文化创意型
婺城区	雅畈镇石楠塘村	√		√	√
	雅畈镇二村、三村			√	√
	安地镇山道村	√	√	√	
	长山乡三村	√			√
	塔石乡上阳村			√	√
	塔石乡珊瑚村	√	√	√	
	塔石乡塘头村	√		√	
	开发区汤溪镇鸽坞塔村				√
	开发区汤溪镇中戴村			√	√
	汤溪镇寺平村	√	√	√	√
	汤溪镇上镜村		√		√
	洋埠镇湖前村		√		√
	罗埠镇上潘村	√			
	安地镇安地村			√	√
	蒋堂镇下尹村			√	√
	琅琊镇上盛村			√	√
	乾西乡雅宅村			√	√
	沙畈乡高儒村			√	√
	塔石乡岱上村				√
	塔石乡塔石村			√	√
金东区	傅村镇山头下村		√	√	√
	傅村镇畈田蒋村		√	√	√
	源东乡长塘徐村			√	√
	源东乡东叶村			√	√
	曹宅镇曹宅村	√	√		
	赤松镇老石桥村	√		√	
	赤松镇仙桥村	√	√	√	√

续 表

县（市、区）	传统村落	特色产业型	养老休闲型	旅游利用型	文化创意型
金东区	赤松镇王宅村	√			√
	澧浦镇琐园村		√	√	√
	澧浦镇蒲塘村	√			
	塘雅镇前溪边村	√		√	
	岭下镇岭五村	√		√	√
	岭下镇后溪村	√	√	√	
	江东镇雅湖村				√
	孝顺镇中柔村	√	√	√	√
	孝顺镇夏宅村				√
	孝顺镇浦口村				√
	孝顺镇支家村				√
	赤松镇山口村				√
	赤松镇下潘村				√
	澧浦镇方山村		√		√
	澧浦镇郑店村	√	√	√	√
兰溪市	永昌街道永昌村	√	√	√	√
	永昌街道社峰村	√	√	√	√
	永昌街道夏李村		√	√	
	水亭乡西姜村			√	√
	诸葛镇万田村				√
	诸葛镇长乐村	√	√	√	√
	诸葛镇诸葛村	√	√	√	√
	兰江街道姚村村	√	√	√	
	黄店镇三泉村			√	√
	黄店镇上包村	√	√		
	黄店镇桐山后金村	√	√	√	√
	黄店镇芝堰村		√	√	√

续 表

县（市、区）	传统村落	特色产业型	养老休闲型	旅游利用型	文化创意型
兰溪市	女埠街道虹霓山村		√	√	√
	女埠街道岘坦村			√	√
	女埠街道渡渎村	√	√	√	√
	黄店镇刘家村				√
	黄店镇上唐村	√			√
	柏社乡洪塘里村	√	√	√	√
	梅江镇塔山村			√	
	梅江镇祝宅村		√		√
	梅江镇梅街头村		√		
	横溪镇宋宅村				√
	梅溪镇虞街村				√
浦江县	虞宅乡新光村	√	√	√	√
	檀溪镇潘周家村	√			
	白马镇嵩溪村	√	√	√	√
	郑宅镇郑宅镇区	√		√	√
	黄宅镇古塘村	√			
	杭坪镇杭坪村	√		√	
	杭坪镇石宅村	√			√
	仙华街道登高村	√	√		
	岩头镇礼张村	√			
	虞宅乡马岭脚村	√		√	
东阳市	虎鹿镇蔡宅村			√	√
	巍山镇大爽村		√		
	虎鹿镇磨水仓村		√		
	虎鹿镇厦程里村			√	√
	虎鹿镇坞葛村		√	√	
	虎鹿镇西坞村	√		√	

续 表

县（市、区）	传统村落	特色产业型	养老休闲型	旅游利用型	文化创意型
东阳市	画水镇天鹅村		√	√	
	画水镇旭光村	√			√
	李宅镇李宅村			√	√
	马宅镇雅坑村				√
	南马镇上安恬村	√			√
	巍山镇白坦村			√	√
	巍山镇古渊头村			√	
	佐村镇平坑村		√	√	
	佐村镇平岩顶村		√	√	√
	佐村镇下里坑村		√		
	佐村镇恒坑村		√		
磐安县	冷水镇朱山村			√	√
	仁川镇石下村		√	√	
	双峰乡大皿村	√		√	√
	盘峰乡榉溪村				
	安文镇墨林村		√	√	
	双溪乡梓誉村			√	√
	尖山镇管头村	√		√	
	胡宅乡横路村	√		√	
	玉山镇马塘村	√		√	
	双溪乡潘庄村			√	
武义县	熟溪街道郭洞村	√	√	√	√
	大田乡岭下汤村	√			
	俞源乡俞源村	√	√	√	√
	桃溪镇陶村	√			
	大溪口乡山下鲍村	√			
	柳城畲族镇上黄村		√	√	√

续 表

县（市、区）	传统村落	特色产业型	养老休闲型	旅游利用型	文化创意型
武义县	柳城畲族镇半塘村	√			
	柳城畲族镇华塘村	√			
	柳城畲族镇金川村	√			
	坦洪乡上坦村	√			
永康市	前仓镇厚吴村	√	√	√	√
	舟山镇舟山二村	√			√
	石柱镇塘里村		√	√	
	芝英镇芝英村	√			√
	象珠镇清渭街村	√			
义乌市	赤岸镇朱店村	√			
	赤岸镇尚阳村	√			
	赤岸镇雅端村	√			
	佛堂镇田心村	√		√	
	佛堂镇倍磊村	√		√	
	义亭镇缸窑村	√		√	√

第三十章　金华市传统村落历史文化建筑的开发利用

一、历史文化建筑的开发利用

传统村落建筑作为传承传统文化的重要载体，在其漫长的岁月中表现出一定的独特性与稳定性，在保护传统村落建筑风貌的基础上进行合理的旅游开发，拓展历史文化建筑功能，能更好地传承和延续传统村落文化。传统村落观光游是实现传统村落旅游资源价值最基本的形式，但其旅游形式比较单一，需要进一步拓展旅游开发的形式，以延伸价值。

（一）价值挖掘

（1）历史文化建筑风水。传统村落建筑背山临水，树林掩映，与自然环境和谐共生，也有利于农业生产，反映了传统的风水价值和科学价值，是古人智慧的体现。

（2）建筑风貌。粉墙黛瓦、错落有致的建筑形态呈现浙中传统村落特有的建筑风貌，并且汇集了不同历史时期的历史文化建筑，其类型丰富，包括宗教建筑、民居、祠堂、牌坊，反映了浙中传统村落地区的历史进程，具有极高的历史文化价值，能满足游客的文化探寻、历史探寻等心理需求。

（3）建筑艺术。传统村落建筑是凝固的艺术，具有绘画、摄影、影视等多元化的美学价值，可以启发人们的艺术创作。

（4）建筑与传统村落文化。传统村落建筑是传统村落文化的重要载体，承载着传统村落文化传承延续的功能，两者相互交融。历史文化建筑资源融合了名人历史、耕读传统、宗族制度、民俗风情等非物质文化，体验传统村落建筑就是体验传统村落的文化脉络。

（5）建筑技艺。民居营造法式，包括选址、平面布局、比例、色彩、门楼、庭院、铺地、粉墙黛瓦、木水石作技艺等方面，都体现了金华地域独特的技艺。营造法式以地域文化传承为理念，传承浓郁的金华地域特色的传统村落文化。

（二）价值的转化与产品开发

1. 精品化的观光展示

（1）历史文化建筑。让游客游览传统村落，体验传统村落格局和历史文化建筑风貌，感受不同时期不同类型建筑的风格。

（2）传统村落风水文化馆。以长乐村、诸葛村、俞源村等风水格局为典型解析代表，并将金华市传统村落的风水格局及选址理念系统归纳、收集，开设金华市传统村落风水文化馆，展示金华市传统村落独特的风水文化。

（3）技艺博物馆。选取村落集群最具有代表性的历史文化建筑，设立金华传统技艺展示体验区，展出金华市传统村落中具有较高价值的作品。

2. 主题化的文化体验

（1）特色住宿体验。选取几个具有历史代表性的历史文化建筑，如传统村落中的厅堂古宅等，结合建筑周边景观环境和内部空间氛围的营造，设计成不同时期的民居住宿风格，让游客体验不同历史时期传统村落居民的生活特征、传统村落传统的生活习俗及和谐优美的人居环境。

（2）宗族文化体验。利用祠堂等建筑和宗族文化，修订族谱，恢复宗族建筑风貌，开发宗族礼制体验、宗族祭祀体验，为与传统村落有关联的在外游子或相关研究学者开辟专门的访祖寻根游、历史考察游。

（3）国学文化体验。利用耕读传统和名人文化氛围，打造国学体验产品，如在传统村落建立私塾、国学艺术体验班等，学习体验国学诗书、国学绘画的经典之处，为游客提供良好的参观体验、修身学习的环境。尤其可以面向少年儿童和老年人市场，开设专门的国学班、书画艺术班，通过艺术的学习来修身养性、陶冶情操。在充分尊重人文自然的基础上，可把传统村落打造为耕读文化传承示范区，并作为传统村落集群的综合文化形象进行开发建设。深入挖掘该类传统村落的历史文化价值，设置书院和国学大讲堂，推出类似“学国学礼仪，住巷道人家”的主题旅游产品，吸引国学爱好者、学生和学生家长前来游学度假，打造传统村落耕读文化传承示范的品牌产品。

（4）艺术创作体验。可利用金华市传统村落历史文化建筑、街巷空间，开发艺术创作基地，并可定期举办写作、绘画、摄影、影视等艺术培训，设置创作实践基地、茶吧、书吧、艺术客栈等场地，为各地的艺术爱好者提供一个环境优美、品质高端的创作、交流空间，吸引更多的艺术爱好者前来参观和体验，发展传统村落的文化产业。

（5）专项市场。专项市场包括建筑艺术科考修学市场、摄影爱好者市场。以摄影爱好者市场为例，可为影视摄影爱好者提供风光摄影、拍摄电影等自由创作的场所，鼓励摄影爱好者探寻传统村落，发现传统村落最美的景色。

（6）艺术社区。目前，国内的一些艺术家及退休老人选择从城市到乡村安居，在乡村寻找一种安静的生活，因此，可针对艺术创作高端市场人群，打造艺术社区，吸引这一部分人群来此创作。依托金华市传统村落的名人文化、诗意的环境空间、精致清雅的民居建筑，打造国内最具浪漫意境的艺术文化社区。

（7）影视基地。以动静结合的形式进行影视作品展示，以文字、图片、经典影视片段播放等作为表现形式，加强游客的影视文化体验，让游客了解一段传奇的影视文化。通过影像展示，让游客体验金华市传统村落别样的影视艺术文化。同时可以以爱情元素为题材，引进婚庆剧组，让情侣们拍摄各种题材的爱情微电影。

（8）商务会所。利用部分民居院落建设集休闲娱乐、商务聚会、文化交流、餐饮服务等内容为一体的商务会所，这类商务会所具有特定集结对象、较为私密性的特征，能够为特定的游客提供精致的旅游服务。

（9）传统婚俗体验活动。选择历史文化建筑民居建设精品酒店和客栈，为游客提供婚庆服务，传承当地婚俗文化礼制，取金华地域文化精髓，结合现代生活方式和科学技术，为消费者量身打造梦想的复古中式婚礼，融合体验式娱乐、商品销售、婚礼定制等功能，为传统村落定制婚礼、设计婚庆场景，提供有传统村落特色的餐饮服务，形成系列婚庆产业链。这对传统村落也是一种极大的宣传，可提升传统村落的旅游品牌形象。

（10）科考修学基地。在传统村落保护与旅游开发的基础上，形成历史文化建筑技艺、民俗艺术、风水文化以及探寻名人等方面的专题修学旅游，针对中小学生、高校艺术专业学生、专家学者等不同的人群进行专项的修学旅游项目设计。与有关院校联合设立实习基地、教育基地、劳动基地等方式来建立较为固定的联系，将各种类型的基地作为传统村落“美丽乡村”的典型推向游客，使之成为人们了解金华市传统乡村文化的活教材。

3. 多元化的业态展现

挖掘商帮的文化传统，利用传统村落的商铺、民居、街巷空间等建筑资源，恢复商业繁荣的街景风貌，融入多元化的商业业态，通过观光、娱乐等形式提高游客的参与度，提升传统村落的活力。更新传统村落中历史文化建筑的使用功能，融合酒铺、商铺、技艺展示馆、工艺品店、茶馆、书馆、商务会所等多种业态，形成较为热闹的、游客参与度高的街巷空间，同时能充分地向游客展示传统村落的传统文化。

4. 产业化的开发运作

将传统村落的营建技艺进行产业化运作，逐步开发、建设技艺工艺产业园，促使传统营建技艺从低端、低效利用向高端、高效利用转化。将金华市历史文化建筑的营建技艺进行市场化，将传统技术与现代科技结合，进行技术创新，研发特色产品。如针对高端消费群体，研发系列木雕、精雕家具，特色砖雕、石雕产品；成立专业历史文化建筑修复团队，为传统村落历史文化建筑的保护提供技术支撑，同时可以为其他地方的历史文化建筑修复提供技术支援；研发营建技艺与其他产业的结合，如餐饮业，将雕刻技术运用到菜品的美化装饰等；与国内、国外其他建筑技艺门派进行技术交流，举办有影响力的交流论坛，吸引广大古代营建技艺爱好者前来学习体验，提升金华传统民居营建技艺的形象和价值。努力将金华市营建技艺资源优势提升为地方文化产业优势，将其打造成地方的一张“经济名片”和“文化名片”，运用市场营销的手段打造属于金华市传统村落的品牌形象。

历史文化建筑及文化资源利用和价值延伸的流程，即通过对历史文化建筑风水、建筑风貌、建筑艺术、建筑技艺、建筑与传统村落文化等方面价值的挖掘和转化，开发传统村落观光、文化体验、艺术修学、特色住宿、旅游购物等形式的旅游产品，突出“耕读文化传承示范”和“技艺传承示范”的特色形象，开发面向建筑艺术爱好者、影视摄影爱好者的专项旅游产品和服务。历史文化建筑及文化资源的开发利用如表 30－1 所示。

表 30－1　　　　历史文化建筑及文化资源的开发利用

核心资源	价值	产品形式	特色	形象	专项市场
历史文化建筑及文化资源的开发利用	建筑风水	科学价值	传统村落风水文化馆	耕读文化传承体验区 技艺传承示范区	建筑艺术修学 摄影爱好者
	建筑风貌	地域文化、历史价值	历史文化建筑观光 特色住宿体验		
	建筑艺术	艺术美学价值	艺术创作体验		
	建筑与传统村落文化	文化体验、旅游购物	宗族文化体验 国学文化体验 传统商业街区		
	建筑技艺	科学技艺、文化体验	技艺博物馆 技艺工艺产业园		

二、历史文化建筑资源的差异开发

（一）历史文化建筑与主题住宿产业融合发展

金华市较多的传统村落拥有元代至民国时期的历史文化建筑资源，资源等级较高，且历史建筑民居在山水交融、果林掩映的村落氛围的映衬下，体现出自然和谐、生态宜居的特性。因而，历史文化建筑资源适宜开发成不同主题的精品住宿产品，以住宿产品为核心，与村落的文化体验、生态度假相结合，体现该传统村落人文体验与生态休闲相融合的特色。住宿主题设计可以从不同的角度出发，如历史主题，根据建筑的年代性，设计符合历史年代的居住生活场景，使游客真切感受传统村落的历史发展脉络；关于传统村落文化主题，根据传统村落的名士文化、商帮文化，设计官宅主题住宿、商宅主题住宿等，让游客感受传统村落深厚的文化底蕴。主题住宿需在房间布置、装饰设计、庭院设计、餐饮体验等方面突出主题化、情景化的特征，提供精细化的服务和体验，满足大众化的休闲度假、文化体验的需求。

（二）历史文化建筑与研学旅行融合发展建设研学旅游营地

历史文化建筑资源数量众多、类型丰富，建筑整体风貌完整地反映了金华地区建筑风格的传统村落，民居的营造技艺也十分精湛，从选址、平面布局、比例、色彩、门楼、庭院到木水石作技艺及地域材质的利用等方面都有“金华帮”独特技艺使用。祠堂、牌坊、码头等类型的建筑更是承载着传统村落深厚的耕读文化、宗族文化。因而，该类传统村落历史文化建筑资源适宜开发成与科考修学活动相关的旅游产品，展现历史文化建筑资源的文化精髓，凸显传统村落的文化氛围。如开发美术写生修学、建筑技艺考察修学、国学体验学习、书画艺术创作修学、传统村落历史考察学习等产品，面向的人群涉及中小学生、高校美术建筑专业学生、老年人修学市场、专家学者等各个方面，以满足各层次的、专业化的文化体验需求。

（三）传统村落街巷的利用

街巷是传统村落的肌理，是维持传统村落存在的主要构架，针对金华市传统村落街巷以保护为主、利用为辅的实际，其主要利用方向为文化民宿区改造。传统村落文化民宿区主要功能是住宿、餐饮和娱乐。文化民宿区整体采取传统村落的布局方式，以传统合院民居为“原型”进行规划建设。

1. 注重对“原型”的重复与变异

传统村落房屋建造的一个突出特点是同化现象，即村落的院落布局方式存在很大的相似性；但同时，由于每一户村民的宅基条件、功能要求、经济能力等方面的不同，又使得每一户的院落空间与其他的有所不同，即院落之间又存在一定的“变异”，最终形成整体协调统一而又内容丰富、特色鲜明的传统村落空间形态与景观。

传统村落开发为民宿区的院落空间，需要遵循以下原则：

（1）将院落空间的不断重复作为规划设计的基本原则。

（2）密切结合场地的规模、形状等自然条件，因地制宜地调整、优化院落空间的布局、朝向及房屋大小等。

（3）使整个民宿区形成规模、布局等不同的院落空间，构筑“原型”统一、大小形状不同、布局多样、丰富多彩的院落空间形态，较好地实现传统院落空间的传承与再造。

2. 注重适应性设计，满足不同人群的需要

与传统村落院落空间功能相比，民宿区院落空间的最大不同是使用者需求的多样性。为此，在保证院落空间的基础上，各房屋室内空间的设计则尽可能给使用者提供最大的方便，按照现代生活的需要设置各种功能空间和设施，并将屋后空地分隔成相对独立的封闭空间等。同时基于游人参观游览的需要，实施中要打破传统村落院落空间的独立性，每个院落空间除由大门进入之外，一般根据与周边院落之间的关系，采取设小门或过道等方式实现与周边院落的联系，在方便游客参观游览的同时，增强院落空间的连续性和秩序感。

第三十一章　金华市传统村落民俗与非物质文化遗产的开发利用

一、民俗文化的开发利用

传统村落的民俗文化包括了传统的婚庆民俗、工艺民俗、饮食习俗、农耕习俗、节庆活动等方方面面，是金华市传统村落原生态文化生活面貌的展现，也是传统村落宝贵的文化财富。目前，传统村落传统民俗的潜在价值有待于进一步的挖掘，要加强对传统民俗文化资源的重视，使之成为地方文化的代表。

（一）价值挖掘

（1）物质民俗文化。物质民俗文化包括雕刻、竹编、刺绣、盆景等工艺品，生产生活用具，传统服饰、饮食、民居等方面。这些民俗文化都流露着自然的质朴之美，具有较高的艺术审美价值和实用价值，为旅游者提供了体验民俗、感受传统文化的良好机会。

（2）社会民俗文化。社会民俗文化包括生活中的风俗习俗、社会结构、生活礼仪等方面，如农耕习俗、丧葬习俗、婚庆习俗等，作为传承文化代代相传，并形成了一种共性的价值观，保持着社会的连续性和稳定性，维系着成员的情感。对游客来说，通过体验传统村落传统的生活方式，能加强对传统文化及民族习俗的一种认同感。

（3）精神民俗文化。精神民俗文化包括传统节日、自然崇拜、游艺民俗等方面。传统村落的许多自然崇拜、游艺民俗中都具有充满地方特色的节庆巡游活动，其带有文化的综合体验功能和浓厚的娱乐性质，在旅游活动中，开展这些具有特色的传统民俗活动，可以很好地满足旅游者的娱乐需求，在娱乐中感受传统村落的传统文化氛围。

现在通过开发一些节庆游艺活动，传统村落的一些传统民俗得到保护和利用。这些节庆游艺活动往往具有很强的参与性及文化感染力，很受游客欢迎，可以进一步开发成综合性的节庆活动，提高其文化影响力。还有许多未被整理挖掘的传统民俗尚待进一步开发利用，以更好地实现其价值。

（二）价值转化与产品开发

从价值链的角度看，要充分展示传统村落民俗文化的核心价值，锻造完整的民俗文化产业链，必须摒弃单一的民俗文化产品模式，对民俗文化资源进行多层次的开发和综合利用，以实现其价值的有效转化。

1. 商品化、产业化

物质类的民俗文化资源，如雕刻、竹编等工艺制品，具有实用价值和社会意义，是产业化发展的基础。通过对物质类的民俗文化资源进行开发和整合，实现资源的有效配置，构建包括研究、收藏、展示、设计、经营生产加工、销售等生产活动及游览、体验、饮食、购物等旅游活动在内的民俗旅游产业链，寻求民间工艺产品与文化旅游的最佳结合点，形成产业间的有效互动，获得较好的经济效益。

建立民俗工艺产业园，将木雕、石雕、砖雕、核雕、竹编等传统手工艺的整个流程呈现给游客，成为集生产、展示、体验、购物等为一体的综合型旅游景区，实现传统手工艺的综合性利用和规模化发展。依托传统村落的原生环境适当发展民俗产业，使民俗文化旅游更具文化体验性和社区参与性，并且更能保持传统手工艺加工的原真性。同时可在传统村落内形成特色购物街区，增加传统村落的可游性，凸显传统手工艺的文化性、艺术性、知识性，保证旅游行程和旅游商品的质量。

2. 主题化、创意化

将社会类的民俗文化资源与传统村落建筑、传统村落生活场景结合，开发主题性的民俗体验园，包括婚庆主题、餐饮主题、农耕主题、日常礼仪主题等，并通过文化抽象、创新、创意，实现民俗文化与现代时尚休闲的跨领域融合，增加附加值。

例如开发婚俗主题园，依托金华市相关的传统历史文化建筑民居、浓郁的文化氛围、独特的婚俗传统，开发古典婚俗主题体验区，再现浙中名居中古朴传统的婚礼场景，将传统村落婚俗通过趣味性参与活化展现，并引导游客深入了解传统村落的婚俗文化。结合婚俗主题，延伸开发传统村落的蜜月度假游、爱情微电影等多种创意化的文化体验产品。

3. 综合化、品牌化

精神类民俗文化资源，尤其是具有金华地区特色的祭祀巡游、节庆活动，是传统村落最具代表性的文化活动，有一定的旅游开发基础，因此更应该整合资源，进行综合性的节日活动打造，通过多元化、体验化、品牌化发展，使民俗文化资源与旅游要素的结合更加紧密。

将金华市传统村落中的一些民俗节庆活动等游艺、祭祀民俗打造成综合性的民俗节庆活动，集祭祀祈福、巡游、节日庆祝、美食品尝、旅游购物等活动于一体，加强旅游活动的体验性与参与性，使之成为金华传统村落有影响力的文化旅游品牌。同时要采用多种业态发展模式，将一些民间传说故事、风俗传统等通过戏曲演绎、诗歌创作、影视拍摄等形式重新展示出来，并与出版业、影视业、动漫业等传播媒体结合，开辟多种延伸渠道，大力开发民俗文化衍生产品，提升民俗产品的附加值，加强传统村落民俗文化品牌的多方位建设。

经上述分析，得出民俗文化资源利用和价值延伸的流程，即通过对物质民俗文化、社会民俗文化、精神民俗文化三方面价值的挖掘和转化，开发民俗展示、民俗产品深加工、主题民俗体验、民俗节庆活动、民俗文化衍生品等形式的旅游产品，突出一些传统节庆巡游活动的特色和影响力，开拓面向民俗文化爱好者的专项旅游产品和服务（见表31－1）。

表31－1　民俗文化的开发利用

核心资源	价值	产品形式	特色	形象	专项市场
民俗文化的开发利用	物质民俗文化	艺术审美、实用价值	民俗展示、民俗产品深加工 民俗工艺产业园 民俗购物街区	传统民俗节庆	民俗专项体验 工艺爱好者
	社会民俗文化	文化传承、情感归属	主题民俗体验		
	精神民俗文化	文化体验、游艺娱乐	民俗节庆活动 民俗文化衍生品		

二、传统村落非物质文化遗产保护的活化路径

一些传统村落具有丰富的非物质文化遗产，拥有传统民间节庆、民间演艺、地方民俗、民间工艺等遗产资源类型，因此在地域文化遗产方面的保护，要将无形的文化遗产与有形的村落空间结合，使传统建筑、交往空间和场所与旅游经济发展协调并存，以延续地域文化遗产的生存环境。

地域文化遗产保护旨在挖掘文化遗产的独特魅力，弘扬传统文化。遵循代表性、美学、原生态、主体性原则，实施分级与分类保护。可以通过合理利用传统建筑作为博物馆等展示空间来展示文化遗产；鼓励家庭作坊传承民

族工艺技艺，通过相关部门补贴、收购等方式鼓励民族手工艺品作为旅游商品；构建长效保护机制，通过政府资助、提供技术支持等方式激励地域文化遗产的保护；构建数字化的网络平台，实现文化资源共享。

（一）化“无形”为“有形”

1. 数字化

运用数字化技术，可最大限度迎合旅游业中非物质文化遗产项目的开发，将游客的旅游体验置于传统旅游的最重要层面，是传统村落文化空间开发和村内非物质文化遗产利用的新突破口。

目前，金华市传统村落中有部分非物质文化遗产处于消失边缘，传承人的断代使该非物质文化遗产传承体系出现青黄不接的局面，随时有可能出现人亡艺绝的情况，加之众多非物质文化遗产由于不符合当代人的精神生活需要或脱离当代人的审美观念而被迫缩减市场，与游客互动性不强，逐渐演变成一种单纯的艺术形式。通过录音机、录像机、网络等工具，将传统村落中的非物质文化遗产进行数字化加工，制作成音像制品，以便更好地保护与传承。建立传统村落数字化民俗博物馆，对民俗文化遗产进行全面、立体的展示和保护，为非物质文化遗产的保护、研究及传承提供良好的栖息地。同时，可以虚拟非物质文化遗产展示场景，便于游客利用网络进行游览与观看，从而加强人们对传统村落非物质文化遗产的了解，扩大区域文化的影响力。

2. 文学化

通过文学的形式对区域内非物质文化进行二次创作，从而推动非物质文化遗产的传播。

3. 广告化

广告可直接影响人的思想和行为，以广告的形式宣传非物质文化遗产，可以直接提高社会对非物质文化遗产保护的重视，提高人的积极性。要从挖掘传统村落内部信息出发，筛选当地的历史文化信息，提取当地的文化基因，把握当地的历史文化特征，实现对该地旅游形象的定位。

（二）农耕文明与文化创意产业结合，寻找文化产业领域的经济增长点

金华市传统村落拥有十分丰富且独特的非物质文化遗产，可充分挖掘非物质文化遗产的独特性、濒危性、传奇性、全球性等特征，发展以数字化生产为主要手段的高附加值的文化创意产业，鼓励并扶持对非物质文化遗产进行数字化转化与开发相关项目，借助数字化手段传播文化产品，丰富文化表演形式，拓宽文化传播渠道。非物质文化遗产的数字化是将当地的文化资源

转化为文化产业的关键环节。产品展示与游客的亲身体验是促成文化消费的重要手段，旨在实现对非物质文化遗产的保护与传承，又能使其通过创新的数字化平台实现产业化的价值。

（三）保护和培养传承人，营造非物质文化遗产传承环境

“传承”是非物质文化遗产保护工作的核心和灵魂，没有了传承，非物质文化遗产只能变成文物，不能成为民众生活状态的展示。在传承工作中最关键的是保护与培养传承人，并为其营造良好的传承条件。

人是非物质文化遗产的承载者、传播者。非物质文化遗产传承人不仅代表着某项非物质文化遗产的物质层面，更代表了非物质文化遗产内在的人文精神。

（四）明确功能区划分，改善区域基础设施

可在远离景区的区域建立公共设施区域，最大限度地保护传统村落的原有风貌。同时可极大改善村落内公共服务设施不完善的状况，挽留过夜旅客，寻找关联经济增长点。在公共服务区与传统村落之间种植过渡植被或极富当地特色的景观植物、农作物等，在视觉上形成相互隔绝却别有洞天之感，在区位上对不同功能区进行很好的区分，而不破坏传统村落的整体风貌。

鼓励村民开办乡土味餐馆，改善村口大门至景区入口的交通状况，设置双人、三人自行车或其他趣味性强的交通工具，方便游客到达，调动游客的游览情绪，增加游览的趣味性；设立游客购物区，满足游客基本生活用品如矿泉水的需求。

（五）开辟农事体验区，吸引稳定客源

开辟常规性、系统性的农耕体验区可强化景区的主题定位，突出当地的农耕特色。传统农耕文化具备游览功能与体验功能，但由于受农耕文化的物化载体过小及硬件设施的限制，游客只能走马观花，无法全身心参与体验。因而可结合二十四节气的传统习俗，在全年大部分旅游时间提供固定性的、系统的农耕体验旅游项目，打造具有鲜明地区特色的品牌旅游项目，扩大游客的体验范围，延长游客的旅游时长，同时优化游客的旅游体验，提高游玩的满意度，直接拉动当地的经济增长。

三、传统村落非物质文化遗产保护路径：传承基地与传承人

（一）金华市各类非物质文化遗产传承基地与传承人

金华市非物质文化遗产资源非常富集。本章列举了金华市的国家级与部

分省级非物质文化遗产项目代表性传承人，如表 31 -2 和表 31 -3 所示。金华市市级非物质文化遗产项目代表性传承人如表 31 -4 及表 31 -5 所示。各县（市、区）非物质文化遗产传承人如表 31 -6 至表 31 -15 所示。

金华市现有非遗生产性保护基地、非遗传承教学基地、传统节日保护基地、非遗旅游景区、宣传展示基地、非遗馆等非物质文化遗产各类保护载体 157 处（见表 31 -16 及表 31 -17）。

表 31 -2　　金华市国家级非物质文化遗产项目代表性传承人

第一批（共 2 人）
（文社图发〔2007〕21 号）

序号	姓名	性别	申报地区	项目名称	项目类别
1	陆光正	男	东阳市	东阳木雕	传统美术
2	冯文土	男	东阳市	东阳木雕	传统美术

第三批（共 10 人）
（文非遗发〔2009〕6 号）

序号	姓名	性别	申报地区	项目名称	项目类别
1	葛素云	女	金华市	婺剧	传统戏剧
2	郑兰香	女	金华市	婺剧	传统戏剧
3	于良坤	男	金华市	金华火腿腌制技艺	传统技艺
4	叶英盛	男	义乌市	金华道情	曲艺
5	朱顺根	男	金华市	金华道情	曲艺
6	吴善增	男	浦江县	浦江剪纸	传统美术
7	张根志	男	浦江县	浦江迎会	民俗
8	应业根	男	永康市	锡雕	传统美术
9	何福礼	男	东阳市	东阳竹编	传统美术
10	胡金超	男	永康市	九狮图	传统体育、游艺与杂技

第四批（共 3 人）
（文非遗发〔2012〕51 号）

序号	姓名	性别	申报地区	项目名称	项目类别
1	陈美兰	女	金华市	婺剧	传统戏剧
2	张建敏	女	金华市	婺剧	传统戏剧
3	吴初伟	男	东阳市	东阳木雕	传统美术

表 31－3　　金华市省级非物质文化遗产代表性传承人汇总

第一批
（浙文社〔2008〕3 号）

序号	姓名	性别	申报地区	项目名称	项目类别
1	徐勤纳	男	金华市	婺剧	传统戏剧
2	胡招余	男	金华市	婺州举岩茶传统制作技艺	传统技艺
3	吴荣仁	男	金华市	金华火腿传统制作工艺	传统技艺
4	徐顺宝	男	金华市	金华斗牛	民俗
5	王国龙	男	兰溪市	龙舞（兰溪断头龙）	传统舞蹈
6	王柏成	男	兰溪市	龙舞（兰溪断头龙）	传统舞蹈
7	童拓基	男	兰溪市	粮食砌	传统美术
8	王正洪	男	东阳市	侯阳高腔	传统戏剧
9	卢光华	男	东阳市	东阳竹编	传统美术
10	吕兴宫	男	永康市	九狮图	传统体育、游艺与杂技
11	胡苏女	女	永康市	醒感戏	传统戏剧
12	丁寿田	男	永康市	醒感戏	传统戏剧
13	郑期祥	男	浦江县	浦江板凳龙	传统舞蹈
14	张文正	男	浦江县	浦江板凳龙	传统舞蹈
15	陈兰生	男	浦江县	浦江滚地龙	传统舞蹈
16	吴善增	男	浦江县	浦江剪纸	传统美术
17	黄盟统	男	浦江县	浦江剪纸	传统美术
18	蒋云花	女	浦江县	浦江麦秆贴	传统美术
19	程明法	男	武义县	武义花灯花轿	传统舞蹈
20	吕贤宝	男	磐安县	磐安吹打	传统音乐
21	陈元喜	男	磐安县	磐安吹打	传统音乐
22	胡金初	男	磐安县	岭口亭阁花灯	传统舞蹈
23	胡葛良	男	磐安县	岭口亭阁花灯	传统舞蹈
24	王仁良	男	磐安县	迎大旗	传统体育、游艺与杂技

续 表

第二批					
序号	姓名	性别	申报地区	项目名称	项目类别
1	徐经彬	男	东阳市	东阳木雕	传统美术
2	黄小明	男	东阳市	东阳木雕	传统美术

第三批					
序号	姓名	性别	申报地区	项目名称	项目类别
1	刘智宏	男	金华市	婺剧变脸	传统戏剧
2	吴光煜	男	金华市	跳魁星	传统戏剧
3	周越桂	女	金华市	西安高腔	传统戏剧
4	徐汝英	女	金华市	西安高腔	传统戏剧
5	李松贤	男	金华市	金华山歌	传统音乐
6	叶子奎	男	金华市	岳家拳（岳武穆柔术）	传统体育、游艺与杂技
7	陈新华	男	金华市	婺州窑传统烧制技艺	传统技艺
8	潘跃林	男	金华市	金华酥饼传统制作技艺	传统技艺
9	黄兆成	男	金华市	金华酥饼传统制作技艺	传统技艺
10	诸葛议	男	兰溪市	诸葛后裔祭祖	民俗
11	章恒声	男	兰溪市	三伏老油传统酿造技艺	传统技艺
12	方洪富	男	东阳市	东阳傩戏	传统戏剧
13	方浩义	男	东阳市	东阳傩戏	传统戏剧
14	何松泉	男	东阳市	传统砖雕	传统美术
15	宗红妹	女	东阳市	东阳土布制作技艺	传统技艺
16	楼玉龙	男	东阳市	翻九楼	传统体育、游艺与杂技
17	葛克书	男	义乌市	罗汉班	传统体育、游艺与杂技
18	楼光铨	男	义乌市	义乌红糖传统加工技艺	传统技艺
19	王一均	男	义乌市	木活字印刷术	传统技艺

续 表

第三批					
序号	姓名	性别	申报地区	项目名称	项目类别
20	朱兰琴	女	义乌市	丹溪红曲酒传统酿造技艺	传统技艺
21	吕江洪	男	永康市	醒感戏	传统戏剧
22	俞培德	男	永康市	醒感戏	传统戏剧
23	胡海郎	男	永康市	醒感戏	传统戏剧
24	陈万良	男	永康市	打罗汉	传统体育、游艺与杂技
25	俞德金	男	永康市	打罗汉	传统体育、游艺与杂技
26	蒋跃祖	男	永康市	永康铜艺	传统技艺
27	程忠信	男	永康市	方岩庙会	民俗
28	应德印	男	永康市	永康钉秤制作技艺	传统技艺
29	李世林	男	永康市	永康鼓词	曲艺
30	卢云富	男	永康市	永康鼓词	曲艺
31	黄志立	男	浦江县	乱弹	传统戏剧
32	俞喜德	男	武义县	武义抬阁	民俗
33	潘洪生	男	武义县	武义抬阁	民俗
34	王柳香	女	武义县	七夕接仙女	民俗
35	何苏生	男	武义县	武义昆曲	传统戏剧
36	金志贤	男	武义县	金华拉线狮子	传统舞蹈
37	王舍安	男	武义县	泥水画	传统美术
38	倪银福	男	磐安县	迎大旗	传统体育、游艺与杂技
39	袁梦其	男	磐安县	叠牌坊	传统体育、游艺与杂技
40	陈有根	男	磐安县	炼火	民俗

表 31－4　首批金华市市级非物质文化遗产项目代表性传承人名单

序号	项目名称	项目类别	申报者姓名	性别	申报地区
1	仙华山传说	民间文学	方小荀	男	浦江县
2	畲族对歌	传统音乐	蓝开寿	男	兰溪市

续 表

序号	项目名称	项目类别	申报者姓名	性别	申报地区
3	金东布龙	传统舞蹈	方修生	男	金东区
4	金东布龙		方张达	男	金东区
5	金东拉线狮子		钱亚生	男	金东区
6	东阳秋车		程一文	男	东阳市
7	蔡宅高跷		蔡朱火	男	东阳市
8	十八蝴蝶		吕妙梭	女	永康市
9	板凳龙		杨崇贤	男	浦江县
10	浦江擂马		陈维生	男	浦江县
11	滚地龙		虞梦夫	男	浦江县
12	乌龟端茶		陈伟玉	男	磐安县
13	高照马		陈益民	男	磐安县
14	金华婺剧	传统戏剧	朱元昊	男	浙江婺剧团
15	金华婺剧		苗嫩	女	浙江婺剧团
16	婺剧徽戏		朱云香	女	浙江婺剧团
17	西安高腔		胡克英	男	浙江婺剧团
18	跳魁星		袁根生	男	浙江婺剧团
19	跳魁星		朱福龙	男	浙江婺剧团
20	西吴高腔		刘玉莲	女	浙江婺剧团
21	金华道情	曲艺	朱流荣	男	金东区
22	金东区小锣书		施水云	男	金东区
23	兰溪滩簧		吴一峰	男	兰溪市
24	东阳道情		吴洵梅	男	东阳市
25	义乌道情		朱履福	男	义乌市
26	岳家拳	传统体育、游艺及杂技	吴一心	男	金华市武协
27	金华南拳		金宗会	男	金华市武协
28	直里功夫		赵卸林	男	婺城区
29	五经拳		王立成	男	金东区
30	大成拳		倪保强	男	金东区

续 表

序号	项目名称	项目类别	申报者姓名	性别	申报地区
31	义乌叠罗汉	传统体育、游艺及杂技	葛世华	男	义乌市
32	义乌后宅高跷		傅肃兴	男	义乌市
33	九狮图		胡根基	男	永康市
34	调花钹		释允明	男	永康市
35	王风剪纸	传统美术	王风	男	婺城区
36	婺城根雕		郑宗均	男	婺城区
37	兰溪墙头画		唐家昌	男	兰溪市
38	兰溪民间剪纸		鲍运达	男	兰溪市
39	烫画		胡海明	男	兰溪市
40	烫画		张茆生	男	兰溪市
41	针刺无骨花灯		许健明	男	东阳市
42	东阳大堂灯		陆枝通	男	东阳市
43	蓝印花布		卢纯海	男	东阳市
44	东阳米塑		何文兰	女	东阳市
45	东阳传统砖雕		沈巩强	男	东阳市
46	东阳竹编		蔡平义	男	东阳市
47	东阳竹编		何大根	男	东阳市
48	东阳竹编		胡正仁	男	东阳市
49	东阳竹编		蔡红光	女	东阳市
50	东阳木雕		马良勇	男	东阳市
51	东阳木雕		徐土龙	男	东阳市
52	东阳木雕		楼卫东	男	东阳市
53	东阳木雕		王向东	男	东阳市
54	义乌木雕		朱奎荣	男	义乌市
55	义乌百子灯		王鸿生	男	义乌市
56	义乌泥塑		吴志亮	男	义乌市
57	义乌剪纸		朱新琦	男	义乌市
58	永康根雕		黄宽宏	男	永康市

续　表

序号	项目名称	项目类别	申报者姓名	性别	申报地区
59	永康锡雕	传统美术	盛一原	男	永康市
60	麦秆剪贴		张根钗	女	浦江县
61	浦江剪纸		杨新花	女	浦江县
62	浦江剪纸		朱瑞芳	女	浦江县
63	浦江民间绘画（年画）		潘永光	男	浦江县
64	浦江民间绘画（木笔画）		金书萍	男	浦江县
65	武义油漆画		陈福章	男	武义县
66	金华传统酒酿造技艺	传统技艺	何学军	男	市本级
67	金华酥饼传统制作技艺		张载仁	男	酥饼协会
68	金华酥饼传统制作技艺		许风林	男	酥饼协会
69	金华酥饼传统制作技艺		黄维健	男	酥饼协会
70	婺城“的卜”制作技艺		丰承秀	男	婺城区
71	孔明锁制作技艺		诸葛文仓	男	兰溪市
72	兰溪鸡子馃		朱兰庆	男	兰溪市
73	诸葛古村落营造技艺		诸葛坤亨	男	兰溪市
74	东阳酒酿造技艺		吕敏湘	男	东阳市
75	东阳锡艺		卢安峰	男	东阳市
76	东阳锡艺		卢恩杰	男	东阳市
77	东阳棕艺		杜立孝	男	东阳市
78	义乌风筝制作技艺		朱小弟	男	义乌市
79	义乌红糖传统加工技艺		傅兵义	男	义乌市
80	金华火腿腌制技艺		宋远和	男	义乌市
81	义乌红曲传统制作技艺		陈豪锋	男	义乌市
82	义乌南、蜜枣加工技艺		骆红卫	男	义乌市
83	永康钉秤制作技艺		应生林	男	永康市
84	金华火腿传统腌制技艺		方锡潜	男	永康市
85	浦江豆腐皮制作技艺		吴周超	男	浦江县
86	浦江行灯制作技艺		黄慧芬	女	浦江县

续 表

序号	项目名称	项目类别	申报者姓名	性别	申报地区
87	郑义门营造技艺	传统技艺	郑秋桂	男	浦江县
88	十字花		赵美芳	女	浦江县
89	武义农耕竹编		何文良	男	武义县
90	武义棕编		李子贵	男	武义县
91	武义棕编		吴云财	男	武义县
92	武义花灯制作技艺		徐子孝	男	武义县
93	磐安凿纸花技艺		孔晓青	男	磐安县
94	武义寿仙谷中药文化	传统医药	李明焱	男	武义县
95	抢头杵	民俗	范天健	男	婺城区
96	婺城摆胜		谢光浚	男	婺城区
97	金东区黄大仙祭典		罗美玉	女	金东区
98	浦江杭坪摆祭		吴梦林	男	浦江县
99	浦江迎会		黄祖其	男	浦江县
100	民间饮食习俗（浦江县十六横签）		徐根生	男	浦江县
101	民间饮食习俗（浦江县十六横签）		王建平	男	浦江县
102	浦江郑氏规范		郑定汉	男	浦江县
103	磐安祭孔大典		孔火春	男	磐安县

表 31－5　第二批金华市非物质文化遗产项目代表性传承人名单

序号	项目名称	项目类别	申报者姓名	性别	申报地区
1	黄大仙传说	民间文学	马水根	男	市本级
2	黄大仙传说		翁森云	男	市本级
3	黄大仙传说		潘基云	男	市本级
4	黄大仙传说		邵雁南	男	兰溪市
5	毕矮的故事		童才良	男	兰溪市

续 表

序号	项目名称	项目类别	申报者姓名	性别	申报地区
6	金华山歌	传统音乐	李建强	男	婺城区
7	金华山歌		蔡玉辉	女	婺城区
8	畲族对歌		蓝新美	女	兰溪市
9	青丝鸟		周航英	女	兰溪市
10	东阳民歌		陈崇仁	男	东阳市
11	东阳民歌		石龙星	男	东阳市
12	畲族祭祖舞	传统舞蹈	雷长珠	男	兰溪市
13	兰溪銮驾		周兴松	男	兰溪市
14	东阳许宅花灯		许为良	男	东阳市
15	永康拱瑞手狮		舒永航	男	永康市
16	永康十八蝴蝶		王竹萍	女	永康市
17	磐安迎灯		陈君生	男	磐安县
18	铜钿鞭		陈茶花	女	磐安县
19	婺剧	传统戏剧	朱福余	男	市本级
20	婺剧		倪志萱	女	市本级
21	婺剧		陈英	女	市本级
22	婺剧		吴凤花	女	兰溪市
23	婺剧		许永芳	男	兰溪市
24	婺剧		胡悦	男	东阳市
25	婺剧		楼巧珠	女	义乌市
26	婺剧		张国标	男	义乌市
27	婺剧		黄晓敏	男	永康市
28	婺剧		朱金伟	男	武义县
29	徽戏		孔祥铭	男	武义县
30	西安高腔		吴子良	男	市本级
31	跳魁星		陈银奎	男	市本级
32	西吴高腔		胡东晓	男	市本级
33	婺城木偶戏		周跃英	女	市本级

续　表

序号	项目名称	项目类别	申报者姓名	性别	申报地区
34	金家草昆	传统戏剧	赖根全	男	婺城区
35	醒感戏		童拓基	男	兰溪市
36	浦江乱弹		吕庭星	男	永康市
37	浦江乱弹		林红阳	男	浦江县
38	武义木偶戏		赵福林	男	浦江县
39	金华说书	曲艺	盛根旺	男	金东区
40	金华道情		钱作成	男	金东区
41	金华道情		谢文记	男	金东区
42	金华道情		叶永生	男	金东区
43	义乌小锣书		沈樟忠	男	义乌市
44	永康鼓词		卢顶风	男	永康市
45	浦江什锦		傅兴德	男	浦江县
46	磐安单人閙花头台		蔡云朝	男	磐安县
47	岳家拳	传统体育、游艺及杂技	傅国荣	男	市本级
48	岳家拳		张美林	男	市本级
49	金华南拳		金志刚	男	市本级
50	桐院武术		斯万生	男	东阳市
51	东阳翻九楼		厉宝余	男	东阳市
52	永康九狮图		胡位强	男	永康市
53	婺剧脸谱	传统美术	王建华	男	市本级
54	木版年画		黄菁菁	女	金东区
55	兰溪民间剪纸		吴友清	男	兰溪市
56	兰溪根雕		蒋志辉	男	兰溪市
57	兰溪根雕		郑世有	男	兰溪市
58	兰溪木雕		姚焕强	男	兰溪市
59	东阳木雕		张节平	男	东阳市
60	东阳木雕		陆会勇	男	东阳市
61	东阳木雕		李中庆	男	东阳市

续 表

序号	项目名称	项目类别	申报者姓名	性别	申报地区
62	东阳竹编	传统美术	何红兵	男	东阳市
63	东阳竹编		申屠全昌	男	东阳市
64	东阳面塑		陈临华	女	东阳市
65	义乌木雕		万少君	男	义乌市
66	永康锡雕		应华升	男	永康市
67	永康铜艺		应业德	男	永康市
68	永康铜艺		程育全	男	永康市
69	永康竹编		施广中	男	永康市
70	浦江剪纸		黄海仙	女	浦江县
71	浦江米塑		李兴有	男	浦江县
72	浦江竹木根雕		于根法	男	浦江县
73	浦江竹编		叶道荣	男	浦江县
74	婺州举岩茶传统制作技艺	传统技艺	潘金土	男	市本级
75	金华毛坦传统制作技艺		吕芳银	男	市本级
76	大婺乡传统糕点制作技艺		陈宪祥	男	市本级
77	金华火腿传统腌制技艺		张雅各	男	市本级
78	金华火腿传统腌制技艺		于佩松	男	市本级
79	金华火腿传统腌制技艺		陈顺通	男	市本级
80	金华火腿传统腌制技艺		戴明芳	男	兰溪市
81	金华火腿传统腌制技艺		赵增	男	东阳市
82	金华火腿传统腌制技艺		李建富	男	义乌市
83	金华火腿传统腌制技艺		张吉林	男	浦江县
84	金华火腿传统腌制技艺		杨宝法	男	武义县
85	金华酥饼制作技艺		黄坤龙	男	市本级
86	金华酒传统酿造技艺		施建国	男	市本级
87	婺剧戏服制作技艺		徐裕国	男	市本级
88	茶罐窑制作技艺		吴根法	男	婺城区
89	古砖瓦制作技艺		叶增伟	男	金东区

续 表

序号	项目名称	项目类别	申报者姓名	性别	申报地区
90	兰溪蜜枣加工技艺	传统技艺	江庆芳	男	兰溪市
91	梅江烧酿造技艺		汪海洋	男	兰溪市
92	兰溪小萝卜腌制技艺		童秋法	男	兰溪市
93	白沙花灯制作技艺		陈学生	男	兰溪市
94	转轮岩风肉制作技艺		陈道晌	男	兰溪市
95	传统实木家具制作技艺		廖兰福	男	兰溪市
96	卢宅营造技艺		吕雄心	男	东阳市
97	婺剧盔帽制作技艺		梅立忠	男	义乌市
98	义乌剪纸		余军进	男	义乌市
99	永康打铁技艺		胡岩献	男	永康市
100	永康打铁技艺		孔传叨	男	永康市
101	打金打银工艺		胡安然	男	永康市
102	打金打银工艺		胡永清	男	永康市
103	永康箍桶		施章文	男	永康市
104	永康土陶制作技艺		冯寿台	男	永康市
105	浦江豆腐皮捞制技艺		盛晓星	男	浦江县
106	武义草编		吕金六	男	武义县
107	婺州窑传统烧制技艺		邵文礼	男	武义县
108	草鞋制作技艺		李冬菊	女	磐安县
109	天生堂中医药文化	传统医药	诸葛树华	男	兰溪市
110	金华斗牛	民俗	董锡清	男	市本级
111	金华斗牛		朱淑文	男	市本级
112	划旱船		范新民	男	金东区
113	迎大蜡烛		方展生	男	金东区
114	金东让河迎花树		何福英	女	金东区
115	兰溪猪羊会		卢连清	男	兰溪市
116	东白山七月七		朱志祥	男	东阳市
117	永康迎花烛		舒有传	男	永康市

续　表

序号	项目名称	项目类别	申报者姓名	性别	申报地区
118	浦江迎会	民俗	张劲松	男	浦江县
119	浦江迎会		盛能义	男	浦江县
120	武义迎大蜡烛		陶元淮	男	武义县
121	赶茶场		周秉忠	男	磐安县
122	赶茶场		张炉垚	男	磐安县

表31－6　　金华市本级非物质文化遗产传承人

传承人	项目名称	类别	传承人	项目名称	类别
朱淑文	金华斗牛	民俗	苗嫩	金华婺剧	传统戏剧
徐裕国	婺剧戏服制作技艺	传统技艺	朱元昊	金华婺剧	传统戏剧
施建国	金华酒传统酿造技艺	传统技艺	黄维健	金华酥饼传统制作技艺	传统技艺
黄坤龙	金华酥饼制作技艺	传统技艺	方锡潜	金华火腿传统制作工艺	传统技艺
陈顺通	金华火腿传统腌制技艺	传统技艺	吕敏湘	金华酒酿造技艺	传统技艺
于佩松	金华火腿传统腌制技艺	传统技艺	朱福龙	跳魁星	传统戏剧
张雅各	金华火腿传统腌制技艺	传统技艺	朱云香	徽戏	传统戏剧
陈宪祥	大婺乡传统糕点制作技艺	传统技艺	邵雁南	黄大仙传说	民间文学
吕芳银	金华毛坦传统制作技艺	传统技艺	徐汝英	婺剧	传统戏剧
潘金土	婺州举岩茶传统制作技艺	传统技艺	周越桂	西安高腔	传统戏剧
王建华	婺剧脸谱	传统美术	吴光煜	婺剧	传统戏剧
金志刚	金华南拳	传统体育、游艺与杂技	刘智宏	婺剧	传统戏剧

续 表

传承人	项目名称	类别	传承人	项目名称	类别
张美林	岳家拳	传统体育、游艺与杂技	徐勤纳	婺剧	传统戏剧
傅国荣	岳家拳	传统体育、游艺与杂技	—	—	—
周跃英	西吴高腔	传统戏剧	陈美兰	婺剧	传统戏剧
—	—	—	郑兰香	婺剧	传统戏剧
胡东晓	跳魁星	传统戏剧	葛素云	婺剧	传统戏剧
陈银奎	西安高腔	传统戏剧	李松贤	金华山歌	传统音乐
吴子良	徽戏	传统戏剧	黄兆成	金华酥饼	传统技艺
陈英	婺剧	传统戏剧	潘跃林	金华酥饼	传统技艺
倪志萱	婺剧	传统戏剧	陈新华	婺州窑	传统技艺
朱福余	婺剧	传统戏剧	叶子奎	岳家拳	传统体育、游艺与杂技
潘基云	黄大仙传说	民间文学	徐顺宝	金华斗牛	传统技艺
翁森云	黄大仙传说	民间文学	吴荣仁	火腿传统技艺	传统技艺
马水根	黄大仙传说	民间文学	胡招余	婺州举岩茶	传统技艺
许凤林	金华酥饼传统	传统技艺	于良坤	金华火腿腌制技艺	传统技艺
张载仁	金华酥饼传统	传统技艺	刘玉莲	西吴高腔	传统戏剧
何学军	金华传统酒酿造技艺	传统技艺	—	—	—
金宗会	金华南拳	传统体育、游艺与杂技	袁根生	跳魁星	传统戏剧
吴一心	岳家拳	传统体育、游艺与杂技	胡克英	西安高腔	传统戏剧

表31－7 婺城区非物质文化遗产传承人

传承人	项目名称	类别	传承人	项目名称	类别
吴根法	茶罐窑制作技艺	传统技艺	丰承秀	婺城“的卜”制作技艺	传统技艺
赖根全	婺城木偶戏	传统戏剧	郑宗均	婺城根雕	传统美术
蔡玉辉	金华山歌	传统音乐	王风	王风剪纸	传统美术
李建强	金华山歌	传统音乐	赵卸林	直里功夫	传统体育、游艺与杂技
谢光浚	婺城摆胜	民俗	董锡清	金华斗牛	民俗
范天健	抢头杵	民俗	—	—	—

表31－8 金东区非物质文化遗产传承人

传承人	项目名称	类别	传承人	项目名称	类别
何福英	金东让河迎花树	民俗	罗美玉	金东区黄大仙	民俗
方展生	迎大蜡烛	民俗	王立成	五经拳	传统体育、游艺与杂技
范新民	划旱船	民俗	施水云	金东区小锣书	曲艺
叶增伟	古砖瓦制作技艺	传统技艺	朱流荣	金华道情	曲艺
黄菁菁	木版年画	传统美术	钱亚生	金东拉线狮子	传统舞蹈
叶永生	金华道情	曲艺	方张达	金东布龙	传统舞蹈
谢文记	金华道情	曲艺	方修生	金东布龙	传统舞蹈
钱作成	金华道情	传统戏剧	倪保强	大成拳	传统体育、游艺与杂技
盛根旺	金华说书	曲艺	朱顺根	金华道情	曲艺

表 31－9　兰溪市非物质文化遗产传承人

传承人	项目名称	类别	传承人	项目名称	类别
卢连清	兰溪猪羊会	民俗	童才良	毕矮的故事	民间文学
诸葛树华	天生堂中医药文化	传统医药	诸葛坤亨	诸葛古村落营造技艺	传统技艺
廖兰福	传统实木家具制作技艺	传统技艺	朱兰庆	兰溪鸡子馃	传统技艺
陈道晌	转轮岩风肉制作技艺	传统技艺	诸葛文仓	孔明锁制作技艺	传统技艺
陈学生	白沙花灯制作技艺	传统技艺	张茆生	烫画	传统美术
童秋法	兰溪小萝卜腌制技艺	传统技艺	胡海明	烫画	传统美术
汪海洋	梅江烧酿造技艺	传统技艺	鲍运达	兰溪民间剪纸	传统美术
江庆芳	兰溪蜜枣加工技艺	传统技艺	唐家昌	兰溪墙头画	传统美术
戴明芳	金华火腿传统腌制技艺	传统技艺	蓝开寿	畲族对歌	传统音乐
姚焕强	兰溪木雕	传统美术	吴一峰	兰溪滩簧	曲艺
郑世有	兰溪根雕	传统美术	王柏成	断头龙	传统舞蹈
蒋志辉	兰溪根雕	传统美术	王国龙	兰溪断头龙	传统舞蹈
吴友清	兰溪民间剪纸	传统美术	章恒声	三伏老油酿造技艺	传统技艺
许永芳	婺剧	传统戏剧	诸葛议	诸葛祭祖	民俗
吴凤花	婺剧	传统戏剧	童拓基	粮食砌	传统美术
周兴松	兰溪銮驾	传统舞蹈	周航英	青丝鸟	传统音乐
雷长珠	畲族祭祖舞	传统舞蹈	蓝新美	畲族对歌	传统音乐

表 31－10　东阳市非物质文化遗产传承人

传承人	项目名称	类别	传承人	项目名称	类别
朱志祥	东白山七月七	民俗	卢纯海	蓝印花布	传统美术
吕雄心	卢宅营造技艺	传统技艺	陆枝通	东阳大堂灯	传统美术
赵增	金华火腿传统腌制技艺	传统技艺	许健明	针刺无骨花灯	传统美术
陈临华	东阳面塑	传统美术	蔡朱火	蔡宅高跷	传统舞蹈
申屠全昌	东阳竹编	传统美术	程一文	东阳秋车	传统舞蹈
何红兵	东阳竹编	传统美术	徐土龙	东阳木雕	传统美术
李中庆	东阳木雕	传统美术	马良勇	东阳木雕	传统美术
陆会勇	东阳木雕	传统美术	何大根	东阳竹编	传统美术

续 表

传承人	项目名称	类别	传承人	项目名称	类别
张节平	东阳木雕	传统美术	胡正仁	东阳竹编	传统美术
厉宝余	东阳翻九楼	传统体育、游艺与杂技	吴洵梅	金华道情	曲艺
斯万生	桐院武术	传统体育、游艺与杂技	方浩义	东阳傩戏	传统戏剧
胡悦	婺剧	传统戏剧	方洪富	东阳傩戏	传统戏剧
许为良	东阳许宅花灯	传统舞蹈	王正洪	婺剧	传统戏剧
石龙星	东阳民歌	传统音乐	楼玉龙	翻九楼	传统体育、游艺与杂技
陈崇仁	东阳民歌	传统音乐	宗红妹	东阳土布制作技艺	传统技艺
杜立孝	东阳棕艺	传统技艺	何松泉	东阳砖雕	传统美术
卢恩杰	东阳锡艺	传统技艺	黄小明	东阳木雕	传统美术
卢安峰	东阳锡艺	传统技艺	徐经彬	东阳木雕	传统美术
王向东	东阳木雕	传统美术	卢光华	东阳竹编	传统美术
楼卫东	东阳木雕	传统美术	吴初伟	东阳木雕	传统美术
蔡红光	东阳竹编	传统美术	何福礼	东阳竹编	传统美术
蔡平义	东阳竹编	传统美术	冯文土	东阳木雕	传统美术
沈巩强	东阳传统砖雕	传统美术	陆光正	东阳木雕	传统美术
何文兰	东阳米塑	传统美术	—	—	—

表 31－11　　义乌市非物质文化遗产传承人

传承人	项目名称	类别	传承人	项目名称	类别
余军进	义乌剪纸	传统技艺	吴志亮	义乌泥塑	传统美术
梅立忠	婺剧盔帽制作技艺	传统技艺	王鸿生	义乌百子灯	传统美术
李建富	金华火腿传统腌制技艺	传统技艺	朱奎荣	义乌木雕	传统美术
万少君	义乌木雕	传统美术	傅肃兴	义乌后宅高跷	传统体育、游艺与杂技
沈樟忠	义乌小锣书	曲艺	朱履福	义乌道情	曲艺

续 表

传承人	项目名称	类别	传承人	项目名称	类别
张国标	婺剧	传统戏剧	葛世华	罗汉班	传统体育、游艺与杂技
楼巧珠	婺剧	传统戏剧	朱兰琴	丹溪红曲酒酿造技艺	传统技艺
骆红卫	义乌南、蜜枣加工技艺	传统技艺	王一均	木活字印刷术	传统技艺
陈豪锋	义乌红曲传统	传统技艺	楼光铨	义乌红糖加工技艺	传统技艺
宋远和	金华火腿腌制技艺	传统技艺	葛克书	叠罗汉	传统体育、游艺与杂技
傅兵义	义乌红糖传统加工技艺	传统技艺	叶英盛	金华道情	曲艺
朱小弟	义乌风筝制作技艺	传统技艺	—	—	—

表 31－12　　永康市非物质文化遗产传承人

传承人	项目名称	类别	传承人	项目名称	类别
舒有传	永康迎花烛	民俗	吕庭星	醒感戏	传统戏剧
冯寿台	永康土陶制作技艺	传统技艺	黄晓敏	婺剧	传统戏剧
施章文	永康箍桶	传统技艺	王竹萍	永康十八蝴蝶	传统舞蹈
胡永清	打金打银工艺	传统技艺	李世林	永康鼓词	曲艺
胡安然	打金打银工艺	传统技艺	应德印	永康钉秤制作技艺	传统技艺
孔传叨	永康打铁技艺	传统技艺	程忠信	方岩庙会	民俗
胡岩献	永康打铁技艺	传统技艺	蒋跃祖	永康铜艺	传统美术
施广中	永康竹编	传统美术	俞德金	打罗汉	传统体育、游艺与杂技
程育全	永康铜艺	传统美术	陈万良	打罗汉	传统体育、游艺与杂技
应华升	永康锡雕	传统美术	胡金超	九狮图	传统体育、游艺与杂技
胡位强	永康九狮图	传统体育、游艺与杂技	应业根	锡艺	传统美术
卢顶风	永康鼓词	曲艺	—	—	—

表 31 – 13　　浦江县非物质文化遗产传承人

传承人	项目名称	类别	传承人	项目名称	类别
盛能义	浦江迎会	民俗	金书萍	浦江民间绘画（木笔画）	传统美术
张劲松	浦江迎会	民俗	潘永光	浦江民间绘画（年画）	传统美术
盛晓星	浦江豆腐皮捞制技艺	传统技艺	朱瑞芳	浦江剪纸	传统美术
张吉林	金华火腿传统腌制技艺	传统技艺	张根钗	麦秆剪贴	传统美术
叶道荣	浦江竹编	传统美术	虞梦夫	滚地龙	传统舞蹈
于根法	浦江竹木根雕	传统美术	陈维生	浦江擂马	传统舞蹈
李兴有	浦江米塑	传统美术	杨崇贤	板凳龙	传统舞蹈
黄海仙	浦江剪纸	传统美术	方小苟	仙华山传说	民间文学
傅兴德	浦江什锦	曲艺	杨新花	浦江剪纸	传统技艺
林红阳	浦江乱弹	传统戏剧	赵福林	浦江乱弹	传统戏剧
郑定汉	浦江郑氏规范	民俗	黄立志	浦江乱弹	传统戏剧
王建平	民间饮食习俗（浦江县十六横签）	民俗	陈兰生	滚地龙	传统舞蹈
徐根生	民间饮食习俗（浦江县十六横签）	民俗	张文正	板凳龙	传统舞蹈
黄祖其	浦江迎会	民俗	郑期祥	板凳龙	传统舞蹈
吴梦林	浦江杭坪摆祭	民俗	蒋云花	麦秆剪贴	传统美术
赵美芳	十字花	传统技艺	黄盟统	浦江剪纸	传统美术
郑秋桂	郑义门营造技艺	传统技艺	张根志	浦江迎会	民俗
黄慧芬	浦江行灯制作	传统技艺	吴善增	浦江剪纸	传统美术
吴周超	浦江豆腐皮制作技艺	传统技艺	—	—	—

表 31 – 14　　武义县非物质文化遗产传承人

传承人	项目名称	类别	传承人	项目名称	类别
陶元淮	武义迎大蜡烛	民俗	陈福章	武义油漆画	传统美术
邵文礼	婺州窑传统烧制技艺	传统技艺	李明炎	寿仙谷中药文化	传统医药

续 表

传承人	项目名称	类别	传承人	项目名称	类别
吕金六	武义草编	传统技艺	何苏生	武义昆曲	传统戏剧
杨宝法	金华火腿传统腌制技艺	传统技艺	金志贤	拉线狮子	传统舞蹈
朱金伟	武义木偶戏	传统戏剧	程明法	花灯花轿	传统舞蹈
孔祥铭	婺剧	传统戏剧	王舍安	泥水画	传统美术
徐子孝	武义花灯制作技艺	传统技艺	王柳香	七夕接仙女	民俗
吴云财	武义棕编	传统技艺	潘洪生	武义抬阁	民俗
李子贵	武义棕编	传统技艺	俞喜德	武义抬阁	民俗
何文良	武义农耕竹编	传统技艺	—	—	—

表 31－15　　磐安县非物质文化遗产传承人

传承人	项目名称	类别	传承人	项目名称	类别
张炉垚	赶茶场	民俗	陈伟玉	乌龟端茶	传统舞蹈
周秉忠	赶茶场	民俗	张建敏	婺剧	传统戏剧
李冬菊	草鞋制作技艺	传统技艺	胡葛良	岭口亭阁花灯	传统舞蹈
蔡云朝	磐安单人闹花头台	曲艺	胡金初	岭口亭阁花灯	传统舞蹈
陈茶花	铜钿鞭	传统舞蹈	吕贤宝	磐安吹打	传统音乐
陈君生	磐安迎灯	传统舞蹈	陈元喜	磐安吹打	传统音乐
孔晓青	磐安凿纸花技艺	传统技艺	陈有根	磐安炼火	民俗
朱新琦	义乌剪纸	传统美术	袁梦其	叠牌坊	传统体育、游艺与杂技
陈益民	高照马	传统舞蹈	倪银福	迎大旗	传统体育、游艺与杂技
孔火春	婺州南宗祭孔典礼	民俗	王仁良	迎大旗	传统体育、游艺与杂技
陈益民	高照马制作技艺	传统技艺	—	—	—

表 31-16　金华市非物质文化遗产传承教学基地与传承教学内容

传承教学基地	传承教学内容
浦江杭坪镇中心小学	剪纸
永康市民主小学	十八蝴蝶
金华艺术学校	婺剧
浙江广厦职业技术学院	东阳木雕
婺城区东市街小学	婺剧
永康职业技术学校	锡艺
浦江县实验小学	浦江乱弹
武义县壶山小学	武义草昆
义乌市畈田朱小学	义乌道情
兰溪市水亭畲族乡柏园学校	断头龙
东阳市聋哑学校	东阳木雕
婺城琅琊小学	婺剧
婺城柳湖小学	婺州窑传统制作技艺
金东曙光小学	金华道情
金东比德弗武校	大成拳
永康中学	永康鼓词
浦江县浦阳三小	浦江乱弹
浦江县檀溪中小	浦江滚地龙
武义金穗民族中学	畲族三月三
婺城区竹马小学	金华山歌
婺城区汤溪镇中心小学	上李走马灯、茶罐窑
金东区仙桥小学	婺剧
金东区曹宅小学	岳家拳
兰溪市信义小学	粮食砌
东阳市吴宁第四小学	婺剧
义乌市廿三里一小	风筝制作
义乌市塘李小学	剪纸
义乌市市田心小学	百子灯

续 表

传承教学基地	传承教学内容
浦江县前吴乡福和希望小学	麦秆剪贴
浦江县浦阳二小	浦江乱弹
武义县邵宅小学	婺州窑
武义县职业技术学校	武义昆曲
磐安县墅安希望小学	乌龟端茶
浙江商贸学校	传统糕点制作技艺
金华市特殊教育学校	金华剪纸、婺州窑陶瓷烧制技艺
婺城区仙源湖实验学校	婺州窑陶瓷烧制技艺
金东区赤松中心小学	大成拳
义乌市赤岸镇毛店小学	义乌剪纸
东阳市技术学校	东阳木雕
浦江县职业技术学校	浦江麦秆剪贴、滚地龙
磐安县大盘镇中心小学	磐安舞狮
磐安县玉山镇玉峰小学	婺剧（花头台）

表 31－17　　金华市非物质文化遗产展示馆、传统节日保护基地、旅游景区、宣传展示基地

展示馆	传统节日保护基地	旅游景区	宣传展示基地
金华市非物质文化遗产馆	七夕节：武义接仙女	东阳市横店明清民居博览城	
金华剪纸博物馆	重阳节：永康方岩庙会	永康方岩风景区	婺州窑陶瓷馆
婺州窑陶瓷博物馆	东阳市东白山生态旅游区	东阳市花园村	中国火腿文化展示馆
中国火腿文化展示馆	磐安县	永康市厚吴村	义乌“曲苑书场”
金华酥饼博物馆	永康市前仓镇后吴厚吴村	磐安县榉溪村	义乌红糖传统制作工艺展示基地
汤溪镇鸽坞塔畲风民俗馆	磐安炼火：磐安县深泽乡人民政府	婺城区雅畈镇	诸葛后裔生活文化展示基地

续 表

展示馆	传统节日保护基地	旅游景区	宣传展示基地
让河街民俗馆（迎花树）	赶茶场：磐安县玉山镇马塘村委会	金东区澧浦镇	东阳工艺精品馆
木版年画展示馆	浦江迎会：浦江县前吴乡寿溪村	兰溪市诸葛镇	永康锡雕馆
兰溪市非物质文化遗产展示馆	婺城摆胜：汤溪镇民俗文化研究会	义乌市佛堂镇	浙江婺剧团
诸葛村乡土文化馆（暂名）	—	东阳市吴宁街道	双龙风景区管委会
兰溪畲乡风情园	—	浦江县杭坪镇、郑宅镇	兰溪市黄大仙宫
东阳市工艺精品馆	—	武义县俞源乡	金东区孝顺镇人民政府
陆光正木雕艺术博物馆	—	磐安县高二乡、双峰乡	义乌市文化馆
何福礼竹编艺术博物馆	—	婺城区汉灶村	浦江县岩头镇全羊馆
何大根竹编艺术馆	—	金东区蒲塘村、岭五村	浦江县檀溪镇寺前村老年协会
东阳市东龙酒业酒文化展示馆	—	义乌市何斯路村、红旗村	浦江县婺剧团
吴广巨农耕文化民俗馆	—	东阳市虎鹿镇蔡宅村、李宅村	义乌市大陈镇八里桥头村
义乌红糖传统制作技艺展示馆	—	浦江县杭坪村	永康市唐先镇石桥头村
永康锡雕馆	—	磐安县横路村	金华剪纸博物馆
永康市宏天根雕艺术馆	—	武义县柳城畲族镇江下村	金华酥饼博物馆

续　表

展示馆	传统节日保护基地	旅游景区	宣传展示基地
永康方山口农耕文化展示馆	—	—	金华木版年画展示基地
永康后吴农耕文化展示馆	—	—	兰溪畲乡风情园
浦江民间工艺博物馆	—	—	东龙酒业酒文化展示馆
浦江岩头食文化展示馆	—	—	横店影视城艺术团
浦江檀溪潘周家村	—	—	义乌市婺剧保护传承中心
武义县非遗展示馆	—	—	永康宏天根雕艺术馆
武义县柳城畲族民俗文化馆	—	—	浦江乱弹研究会艺术团
梓溪农耕文化展示馆（暂名）	—	—	浦江檀溪潘周家村
斐湖农耕文化展示馆（暂名）	—	—	婺州南孔宣传展示基地
羊庄农耕文化展示馆（暂名）	—	—	—

（二）金华市传统村落中适合各类非物质文化遗产传承基地建设规划

根据金华市各传统村落非物质文化遗产保存状况、本地非物质文化遗产继承状况及传统村落特色与资源禀赋，建议在相关传统村落建设各类非物质文化遗产保护与传承基地，基地建设方向的选择如表 31－18 所示。

表 31－18　金华市传统村落各类非物质文化遗产保护与传承基地建设方向选择

县（市、区）	传统村落	非遗生产性保护基地	非遗传承教学基地	非遗旅游景区	宣传展示基地
婺城区	雅畈镇石楠塘村				
	雅畈镇二村、三村				
	安地镇山道村				
	长山乡三村				
	塔石乡上阳村			√	√
	塔石乡珊瑚村				
	塔石乡塘头村				
	开发区汤溪镇鸽坞塔村				√
	开发区汤溪镇中戴村				
	汤溪镇寺平村	√	√	√	√
	汤溪镇上镜村				
	洋埠镇湖前村				
	罗埠镇上潘村				
	安地镇安地村				
	蒋堂镇下尹村				√
	琅琊镇上盛村				√
	乾西乡雅宅村				
	沙畈乡高儒村				
	塔石乡岱上村				
	塔石乡塔石村				
金东区	傅村镇山头下村	√	√	√	√
	傅村镇畈田蒋村		√		√
	源东乡长塘徐村				
	源东乡东叶村				√
	曹宅镇曹宅村				
	赤松镇老石桥村				
	赤松镇仙桥村	√			√

续 表

县（市、区）	传统村落	非遗生产性保护基地	非遗传承教学基地	非遗旅游景区	宣传展示基地
金东区	赤松镇王宅村				
	澧浦镇琐园村	√	√	√	√
	澧浦镇蒲塘村		√		√
	塘雅镇前溪边村				
	岭下镇岭五村		√		√
	岭下镇后溪村				
	江东镇雅湖村				
	孝顺镇中柔村				
	孝顺镇夏宅村				√
	孝顺镇浦口村				
	孝顺镇支家村		√		√
	赤松镇山口村				
	赤松镇下潘村	√	√		√
	澧浦镇方山村	√			√
	澧浦镇郑店村				
兰溪市	永昌街道永昌村	√	√		√
	永昌街道社峰村	√			√
	永昌街道夏李村				
	水亭乡西姜村				
	诸葛镇万田村				
	诸葛镇长乐村				
	诸葛镇诸葛村	√	√		√
	兰江街道姚村村	√			√
	黄店镇三泉村		√		√
	黄店镇上包村	√			√
	黄店镇桐山后金村				
	黄店镇芝堰村	√	√		√

续　表

县（市、区）	传统村落	非遗生产性保护基地	非遗传承教学基地	非遗旅游景区	宣传展示基地
兰溪市	女埠街道虹霓山村				
	女埠街道岘坦村				
	女埠街道渡渎村				
	黄店镇刘家村	√	√		√
	黄店镇上唐村				
	柏社乡洪塘里村				
	梅江镇塔山村				
	梅江镇祝宅村				
	梅江镇梅街头村				
	横溪镇宋宅村				
	梅溪镇虞街村				
浦江县	虞宅乡新光村		√		√
	檀溪镇潘周家村	√			√
	白马镇嵩溪村		√		√
	郑宅镇郑宅镇区		√	√	√
	黄宅镇古塘村	√			√
	杭坪镇杭坪村	√			√
	杭坪镇石宅村	√			√
	仙华街道登高村		√		√
	岩头镇礼张村				√
	虞宅乡马岭脚村	√			√
东阳市	虎鹿镇蔡宅村			√	√
	巍山镇大爽村		√		
	虎鹿镇磨水仓村		√		
	虎鹿镇厦程里村			√	√
	虎鹿镇坞葛村		√	√	
	虎鹿镇西坞村	√		√	

续 表

县（市、区）	传统村落	非遗生产性保护基地	非遗传承教学基地	非遗旅游景区	宣传展示基地
东阳市	画水镇天鹅村		√	√	
	画水镇旭光村	√			√
	李宅镇李宅村			√	√
	马宅镇雅坑村				√
	南马镇上安恬村	√			√
	巍山镇白坦村			√	√
	巍山镇古渊头村			√	
	佐村镇平坑村		√	√	
	佐村镇平岩顶村		√	√	√
	佐村镇下里坑村		√		
	佐村镇恒坑村		√		
磐安县	冷水镇朱山村			√	√
	仁川镇石下村		√	√	
	双峰乡大皿村	√		√	√
	盘峰乡榉溪村				
	安文镇墨林村		√	√	
	双溪乡梓誉村			√	√
	尖山镇管头村		√	√	√
	胡宅乡横路村			√	√
	玉山镇马塘村	√		√	
	双溪乡潘庄村			√	
武义县	熟溪街道郭洞村			√	√
	大田乡岭下汤村				
	俞源乡俞源村	√	√	√	√
	桃溪镇陶村				
	大溪口乡山下鲍村				
	柳城畲族镇上黄村				√

续 表

县（市、区）	传统村落	非遗生产性保护基地	非遗传承教学基地	非遗旅游景区	宣传展示基地
武义县	柳城畲族镇半塘村				
	柳城畲族镇华塘村				
	柳城畲族镇金川村				
	坦洪乡上坦村				
永康市	前仓镇厚吴村	√	√	√	√
	舟山镇舟山二村				
	石柱镇塘里村		√		√
	芝英镇芝英村				
	象珠镇清渭街村				
义乌市	赤岸镇朱店村				
	赤岸镇尚阳村				
	赤岸镇雅端村		√	√	√
	佛堂镇田心村				
	佛堂镇倍磊村				√
	义亭镇缸窑村	√	√	√	√

第三十二章　金华市传统村落生活体系的开发利用

一、价值挖掘

金华市传统村落具有鲜明的地域特色和文化烙印，在原生态的历史建筑风貌和传统文化风俗中，保留着原真的生活方式，主要体现了以下价值：

（1）隐逸修身精神的延续。传统村落的隐逸文化潜移默化地影响着村民，形成传统村落中自在闲适的面貌。传统村落中的一些宗教建筑体现了传统信仰的遗存和延续，其中的修身养性之道与隐逸文化更是不谋而合，体现出隐逸修身的精神，对现代都市中要求远离繁杂、修身养性的人群来说具有很大的吸引力。

（2）传统性与现代性生活理念的融合。传统村落的居民生活顺应了自然规律，按照时令的变化安排作息，秉承了人与自然和谐相处的生活理念。传统村落的生活理念与现代的慢生活理念有异曲同工之妙。现代的慢生活理念还强调现代化技术与传统生活方式的结合，讲究生活的高品质。

二、价值转化与产品开发

（1）宗教文化体验。可依托宗教文化资源将传统村落作为整体进行保护和开发，打造宗教信仰体验示范区，供游客尤其是对此需求旺盛的都市白领人群来此度假放松、修身养性。游客可以体验僧侣生活，满足其追求圆满、至真、至善、至美的心理需求；利用金华市物产资源，提供养生素食餐饮。还可依托历史文化建筑资源与茶文化，将修行与茶禅、农禅体验结合，让游客在生产活动中体验和感悟人生。

（2）传统村落慢生活体验。结合村落优质的环境，亲近自然，顺应自然，打造村落康体度假中心，并开拓面向老年人的康体养生市场。慢行养生，结合传统村落位置设计自行车慢行道、登山步道等，与传统村落的生态环境有机地结合起来。同时将传统村落的饮食资源与养生功能结合，开发养生餐饮、养生保健品、生态有机产品等传统村落特色旅游商品。

（3）传统村落夜间旅游体验。旅游地夜生活的发达水平很大程度上标志着该地的发达程度、开放性与吸引力。发达的夜间旅游不仅能提升当地居民的生活水平，也能带来更多游客体验多元化的旅游产品，对提升传统村落旅游形象意义重大。夜间旅游消费往往超过白天的消费，是延伸旅游产业链、增加经济收入的关键所在。可结合传统村落夜晚的景观和休闲活动，开发内容丰富的夜游项目，如赏月、放花灯、听戏曲、夜游古村等。

（4）公共休闲空间的营造和体验。村口、水塘、树下等传统公共空间既是村民日常生活的场所，也是展示传统村落文化的重要场所。对其进行景观上的修缮，恢复交流、休憩等功能，不但有利于居民生活环境的改善，也有利于游客更直观感受和体验传统村落悠闲自在的生活氛围。例如，整理传统村落现有水塘，对水塘周边环境进行景观设计，增添动植物景观，添加茶座、观景台等休闲游憩设施，使水塘周边成为游客和居民皆可进行赏景、交流、休憩的公共空间。

经上述分析，生活体系资源的开发利用，可通过对传统村落隐逸修身精神内涵和传统生活理念的挖掘，开发宗教文化体验、慢生活体验、传统村落夜游体验、休闲游憩体验等形式的旅游产品，开拓面向都市白领市场、康体养生市场的专项旅游产品和服务（见表32－1）。

表32－1　　生活体系资源的开发利用

<table>
<tr><th>资源</th><th>产品形式</th><th>特色</th><th>形象</th><th>专项市场</th></tr>
<tr><td>宗教文化</td><td>隐逸修身精神的延续</td><td>禅宗修行体验、茶禅、农禅体验</td><td rowspan="4">宗教信仰体验区</td><td rowspan="4">都市白领市场
康体养生市场</td></tr>
<tr><td>慢生活</td><td rowspan="3">传统性与现代性生活理念的融合</td><td>村落康体度假中心、养生餐饮</td></tr>
<tr><td>夜游资源</td><td>夜景观、夜休闲</td></tr>
<tr><td>公共空间</td><td>茶座、观景台</td></tr>
</table>

第三十三章　金华市传统村落传统农业的开发利用

农业在传统村落旅游的影响下逐步与旅游结合，可以开发水果采摘、农家餐饮住宿体验等项目，既可增加农业产值，也可带动第一产业向第三产业转型升级。但无论是水果采摘还是品尝农家菜，都仍是较为初级的旅游开发，许多传统农业的核心价值仍未体现出来，所以需要进一步延伸价值链，推动农业向高效型、服务型、生态型发展。通过挖掘村落集群地区的农业生产资源、农业生态资源、农业生活资源，构建农业旅游产品体系，树立生态农业休闲度假胜地的旅游形象。

一、价值挖掘

农业生产资源包括生产方式、生产工具等，是传统村落特色农业旅游开发的基础。农业生产过程对游客来说是一种活态的景观，具有较强的现场展示和参与体验功能，传统农业生产活动的历史文化性和专业性也具有一定的教育价值。

农业生态资源包括农业景观、农业物产等方面，具有一定的风景美学价值、休闲游憩价值、旅游购物价值。

农业生活资源包括农家吃、住、行、娱乐等体验及传统农业习俗。相对于现代时尚的都市生活，乡村生活体现的是一种传统朴实、自然清静的格调，且蕴含着传统文化的内涵，具有休闲度假、文化体验、康体保健的价值。传统村落农业资源与价值分析如表 33 – 1 所示。

表 33 – 1　　　传统村落农业资源与价值分析

农业资源	具体形式		价值
农业生产资源	生产方式	种植、捕捞、喂养、采摘等	展示、体验、教育
	生产工具	耙、犁、渔具等耕种、渔猎器具	
农业生态资源	农业景观	田园景观、茶园果林景观、鱼塘荷塘景观、乡村景观	风景美学、休闲游憩、旅游购物
	农业物产	时令水果、农家蔬菜、家禽	

续 表

农业资源	具体形式		价值
农业生活资源	农家餐饮	尝时令水果、享农家美味	休闲度假、文化体验、康体保健
	农家住宿	传统村落民居、农家民居	
	农家娱乐	采摘、垂钓、烧烤	
	农家出行	渔船、自行车、游艇	
	农业习俗	种植习俗、茶俗、祭祀祈福等	

二、价值转化与产品开发

1. 潜在的农耕文化价值的转化

传统的农业生产方式代表的是传统村落的传统农耕文化，旅游者通过参加农耕渔猎活动，可以了解金华市传统村落地区丰富的农耕文化传承，学习农业生活技艺，不仅能丰富阅历，还能增长见识。要让游客真正地做一回农家人，体验农耕生活，可以开发租赁式的农庄，在果园中租赁一两棵树，亲身管理果树从种植到收获的一系列过程，并体验不同时令季节的耕种习俗，深入体验农耕文化。将现阶段简单的观光采摘游，延伸为租赁式农庄体验，从而有效地延长旅游价值链，提高旅游收益。

（1）产品形式：租赁式农庄，包括农事体验、休闲娱乐、餐饮住宿等功能。

（2）专项市场：家庭游市场，针对其特性需求，开展互动性、体验性强的农家体验活动，如钓鱼比赛、采摘比赛、吃水果比赛，一起耕种、做农家菜等，鼓励亲子、家人间的互动合作。

2. 专业农业价值向大众旅游价值转化

利用传统农业向现代农业的转型，与旅游业结合，将专业化、现代化的农业生产转化为大众体验的旅游产品。对于传统村落特色农业品种，可以建设专门的生态园，对优质品种进行选育研究的同时，开发观光示范旅游、考察学习旅游等相关项目。利用生态有机农业的发展，开发农业科普教育游，普及现代化农业生产知识，体验有机农产品的生产过程，带动绿色有机农产品的消费，打造有机生态农业基地和优质茶果基地。

（1）产品形式：生态农业园，包括观光游览、科技研发、科普教育等功能。

（2）专项市场：中小学生自然实践基地，通过农业参观、农业科普、农耕农俗体验等活动，让中小学生亲近自然、开阔视野。

3. 农产品低价值向高价值转化

对于传统村落丰富的农业物产，可以通过深加工、品牌营销等方式提升农产品的附加值，实现价值由低到高的转化。例如，通过加工生产，将时令水果转化为果酒、果脯等旅游餐饮、购物产品，提升农产品的附加值。

加工工厂可以对外开放，开展工业观光体验游，以农业旅游带动工业旅游的开发；通过对农产品进行品牌化的包装，打造美食基地及有传统村落特色的农业品牌并对外宣传和推广，从而通过品牌效应提升农业产值。

（1）产品形式：开发各类餐饮业态、综合性的美食节和品牌农产品。

（2）专项市场：打造美食爱好者市场，开辟专门的传统村落美食体验游路线。打造品牌购物市场，出售传统村落品牌农产品和生态有机食品。

4. 单一体验价值向复合体验价值转化

通过旅游六要素的组合开发并拓展传统农业的旅游功能，将传统村落观光与农业吃、住、行、游等方面的休闲旅游资源结合，开发乡村休闲度假，品尝传统村落美食，体验垂钓、喂养、采摘、炒茶等趣味性休闲活动，体验农家乐，体验传统村落精品民居、露营、房车、木屋等特色住宿；利用传统的农业习俗、农业工艺，举办农俗工艺体验活动，如炒茶制茶技艺、农业用具的编制体验、果酒酿造体验等；利用农作物在生长过程、收获季节中的可观赏性，开发农业观光，对茶林、果园、荷塘等特色农业景观进行创意设计，设置观赏和游憩步道，使之更有看点和亮点；利用休闲的农家生活及周围良好的生态环境，开发农村康体健身游，开发慢行体验、生态氧吧、生态食疗等系列旅游产品。

（1）产品形式：度假农庄、农俗工艺体验、农业游憩观光、康体健身体验。

（2）专项市场：针对老年人市场，可提供康体养生、休闲度假的农家休闲基地；针对垂钓爱好者市场，可提供与休闲垂钓、竞技比赛、餐饮住宿相配套的活动场所；针对野外活动市场，结合农业资源为喜爱户外活动的人群提供户外露营、登山、攀岩等进行素质拓展和户外活动的场所。

传统农业资源利用和价值延伸的流程，即通过对农业生产、生态、生活三方面资源价值的挖掘和转化，策划观光、体验、度假、购物等形式的旅游活动，构建金华地区特色的农业旅游形象，开拓面向学生、老人、垂钓爱好者等不同群体的专项旅游产品和服务（见表33－2）。

表 33－2　　传统农业的开发利用

资源	特色	形象	专项市场
生产资源	租赁式农庄	有机生态农业基地优质茶果基地、湖鲜美食基地、乡村休闲度假胜地	家庭游市场、农业科普教育、美食、老年度假、垂钓、野外活动
生态资源	生态农业园、加工厂观光、餐饮购物		
生活资源	度假农庄、农俗工艺体验、康体健身体验		

三、农业资源的差异开发

处于探索期的传统村落，可开发观光游览、耕种体验、采摘品尝等形式的旅游产品，或是建设优质品种基地，开发农业科研、生态农业观光、科普教育活动等旅游产品项目（见图 33－1），以进一步提升农业资源利用的价值。总而言之，该类传统村落对应开发的是基础层次和提高层次的旅游产品，以农业观光和农业休闲娱乐为主，农业旅游价值链的环节相对来说比较简单。

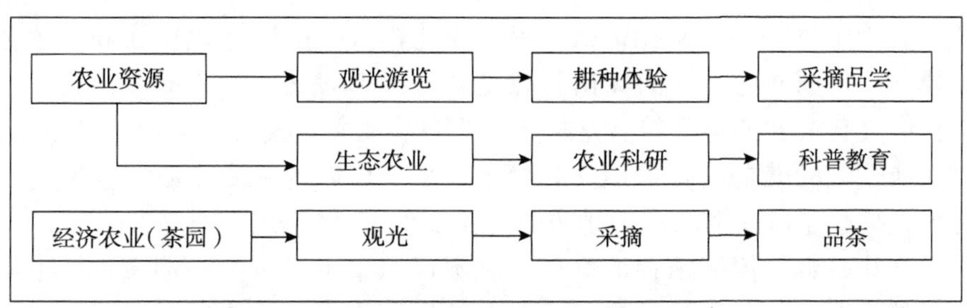

图 33－1　农业资源旅游产品转化

处于生命周期发展期的传统村落，对应开发的是发展层次和专门层次的旅游产品，以农耕文化体验、养生休闲度假等专项产品的开发为主，农业旅游价值链的环节从观光、采摘向加工生产、文化体验、专项体验的方向延伸，以满足游客更高层次的需求。

第三十四章　婺文化与金华市传统村落保护与利用

一、金华婺文化的地位与价值

婺文化虽是一种地方文化体系，但在历史上，其许多方面具有超越本地范围的影响，有的甚至具有全国性意义。其中，首推婺瓷和婺学。前者以深厚的历史积淀在中国陶瓷史上独树一帜，长期处于领先地位，并且直接推动了宋朝以后著名的龙泉窑的兴起；后者以勃兴的姿态，开启了中国学术思想史上崭新的篇章，成为古代“浙学”开始走向全面兴盛的标志，并孕育了浙江传统精神的核心，即“兼容并包，求真务实，敢于进取，勇于创新”。其次是婺商文化。从某种意义上讲，婺商文化的兴起和发展，展示了中国传统农耕文化向商业文化的转变。最后是戏曲文化和古建筑文化。它们既是古代江南文化多样性的反映，又是地方文化互相融合的一种折射。

从浙江乃至江南地方文化的空间格局来看，婺文化体现了一种相对独立的地域文化体系模式。浙江文化在长期的历史发展过程中，形成了多种地域模式，其中主要有平原文化模式、沿海文化模式、山区文化模式和丘陵盆地文化模式。平原文化模式的突出特点是融合，沿海文化模式的突出特点是开放，山区文化模式的突出特点是封闭，丘陵盆地文化模式的突出特点是稳定。婺文化所代表的就是丘陵盆地文化模式。从更广阔的视野来看，婺文化在很多方面还体现了皖南和赣东北地方文化发展的部分特点。

婺文化是金华传统精神的载体，它不仅积累了厚重的有形文化，也形成了丰富的无形文化。透过婺文化，可总结出历史上金华人的六种精神——朴实勤劳，自主自强；博采众长，善学精思；求真务实，崇尚正气；挺立潮头，敢为人先；义利并重，追求和谐；乐观处世，积极向上。这些文化精神不仅是珍贵的历史记忆，而且对于推动金华的发展起了积极的作用，值得大力提倡和发扬。

二、金华婺文化之民俗与生活

（一）金华斗牛

金华素有二绝之说，一是火腿，二是斗牛。金华斗牛，民风古朴，源远流长。但金华斗牛风俗究竟始于何时无考。据清末进士、金华县人王廷扬所作《斗牛歌》小序中记载，金华斗牛始于北宋明道年间（1032—1033）。金华斗牛积习相沿，经久不衰，是带有东方文明独特魅力的汉族民俗游乐活动。牛与牛相斗，不同于西班牙的人与牛斗，金华斗牛被誉为“东方文明斗牛”，被称为“东方一绝”。斗牛除在婺城区、金东区等金华市市区能见到外，市属义乌、浦江、永康、武义、兰溪等地均可见到，一般都是为庙宇开光的一项娱神活动。永康为祭拜“胡公大帝”（北宋胡则），兰溪则为祭拜“白沙大帝”（三国卢植），金华市区则是为祭拜“邢公大帝”（北宋邢植）而举行斗牛活动，作为庙会活动内容之一。武义称斗牛为“抄牛”或“抄牛角”，永康称“操牛”，浦江称“轧闯牛”。每年稻秧插竣“开角”（一年第一次斗牛），至次年春耕前“封角”（一年最后一次斗牛），除农事大忙或风雪相阻外，几乎是一月一大斗，半月一小斗。斗满一周年，称“一案”。自 1992 年 10 月 4 日以来，金华斗牛于每年重阳节隆重“开角”，并伴有斗牛大奖赛。

在金华市传统村落保护与利用过程中，可以在每个县（市、区）打造一场各具特色的金华斗牛活动，并结合不同祭祀活动，与地域特色文化相融合。规划恢复斗牛活动的传统村落如表 34－1 所示。

表 34－1　　规划恢复斗牛活动的传统村落

序号	传统村落名称
1	婺城区雅畈镇二村、三村
2	金东区傅村镇山头下村
3	金东区傅村镇畈田蒋村

（二）婺剧

婺剧，俗称“金华戏”，是浙江省地方戏曲剧种之一。它以金华地区为中心，流行于金华、丽水、临海、建德、淳安等地，是高腔、昆腔、乱弹、徽戏、滩簧、时调六种声腔的合班。由于长期在农村草台演出，婺剧重做轻唱，其唱腔已不如苏昆严谨，而是着重于感情和气氛的渲染，不过分讲究吐字运腔的功夫，甚至有的曲牌的唱词成了“堂众曲”，在各个戏中可以自由套用。以上六种声腔在婺剧中不是一戏混用，而是各个声腔都有一批专长剧目。最初，高腔、昆腔、乱弹等独立成班，后发展为合班，并有不同的组合。高腔、昆腔、乱弹兼唱的戏班，俗称“三合班”。之后，徽戏传入金华一带，有的三合班弃高腔而兼唱徽戏，有的徽班却兼唱乱弹。之后，又吸收了滩簧和时调。

1956年，浙江婺剧团建立后，即着手抢救、发掘婺剧传统遗产，曾收集、记录了800多个大小剧目和3000余首唱腔、曲牌，整理了婺剧独有的传统脸谱和服装图样，使大量珍贵传统艺术资料得到了保存。目前，婺剧有一定的衰落。针对这种情况，可以把婺剧融入金华市传统村落保护与利用，在相关传统村落构建婺剧演艺团队与场所，从而弘扬婺剧传统文化，普及特色地方戏剧，为到访旅游者提供研学与娱乐的机会。

此外，浦江县传统村落保护与利用中多融入浦江乱弹地方戏剧，开发地域特色文化资源。拟建设婺剧、乱弹戏剧展示区的传统村落如表34－2所示。

表34－2　　拟建设婺剧、乱弹戏剧展示区的传统村落

序号	传统村落名称
1	婺城区乾西乡雅宅村
2	金东区岭下镇后溪村
3	金东区岭下镇岭五村
4	浦江县虞宅乡马岭脚村
5	浦江县虞宅乡新光村
6	浦江县杭坪镇石宅村

（三）金华庙会与灯会

金华庙会是金华地区最具特色的传统民俗艺术娱乐活动，人们通过迎灯以示驱邪除瘟，去灾祈福，祈求五谷丰登、人畜平安。旧时灯会都在元宵节举行，因此，元宵节又称“灯节”，一般于农历正月初十起灯，廿日散灯，十四、十五、十六三日最兴。金华各地，旧时庙会众多，尤以农历八月十三胡公大帝庙会最盛。金华灯彩品目繁多，造型千姿百态，绚丽多彩。

金华灯会中婺城灯会、金东迎龙灯极具特色。婺城灯会是婺城最具特色的民间娱乐活动。婺城灯会相传始于唐代。婺城的灯彩，名目繁多，绚烂多姿。元宵夜，城乡各地，家家悬挂花灯、彩灯，多为各户自己制作。龙灯是灯会的主灯，龙灯中最有代表性的数“桥灯”。一般均有百余桥（一节为一桥），长者数百桥，甚至千余桥。桥灯分“龙头”和“灯桥”两部分。

金东迎龙灯在金东区是一个最为普遍的活动，有桥板龙、竹布龙。桥板龙是由各家各户筹集。桥板灯不像其他龙灯灵活方便，活动起来往往相互牵制，不能独立操作。前面的龙头由一个人扛，几个人守护，龙头边上挂满红灯笼，一个特制的龙尾安在最后面。拟建设庙会、灯会展示区的传统村落如表 34－3 所示。

表 34－3　　　　　　拟建设庙会、灯会展示区的传统村落

序号	传统村落名称
1	浦江县黄宅镇古塘村
2	兰溪市永昌街道社峰村
3	兰溪市黄店镇芝堰村
4	磐安县盘峰乡榉溪村
5	磐安县安文镇墨林村
6	义乌市赤岸镇朱店村
7	东阳市李宅镇李宅村
8	东阳市虎鹿镇厦程里村

（四）金华道情

金华道情又称“唱新闻”“劝世文”，是浙江省的传统曲艺之一。它与杭州小锣书、温州鼓词、宁波走书、绍兴莲花落合称为浙江省五大地方曲种。从明朝至 20 世纪五六十年代，它一直是金华民间喜闻乐见的文娱活动。它是一人多角色坐唱式单挡说唱艺术。艺人唱一段加几句说表，配上简单的动作，即所谓“艺人一台戏，演文演武我自己”。伴奏乐器极为简单，仅一个渔鼓（又称情筒）和两块简板。金华道情是最受金华民众欢迎的一种汉族民间曲艺形式。道情在金华流传可考的历史至少 300 年。

经过几代人甚至几十代人的传承与创造，金华道情的艺术宝库已经异常丰富。金华道情是铿锵的，很少有一种曲艺形式能像金华道情这样，富有几百个曲目，其故事都源于金华民众的生活经历，取材于发生在金华的社会新闻。

金华道情作为国家级非物质文化遗产，在金华市传统村落保护与利用中需要大力融入。传统村落作为金华道情传承载体，为其传承与发扬光大提供了土壤。在金华传统村落保护与利用中，要充分利用传统村落，构建金华道情展演舞台，为金华道情演艺人员与传承人提供经济支撑。拟建设金华道情展示区的传统村落如表 34－4 所示。

表 34－4　　拟建设金华道情展示区的传统村落

序号	传统村落名称
1	金东区澧浦镇琐园村
2	兰溪市永昌街道社峰村
3	兰溪市黄店镇芝堰村
4	磐安县盘峰乡榉溪村
5	磐安县安文镇墨林村
6	义乌市赤岸镇朱店村
7	东阳市李宅镇李宅村
8	东阳市虎鹿镇厦程里村

三、金华婺文化之婺商文化

（一）义乌拨浪鼓文化

“鸡毛换糖”的拨浪鼓文化由来已久。由于义乌地处山区丘陵，农业生产条件恶劣，农业劳动力过剩，如何改善农业生产条件，充分利用剩余劳动力，增加实际收入，是事关生存的根本问题。实践证明，“鸡毛换糖”是一个很好的谋生手段，其延长了加工链，利用了农业生产剩余时间，实现了远大于粮食生产的效益。农业和商业的互补，是当时的生产水平条件下既可以增加收益又可以避免风险的半专业化分工方式。“鸡毛换糖”是零货币资本起步，在自然经济中避免了货币稀缺对交换的制约，从十分零散的买卖活动中薄利多销，积少成多。义乌的“货郎担”们通过经营小本生意，在农业自然经济的汪洋大海之中，进行商业“游击战”，顽强地发展为农业社会中极为少见的经济理性和商业精神的代表。

在义乌市传统村落保护与利用中，应充分挖掘义乌“拨浪鼓文化”，建议在义乌市赤岸镇雅端村及义乌市佛堂镇倍磊村建设义乌小商品文化博物馆，打造“拨浪鼓文化”研学营地，再现义乌“拨浪鼓文化”场景。

（二）永康五金文化

永康人与五金的历史渊源可追溯到新石器时代。永康城南有座石城山，相传中会民族的始祖黄帝（轩辕氏）为了获取金属兵器战胜蚩尤，曾率部落将士在石城山安营扎寨。他们在新楼铜山采矿，通过永康江将矿石用木排运到石城山上的金店村；采邻近的“湖西泥”（高岭土）做成坩埚，铸造铜鼎及各类兵器，最终用这些锋硬的兵器战胜了蚩尤，统一了中原。黄帝大部队撤离后，一部分工匠留了下来，继续从事金属铸造行当，将他们的技艺代代相传。春秋铸剑，汉造弩机，唐铸铜铳，到了南宋时期，永康已成为朝廷重要的造币基地之一，逐渐成为闻名遐迩的“五金之都”。长期而独特的五金生产和经营，使永康人逐渐形成了一套特殊的生存方式，凝练成特有的地方性文化。

在永康市传统村落保护与利用中，应充分挖掘“五金文化”，建议在永康市舟山镇舟山二村、永康市芝英镇芝英村构建永康“五金文化”研学营地、传承基地、科普基地。

（三）东阳百工文化

东阳以“中国建筑之乡”闻名全国。东阳建筑发端于秦汉，成熟于唐末，鼎盛于明清。自古越文明起，东阳民居建筑经干阑式、穿斗立贴式、抬梁式、抬梁与干阑混合式，发展为以粉墙黛瓦、大木架构、前厅后堂为特色的民居建筑体系。其选址之科学，布局之合理，造型之端庄，韵律之丰富，装饰之华丽，被誉为“东方民居之瑰宝”。东阳民居建筑因此被专家称为“独具儒家文化特色的建筑文化”。

东阳木雕和东阳竹编被誉为中国工艺百花园中的“两朵奇葩”。东阳建筑、东阳木雕和东阳竹编以其上千年的文化累积，以炉火纯青的工艺，彰显着东阳人的智慧，诠释着东阳人的精神。

在东阳市传统村落保护与利用中，要充分挖掘东阳百工文化，培育婺派传统建筑研学营地，传承婺派建筑营造技艺及东阳木雕等非物质文化。拟建设东阳百工文化展示区的传统村落如表 34 – 5 所示。

表 34 – 5　　拟建设东阳百工文化展示区的传统村落

序号	传统村落名称	百工文化分类
1	东阳市南马镇上安恬村	木雕
2	东阳市巍山镇白坦村	木雕
3	东阳市李宅镇李宅村	竹编
4	东阳市虎鹿镇蔡宅村	竹编

（四）兰溪丹药文化

兰溪，位于钱塘江中游，地处衢、婺、兰、新安、富春、钱塘“六水之腰”。兰溪之水受金华“炼丹名山”天地精华之孕育，为昔日炼丹家炼丹必备之水。从道教传统的天人合一论出发，以“结丹长生”为旨趣，兰溪以源远流长的道教文化为背景，以江水为滋养，孕育和推进了浙中黄帝医药文化的发祥。五千年来，兰溪人秉承黄帝、葛洪、黄初平“结丹长生，延年永寿”的遗志，药业“贸易半中国”，被称作“商战之雄”。宋代创办的惠民药局，明代开设的设训科，清代创办的天一堂一元堂药号和瀫西药业公所，民国设立的兰溪公立中医专门学校，都是浙中医药文化的代表。

兰溪中药业源远流长，“兰溪一剂药”极具旅游开发价值。宋末元初以来，诸葛村以传统的中药业，使兰溪与浙江慈溪、安徽绩溪合称“三溪”，称雄江南中药市场700多年。在传统村落保护与利用中，可在兰溪市诸葛村、长乐村等一些传统村落开发兰溪中医药文化旅游资源，打造中医药康养旅游示范基地，发展中医药养生旅游。

四、金华婺文化之古建筑文化

在婺文化中风格独特的古建筑文化方面，有以武义俞源村为代表，集木雕、砖雕、石雕于一体和粉墙黛瓦马头墙的建筑风格；以浦江郑义门古建筑群和东阳卢宅为代表的家族宅院结构；以兰溪诸葛村和武义郭洞村为代表的聚落建筑布局；以八咏楼为代表的亭楼建筑；以太平天国侍王府为代表的府衙建筑；以武义熟溪桥为代表的桥梁建筑等。婺州民居营造技艺最早源于秦汉时期广泛流行的“穿斗式”建筑，到宋朝时形成“穿斗式”与“抬梁式”相结合的建筑结构方式，建筑技艺也有了较大的提高。与此同时，“东阳帮”开始形成，与苏南的“香山帮”、浙东的“宁波帮”三足鼎立。到了明代形成了三间五架、内设“天井”的建筑格局，并基本形成固定模式，建筑技艺也基本趋于稳定，并按照以师带徒的方式传承，世代相传。

明初，江浙地区在地方传统建筑做法上形成了南京官式风格，进而影响全国，这也是南方建筑文化第三次向北方传播。明代婺州地区经济繁荣，许多北方的士族大姓南迁到婺州地区，婺州建筑风格已经逐渐发展成熟，出现了大量的村落和建筑，如武义俞源村和郭洞村等一批古建筑村落的兴建、东阳“卢宅肃雍堂”的创建。从婺州现存的明代住宅、祠堂来看，其与北方建筑体系有着明显区别，如造型结构简洁，普遍流行穿斗式构架，同时具有“肥梁胖柱”的特点，椽条粗壮，用荷包椽，大梁有平直圆梁、冬瓜月梁两种形制，斗拱用材减少。雕饰以花草鸟兽纹为主，线条圆润，形象丰满，人物图案较少。建筑开间、斗拱、油饰、彩绘等多遵祖制，少有僭越。

清代是婺州建筑发展的鼎盛时期。乾隆以后，婺州传统建筑又有新的发展，明显表现出一种世俗化的趋向与格调。清初私家园林非常兴盛，宅邸普遍园林化，戏台数量增多；在建筑装饰上，精巧繁复的风格受到推崇，装饰形式更加丰富，手法变化多样，技术更加成熟，达到了炉火纯青的地步。

金华市传统村落历史文化建筑多为清代古建筑，也具有一定数量的明代古建筑，是婺文化之古建筑文化荟萃之地，具有极高的保护与开发价值。应依托金华市传统村落，保护婺派建筑文化，传承婺派建筑营造技艺，打造金华市传统村落婺派建筑博览馆；保护婺派建筑营造技艺传承人，打造非物质文化遗产研学营地。

五、金华婺文化之手工技艺文化

在婺文化别具一格的手工技艺文化方面，较具代表性的有婺瓷、金华火腿、金华酒、婺罗、东阳木雕等。婺瓷在东汉时兴起，宋朝以后逐渐衰落，前后持续了上千年。作为中国早期青瓷的典型代表，婺瓷自成一体，形成了一系列独特的制作工艺。金华火腿在宋代就已经闻名，明代时成为贡品，不仅有着独特的腌制技艺和风味，还引发了相关饮食文化的兴起和众多文人墨客的歌咏诗赋。以白蓼曲酿造的金华酒以独特的造曲方法、优化的用曲技艺、复杂的酿造程序和出众的品质，在唐宋时就已跻身名酒之列，元时被官府定为米酒酿造“标准方”，明时更是广泛流传有“晋字金华酒，围棋左传文”之说，成为当时字、酒、棋、文四绝之一，其酿造技艺堪称我国古代早期米酒酿造技艺的典型代表和文化遗产。婺罗是宋元时期有名的丝织品，为金华地区所独产，一度产量巨大，远销各地。东阳木雕是一种以平面浮雕为主的雕刻技艺，它始于唐代，发展于宋代，明清以来长盛不衰，与青田石雕、黄杨木雕并称“浙江三雕”，已被列入第一批国家级非物质文化遗产名录。

金华市传统村落是婺文化中手工艺文化的重要载体，留下来大量婺文化手工艺遗产资源，如永康市芝英镇芝英村锡雕、兰溪市黄店镇刘家村民间剪纸、金华市婺州举岩茶制作技艺等。应充分挖掘金华市传统村落中的婺文化手工艺文化遗产资源，建设一批非物质文化遗产生产基地、传承基地，发展研学旅游，打造“国际研学古村”。

六、金华婺文化之学术文化

在婺文化博大深厚的学术文化方面，最具代表性的是婺学。婺学的形成和兴盛，虽只局限于南宋至明初，前后共200多年，但在此背后，实际上反映了金华地区重视教育的文化传统与勇于探索和敢于创新的精神风貌。正是因为重教兴学的历史传统，金华地区不仅自古至今人才辈出，还形成了与之相关的家训文化，最典型的是浦江的郑义门和《郑氏规范》，被誉为中国古代家族文化和儒学治家的典范。也正是在积极探索和创新精神的熏陶下，金华人总能在时代的潮流中搏击风浪，开拓前进。

金华素有“小邹鲁”之称，因在南宋时兴起的婺州学派而得，包括以吕祖谦为代表的金华学派和以陈亮为代表的永康学派，最为知名的金华学派以传播两宋程朱理学而闻名遐迩；永康学派则传播朴素唯物主义观点的功利思想，以抵制程朱理学的扩散。在金华学派的发展过程中，在吕祖谦、陈亮、唐仲友之后是何基、王柏、金履祥、许谦。金华市传统村落名人如表34－6所示。

表34－6　　金华市传统村落名人

序号	名人	传统村落名称
1	艾青	金东区傅村镇畈田蒋村
2	施复亮、施光南	源东乡东叶村
3	金履祥	兰溪市黄店镇桐山后金村
4	黄初平	金东区赤松镇仙桥村
5	蒋兴俦	兰溪市柏社乡洪塘里村
6	宋濂	兰溪市横溪镇宋宅村
7	陈肇英、方青儒	黄宅镇古塘村
8	汤恩伯	武义县大田乡岭下汤村

金华市传统村落中婺学历史人物众多，婺学学术文化底蕴深厚，是金华婺学传承的重要载体。可在充分挖掘婺学学术文化的基础上，在传统村落中打造一批婺学传统文化教育与传承基地，开发学术及书院资源，弘扬婺学。金华市传统村落书院如表34－7所示。

表 34－7　　金华市传统村落书院

序号	书院名称	传统村落名称
1	北麓书院	曹宅镇曹宅村
2	齐芳书院	兰溪市黄店镇三泉村
3	仁山书院	兰溪市黄店镇桐山后金村
4	书院（具体名称不详）	兰溪市黄店镇芝堰村
5	书院（具体名称不详）	武义县桃溪镇陶村

第六篇

金华市传统村落保护与利用保障体系

第三十五章　金华市传统村落保护与利用主体

一、政府部门

（一）基本职能

中央政府和地方政府作为传统村落保护和发展的组织者，应协调各有关部门有计划、有步骤、创造性地推动村落规划建设工作，其主要职能如下。

（1）制定公共政策：如金华市传统村落保护与利用的法规条例。

（2）参与监督、管理：对金华市传统村落进行评定、宣传和监测，通过行政职权防止对纳入保护范围的传统村落进行盲目开发和破坏性建设，以及监测传统村落的土地使用情况。

（3）协调村落规划、整治和建设：在公共设施服务、旅游管理、交通等方面提供服务及发挥应有的指导作用。

（4）财政支持：为传统村落的保护与利用提供一定的公共财政支持。

目前，传统村落保护和利用工作已受到各级政府的普遍关注。2013 年 7 月，住房和城乡建设部、文化部和财政部联合下发通知，要求各地做好中国传统村落保护发展工作，建立中国传统村落档案，完成保护发展规划编制。中国传统村落保护发展工作的目标是做好基础性工作。通过科学调查，掌握传统村落现状，建立中国传统村落档案，完成保护发展规划编制。传统村落保护发展工作要坚持以下原则：打好基础，循序渐进开展工作；保护为主，建立规划协调实施机制；探索模式，逐步改善生产生活条件；政府引导，建立全社会保护责任机制。

通知要求，省级部门要尽快组织对第一批已列入中国传统村落名录的村落进行科学调查，完成中国传统村落档案的制作。科学调查完成后，按“一村一档”建立中国传统村落档案。

省级部门要抓紧组织开展第一批列入中国传统村落名录但尚未编制规划的村落的保护发展规划编制工作，重点做好各类传统资源的特征分析、分级分类确定保护对象和保护范围、根据不同类传统资源的保护需求制定保护要求和保护传承措施等规划内容的编制工作，妥善处理好改善村民生产生活条件与保持村落整体风貌、延续传统生活的关系。其中，确定保护对象和保护范围要符合有关法律法规的规定，集中反映村落保护价值的重点地段要达到修建性详细规划深度，典型传统建筑的修复整治要达到建筑设计方案深度。

（二）国家及浙江主管部门对传统村落保护的组织领导与监督管理职能

根据住房和城乡建设部、文化部、国家文物局、财政部于2014年公布的《关于切实加强中国传统村落保护的指导意见》及2015年住房和城乡建设部、文化部、国家文物局、财政部、国土资源部、农业部和国家旅游局联合下发的督促各地做好中国传统村落保护工作的通知的相关意见，目前，国家及浙江省相关主管部门在传统村落的组织领导与监督管理中承担一定职责。相关责任如下：

（1）明确责任义务。国家主管部门按照职责分工共同开展传统村落保护工作，公布中国传统村落名录，制定保护发展政策和支持措施，组织、指导和监督保护发展规划的编制和实施、非物质文化遗产保护和传承、文物保护和利用，会同有关部门审核、下达中央财政补助资金。

（2）建立保护管理信息系统。国家主管部门建立中国传统村落保护管理信息系统，登记村落各类文化遗产的数量、分布、现状等情况，记录文化遗产保护利用、村内基础设施整治等项目的实施情况。推动建立健全项目库，为传统村落保护项目选择、组织实施、考核验收和监督管理奠定基础。

（3）加强监督检查。国家主管部门组织保护工作的年度检查和不定期抽查，通报检查结果并抄送省级人民政府。省级主管部门要组织开展本地区的检查，并于每年2月底前将上年度检查报告报送国家主管部门。国家主管部门将利用中国传统村落保护管理信息系统和中国传统村落网站公开重要信息，鼓励社会监督。项目实施主体应公开项目内容、合同和投资额等，保障村民参与规划、建设、管理和监督的权利。

（4）建立退出机制。村落文化遗产发生较严重破坏时，省级部门应向村落所在县级人民政府提出濒危警示通报。破坏情况严重并经国家主管部门认定不再符合中国传统村落入选条件的，七部局将该村落从中国传统村落名录予以除名并进行通报。

（三）金华市、各县（市、区）、乡镇、村集体对传统村落保护的组织领导与监督管理职能

根据住房和城乡建设部、文化部、国家文物局、财政部四部局2014年公

布的《关于切实加强中国传统村落保护的指导意见》及2015年住房和城乡建设部、文化部、国家文物局、财政部、国土资源部、农业部和国家旅游局七部局联合下发的督促各地做好中国传统村落保护工作的相关意见。金华市及以下各级人民政府及村集体在传统村落的组织领导与监督管理中的相关责任如下：

（1）金华市人民政府负责编制本地区传统村落保护整体实施方案，制定支持措施，建立健全项目库。

（2）各县（市、区）人民政府对本地区的传统村落保护发展负主要责任，负责传统村落保护项目的具体实施。

（3）乡镇人民政府要配备专门工作人员，配合做好监督管理。

（4）村集体要根据保护发展规划，将保护要求纳入村规民约，发挥村民民主参与、民主决策、民主管理、民主监督的主体作用。村中国共产党支部委员会和村民自治委员会（简称“村两委”）主要负责人要承担村落保护管理的具体工作，应成为保护发展规划编制组主要成员。传统建筑所有者和使用者应当按规划要求进行维护和修缮。

（四）充分重视乡镇政府的重要作用

直接影响到规划实施的政府层面包括两个层级——县（市、区）级政府和乡镇政府，有些处于城郊边缘地带的，因为城镇化影响，可能乡镇政府这一级变为居民委员会。政府财政与政策支持对传统村落保护与利用具有重要作用，若缺乏政府相关政策和资金的资助，常常会导致村落保护工作寸步难行。

县（市、区）级政府一般不会直接参与传统村落保护实施过程当中，只是提供政策和资金支持及重要决策上的控制和把握。乡镇政府一般为保护规划实施的最核心组织，虽然金华市一些传统村落保护与利用规划的编制在很多地方并非由乡镇政府牵头，但实施还是主要由其负责。县（市、区）政府虽然一般不直接参与保护实施过程，但必须履行保护的启动、实施过程中的监督鞭策职能。

金华市传统村落由金华市及各县（市、区）出台相应保护政策，并以文件形式下达到村落所属乡镇政府，同时多以拨款资助的方式推动保护工作。在金华市及各县（市、区）政府出台金华市传统村落保护与规划相关政策之后，乡镇政府针对保护工作的实际运作，成立相应的决策组织和执行组织。

决策组织一般是乡镇政府领导班子成员组成，有时村干部也会加入其中。执行组织则一般由乡镇政府中某个部门作为主要核心骨干，政府其他各个部门抽调人手帮助，如规划、水利、道路、城管等部门，便于应对各种情况及各项建设的协调，也要鼓励村两委和热心村民加入。决策组织负责重大决策把控、资金筹集运用等，指挥执行组织如何工作，执行组织则直接参与保护建设各项事宜，比如建筑修缮改造，对设计单位、施工队伍的招投标，对建筑修复材料的选择等。

（五）金华市各级政府的宏观工作

在传统村落保护过程中，金华市以及各县（市、区）政府、乡镇政府的宏观工作主要体现在以下几个方面。

1. 组织管理体系

组织管理体系包括以下两个方面：

（1）建立相关的领导机构（各级政府）部门联席会议。传统村落保护和发展是长期的、涉及方方面面的工作，因此需要通过市委、市政府建立传统村落联席会议制度。通过该机构统一协调各职能部门的意见，解决传统村落申报、评审、保护、发展等工作中存在的问题。其主要职能包括：①拟订保护工作的方针政策；②审定金华市传统村落保护与利用规划；③协调处理保护中涉及的重大事项；④监督管理传统村落保护和整治工作。

（2）建立健全完善的工作管理机构。为确保传统村落物质和非物质要素的保护工作顺利进行，建议金华市成立“金华市传统村落保护与利用工作管理委员会”，其主要工作应包括：①提供文化生态保护区、传统村落保护工作的政策咨询服务；②组织传统村落普查工作的开展；③指导保护计划的实施；④举办各种学术、展览（演）及公益活动，交流、推介、宣传保护工作的成果和经验；⑤组织实施研究成果的发表和人才培训等。

2. 资金运作体系

用于文化生态保护区、传统村落的工作经费主要来自以下几个方面：①中央政府的财政预算；②地方政府财政预算；③民间资助。

同时要将传统村落保护资金列入财政预算，确保传统村落保护工作有稳定的资金来源；建立传统村落保护专项基金，接受各种捐款、拨款、集资，管理税费，保证传统村落保护工作的正常运作。

3. 政策保障体系

应从政策、法规上保障民众参与传统村落保护的权利与义务，保障各级政府机构中传统村落保护机构的完整性与有效性，保障保护经费的正常投入与落实，保障居民的合法权利，以及通过法律的形式确保传统村落保护工作的规范与协调。具体而言，有以下几点：

（1）颁布符合传统村落保护特点的传统村落、古民居保护管理办法等法律规章，对传统村落严格进行科学管理，明确传统村落保护范围内所有建设活动均要求按法定程序办理报批手续。

(2) 传统村落保护规划是传统村落保护的重要依据，各地要按照城乡规划全覆盖的要求，加快编制传统村落保护规划，城乡规划行政主管部门要会同有关部门抓紧规划的组织编制工作，委托具有相应资质的规划编制单位承担，确保规划编制的质量和水平。

(3) 要认真细致地开展传统村落文化内涵的调查研究，分析历史文化资源的年代、功能、风貌等状况，分析保护利用的可行性和可操作性，科学划定保护范围，明确保护目标、原则，制定具体保护措施。

(4) 要严格保护传统村落的历史风貌和整体空间格局，突出对具有历史、科学、艺术价值的建筑物、构筑物及其他设施的保护。

4. 加强对宏观政策的研究

近年来，加强传统村落的保护发展工作，已逐步成为全社会的共识。党和国家已陆续制定很多有关传统村落保护的方针政策，各方针政策不仅从理论高度阐述了传统村落保护与利用的重要意义，而且对村落更新方法、村落发展过程中可能出现的问题提出了相应的解决措施。如《关于加强传统村落保护发展工作的指导意见》中明确了保护发展传统村落的基本原则为“规划先行、统筹指导，整体保护、兼顾发展，活态传承、合理利用，政府引导、村民参与”；主要任务包括不断完善传统村落调查、建立国家和地方的传统村落名录、建立保护发展管理制度和技术支撑体系、制定保护发展政策措施、培养保护发展人才队伍、开展宣传教育和培训等。

关于“传统村落保护与新农村建设”这一问题，要处理好“古”与“今”的关系，保留并传承传统村落，这是延续民族命脉、促进社会可持续发展的重要环节。只有学习和把握整体、宏观政策，从关注微观问题转向兼顾宏观的研究，才能从整体上有效统筹协调传统村落保护与利用过程中出现的问题，并且为具体的传统村落规划和发展政策提供可靠指导和依据。

5. 村层面

村层面分为“村两委”和村民。“村两委”直接参与政府对村落保护的相关建设，落实政府各项传统村落保护与利用的政策。“村两委”要鼓励村民广泛参与传统村落保护与利用。提高村民参与程度，村民对保护的普遍态度影响着传统村落保护的延续。

(六) 各级政府部门的责任分工

金华市传统村落保护与利用涉及金华市各级政府各部门的责任分工如表35－1所示。

表 35－1　金华市传统村落保护与利用涉及金华市各级政府各部门的责任分工

主管部门	保护区创建过程中的职责
住房和城乡建设局、市委宣传部、文化广电旅游局	金华市传统村落保护与利用总负责单位，负责协调各部门的文化遗产保护申报工作，文化生态保护区保护与开发、管理等各方面问题
金华市传统村落保护与利用工作委员会（拟构建）	金华市传统村落保护与利用工作委员会主要责任： ①负责中国传统村落的申报、管理保护与开发等各方面工作； ②负责中国传统村落建筑与文化遗产的普查申报、保护、申请解除工作； ③负责建筑与文化遗产保护方面的组织协调工作； ④负责传统村落内建筑与文化遗产宣传工作； ⑤负责传统村落内建筑与文化遗产数据库及相关网站的建设； ⑥建立金华市传统村落文化艺术展览馆
民族宗教事务局	协助文化广电旅游局，做好与少数民族、传统宗教事务有关的文化遗产的发掘、申报、保护工作
科学技术局	协助文化广电旅游局，做好与科技、传统手工技艺有关的文化遗产发掘、申报、保护工作
农业农村局、自然资源和规划局、气象局	协助文化广电旅游局，做好与当地传统农业、林业有关的非物质文化遗产发掘、申报、保护工作
住房和城乡建设局、自然资源和规划局	协助文化广电旅游局，做好传统建筑保护以及传统建筑技术发掘、保护与开发工作。负责旅游景观地带传统建筑的保护工作和新建建筑的规划工作。从根本上控制不符合原有风格建筑的兴建
妇联、共青团、体育局、工商联	协助文化局，重点发掘、申报，保护与妇女、儿童传统体育、传统商业活动有关的文化遗产项目，如协助文化局调查传统服饰、传统商业习俗，为旅游开发提供传统服饰、老字号、老店铺等背景资料
文化广电旅游局	在确保传统村落历史建筑与文化遗产资源不被破坏的前提下，开发传统村落传统旅游资源
档案局（馆）	为金华市传统村落保护与利用的宣传，提供照片及文字等历史资料。协助文化广电旅游局保存文化生态保护区建设过程中所形成的所有有价值的资料

续 表

主管部门	保护区创建过程中的职责
人力资源和社会保障局	为金华市传统村落内的居民提供基本的生活保障，并为各级非物质文化遗产传承人提供高于当地人平均生活水平的生活低保，与上级主管部门商议，为传承人提供大病医疗保险
公路管理局	为促进旅游工作，公路管理局可通过高速路路标、宣传广告牌、引导牌等，宣传当地文化遗产，方便游客参观
文联	利用自己的优势开展文化遗产方面的收集、整理、调查研究，协助有关部门举办各种与非物质文化遗产保护有关的书画展、传统手工技艺展等文化活动
考绩办、统计局	以上工作将纳入各级主管部门的政绩考核

二、社会组织

传统村落保护和发展中涉及的社会组织包括开发机构（各类企业、投资机构）、民间组织（非政府组织、非营利组织）。

（一）开发机构（各类企业、投资机构）

开发机构对于进行旅游开发的传统村落来说，起着举足轻重的作用。虽然旅游开发并非古村落发展的唯一选择，但对于部分适宜旅游开发的传统村落来说，对其旅游资源进行适度的开发，可以促进村落的保护与利用。一般传统村落所在乡镇的地方财政均较困难，缺乏村落开发所需要的资金，而传统村落旅游开发又是一个较大的系统工程，单靠村民的力量很难办到（个别村落除外），所以要联合开发商，借助其资本对村落进行合理适度开发，同时加强监管。在必要时，开发机构将作为村落整治运行的经济主体，通过市场运作进行传统村落整治、基本建设、产业开发等。

（1）应规范和调控商业开发，实现以保护制约开发、以开发促进保护的可持续发展模式。商业开发可以促进当地的经济发展，同时为传统村落的保护提供资金来源。但是商业开发会影响当地特有的社会文化结构，商业开发过度会破坏当地的传统文化和建筑风貌，而缺乏有效的商业开发不能达到促进经济发展、提供保护资金的要求。开发机构的商业开发应注重整体把控，结合本地情况，以保护为主、开发为辅的原则制定长远规划和政策方针，避免对传统文化和建筑风貌产生破坏。

（2）开发机构应努力丰富旅游产品，加强对传统文化的开发。目前国内很多传统村落仍停留在文化观光旅游阶段，而非文化休闲旅游阶段，对游客的体验和历史文化内涵的开发不够，限制了自身旅游业的进一步发展。因此，可以借鉴金华市内外传统村落成功的开发模式，加强资源整合，丰富旅游产品，形成多元化的旅游产业结构。同时推出体验产品，丰富游客的体验经历，加强对传统文化资源的开发利用。

（3）开发机构应注重对传统建筑风貌的保护，避免传统文化形态被破坏。传统村落的存在价值是以其完整的文化形态出现的，不仅包括古建筑物、古朴的环境和众多文物遗存，还包括世代生活的原有居民的传统生存状态。政府和管理部门应制定相应的保护措施和法律方案，通过政策管制等手段规避部分企业因一味追求经济利益而带来的消极影响。

传统村落的旅游开发最终要以保护当地传统建筑文化风貌和环境为主，只有完整的文化风貌和古朴的环境才能体现传统村落的价值，维持当地旅游业的持续发展；同时只有适度的旅游开发才可以促进当地经济的发展，为再次保护提供有利条件，因此不能只注重经济利益。总之，只有做到保护得体、开发得当，才能最终走上传统村落保护和可持续发展双赢的道路。

（二）民间组织（非政府组织、非营利组织）

民间组织对政策、信息掌握得相对较多，对传统村落规划决策的潜在影响也能够做出技术性的判断，可从教育、培训、咨询、监督等方面为村落提供学术和资金援助。

现在很多农村已有不少民间组织，如老年协会、红白理事会、村民议事会、专业经济协会等，从不同方面对农村社会和谐、稳定发展发挥着作用。它们应当或者已经在传统村落发展中发挥了作用。民间组织的主要特征包括非政府性、非营利性、公益性、自愿性等。它作为服务人民的组织，有着政府、企业部门不可替代的重要作用。

（三）当地居民

居民是传统村落整治、建设的主要参与者和最基本的动力，他们还往往具有双重身份：①当地居民有着传统建筑的产权等，因此成为资源的拥有者；②由于传统村落旅游业的较快发展而影响当地居民正常生活秩序等，居民成为村落发展的重大利益相关者。

这双重身份决定了当地居民在村落规划、整治等重大问题上应该拥有参与决策权、对开发商的监督权和维护自己合法权益等的相关权利。在实际的村落运营过程中，大部分时候，经由一定的正式或非正式程序，村干部往往作为集体利益的代言人出现。由于大多数居民（包括村干部）文化水平相对偏低，其中很多人很难想象超越直接经验以外的远期景象。因此，需要考虑传统村落、村民的切实需求，充分尊重当地居民的权益和意见，以此为基础，调动当地居民的积极性，引导其投身于村落保护、发展工作中。

（1）加强对村民关于传统村落保护与利用方面的宣传、教育。应通过政府、社会组织等主体的宣传、教育等，提高传统村落居民对自身文化的知晓和热爱程度，培养对传统文化的危机感以及一定的文化反思能力，充分调动传统村落社会资本，实现社会资本孕育出文化自觉，而文化自觉又促使新的社会资本产生的良性循环。另外，应鼓励当地居民参与传统村落的保护规划，使得全社会各个阶层、古建筑产权所有者共同努力，以主人翁的姿态参与保护管理。

（2）不能只强调保护而忽视村民的生活需求。应改善居民的居住环境，包括改善基础设施条件；改善居民的居住环境是传统村落保护规划最现实的问题。传统村落的保护规划应在进行分级保护的基础上，对大多数非文物建筑，应该允许村民在保留历史风貌的前提下改善其内部使用条件，满足现代居住生活采光、通风、保暖、卫生等使用条件的需求。

（3）通过经济杠杆调节村落发展和居民自身利益之间的关系。使用当地劳动力进行村落旅游开发的各项建设和管理工作；开展专业培训，扶持与引导他们加入旅游开发中；对农家菜馆、特色商品农产品等加强规范管理。只有满足当地居民的利益，才能充分调动居民保护传统村落的积极性，村落的意蕴与文化才能一直延续下去。

（4）鼓励社会企业、对村落捐赠资金和物品的热心人士（包括户口已迁出、常年居住在外的原属村民或村民亲属），还有承租或购买村内传统建筑的非村落原有居民或外来人员，对金华市传统村落的保护开发。

（5）在政府财力比较好并对传统村落保护与利用重视的金华各县（市、区）的传统村落，社会层面可能除了捐赠财物，对保护规划建设无太大影响，但在政府对保护不太重视的地区，社会层面可能会成为保护最凸显的力量。在外发展的村民、侨胞、港澳台同胞等，不定时向村落捐赠财物，尤其在村落修缮重要历史建筑时，这些人的捐助可能占到了修缮资金的绝大部分。

（四）媒体责任

从当前现状来看，媒体对于大多数传统村落的宣传相当少，在网上的介绍、图片、视频也较为欠缺，让游客对其了解较少。在当地也很少看到传统村落的宣传牌、宣传单等，人员专项宣传几乎没有。由于主要媒体经常性、大规模、强力度的宣传活动很少，大部分传统村落旅游品牌难以树立，旅游热点难以持续，知名度难以提高。一些成功的传统村落发展实践表明，媒体的介入不仅可以促进村落旅游业的发展，而且有助于传统村落的保护与修复、资金的筹措和运转。

对于某一特定的传统村落，媒体工作主要集中在宣传、普及、教育、传播方面，具体职责如下：

（1）提高传统村落知名度。向公众普及该传统村落历史沿革、名人逸事、古迹遗存等知识，突出村落特色，打造具有地方文化特征的村落品牌形象，增强当地居民对村落的自豪感和归属感，提高村落知名度。

（2）宣传传统村落保护的意义。使公众了解传统村落保护在社会、经济、文化发展过程中的重要价值，使保护变为全体公众的自觉行动。

（3）宣传传统村落的保护方法。通过各种宣传渠道，宣传传统村落的保护理念、知识、经验与方法等，使公众在正确理念的引导下保护、发展传统村落。

（4）宣传、传播村落文化遗产。发挥媒体的宣传与传播作用，如通过视频、图片、民间戏剧、山歌等方式，让公众直观地了解村落的物质和非物质文化遗产，进行最直接的文化遗产传播工作。

2012 年 12 月，住房和城乡建设部、文化部、财政部联合发布的《关于加强传统村落保护发展工作的指导意见》提出，各地要通过电视、广播、报刊、网络等媒体，展示传统村落的魅力，提高群众对传统文化资源的认知和了解，增强全民保护传统村落的自觉性。充分利用农村广播、壁画板报、宣传册等多种形式，向广大群众宣传传统村落保护的基本知识。举办传统村落保护的专业培训，加强技术和管理人才队伍的培养，为传统村落的保护发展提供充足的人才储备。

媒体作为传播信息的媒介，在谋求自身经济利益之外，也应有维护和增进社会利益的义务。在传统村落的保护和发展工作中，电视、广播、报刊、网络等媒体更应参与到传统文化资源的发掘中，提高群众对传统村落的认知和了解，体现媒体人的文化历史责任感。

（五）学界责任

没有理论的指导和提升，传统村落保护工作就会流于表面甚至失去方向。要想让更多的人正确认识金华市传统村落的文化价值及其精神内核，就需要借助专家的有效解读，以利于树立正确的社会传播导向。专家、学者要在抢救文化遗产中勇于承担责任，走进民间帮助群众传承与弘扬传统文化，这也是专家、学者的时代担当。要从文化的高度认识，以精英的眼光挑选，才能去芜存菁，找出真正有保护价值的珍品。

在传统村落保护中，既需要高层次、大手笔的指挥者，更需要大量的、有专业素养的具体工作者。更多的专业学者需要在具体的传统村落保护事项上深入实际，做一些扎实的田野工作和理论研究。唯其如此，才能真正实现传统村落抢救保护的战略目标。如何保护传统村落及传统文化，是学术界值得深思的问题，也是学界自身的学术责任问题。

在论证保护传统村落的理论和意义的同时，还需要更多的学者学习和运用先进的理论与方法，更新学术观念，并深入传统村落根植的文化背景和习俗，既解密传统村落保护和发展的普遍内在机制，又挖掘出各地区、各民族传统村落的个性价值，从宏观和微观上全面准确地理解和把握传统村落，进而在传统村落保护中真正提高学者的参与度、发挥学者的学术功能。

值得一提的是，由于不少基层传统村落保护者缺乏学术和理论指导，对保护标准、目标和资料收集、展示、利用的认识和能力相对薄弱；而政府作为传统村落保护主要责任的承担者，对保护什么和怎样保护的概念应进一步清晰化，因此，应把学界与基层工作者之间的渠道建立起来，积极探索学界和政府合作保护传统文化的新模式。

具体而言，在传统村落保护工作中，学界的职责主要表现在以下三方面：

（1）学习国外经验，指导保护实践。学习国外先进理念、先进做法，发现传统村落及地方文化传承规律及保护规律，明确传统村落的内涵、价值、保护方法，指导保护实践工作。

（2）建立咨询制度，帮助政府决策。在政府传统村落保护工作管理委员会下设立专家咨询顾问委员会，帮助、支持政府进行决策。其职责包括传统村落保护规划的制订与监督；传统村落普查方案的制定与监督；传统村落市县级名录的评审、保护与管理；传统村落保护模式的规划评审、认定与监督等。

（3）与高校、科研机构合作建立金华市传统村落保护与利用研究院，主要负责收集与整理金华市传统村落历史文献、口述史资料及文物等，开展金华市传统村落历史文化相关课题研究，并接受国家、浙江省、金华市及县（市、区）等有关部门委托，开展专题调查研究；出版学术论文、研究专著和田野考察报告；开设金华市传统村落文化研究及物质文化遗产学、非物质文化遗产学的相关课程，定期举办学术研讨会、学术沙龙、田野工作坊，邀请校内外人士参加，促进学术交流。

（六）商界责任

纵观世界各国传统村落保护史就会发现，许多国家的传统村落保护工作都是从商业运作、旅游开发开始的。但在充分肯定商界介入的同时，也要看到商界介入所存在的问题。商业社会的最大特点就是利益的最大化和利益的及时兑现。但传统村落的最大价值并非其经济价值，而且受传统村落保护的需要，其经济价值往往难以及时兑现。因此，商界在传统村落保护和发展的参与中应以担当社会责任为终极诉求，胸怀人民福祉，振兴一方经济，造福一方百姓；在尽责中获益，在发展时反哺社会。

在具体实践中，一方面应将商界的资源最大限度集中起来，有组织地、更好地去保护传统村落；另一方面应将传统村落、地方文化的精神内涵注入经营理念，指导、规范企业经营，限制经营企业的短期利益行为，鼓励合理健康的旅游开发行为。

当地许多传统村落中的非物质文化遗产项目在历史上就是以市场化经营方式生存、运作的，市场即是其原生环境，其传承人既是该项目的拥有者、制造者，也是经营者，商界的主要职责是参与这些项目的商业性经营和产业化开发。

三、传统村落保护与利用主体类型：完全政府主导和社会力量介入

（一）两种类型，四种形式

传统村落规划实施过程中政府和村层面的推动力是必不可少的，各村最大区别在于社会层面的力量不同，据此可将传统村落保护类型分为完全政府主导和社会力量介入两大类。

（1）完全政府主导类型下，根据村委在实施中所起的作用，最典型的形式有协助管理和共同管理两种；

（2）社会力量介入根据社会层面参与保护的组织和个人不同，最常见的两种形式为租户介入和社会企业介入。

这四种形式在很多地方可能会有交合穿插，同一村落可能会以几种形式并存，但仍会以其中一种为主。

（二）完全政府主导类型

完全政府主导是指传统村落保护与利用规划实施建设资金除社会热心人士捐赠外，全部来自政府，整个实施建设过程也全由政府各部门为主要执行者。根据村委在实施中所起的作用，又可分为协助管理形式和共同管理形式。由政府成立下属旅游公司运作保护实施的村落，仍属完全政府主导类型，因其领导成员一般也由政府工作人员兼任，资金来源基本还是政府拨款。

1. 协助管理形式

（1）特征与表现

协助管理形式的主要特征是村落保护的决策组织和执行组织均由政府工作人员组成。执行组织直接对传统村落保护有关各项建设进行管理，村委不参与各项决议，只协助配合，比如在建设过程中与村民发生纠纷等情况出现时，村委帮助调停。村委和村民基本上只对传统建筑进行一些最基本的日常维护。

在金华市，传统村落保护与利用执行组织的核心机构是金华市各乡镇规划建设办公室，负责村落保护建设相关事宜，乡镇其他部门协助，村委不参与保护相关建设，村委只帮助解决在村内建设时出现的一些纠纷，以及负责在保护范围内村民自有住房建设的管理，如对超出规定高度和范围的查处。村民只对自己居住的传统建筑进行日常维护。

（2）对规划实施的影响

①侧重整体环境和公共设施改善。由于保护政策是根据市发展策略而衍生，所以政府在保护时还会有其他目标，伴随的目标一般与整个国家乡村建设重点有关，如新农村建设改造、美丽乡村建设等。因为目标明确，且易与政绩工程挂钩，建设的针对性就较强，保护规划的实施侧重点便因此产生。近几年因为新农村建设要求，传统村落的规划落实重点就在整体环境整治和公共服务设施的增强上。传统村落保护与利用项目基本围绕环境整治和公共设施建设展开，当然这也在一定情理之中，传统村落虽然在其历史保护上有其独特之处，但究其根本还是和普遍村落一样，是新农村建设背景下的努力向前发展的一员，首要改善的是其整体环境、公共设施、基础设施。

②建筑修缮较少。在该保护与利用模式下，政府关注的重点在公共环境上，对历史单体建筑的关注较少，尤其是民居。由于建筑修复所需资金较大，同样的资金在街道外立面整治等村落大面积环境改造上，可能易使村落整体环境变化更明显，所以建筑的修缮维护投入较低。偶有建筑得到了修缮，也是处于村内重要位置的建筑，是结合了其周边广场、节点等环境一同改造的结果。

（3）优缺点

协助管理形式的优点如下：

①建设效率高。建设效率高是协助管理形式的最大优点。政府各层级、部门统一建设方向之后，政府自上而下的力量十分强大。涉及道路、基础工程等大系统复杂问题时，政府都可及时统一调配。

②管理体系严格。协助管理形式将所有的管理控制权力都收归到乡镇政

府这一层面，保护更易于法制化，政府自上而下统一管理，所以整个保护管理体系比起其他形式更为严格，较易形成整套管理体制。如针对历史建筑的改造、新建住房的审批，这些管理措施都会相应增强。虽然国家规定乡村住房建设需经乡镇政府审批，但实际上因为村民素质、乡镇政府工作人员能力等各种问题，这项规定在很多村落并未落实，所以出现无序乱建的情况。有的地方乡镇政府会要求村委对此进行管理，但乡村“人情”“面子”等各种错综复杂的关系，使村委管理有时难以到位。协助管理形式则弥补了这些缺漏。

协助管理形式也有两点明显的缺点：

①公众参与不足。因为政府“一手包办”，村委和村民参与度相应降低，造成保护管理困难的增加。村委只是被动进行协助，对于保护了解较为欠缺。这类传统村落村干部对于保护只有十分模糊的概念，大概知道一些房子不能拆除，对于核心保护区、建设控制区、环境协调区等区域范围完全不知。村民对于保护了解就更少。因为一直缺乏足够的宣传与教育，村民只知道政府在进行保护改造，而对于自身该做些什么，哪些能做哪些不能做完全不了解。因为对保护了解甚少，政府和村民在很多事情上就较难达成共识，往往导致一些民居现状依旧破烂不堪。村民和政府之间互动少，村民自身就算有心，也不知道该如何参与。金华市传统村落中一些老年人对传统村落与民居感情深，这些老人对历史建筑了解甚多，他们十分清楚修缮之后和原貌的差别，保护中若能得到他们的协助，将有效提高实施建设中原真性的保留度。

②后续困难。协助管理形式是一种较为纯粹的自上而下的保护实施形式，其力量单一，假若政府因为某些原因停止建设，导致的后果就是村落保护进程也多半会停止。十分困难的是，让政府长期投入大量资金和精力于此，保护需要长期地、不间断地进行，才能减少文化遗产的损失，所以此种形式需要思量的是政府减小管理力度后，如何将保护持续下去。

2. 共同管理形式

（1）特征与表现

共同管理的决策组织和执行组织人员并非全是政府工作人员，还有村干部和热心村民。建议成立“××镇××村传统村落保护和开发建设管理委员会”决策组织，由镇政府党委某委员为主任，成员包括传统村落村干部。执行组织分为四个小组，分别为协调、财务、执法、宣传与建设小组，其中协调小组由村书记任组长，负责协调保护建设过程中与村民产生的纠纷问题，直接管理村内保护建设，从工程招投标、选材到现场管理，均参与其中。村民不仅仅负责建筑的日常维护，还有一些自发的修缮工作，对于村落的保护建设配合度较高。

（2）对规划实施的影响

①侧重公共空间改造。共同管理形式与协助管理形式都是政府作为主推动力，所以在规划实施侧重点方面两者会有些类似，都是注重环境整治。不同的是，共同管理形式在选择改造节点方面会优先考虑村民的公共生活空间，即既是村民日常生活最为聚集的地方，也是传统节庆活动的主要举办地点。

②建筑修缮优势。由于传统村落保护与利用规划实施过程中村委和村民的参与，建筑修缮过程中的冲突较少，建筑修缮情况较好。村内针对保护专门制定村规民约，其制定、讨论、公示、宣传都由村委和村民共同参与，村民新建房屋也根据村规民约中的要求延续传统风貌，并有一些村民自筹款项修缮历史建筑。

（3）优缺点

共同管理形式最大的优点是公众参与程度较高，因为执行组织和实施组织中都有村委或村民，使得在任何决定的产生和实施过程中，传统村落群众层面都能有一定话语权。

共同管理形式的缺点之一是前期工作投入大，因为需要多方配合，对村民进行宣传教育、保护建设筹备等各项工作的开展会使得前期工作成果见效慢。另一个明显的缺点是共同管理的人员一定要有村内有热心于此的村民和村委核心骨干。他们作为保护的倡导者，也是乡镇政府和村民之间沟通合作的桥梁，因为他们的存在，这种共同管理的方式才得以成形。很多传统村落因为缺乏这样的人，保护只能由政府全包而变成协助管理形式。

（三）社会力量介入类型

社会力量介入是指政府制定保护规划后，没有针对保护成立由政府主导的持续有效运作的决策组织和执行组织，且对村落保护投入资金有限，未进行持续的相关建设，而是很大程度上依靠外部社会力量的介入来推进村落的保护，根据力量来源不同，社会力量介入可分为租户介入和社会企业介入两种形式。

1. 租户介入形式

（1）特征与表现

租户介入形式是指村内较多传统建筑向外来者出租，这些租户因为旅游、商业、工作等原因选择本村住房，大部分会对所住房屋进行改造。在这些改造中，有些对传统建筑进行了较好的修缮，维护了其历史价值，有些破坏了其原本样貌，损失了原真性。这里所指情况针对的是未形成成熟旅游体系，也没有相关旅游公司介入的村落。

在此种形式的保护中，自下而上的力量较强。此类金华市传统村落政府层面从市区级政府到村委会，虽然制定了相关传统村落保护与利用规划，但基本上尚未落实。政府不够重视，村层面也没有太多人关心。往往是一些租住在传统村落的艺术家或知名人士等开始进行传统村落的保护与利用，在他们的示范作用的带动下，该类传统村落得以有效保护与利用。

（2）对规划实施的影响

①建筑修缮改造多。租户介入形式对保护规划实施的最大推动在建筑修缮方面。

②实施部分旅游规划。吸引外来租户进入的不仅是村落的独特氛围，还有村落的商业潜力。随着有此种想法的人数的增加，村落和商业发展也不断推进，所以此类村落保护规划中的旅游规划内容的落实度较高。

（3）优缺点

租户介入形式的优点是保护主体多元化，所带来的好处是提高了保护主体的整体文化和经济水平。因为村落宅基地管理较为严格，外来租户买下住房的情况较少，大多数是与村民签订长期合约，一般为 5 ~ 20 年。居住时间长了，这些外来租户俨然已融入村落。相比原有居民看惯传统建筑的麻木和对居住老房子的厌倦，这些外来租户对传统建筑显得极为喜爱。村民遗弃的村落旧屋，正好被这些外来租户所承继。这使得村落的保护主体不再是单一的村民，开始出现了多元化。这些外来租户在学历、经济实力等方面的水平大大高于村民，假若充分发挥他们的力量，对保护的推动定能起到很大作用。

租户介入形式的明显缺点有两点：

①原有居民流失。外来租户租住房屋，必然导致原有居民搬迁至村外居住。随着外来租户比例的增加，原有居民的比例也相应减少。村落的传统文化需要村民来继承，原有居民减少，意味着文化承续性减弱。这对村落原真性的保存而言是一种损失。

②租赁房屋也可能带来破坏。并非所有外来租户都很珍惜传统建筑的原有形式，尤其是在利益诱惑的情况下。有的租户来村落是为了追求商业利益，对建筑的改造很有可能不求“修旧如旧”，而是以更加吸引眼球为目的。加上个人喜好不同，有的租户可能对传统建筑大肆改造，而破坏了其原有的历史价值。

2. 社会企业介入形式

（1）特征与表现

社会企业介入形式是指旅游公司这类社会企业承租村内部分公共用地和建筑，对村落进行统一管理。社会企业对村落的投资较大，可以有效弥补政府保护资金的短缺。企业以第三产业收益为回馈，当地政府在一些政策上如土地划拨、开发建设等方面给予一定优惠。村落保护由于回报周期较长，企业的前期投入开发类似半公益性质，所以政府一般都会有配套优惠政策吸引企业入驻。村内将一些公房、公共用地、公共水塘出租给旅游公司，旅游公司除了每年交付租金，还需每年缴纳管理费给政府。历史建筑的大规模修缮、主要街道界面的修缮都必须经过政府审批，由旅游公司和政府合资，但由政府主持相关建设。由于整个村落作为景区收取门票，整个村落的环境卫生、村内道路、公共设施等相关管理和维护都由旅游公司负责，无须村民负担。

（2）对规划实施的影响

①环境卫生和公共服务设施的改善。社会企业将整个村落作为景区来管理，为了提高游客对景区的满意度，首先要重视村落环境卫生和公共服务设施的改善，所以这部分内容最易落实。尤其一些公共服务设施条件较差的村落，社会企业会对这些进行重点改造。这些传统村落在没有旅游公司进驻之前村民每月还需缴纳垃圾处理费，村街道卫生也无人定时清扫，现在这些均由旅游公司负责。

②旅游规划与保护规划的冲突与协调。传统村落规划设计往往有旅游规划内容。对于社会企业介入形式的村落而言，这部分规划内容容易与现实情况发生冲突。社会企业大多是以村落为平台，希望开展其他的建设项目，因为村落保护投资大、见效慢，单纯想在短期内靠村落为景区盈利，几乎是不可能的事情，所以需要其他的配套项目来支撑，最常见的就是在村落周边开发商业。针对传统村落旅游发展，社会企业会从其自身更大的局面来考虑，尤其对附属地块的开发，在这种考量下，原本单纯从传统村落保护角度制定的旅游规划内容与社会企业的发展构想必然有很大区别，比如在旅游路线的设计上，社会企业不会只串联传统建筑，而是倾向绑定其附属开发部分，故此社会企业一般都会另请设计公司做旅游专项规划。

这种情况下，保护规划中的旅游规划内容就暴露出问题：一是旅游规划设计过细的内容显得十分多余，因为社会企业会另行设计，而新设计的旅游规划中有些内容可能会对现有村落整体历史环境造成破坏；二是保护规划中原有针对旅游管理部分内容不够翔实，缺乏因保护而针对旅游的约束作用，村落可能会在旅游推动下无序发展。

（3）优缺点

社会企业介入形式的优点是弥补政府资金不足的问题，有效阻止历史文化遗产的破坏。本章前面所提到的靠政府介入、靠租户投入在很多村落都是较难实现的事情，尤其是交通不发达或当地政府自身财政困难的地方。此种情况下，社会企业的出现很好地缓解了政府财政有限的问题，有效地阻止了传统村落的进一步破坏。如果没有旅游开发公司入驻，有些房屋因为长期空置会破败得更为严重。

社会企业介入形式也有两点明显缺点：

①旅游发展不当可能带来破坏。社会企业永远是以追逐利益为目标的，只是不同的企业追逐的利益大小不同而已。传统村落保护是否能带给社会企业足够多的利益，这要视企业发展而定。当利益与保护责任相比较时，不同企业做出不同的选择，后果会有很大不同。假若企业选择了利益，很可能会给传统村落保护造成破坏。尤其在村落周边进行旅游服务配套设施建设，容易破坏村落周边整体的环境格局。

②社会企业与政府管理需要协调。虽然社会企业将整个村落作为景区来管理，但毕竟只是对承租地块起到代管作用，对村民新建住房等行为无权干涉。保护规划中的发展建设由社会企业来承担了一部分，但保护管理控制责任还是需要政府担当。社会企业提供资金，政府行使权利、履行义务，两方合作，才可能使村落保护规划得到很好的实施。在社会企业承包景区后，政府的管理与引导作用依旧不能减轻。

（四）实施主体的整体特征和建议

1. 政府为最大推动力

无论哪种形式，政府都是保护规划实施所最需要的力量，假若政府对保护的态度和决策明确，就会成为保护规划实施最大的一支推动力。这是因为村落保护涉及诸多内容，如土地、基础工程建设等，这些都需要政府统一规划调控才能开展。保护的最大动力也必须来自政府，因为市场的不完全性、传统村落的公共物品属性等，都要求政府应是最强大的控制力量，才能保证传统村落各方面建设能有序推进。

政府层面首先需要的是树立保护观念，虽然有的地方因为资金有限，无法在财政上给予太多支持，但先有保护的观念才能让传统村落的保护目标逐渐清晰。尤其在较为落后与偏远的地方，很多村落自上而下没有基本的保护理念，致使村落不断受到破坏，假若等到真有强大经济实力来支撑保护建设时，可能为时已晚。

其次是保护职能的定位转换与明晰，政府应运用行政资源给予民间适当的协助，以及担负起建立平等互惠合作机制的责任。政府应积极地承担拟订目标与服务标准的任务，发挥好监督作用，使企业做到非“利润导向”，而是“文化价值导向”下的对文化遗产的经营，顾及文化遗产享用的公益性原则，并力求获得可以容许的经济效益，确保效益不用于分红，而是用于文化遗产事业的再投入。

2. 村层面参与不够

四种形式中只有在共同管理形式中，村层面参与程度稍高一些，作为日常保护建设与管理的最直接参与者，村层面常常被忽视。村落保护的不仅仅是一些实体建筑，还有村民的生活方式、村落文化，村民作为保护对象的实际拥有者与保护的最直接受惠者，却在保护中的声音最为弱小。保护是需要长期持续的事情，若无法调动村层面的积极热情，尤其是村民对保护的自发意识，当自上而下的力量稍有松懈时，就很容易出现对保护的破坏。

3. 社会力量薄弱

通过分析可见，实施中常见的社会力量只有热心人士和社会企业，相比日本、欧美比较成熟的保护体系而言，这部分显得格外薄弱，突出体现为两点。

（1）民间组织的缺失

调研过程中极少发现有社会团体资助的痕迹，如民间组织对我国村落保护支持较少。在国外，由学者、义工、热心人士等组成的各类社会团体是保护推动必不可少的力量之一，但在我国因为制度、政策等，这类组织显得尤为稀缺。在租户介入形式中，外来租户对保护有一定的零散行动，如若有组织能管理与引导，会使得传统村落保护推进更有效果。

（2）专家、规划者应承担的责任与义务

保护规划制定后，专家应该利用他们的知识和技能来鼓励和帮助其他人学习如何评价和保护，在实施过程中扮演识别、交流、教育宣传的重要角色，同时帮助人们挖掘、提升村落的价值，这些是专家、规划者应承担的部分社会责任与义务。

本书对四种传统村落保护与利用形式进行了总结与比较，具体见表35－2。

表35－2　　四种传统村落保护与利用形式比较

形式	对规划实施影响	优点	缺点	实施管理的注意方面
协助管理	①侧重整体环境和公共设施改善；②建筑修缮较少	①建设效率高；②管理体系严格	①公众参与不足；②后续困难	①宣传教育增强，如制定村规民约；②增加设计咨询
共同管理	①侧重公共空间改造；②建筑修缮优势	公众参与程度较高	①前期投入大；②必须热心人士	对热心人士的奖赏、鼓励

续 表

形式	对规划实施影响	优点	缺点	实施管理的注意方面
租户介入	①建筑修缮改造多；②实施部分旅游规划	保护主体多元化	①原有居民流失；②改造可能带来破坏	房屋出租管理控制规定：数量、位置、改造要求、商业要求
社会企业介入	①环境卫生和公共服务设施的改善；②旅游规划与保护规划的冲突与协调	弥补政府资金不足	①旅游发展不当可能带来破坏；②社会企业与政府管理需要协调	严格控制要求的制定和管理，尤其在建设控制和环境协调区内

第三十六章　金华市传统村落保护与利用保障体系

一、制度与法律保障体系

传统村落保护与利用是一项规模浩大的长期性系统工程，其中，依法管理，完善制度与法律，使传统村落保护与利用逐步纳入法制管理轨道是从整体上协调传统村落发展、统筹区域资源配置的基础。

与国外相比，我国的传统村落保护工作起步较晚。1986 年，国务院公布第二批国家历史文化名城时，才首次涉及历史文化村镇的保护问题，指出"对一些文物古迹比较集中，或能够较完整地体现出某一历史时期传统风貌和民族地方特色的街区、建筑群、小镇、村寨等，也应予以保护，各省、自治区、直辖市或市、县人民政府可根据它们的历史、科学、艺术价值，核定公布为当地各级'历史文化保护区'"。这是我国历史文化村镇保护工作正式启动的标志。

2002 年修订后的《文物保护法》第二章第十四条规定，"保存文物特别丰富并且具有重大历史价值或者革命纪念意义的城镇、街道、村庄，由省、自治区、直辖市人民政府核定公布为历史文化街区、村镇，并报国务院备案"，明确界定了历史文化村镇包括传统村落的概念，规定了历史文化村镇保护的权责归属，从而以法律的形式规定了历史文化村镇在我国文化遗产保护体系中的地位。

为了更好地保护、继承和发展传统村落，弘扬民族传统和地方文化特色，自 2003 年起，截至 2017 年，住房和城乡建设部和国家文物局已经联合公布了六批中国历史文化名镇名村，对传统村落的保护工作起到了极大的促进作用。

2007 年 12 月，修订后的《文物保护法》第二章第十四条规定，"历史文化名城和历史文化街区、村镇所在地的县级以上地方人民政府应当组织编制专门的历史文化名城和历史文化街区、村镇保护规划，并纳入城市总体规划"，进一步将历史文化村镇的保护和规划工作提上了法制层面。

2008 年 4 月，国务院正式颁布的《历史文化名城名镇名村保护条例》明确了历史文化村镇的申报与批准程序、保护规划、保护措施以及相关法律责任。《历史文化名城名镇名村保护条例》的诞生改变了过去传统村落保护无法可依的局面，体现了国家对包括传统村落在内的历史文化村镇保护工作的日益重视。

国家相关法律法规的相继出台给传统村落的保护发展提供了依据和指导。虽然2008年国务院公布的《历史文化名城名镇名村保护条例》使传统村落保护工作有法可依，但其中对于有关保护者的相应权利和奖励的表述太过简单、笼统，不仅没有可操作性的法规依据，而且由于乡土民居保护的特殊性，该条例尚不能完全满足其保护需求。

2012年12月，在各地初步评价推荐的基础上，经传统村落保护和发展专家委员会评审认定并公示，住房和城乡建设部、文化部、财政部公布了第一批中国传统村落名录。

金华市应制定并颁布传统村落保护与利用方面的管理办法、决定、规定等。地方性保护法规的制定应着眼于经济、社会和生态三方面效益的协调，促进村落保护发展与经济发展、管理民主、乡风文明和环境整治等方面的协同共进，为传统村落保护与利用提供切实的依据。

二、建立传统村落保护与利用制度

（一）组织管理制度

1. 建立完善的组织管理制度规范

（1）制定传统村落保护规范，应尽快出台传统村落保护法规，完善保护管理体制，创新制度设计安排，强化传统村落遗产的有效保护利用。地方政府可先行出台传统村落保护与利用管理办法，明确规定传统村落有效保护、合理利用、适度开发、科学管理的方针，强化历史真实性、风貌完整性、生活延续性的保护原则，完善保护制度，扩大历史文化名村的评选范围，让更多的传统村落及其承载的文化遗产在国家城镇化过程中得到有效保护。

（2）建立咨询制度，保证村民、政府、专家共同参与的制度，以及持续的研究与修正机制。要加大对传统村落保护发展项目的支持，鼓励社会力量参与传统村落的保护发展；要建立村民参与机制，在制订保护发展规划、实施保护利用项目时，应充分尊重村民的意愿，引导和鼓励全体村民参与传统村落的保护与利用。同时成立专家指导委员会，负责开展基础研究，提供总体技术指导和战略决策咨询，开展现场指导和培训。鼓励、支持志愿者和社会各界投入、参与和帮助对传统村落的保护，鼓励社会组织、企业和个人以认领、认养、认保等方式参与保护利用。

（3）确立巡视督察、反馈和报告制度。建设、文化、财政部门建立传统村落动态监测信息系统，收录村落基本情况、保护规划、建设项目等信息，对传统村落的保护状况和规划实施进行跟踪监测。加强传统村落保护发展工作监督，对违反保护要求或因保护工作不力而造成传统文化遗产资源破坏的，提出警告并进行通报批评；对在开发活动过程中造成传统建筑、选址和格局、历史风貌破坏的，发出濒危警示，并取消名录认定和项目支持，情节严重的，会同有关部门依法查处。

2. 组建传统村落保护的组织机构，为传统村落的保护提供组织与人力保障

（1）传统村落保护管理组织。建立专门的传统村落保护领导小组，由领导小组负责该市、县范围内传统村落保护与利用的协调指导工作，并作为考核政绩的重要内容。职能部门分别负责对传统村落的保护、利用、建设、管理工作，定期研究政策措施，协调解决问题。政府明确规定传统村落保护范围；建设、文物与文化部门负责对古民居建筑群和非物质文化遗产进行保护管理，建立文物保护档案，明确专人负责；建设、土地管理部门负责对传统村落内的建设活动进行管理；旅游主管部门负责传统村落旅游利用的监督管理；宣传部门加大宣传力度，创造全社会重视传统村落保护的良好氛围和舆论环境，增强村民的自发保护意识。

（2）保护监督人员、资源调查记录人员。各级人民代表大会、人民政治协商会议应尽快组织专家检查团进行巡回督察，切实解决传统村落保护利用中存在的问题，并对如何加强保护利用提出政策性、规范性、可操作的意见和措施。调动村民的积极性，赋予村民以监督权，让全体村民对传统村落保护的各项措施的实施进行监督。

（3）工匠、手工艺者与专业技术人员。尽快组建多学科专家队伍，深入传统村落实地调研，系统清查传统村落遗产，高标准做好传统村落保护的价值评估工作。抓紧民间艺术传承人的申报和认定，建立传统村落保护志愿者队伍，举办传统村落保护的专业培训，加强技术和管理人才队伍的培养，为传统村落保护发展提供充足的人才储备。

（二）宣传教育制度

应对传统村落的村民进行长期的教育，使其了解传统村落的价值，明确保护的对象、内容和要求，调动其参与传统村落保护的积极性，并使其掌握一定的保护技能。应通过各种形式向社会大众宣传传统村落的价值、特色等。

关于传统村落的宣传，必须严格遵守相关规定，要求所有宣传与教育的内容均应建立在分析研究的基础之上，避免以错误的信息误导村民和大众。应根据不同层次的需要制作相应的宣传与教育材料。

传统村落要通过电视、广播、报刊、网络等媒体，展示传统村落的魅力，增加群众对传统文化资源的认知和了解，增强全民保护传统村落的自觉性。可充分利用农村广播、壁画板报、宣传册等多种形式，向广大群众宣传传统村落保护的基本知识。举办传统村落保护的专业培训，加强技术和管理人才队伍的培养，为传统村落保护发展提供充足的人才储备。重点宣传的内容包括传统村落的各项价值，传统村落的保护对象、内容与要求，保护与利用的技能。

传统村落宣传途径包括：①现场展示，如村落本身、展览室、陈列馆、各要素的现场说明牌等。②传统媒体，如宣传册页、出版物等。③新媒体，如互联网站、微博、微信等。

（三）资金保障制度

（1）各级政府应加大投入力度，将传统村落保护纳入本级财政预算。统筹农村环境保护、“一事一议”财政奖补、美丽乡村建设、重点文物保护、中央补助地方文化体育与传媒事业发展、非物质文化遗产保护等专项资金，分年度支持中国传统村落保护发展。

（2）地方政府应采取多层次、多种方式筹集传统村落保护利用基金。可以采取市场化运作方式，由政府牵头，理顺关系，通过土地、房屋产权的置换或租赁等方式，鼓励、吸纳多种资本参与传统村落乡土建筑的保护与开发。也可以建立“传统村落保护基金会”，向社会、企业募集资金用于传统村落的保护与利用，加大传统村落的保护利用力度。文化旅游企业的地税收入应适当返还为保护经费，形成以传统村落旅游收入来保护传统村落的良性运作机制。

（3）地方政府应规范保护与利用资金的比例，解决保护与利用错位的问题，合理分配文化旅游收入。传统村落旅游收入应先提取“保护维修费”后再分配，门票收入至少有30%用于村落的保护与维修。

（4）应抛弃过分依赖政府财政投入进行建设和保护的单一投资做法，实现投资主体多元化，调动社会各方的积极性。政府投资要有计划、有步骤地主动退出社会资本有投资意愿的乡土建设领域，主动吸纳外界资金。之后政府投资应主要用于传统村落公共服务设施建设及重点历史建筑的保护上。

（5）通过多渠道筹集资金，积极完善政府投资、利用外资、民间投资、银行信贷和资本市场融资等融资平台；或者号召家乡成功人士捐助，建立传统村落保护与利用基金、文物保护基金等形式多样的基金。

（6）创造良好的投资环境，制定各种优惠政策，采取合资、合作、独资等多种方式积极引进外资。充分调动全社会的力量，促进传统村落保护的同时不断带动经济发展，实现最终的良性循环。

（四）拓宽传统村落的融资渠道

（1）传统村落保护资金需求量很大，缺口很大。传统村落保护与开发所需的资金缺口很大，一个古村的维护动辄上千万元，仅靠政府的力量难以独立支撑。虽然目前金华市大部分的传统村落是由政府投入资金，但这种保护下的收益却并不明显。同时，一些传统村落尝试村民与政府共同出资进行一些古建筑的修缮运营，但这毕竟只是传统村落内部的几个点，社会效益未能很好体现。

（2）现有保护整体水平较低。目前的保护也只是做了一些局部的整治与表面的工程，真正做到传统村落的整体性保护仍然有难度。另外，村庄旅游开发的一些形式还需要更加多样，而不是游客“坐了两小时车，来了村落转一圈不到半小时，然后吃一顿饭就走了，住不下来”。

（3）鼓励一些社会资本加入传统村落的保护与开发。鼓励居民或社会力量投资开发传统村落，创新传统村落的旅游形式，提高传统村落旅游开发的丰富度。在一些文化遗产并不丰富的传统村落中，尤其要发挥民间的创造力，将传统村落内文化遗产的运营市场化，政府处于指导地位，让民间资本介入保护开发，这样自下而上的保护将降低保护的阻力。

（五）强化传统村落保护与利用管理机制创新

以往大多数政策的制定都是由上而下推行，追求秩序性和统一性。而传统村落的资源条件和村民的需求是多样化的，很多村民甚至村干部都不愿意花时间和精力，机械化服从管理，而乡土文化的缺失也必然会带来传统村落风貌的不和谐，这对传统村落的发展是极为不利的。传统村落保护与村民利益出现冲突时，可能出现村民不配合的情况，这就需要村落管理机制通过创新来形成启迪式发展模式。传统村落保护与利用的根本目的，实际上是要把传统村落的经济、社会、文化活力激发出来，让村民能够自行再创造、延续和发展。因而，村落管理机制创新，除了自动形成传统建筑、街巷等的养护机制外，也是对原有的自上而下行政推广模式的取代。

传统村落保护与利用管理机制需要在以下几个方面进行突破：

（1）完善现行项目审批制度，建立面向公众的传统村落发展项目社会评价机制，实现公众参与，建立合作、协调、利益均衡的多方伙伴关系。

（2）实现公益性项目和经营性项目的均衡和联动发展，促使传统村落规划实施的综合性、可控性和系统性。

（3）形成传统村落新区建设、住房保障、拆迁补偿、民政救助等方面的联动运作机制。

（4）倡导以村民为主体的旧住房原有居民自发组织改建、修复等工作。

应通过各种激励机制，实现从政府主导、指定的封闭式管理到居民自发组织、优选的开放式管理机制的转变。

三、构建传统村落社会保障体系

（一）关注传统村落的弱势群体

在传统村落保护开发中要尽量照顾不同群体村民的利益，要注意加大对村内老弱群体人员的安排。此外，传统村落的传统生活再现以及文化传承要紧紧依靠当地村民。在调查中发现，一些传统村落“空心化”较为严重，村内缺乏相应的老年人活动场所和设施，村内文化生活单一。

（二）完善传统村落的社保体系

如同金华市其他农村一样，传统村落的社会保障体系也在城乡一体化的进程中不断完善。农村社会保障包括村民的就业保障、养老保障以及医疗救助等。在传统村落的发展过程中，村民就业形式较为单一，且由于村落人口流失，传统产业发展相对缓慢。而一旦旅游开发之后，村落社会经济发展加快，村民就业更加灵活，一部分村民迅速地完成身份转变，另一部分村民则变化不大或将成为弱势群体。因此在促进就业保障方面，政府要加大对传统村落中村民的就业指导，加强职业培训，出台就业优惠政策，让其尽快适应村落的开发形势，转变就业身份。要鼓励村落中的年轻人自主创业，加入传统村落开发的行列中，延续传统村落的文化人脉。

传统村落居民的养老仍然需要更加多元化的途径，如增加村落旅游经营的分红等。对于一些旅游发展较好的传统村落要增加村民养老的相关机构和设施如养老院等，并提高养老补助和养老质量。在传统村落的农村医疗保险方面，目前金华市传统村落陆续推行了新型农村合作医疗保险制度，补助标准也在不断提高。但是传统村落村民家庭大部分只剩下老年人，村民看病难在出行，因此政府可以加强对村落内留守老人的医疗救助服务。

四、构建传统村落保护与利用协调、监督、验收机制

（一）建立协调与监督机制

通过金华市传统村落典型的保护与利用模式研究，可以发现一些保护与利用模式的运行在初期显示出传统村落保护的良好效益。但在运行后期随着所涉及的利益主体的增多，保护过程中的利益协调就变得越来越紧迫。在旅游公司治理型模式中，随着旅游的开发，村庄发展的不和谐因素在增多。村民直接将问题源头指向当地政府，村委会或者村民组织在管理过程中处于缺位状态，村委会在争取村民权益、协调村民与政府、旅游公司之间关系上没有充分发挥作用。政府与村民也没有形成有效协调的机制和渠道。

传统村落保护的社会效益发挥、保护模式的平稳运行，需要建立利益相关者之间的协调与监督机制，如在政府与村民之间发挥村委会和村民组织的作用，使政府及村民行为能够得到沟通和监督。在集体自理型的传统村落中也要加强村集体与村民活动的协商和监督，一方面使集体资产能够得到有效利用，另一方面村民与村集体在一些经营领域的合作能够扩大影响力，做出特色。

（二）注重保护效果的反馈

金华市一些传统风貌保存较完整、文物保护单位等级较高的传统村落由于较早地意识到保护的重要性，及时禁止了传统村落内乱建、拆建的现象，宅基地审批流程也更加严格。通过规划实施，村庄内物质空间的保护已基本实现。然而传统村落的保护与利用模式除了对传统村容村貌进行整治外，还要有利于村落的可持续发展，以便更好地促进村落的社会经济发展。

传统村落村民对于经济利益的追求甚于其对生态环境的顾虑，对于村民来说，局部性的修复并不会使他们感觉受益多少。这种“公地悲剧”式的保护以及群众“搭便车”心理，使一些保护措施的设计在保护模式运行后期矛盾重重。

模式运行后期要加强对保护效果的追踪反馈，解决出现的新问题，包括传统村落空间保护与整治措施方面的新问题，以及村民生产经营方面的问题。政府作为公共利益的代表，在适当的时候要适时地调整自己的角色，在该放权的领域放权，市场能解决的问题让市场来解决，将一些经营领域逐步下放，让利于民。另外，要加大对村民的生活保障和利益反哺的制度设计。村民要

积极在政策允许的范围内拓展增收的渠道，借助村落开发保护的形式发展自己的事业，通过壮大村民中介组织、农村合作社等社会组织提高自身的地位，保障自己的权益。

（三）细化村民的参与形式

在金华市传统村落保护中，公众参与的力度略显不足，大部分村民仍从事着传统的农业生产。而在政府保护型模式中，村民被动地接受政府对于村庄的空间维护，参与旅游开发的意识还不强。当然，传统村落保护离不开政府支持，但政府进行“输血型”保护开发的同时，要注重培养当地村民的“造血”能力，调动村民的积极性。空间整治完成后要适时地将一些事务的管理权下放，鼓励社会中介组织踊跃参与，依靠传统村落社区组织，发挥传统村落的自治能力。

公众参与传统村落保护的形式有很多种，如村民入股参与一些大型旅游项目、村民土地入股旅游公司、古建筑入股、古建筑认领、资金入股等。政府要拓展村民参与的形式，一方面要让利于民，另一方面要完善村民参与的机制，按照责、权、利相一致的原则，优化保护的模式。

（四）建立项目审批监督、验收机制

金华市各县（市、区）规划建设管理机构及乡镇（村）必须加强传统村落管理。任何对传统村落内建筑的维修或改造，都必须提交申请并获取许可，管理机构应严格遵守以建筑档案和保护规划作为个案审议的基础，对其从建筑功能、建筑立面、建筑材料和建筑内部空间改造等方面进行评估。对维修改造内容符合要求的，管理机构应积极许可。批准之后，管理机构应积极监督，及时纠正施工过程中不合规范的部分。完成施工之后，管理机构应进行验收。加强对违法建设的打击力度，避免造成历史文化遗产的流失、消失等不可挽回的损失。

加强对传统村落保护规划的批后管理，一方面应建立传统村落保护规划监察的日常管理制度，另一方面应该定期检查历史建筑与传统街巷的保护情况并提出改善工作的建议和要求，建立由政府、专家、民众共同组成的监督委员会。应设立相关的土地优惠政策来解决传统村落的人口问题，允许其新建民房。对于报建设规划部门审批通过后，并且在改造过程中严格遵守相关规定的，为缓解人口增长而引起的加建、改建工程的民居，应给予适当的财政补贴；对于年久失修又无力进行维护的传统村落民居，应采取政府收购的方式，之后进行统一的管理。

五、构建金华市传统村落保护实施效果评估体系

（一）评估目的

评估体系的构建目的主要有：

（1）为动态监测提供依据。

（2）协助调整保护规划和实施过程中出现的偏差。

（3）缓解保护过程中出现的矛盾，平衡和调节社会利益。

（二）评估指标的确定

1. 保存效应

保存效应是指传统村落文化遗产在经过一段保护实施后产生的效应。传统村落文化遗产包括物质文化遗产和非物质文化遗产，对传统村落保护实施效果的评估主要从保护实施后留存遗产的数量和保护措施实施的质量来评估。保存效应方面的评估包括以下五项。

（1）实体存留

实体存留指传统村落文化遗产实体存留数量状况，依据点、线、面的思路来选择考核指标。点即历史建筑、历史环境要素，线为街巷格局，面为传统村落保护实际控制区域和山水格局。此外，实体存留还包括传统村落建筑修复数量。

（2）修复水平

此类指标是为了考量建筑、街道、历史元素的修复材料和技艺是否与原状相符，虽然有些村落做了很多修建改善工作，但与原状大相径庭，甚至出现拆真造假的现象，也使原真性受到了很大损伤。由于建筑原状资料难以获取，加上评判标准难以设定，所以此类指标采用定性方法。

（3）村落功能

此项指标作用是监测传统村落功能的延续情况，这很大程度上影响了其整体原真性。传统村落传承的不仅仅是物质载体，还有其生活方式、传统产业，更为重要的还有人，所以考核指标有原有居民与现有居民的比例、传统产业发展情况、历史建筑功能改变情况。

（4）非物质文化遗产

非物质文化遗产是遗产体系中不可缺少的一部分，其传承情况是检验保护效果的重要指标。从针对非物质文化遗产研究的成果中选取适合传统村落保护的指标，最后选出其中典型并能基本说明问题、易于设立评判标准的四

项进行评判。

（5）记录

将记录单独列出是因为有两个指标特别重要且无法与之前几项融合：一是历史建筑、历史环境元素的记录，包括测绘和口述、文献历史的记录；二是历史文献，指反映村落历史的文献资料，包括族谱、信件、古书等，在村落中最常见的就是族谱。在我国很多传统村落，文化遗产濒临消亡，对于它们的抢救性记录比抢救性修复更为重要。

2. 社会效应

社会效应指对传统村落实施保护后产生的社会影响，从公众参与和社会宣传两个方面来评价。

（1）公众参与

结合传统村落的保护特征，公众参与保护的程度主要通过三个方面来了解：一是村民对保护规划的了解程度，二是村民在保护实施过程中的参与程度，三是保护之后村民的满意程度。因此，对应选择三个指标为规划认知度、村民参与度、村民对保护的满意度。

（2）社会宣传

传统村落想要不断发展壮大，不能仅仅靠自身的力量，还需要借助外力来推动，如旅游发展等社会投资，因此需要通过社会宣传扩大其在社会的知名度和影响力。

3. 经济效应

经济发展情况可从三个方面来看，一是传统村落收益，二是村民收益，三是旅游发展。

（1）传统村落收益

传统村落收益反映的是村落开展保护措施后在经济上的发展状况，一方面是评价村落保护方面获得的资金情况，另一方面考核村集体经济的整体发展，主要是自身经营所得。

（2）村民收益

村民收益是采取保护措施之后村民所获得的收益，从人均收入变化和就业带动情况来考核。村民作为保护最直接的利益相关者，受益越大，对保护的热情就可能越高。

（3）旅游发展

传统村落旅游资源是当地产业结构调整、发展第三产业、转移农村劳动力、实现农村经济跨越式发展的依托，因此对传统村落旅游发展的考量是必不可少的环节。对旅游发展考虑的同时，必须将其控制在适当的发展程度之内，所以在旅游发展中需有针对保护控制的考核指标。

4. 环境效应

评估指标结合了新农村建设的情况，为的是考虑村民对环境优美、生活方便等的期望，这些切实改善他们生活环境的措施是村民最为关心的地方。

5. 传统村落设施改善

在对已有相关研究成果借鉴的基础上，对指标的选取综合考虑以下几点：一是最具典型性，与村落环境改善、村民生活设施与质量改善相关的最为明显的设施，所以经常是政府在新农村建设等方面优先改善的部分；二是与保护成效最为相关，这些改善都是保护设施改善时优先选择的重点；三是村民最为关心，可通过调研了解到村民最希望改善的设施是哪些；四是结合村落实际，如很多历史建筑原本没有厕所，普通村落的针对厕所的改造、普及率等评估标准就不适合传统村落。综合考虑，最后选定道路系统改善、公共服务设施改善、污水处理设施改善三项指标。

6. 传统村落容貌改善

在对已有相关研究成果借鉴的基础上筛选典型指标，首先是考虑与保护其他元素的影响关系，比如噪声影响、气候适宜度与保护实施联系性不大，所以此类指标放弃；其次，考虑指标评价数据获取的可能性，比如污染物处理率在一般村落较难获取长期统计数据；再次，考虑专家意见，经过专家预评估，在指标选择上有些修改，如绿地率，专家统一认为没有设置必要；最后，选择生态保护和环境卫生两项指标。

传统村落保护实施效果评估指标层级及三级指标说明分别如表 36 – 1、表 36 – 2 所示。

表 36 – 1　　传统村落保护实施效果评估指标层级

<table>
<tr><th></th><th>一级指标</th><th>二级指标</th><th>三级指标</th></tr>
<tr><td rowspan="9">A 传统村落保护效果评估架构</td><td rowspan="9">B1 保存效应</td><td rowspan="5">C1 实体存留</td><td>D1 保护实际控制区域变化</td></tr>
<tr><td>D2 街巷格局保护情况</td></tr>
<tr><td>D3 历史建筑存留数量</td></tr>
<tr><td>D4 历史建筑修复情况</td></tr>
<tr><td>D5 历史环境要素存留数量</td></tr>
<tr><td rowspan="4">C2 修复情况</td><td>D6 山水格局</td></tr>
<tr><td>D7 建筑修复材料和技艺</td></tr>
<tr><td>D8 街道整体风貌修复风格</td></tr>
<tr><td>D9 历史元素修复材料和技艺</td></tr>
</table>

续 表

	一级指标	二级指标	三级指标
A传统村落保护效果评估架构	B1 保存效应	C3 村落功能	D10 原有居民与现有居民的比例
			D11 传统产业发展
			D12 建筑功能改变
		C4 非物质文化遗产	D13 传承数量
			D14 传承者的存续情况
			D15 活动参与人数
			D16 遗产的记录和储存
		C5 记录	D17 历史建筑、历史环境要素的记录
			D18 历史文献
	B2 社会效应	C6 公众参与	D19 规划认知度
			D20 居民参与度
			D21 居民对保护的满意度
		C7 社会宣传	D22 社会推广
			D23 综合荣誉
	B3 经济效应	C8 旅游发展	D24 旅游服务配套设施情况
			D25 游客数量
			D26 游客数量控制措施
			D27 旅游管理部门开发效益
		C9 村庄收益	D28 社会投入情况
			D29 村集体经济总量
		C10 村民效益	D30 居民人均收入
			D31 就业带动情况
	B4 环境效应	C11 村庄设施改善	D32 道路系统设施改善
			D33 公共服务设施改善
			D34 污水处理设施改善
		C12 村庄容貌改善	D35 生态保护
			D36 环境卫生

表 36－2　　传统村落保护实施效果三级指标说明

三级评估指标	评估细项说明	获取方法
D1 保护实际控制区域变化	保护实际控制区域相比保护前的面积大小变化	定量
D2 街巷格局保护情况	以主要巷道和次要巷道的修缮和破坏情况为评估标准	定量
D3 历史建筑存留数量	根据历史建筑存留数量相比上一次评估或保护规划记录数量之比例	定量
D4 历史建筑修复数量	以历史建筑维护更新的情况为依据	定量
D5 历史环境要素存留数量	根据历史环境要素存留数量相比上一次评估或保护规划记录数量之比例分级	定量
D6 山水格局	以村落周边自然山水格局的保护情况为评估标准	定量
D7 建筑修复材料和技艺	以建筑修缮、整修、改造等，与原状相符程度为评定标准	定性
D8 街道整体风貌修复风格	以整治结果与街道原状风格相符程度为评估指标	定性
D9 历史元素修复材料和技艺	以历史环境要素修缮、维护等与原状相符程度为评定标准	定性
D10 原有居民比例	以原有居民常住人口数且与上一次评估或保护规划制定时常住人口数量比例为评定标准	定量
D11 传统产业发展	以传统产业发展规模与上一次评估或规划制定时相比为主要评估标准，综合考量传统产业就业人数、收益等	定量
D12 历史建筑功能改变	以历史建筑功能维持不变的数量占总数的比例为评判标准	定量
D13 传承数量	以非物质文化遗产类型数且与上一次评估或规划制订时数量比较为评判标准	定量
D14 传承者的存续情况	根据非物质文化遗产传承人数量与上一次评估或规划制订时数量比较为评判标准	定量

续　表

三级评估指标	评估细项说明	获取方法
D15 活动参与人数	以活动公众参与人数数量与上一次评估或规划制定时数量比较为评判标准	定量
D16 遗产的记录和储存	以非物质文化遗产记录和储存状况为评估标准	定量
D17 历史建筑、历史环境要素的记录	包括历史建筑、历史环境元素的测绘记录、口述历史的记录，以其翔实状况为评估标准	定量
D18 历史文献	包括族谱、信件、证明等历史文献，以其保存的翔实状况为评估标准	定量
D19 规划认知度	指村民对保护规划的了解程度，了解越多越好	定性
D20 居民参与度	以村民参与规划制定、实施决策等次数为评估标准	定性
D21 居民对保护满意度	以村民的满意度调查为评估标准	定性
D22 社会推广	以村落对社会推广的各种活动举办频率和影响为评估标准	定量
D23 综合荣誉	以上一次评估或保护规划制订后获取最高荣誉为评估标准	定量
D24 旅游服务配套设施情况	包括旅游接待有关的饭店、酒店、购物、停车场等，以其与上一次评估或规划制订时相比改善情况为评估标准	定性
D25 游客数量	以节假日游客数量的变化情况为评估标准	定性
D26 游客数量控制措施	以为保护设立的游客控制措施预备情况为评估标准	定量
D27 旅游管理部门开发效益	以旅游管理部门开发效益的变化情况为评估标准	定量
D28 社会投入情况	以社会投资资金数额变化情况为评估标准	定量
D29 村集体经济情况	以村落集体经济总量的变化情况为评估标准	定量

续 表

三级评估指标	评估细项说明	获取方法
D30 村民人均收入	以村民人均纯收入的变化情况为评估标准	定性
D31 就业带动情况	以村民就业的变化情况为评估标准	定性
D32 道路系统改善	以道路系统改善情况为评估标准	定量
D33 公共服务设施改善	以村民生活方便满意程度为评估指标	定性
D34 污水处理设施改善	以污水处理设施的改善情况为评估标准	定量
D35 生态保护	以村庄周边工厂企业发展变化情况为评估标准	定量
D36 环境卫生	以村民对环境卫生条件改善满意程度为评估标准	定性

六、传统村落调查及资料建档保障

（一）传统村落调查的范围

1. 调查范围

调查范围应包括村庄及其周边，以及与传统村落有较为紧密的视觉、文化关联的区域。调查范围可以分为三个层级：

（1）村落：传统村落建成区及周边一定范围。

（2）村域：与传统村落主要控制点有视觉与文化关联的村域范围。

（3）区域：与传统村落有社会、经济、文化联系的一定区域范围。

2. 调查成果

（1）资源目录：对每一类资源，均应按统一的格式建立相应的目录；为存档和索引的方便，应按统一的规则对各项资源进行编号。

（2）资源标定：应在适当比例的近期内测绘地形图上标定资源的位置、范围等。鼓励以 GPS（全球定位系统）坐标定位；若能获得的地形图比例尺不足以反映某些项目的具体位置、范围时，则应配合手绘图解加以明确。

（3）资源图档：对每一类资源，均应按统一的格式将有关信息整理成图档的形式保存和管理。图档所使用的照片应尽量全面地反映资源的近期状况；在条件允许时应尽量覆盖其与周边环境的关系、全貌，各主要视角的形象，能反映其特征的细节等；数码照片的分辨率不应小于600万像素，为存档和索引的方便，应按统一的规则对照片进行编号。

（二）传统村落调查内容与要求

1. 村落选址与自然环境景观调查

（1）调查内容：与传统村落选址有关的山体水系、地形地貌，构成传统村落传统风貌特征的周边主要自然植被、农业景观的种类与分布等。

（2）调查要求：调查前应通过文献研究、村民访谈以及较大范围的现场勘查，掌握与传统村落选址主要自然景观环境等相关要素的大致分布，明确应重点调查的范围与内容。

（3）调查成果：传统村落自然资源目录、传统村落自然环境景观要素分布图、传统村落自然环境景观要素图档。

2. 传统格局与整体风貌调查

（1）调查内容：传统村落传统建成区的范围、轮廓；主要路网（或河道等）分布、形态以及沿途主要空间和景观节点；公共空间的功能、位置、形态、规模；传统村落主要天际线现状。

（2）调查要求：应通过文献研究、村民访谈以及较大范围的现场勘查，掌握传统村落的大致形态、功能格局、路网水网结构以及公共空间的分布，并对传统村落格局的影响要素进行综合分析。

（3）调查成果：传统村落格局要素分布图、传统村落主要天际线分析图。

3. 传统建筑调查

（1）调查内容：传统村落中传统建筑物（包括各级文物保护单位、历史建筑、建议历史建筑、传统风貌建筑、其他传统建筑）的位置、建成年代、面积、基本形制、建造工艺、结构形式、主要材料、装饰特点、建造相关的传统活动、历史功能、产权归属、使用状况、保存状况等。

（2）调查要求：调查应以栋（单体）为单位，建筑群中的各栋建筑也应单独调查。在不小于1∶1000的地形图上，将所有传统建筑以栋（处）为单位逐一分类标出。应为每一栋（处）建筑物按一定的标准建立相应的图档，以表格、文字、照片、图纸等必要的形式记录其位置、面积、建成年代、基本形制、建造工艺、结构形式、主要材料、装饰装修细节、历史功能、产权归属、使用状况、保存状况、主要破坏因素等信息，对重要的传统建筑或具有典型意义的建筑还应实施测绘。图档应按一定的规则编号并形成图档目录。若能获得的地形图比例尺不足以反映某些项目的具体位置时，则应配合手绘图解确定建筑物的位置、范围等。与建造相关的民俗亦是传统建筑调查的重要内容。

（3）调查成果：传统建筑目录、传统建筑分类分布图、传统建筑图档。

4. 村落历史环境要素调查

（1）调查内容：构成村落传统风貌特征的井泉沟渠、壕沟寨墙、堤坝涵洞、石阶铺地、码头驳岸、碑幢刻石、庭院园林、古树名木、传统产业遗存，以及历史上建造的用于生产、消防、防盗、防御的特殊设施或者其他有意义的历史印记等。

（2）调查要求：应在不小于1∶1000的地形图上，将历史环境要素以处为单位逐一分类标出。

调查应明确各项历史环境要素的位置、等级、规模，已公布的保护范围、类型、特点，主要的破坏因素等，并记录各项历史环境要素的规模、年代、数量、等级、历史风貌、现存状况以及文化内涵等。

（3）调查成果：历史环境要素目录、历史环境要素分布图、历史环境要素图档。

5. 非物质文化遗产

（1）调查内容：各级非物质文化遗产群众参与规模、管理与保护现状等；有较明显的地域或民族特点的非物质文化遗产及其所依托的场所和建筑、用具实物；有关活动场所和路线，了解相关知识的匠人、手工艺者等。

（2）调查要求：调查应以视频进行完整的记录，对方言特色、口头文学、访谈等至少应以录音的形式进行记录；对主要的活动还应以图解的形式，描述其活动程序、场所、路线、规模等。

对上述非物质文化遗产应按门类以视频、照片或图解的形式，逐一记录其活动过程、活动场所和路线、相关实物、传承或参与人员等，并按一定的格式整理为非物质文化遗产档案。

（3）调查成果：非物质文化遗产目录，非物质文化遗产活动场所及路线、活动过程图解，非物质文化遗产资料（照片、视频、录音、图文等）。

（三）文献调查

（1）调查内容：①历史文献：与传统村落相关的志书、族谱、碑刻、题记、信件、地契、匾联、历史舆图、吟咏、描述传统村落风物的古代诗词、游记、老照片等资料；传统村落沿革、变迁、重要人物、重大历史事件等，在历史上担任过的重要职能、传统产业等的相关图、文、音像资料。②当代文献：与传统村落相关的当代研究论文、新闻报道、图书、宣传材料等。③文件：与传统村落相关的各级政府行政文件、规章制度、乡规民约等，已有的保护工程的实施、保护资金等情况，已公布的各类规划等的成果。

（2）调查要求：对上述文献进行编目形成乡土文献目录，并以摄像、翻拍、扫描的形式将其电子化并分类存储；有条件的应收录电子版文件，妥善保管原件，并不断补充新发现或新出现的资料。对于收集到的各种文献资料，不应进行带有主观因素的删减、修改或加工。

（3）调查成果：文献目录、各项文献资料。

（四）传统村落村域相关资源调查

传统村落村域相关资源调查的内容与村落调查相同。

调查要求：应在不小于1∶5000的地形图上标明上述各要素的名称、位置、范围，有风景名胜区或风景点的，还应标明其名称、等级、已公布的范围等；并为各要素建立相应的图档，按照一定的格式，以照片、文字描述记录其现状。图档应按一定的规则编号并形成图档目录。

最后形成的调查结果为：

（1）村域自然与历史文化资源要素目录。

（2）村域自然与历史文化资源分布图。

（3）村域自然与历史文化资源要素图档。

（五）社会环境调查

1. 传统村落基本情况

（1）调查内容：传统村落人口、经济状况等相关数据和资料，传统村落土地使用现状，基础设施、公共服务设施现状及问题。

（2）调查要求：数据和资料应翔实，且是近期数据。

（3）调查成果：传统村落基础信息表。

2. 村民调查

（1）调查内容：村民对生产生活环境的满意度、村民急需解决的问题、村民对保护与利用的意愿和要求。

（2）调查要求：对具有抽样代表意义的村民进行访谈，以村落基础信息表和村民访谈文字记录和录音的形式记录上述内容；必要时采用问卷调查的方式。

（3）调查成果：村民意愿分析。

3. 保护管理现状

（1）调查内容：传统村落与保护管理相关的现有机构、人员，传统村落与保护管理相关的现有规章制度，既有保护资金与项目。

（2）调查成果：传统村落保护管理现状评估。

（六）传统村落档案的建立与维护

1. 资源汇总与综述

（1）总量汇总

将上述各类资源的目录汇总为传统村落资源总表，作为传统村落保护对象的清单，纳入金华市传统村落档案。

（2）资源综述

分析各项资源与村民生产生活的联系，并按照一定的文化脉络，将各项资源整理综合，明确其文化内涵和相互间的关系，并将结果纳入金华市传统村落档案。

2. 金华市传统村落档案内容

（1）总目录

明确纳入金华市传统村落档案的所有资料的清单、形式、数量和变更、增添、续编情况等。

（2）各项内容的分目录

明确本项内容包含的所有资料的清单、形式、数量和变更、增添情况，对于档案无法收录原件的，应注明原件的存放机关、存放地点等信息。

（3）各项内容的具体资料

具体资料包括表格、图档、视频等。

3. 金华市传统村落档案形式

（1）介质

传统村落档案应以纸质和电子文件的形式制作和保存。应将收集到的纸质资料进行数字化。

（2）电子文件

电子文件应有至少三种不同材质的备份（如光盘、硬盘）。电子档案应与纸质档案相一致。

4. 金华市传统村落档案维护与管理制度规划

（1）安排专人进行金华市传统村落档案维护

应定期跟踪并记录村落的发展变化，并在相应的项目内容中增补相应的资料。应持续对传统村落进行调查，将新发现的资源，新出现的文献、文件等持续增补入档案中的相应项目。

（2）建立专人管理金华市传统村落档案管理的制度

纸质档案应由金华市各县（市、区）级住建部门指定专人管理，电子档案应有多份，分别在村内、金华市各区（市、县）级住建部门、住建部专设部门内保管。

对传统村落有保护价值的资源进行系统而详尽的调查，通过资源目录、资源位置标定、资源图档的形式对村落传统资源（如村落选址与自然景观环境要素、传统村落传统格局与整体风貌要素、传统建筑、历史环境要素、非物质文化遗产、有关文献资料、村域自然与历史人文资源等）加以定义和描述，并建立传统村落档案，是传统村落保护与利用所有工作的基础。

七、构建金华市传统村落保护与利用技术与人才保障

（一）技术保障

在传统村落调查、分析、保护研究的过程中，技术是构成其支撑体系的重要保障。

1. 空间信息技术

传统村落保护涉及一系列具体的工作，如传统村落的调查、识别、规划、管理、利用等，其根本目的在于通过调查与识别确定传统村落资源的重要性与敏感性，通过科学规划与管理保护传统村落资源的完整性与真实性，最终达到合理利用与永续发展。在开展上述工作的过程中，特别需要遥感（RS）技术与地理信息系统（GIS）等空间信息技术的支撑。

（1）传统村落的调查与分析是一项浩大的基础性工作，借助于遥感技术获取的遥感图像有助于在宏观上认识与把握传统村落的空间分布及其相互关系，而高分辨率航天、航空遥感图像也可以辅助进行传统村落的详细调查与定量分析。近年来，高分辨率遥感技术与高光谱遥感技术的发展，更使得遥感技术如虎添翼，有望在传统村落调查与分析工作中发挥更大的作用。

（2）在传统村落规划和管理工作中，应用 GIS 将所获得的村落大量经济、社会、基础设施等数据按照空间信息与属性信息进行分类组织与管理，形成传统村落综合数据库，有助于实时开展村落资源的查询、检索、分析以及可视化表达。在传统村落规划前期，可以通过多因素评价确定传统村落资源的重要性与敏感性，并依此制定分级、分类、分区保护管理政策；同时可以借助遥感技术对传统村落进行动态变化监测，以便随时掌握现实性很强的传统村落资源变化情况，及时调整规划与管理方案，保障对传统村落资源完整性与原真性的保护顺利进行。

（3）在传统村落的发展和宣传方面，利用遥感技术，对传统村落资源影响的时间变化、空间分布、程度差异进行监测，以便形成实时反馈机制，并随时做出调整。同时借助网络、GIS 技术可以有效地宣传传统村落文化价值、特色，从而引起社会各界的广泛关注，并有助于引导与教育传统村落居民，

提高居民对于传统文化的认知和自豪感。

2. 新媒体技术

新媒体是基于计算机技术、通信技术、数字广播等技术，通过互联网、无线通信网、数字广播电视网和卫星等渠道，以电脑、电视、手机、个人数字助理、视频音乐播放器等设备为终端的媒体。新媒体能够实现个性化、互动化、细分化的传播方式，部分新媒体在传播属性上能够实现精准投放、点对点传播，如新媒体博客、电子杂志等。新媒体包括平面媒体（如电子出版物、数字杂志、数字报纸、触摸媒体）、广播媒体、电视媒体（如数字电视、移动电视）、网络媒体、移动媒体（如手机短信、手机电视）等。随着数字技术、网络技术的成熟和应用的推广，新媒体已成为传媒体系中重要的组成部分。

传统的传媒工具，如书籍、文字等对较年长的宣传对象是受用的，也可较长时间地保留，但是随着科技时代的发展，越来越多的人更接受视觉冲击和各种新颖的交互式宣传的吸引。

在金华市传统村落的宣传、保护、发展过程中，要在巩固和扎实书籍文字、弘扬文化传统的基础上，抓住新传媒时代的契机，利用新媒体扩大传统村落资源和文化的宣传范围和影响力度。具体措施有：

（1）推进传统村落文化方面书籍、教材的编写。

（2）通过电视广告、网站建设、新媒体等方式植入传统村落宣传，录制地方风俗、文化活动、景观风貌的视频，建立传统村落的官方网站，通过深度挖掘民间故事和历史文化，拍摄相关的电影或电视，这样不仅能打开国内宣传通道，甚至能走向国际。

（二）人才保障

随着经济社会的发展，人力资源逐步上升为推进社会进步，彰显城市、地区综合实力的最宝贵的战略资源。在中央将高层次人才引进上升为国家战略高度的大背景下，各省市结合自身发展和对人才的需求，开展了一系列“人才强省”“人才强市”战略的探索。而如今，在大部分传统村落中，年轻人外流现象日益严重，因此需要制订长期稳定的人才引进计划，以高层次人才带动旅游产业发展，从而实现经济结构的顺利转型。

（1）学习、借鉴国际先进的人才理论，加强传统村落及其所在城镇的自身建设

应不断学习和借鉴当前国际上先进的人才激励理论，针对不同层次的人才，采用不同的激励策略。同时，只有不断完善自身建设，提升村落、乡镇、城市综合竞争实力，营造适合人才发展的环境，才能在全国范围内的人才争

夺战中脱颖而出。

（2）注重传统村落保护与利用人才的培养和管理体系的构建

可以在原有的村落领导人中加强文化人才建设，提高乡土文化意识，配备具有长远目光的村落管理人员，使景区管理队伍与传统村落管理队伍能够进行平等对话，同时能起到上级政府与地方居民之间的润滑剂作用。也可以鼓励和帮助当地村落建立起一套专门的传统村落文化管理机制。

（3）加强对传统村落文化遗产资源利用，创新文化产业的政策扶持力度

政府应鼓励企业、院校等单位加大对传统村落相关产业的科研投入，增加面向企业的科研项目资助，引导企业转变发展思路，由传统型、生产型转向创新型、技术型。另外，对进入传统村落相关产业的高层次人才给予专门的生活补贴，充分利用高层次人才先进的理论知识，将其应用到企业的实际生产过程中。

（4）促进传统村落文化教育制度化

社会主义新农村建设要求以人为本，和谐发展。传统村落的保护与利用应充分尊重居民的意见，增加居民积极性和信任感，强调群众共同参与，以保证建设项目、发展规划的适宜性。由于居民对于传统村落旅游业和乡土文化的认识不可能一蹴而就，其间不可避免地会出现经营思路、发展理念上的偏差，这就需要政府规范和引导居民的社会行为和经济行为，确保传统村落旅游相关产业发展的秩序化，以及乡土文化资源的有效保护。

在观念上，需要加强传统村落居民对乡土文化的理解，提高他们对地方文化流逝的危机意识，减少青少年外流带来的乡土文化的传承断裂，把普及乡土文化保护与延承的教育作为一项全民素质教育内容。可以通过政府教育政策的制度化、学校基础教育的引导、村落的文化渗透等多种方式从意识上复兴乡土文化的生存空间。

目前，我国乡土教育制度化、规范化的程度相对较低，文化投资是一项长期而巨大的工程，在农村现代化的强烈冲击下，地方政府往往最容易将文化投资垫底，全国各地乡土教育纳入正式教育体制的进程更是起伏不定。目前，政府层面对于乡土文化教育的意愿呼声很高，乡土教育制度化应逐渐完善，并促进传统村落文化的传承。

（5）引入民间培训机制，建立传统村落传统技艺研学旅游营地

如今，民间文化的培训可能比正规教育更能引起共鸣。寻访传统村落当地老人、匠人，挖掘他们的故事，提取地方技艺精华形成教材，或是请这些匠人、手艺人进行讲解培训，不仅能传承技艺、传播文化，还能够为他们的生活带来更多保障，甚至为地方发展创造更多就业岗位和创业机会。

（6）利用传统村落社会空间，引入社区教育，建立传统村落研学旅游营地

利用社会空间最大的好处在于打破乡土文化与实际生活的距离。针对成人，可通过举办文化展览、开展传统村落文化活动等方式增强乡土文化知识的宣传与教育，平时则通过开设村落专题、专栏等方式，介绍当地乡土文化内容和乡土文化保护知识，增强文化的影响力，使它逐渐深入人心；可以利用各种宣传手段，以当地历史、地理、生态、文化、艺术、民俗等为主要内容，采用广播宣传和播放影片等方式开展乡土文化教育，使人们增强对本土的热爱，加深对乡土文化的理解与认同，促使人们更好地认识本地文化生态，增强人们对乡土的认同意识和文化认同感。

针对孩子，除了以上方式，还可以尝试把他们的学业课程安排在地区图书馆、科学技术馆或地方展览馆，向他们介绍当地传统村落的自然、人文演变历史，并组织学生参观，展览能直观显示这些演变的自然风貌，传统工艺，历史建筑的遗址，古旧建筑及各种构筑物，先辈遗留下来的生活用品、工具、衣物等，以增强历史的真实感。

八、构建传统村落保护与利用的社会环境和服务体系

（一）构建和谐社会环境

对于传统村落的保护不应保守。不应只顾及“风貌”“文物”“历史”和“文化”等，却对其中生活的人漠不关心、视而不见。因此，在传统村落保护与利用过程中应注重对居民、社会环境的构建，为人们提供一个安静和谐、礼让互助、文化丰富的社会环境。

1. 应强调人文关怀

要以实现人的全面发展为目标，从居民的根本利益出发，谋发展、促发展，不断满足居民日益增长的物质文化需求，切实保障居民的经济、政治和文化权益，让发展的成果惠及全体居民。在实际操作中，一方面要注重居民居住条件的改善；另一方面在房屋拆迁补偿安置方面坚持市场化原则，充分保障居民的利益，体现“公平正义”。

2. 应维持传统的乡村生活环境和氛围

通过修复传统村落的自然环境，保护村落的自然之美，保证传统村落文化能在一个绿色、健康的环境下可持续发展。

（1）避免城市肌理的完全植入。传统村落肌理的形成因当地政治、经济、文化、地理环境等各方面因素的影响而具有明显的自发展特征，因此它与城

市景观空间肌理在系统和秩序上有所不同，并在空间形态上呈现出不同特征。将城市景观空间规划模式直接运用到乡村景观，将对乡土文化的景观空间肌理造成破坏。

（2）保护传统村落传统的场所环境。传统村落街巷及院落空间易于产生亲切和舒适的感受，这来源于建筑物高度与道路、活动场所宽度的尺度比例关系给人带来的心理感受，整体与局部的合理搭配、和谐的空间尺度关系便于当地人生活交流并产生归属感。传统村落的比例、形式、风格在总体形态上要完整统一，避免拼贴和凌乱，同时要注重各局部的细部装饰和过渡变化。

（3）应在政府引导下促进公众参与村落旅游规划、旅游发展决策。强调公众参与，旨在使居民面对城市文化冲击时，能够既保持对本村文化资源的清醒认识和优势发挥，又能为村落旅游业和经济发展注入活力。只有居民广泛而全方位地参与，传统村落旅游发展的整体目标才能与居民个人的发展目标相一致，才能真正实现旅游开发“以人为本”。

作为传统村落旅游利益相关者，居民对传统村落旅游规划的了解和认识决定了其对旅游发展决策的配合程度和执行意愿。在传统村落旅游开发涉及的项目决策过程中，可以先由开发商提出初步方案，再由村委会传达给各个村民，经广泛讨论、提出修订意见和建议后，反馈给项目管理部门。管理部门在充分考虑各利益相关者的诉求后，做出平衡各方利益的最终方案。

（二）完善服务设施建设

传统村落不仅要有悠久的历史文化遗存（包括有形的文物遗产和无形的戏剧、音乐等非物质文化遗产），而且它是生活着、发展着的，因此，传统村落需要现代化，而且必须现代化。根据社会主义新农村建设要求，传统村落发展应将注意力转向基础设施建设和各项公共品的统筹安排，以确保传统村落的全面发展。具体而言，应消除贫困，为人们提供一个工作方便、生活舒服、环境优美、安全稳定的整体环境。

（1）对民居进行内部改造，特别要改造卫生间和厨房，做到自来水入户

可以在不破坏传统民居外观的前提下，通过改造内部建筑空间来适应现代生活；部分被闲置的房屋通过适当的修复，更新内部陈旧的设备，使其发挥新的功能，如改造为展览馆、客栈、餐馆等，为游客提供更多体验乡土文化的机会。

（2）解决照明用电、电视、电话、道路、排污等基础设施缺失的问题

基础设施改善应该与传统建筑修复结合起来。传统村落历史悠久、文化遗产丰富，但基础设施往往比较落后，房屋状况不佳，缺少自来水、电力、卫生设施、排水设施。这些都是现代生活和生产所必需的，基础设施的缺失

不能满足居民日益增长的物质文化需求。因此，需要从根本上改善传统村落的基础设施，变消极为积极，主动保护。

以道路交通为例，道路与各项工程设施有着紧密的联系，许多管道、线路都沿道路铺设，对村落的卫生、防灾、光照、通风等起到很大作用，与传统村落建筑艺术景观的建设相辅相成。因此，在布置道路系统时，应结合自然条件和环境特点，根据村落用地布局和对外联系程度，恰当选择村落出入口、道路走向、道路宽度等，既方便居民出行，又能创造舒适、安全的环境，为组织村落景观提供先决条件。

（3）解决环境脏、乱、差，以及居民看病难、读书难、防灾不利等问题，使传统村落更加安全、文明、开放

对传统村落周围的环境进行调查，包括大气、土壤、水体、地下水、噪声、灰尘、垃圾处理、辐射等方面，这些方面都应符合国家环境保护的规定。在村落公共活动地段和主要道路两侧应设置符合环境保护要求的公共厕所；对垃圾应进行定点收集、封闭运输、统一处理等。同时，应注重传统村落绿化系统的构建，尽可能采用乡土植物，形成多样性的植物景观，使传统村落富有田园气息；建立健全安全防灾管理制度，落实防灾巡查制度，制订应急疏散预案等，改善村落安全条件。

九、传统村落保护管理措施及实施保障

（一）建立保护与建设管理机构

（1）建立各部门协同机制。借鉴日本、英国等历史文化遗产行政管理体制的特点，建设主管部门和文物主管部门应建立真正的责任机制，明确各自的权利与责任。历史文化村镇的保护工作涉及古建筑的保存修缮、村镇功能区划的调整、基础设施的改善、生态景观的修复等，建议将建设规划部门作为历史文化村镇的主管部门，文物部门负责文物保护单位的管理和修缮，其他相关部门应积极配合建设规划部门的保护管理工作，减少职能交叉环节，提高行政效率。

（2）建立传统村落保护与建设管理机构。该机构由金华市各县（市、区）人民政府的相关领导担任主要负责人。由各县（市、区）建设局、规划局、旅游局、传统村落村委的业务主管人员，规划建筑设计和文物保护、古建筑维修专业技术人员等组成该机构。制定严格的行政责任追究制度，将传统村落保护规划的实施落到实处。

（二）坚持政府引导、民众参与相结合的模式

切实实施传统村落的保护工作，遵循“政府协调支持、专家指导把关、企业具体运作、民众积极参与、社会各方配合”的原则，在遵循保护规划的前提下，允许并且鼓励相关企业对传统村落进行适度的保护和再开发，适当在传统村落保护与利用中引入市场运作机制，通过采取专门教育和财政措施鼓励等方法，充分激发广大民众自发保护传统村落的意识，将提高群众的自觉性和积极性作为目标，将“自上而下”和“自下而上”的力量结合为一个整体，把法律的、行政的、专业保护的、民众自觉的保护行为结合为一个整体。

（三）建立传统建筑、历史建筑、乡土建筑信息系统

指定制度、登录制度是世界范围内对文化遗产的重要保护制度。其中最为灵活有效的制度就是登录制度，它的意义在于：

（1）能将单一的文物保护有机地融合到全面的历史环境保护中，通过登录大量的文物古迹、近现代建筑物、近代化产业遗址等方法，将以往的文物概念和范畴有效地扩大了。

（2）它是一种柔性的保护机制，即它可以接受对部分建筑的外观、内部的适当改变，无论是维持原用途，还是将其在开发中作为旅游资源，均可将文物建筑进行最大化的合理利用。因此，应借鉴国外有效的保护制度，建立登录制度与指定制度相辅相成的保护机制，明晰文化遗产的保护体系，形成传统建筑信息系统。各地方政府应根据各地文化遗产保护的实际情况，将还未指定为国家级或省级的历史文化村镇、街区、文物保护单位以及非物质文化遗产登录起来，设立地方历史文化遗产保护区，制定保护条例、编制保护规划。同时，建立有效的信息系统来统计传统村落范围内的每栋历史建筑，也可以为传统建筑的保护和管理提供可靠的根据和基础。作为可靠度较高的档案，其内容应该涵盖建筑的历史状况、使用现状、建筑的保护和修缮、变更建设等工程行为的规定等。在对历史建筑项目审议制度中，传统建筑档案信息系统也可以作为主要依据。

（四）科学编制保护规划

一系列有关城市规划的国际宪章和我国的规划、法律、法规都提出了保护历史文化遗产、保护历史地段的要求。《内罗毕建议》（1976 年）中提出：“考虑到自古以来，历史地区为文化、宗教及社会活动的多样化和财富提供了最确切的见证，保护历史地区并使它们与现代社会生活相结合是城市规划和土地开

发的基本因素。”2012 年，住房和城乡建设部与国家文物局组织编制了《历史文化名城名镇名村保护规划编制要求（试行）》，以提高历史文化名城、名镇、名村规划编制的科学性、规范性和可操作性，更好地指导传统村落保护工作的开展。

科学编制传统村落保护规划是实现有效保护和利用传统村落的关键。一个科学的、有较强可操作性的传统村落保护与利用规划，必须包括以下内容：

（1）各县（市、区）从全局和整体发展出发，做好传统村落保护与利用规划。

（2）通过规划，保护传统村落风貌、历史肌理、空间格局，解决好传统村落人口控制问题。

（3）提出具体的保护措施和基础设施、景观绿化、安全防灾、新区建设等规划方案。

（4）划定保护范围和建设控制地带。

（5）确定保护项目和保护地段，并提出相应的保护和整治规划。

（6）重视整体文化环境的保护，包括自然环境、社会环境，以及教育、科技、文艺、道德、宗教、民族心理、传统习俗等。

传统村落保护与利用规划编制的指导思想应该是《中华人民共和国文物保护法》（2015 年修正）规定的“保护为主，抢救第一，合理利用，加强管理”的文物工作方针。在这一指导思想下，在编制传统村落保护与利用规划时应正确处理保护与利用的关系，在为保护历史文化遗存创造有利条件的同时，应推动传统村落发展，以适应传统村落经济、社会发展和满足现代生活和工作环境的需要，使保护和建设协调发展；注意对濒临损坏的历史文化遗产的抢救和保护；注重保护历史文化遗产的历史真实性、历史风貌的完整性和生活的延续性。同时，在编制传统村落保护与利用规划时应分析传统村落的历史演变、性质、规模及现状特点，并根据历史文化遗产的性质、形态、分布特点，因地制宜地确定保护对象和保护措施。

十、金华市传统村落保护与利用规划编制导则

为切实加强金华市传统村落保护，推动传统村落开发利用。根据《中华人民共和国城乡规划法》《中华人民共和国文物保护法》《中华人民共和国非物质文化遗产法》《村庄和集镇规划建设管理条例》《历史文化名城名镇名村保护条例》等有关规定，制定金华市传统村落保护与利用规划编制基本要求，适用于各县（市、区）传统村落保护利用规划的编制。

（一）规划任务

金华市传统村落保护与利用规划必须完成以下任务：调查村落传统资源，建立传统村落档案，确定保护对象，划定保护范围并制定保护管理规定，提出传统资源保护以及村落人居环境改善的措施，确定传统村落利用方法及方向。

（二）总体要求

编制保护利用规划，要坚持保护为主、兼顾发展，尊重传统、活态传承，符合实际、村民主体的原则，注重多专业结合的科学决策，广泛征求政府、专家和村民的意见，提高规划的实用性。有条件的村落，要在满足基本要求的基础上，根据村落实际需求并结合经济发展条件，进一步拓展、深化规划内容的广度和深度。

（三）传统资源调查与档案建立

根据《金华市传统村落保护与利用规划》的具体要求，保护利用规划应对传统村落有保护价值的物质形态和非物质形态资源进行系统而详尽的调查，并建立金华市传统村落档案。调查范围包括但不限于传统村落水口园林、山水格局、传统建筑、古树名木、非物质文化遗产等。调查内容、调查要求以及档案制作参照《住房和城乡建设部、文化部、财政部关于做好2013年中国传统村落保护发展工作的通知》（建村〔2013〕102号）进行。

（四）传统村落特征分析与价值评价

传统村落特征分析需要对村落选址与自然景观环境特征、村落传统格局和整体风貌特征、传统建筑特征、历史环境要素特征、非物质文化遗产特征进行分析。根据本书评分标准及方法进行评价，通过与较大区域范围（地理区域、文化区域、民族区域）以及邻近区域内其他村落的比较，综合分析传统村落的特点，评估其历史、艺术、科学、社会等价值；对各种不利于传统资源保护的因素进行分析，并评估这些因素威胁传统村落的程度。

（五）传统村落保护利用规划基本要求

（1）明确保护利用对象。依据传统村落调查与特征分析结果，明确传统资源保护对象，对各类各项传统资源分类分级进行保护。分析传统村落的环境、保护与发展条件的优势和劣势，提出村落发展定位及利用途径的建议。

（2）划定保护区划。传统村落应整体进行保护，将村落及与其有重要视觉、文化关联的区域整体划为保护区加以保护；村域范围内的其他传统资源亦应划定相应的保护区；要针对不同范围的保护要求制定相应的保护管理规定。保护区划的划定方法与保护管理规定可参照《历史文化名城名镇名村保护规划编制要求（试行）》。

（3）明确保护措施。明确村落自然景观环境保护要求，提出景观和生态修复措施，以及整改办法。明确村落传统格局与整体风貌保护要求，保护村落传统形态、公共空间和景观视廊等，并提出整治措施。保护传统建（构）筑物，参考《历史文化名城名镇名村保护规划编制要求（试行）》提出的传统建（构）筑物分类及相应的保护措施。保护传承非物质文化遗产，提出对非物质文化遗产的传承人、场所与线路、有关实物与相关原材料的保护要求与措施，以及管理与扶持、研究与宣教等的规定与措施。

（4）人居环境规划。改善居住条件，提出传统建筑在提升建筑安全、居住舒适性等方面的引导措施。完善道路交通，在不改变街道空间尺度和风貌的情况下，提出村落的路网规划、交通组织及管理规划、停车设施规划、公交车站设置、可能的旅游线路组织。提升人居环境，在不改变街道空间尺度和风貌的情况下，提出村落基础设施改善、公共服务提升措施，安排防灾设施。

（5）确定保护利用实施项目。明确近五年内拟实施的保护利用项目、整治改造项目以及各项目的分年度实施计划和资金估算。提出远期实施的保护项目、整治改造项目以及各项目的分年度实施计划。

（六）金华市传统村落保护与利用规划成果基本要求

保护利用规划成果包括规划文本、规划图纸和附件、规划说明书、传统村落档案。其中规划文本、规划图纸和附件、规划说明书的具体要求参照《历史文化名城名镇名村保护规划编制要求（试行）》《金华市传统村落保护与利用规划》。保护利用规划图纸要求如下：

1. 现状分析图

现状分析图包括：

（1）村落传统资源分布图。图中应标明村落现状总平面，村落内各类有形传统资源的位置、范围，非物质文化遗产活动场所与线路，村落各主要视觉控制点的整体风貌等。

（2）格局风貌和历史街巷现状图。

（3）反映传统建筑年代、质量、风貌、高度等的现状图。

（4）基础设施、公共安全设施及公共服务设施等现状图。

2. 保护规划图

保护规划图包括：

（1）村落保护区划总图。标绘保护范围及各类保护区和控制界线。

（2）建筑分类保护规划图。标绘保护范围内文物保护单位、历史建筑、传统风貌建筑、其他建筑的分类保护措施。其中，其他建筑要根据对历史风貌的影响程度进行细分。

（3）要素保护规划图。标绘保护范围内古树名木、传统街巷、非遗传承基地等。

3. 利用规划图

利用规划图包括：

（1）道路交通规划图。

（2）人居环境改善措施图。提出传统村落基础设施、公共服务设施、防灾减灾改善和提升的规划措施。

（3）开发利用措施图。提出传统村落开发利用方向，建设重要开发项目的规划措施。

各项图纸比例尺一般用1∶2000，也可用1∶500或1∶5000。地形图比例尺不足用时，应配合手绘图解进行标绘。

参考文献

[1] 安然. 基于中国环境美学思想的鄂东南传统村落空间形态研究 [D]. 武汉：武汉大学，2017.

[2] 安月茹. 传统村落保护与整治的公众参与评价研究——以井陉县小龙窝村为例 [D]. 石家庄：河北师范大学，2018.

[3] 白聪霞，陈晓键. 传统村落保护的研究回顾与展望 [J]. 华中建筑，2016，34 (12)：15-18.

[4] 白佩芳. 晋中传统村落信仰文化空间研究 [D]. 西安：西安建筑科技大学，2014.

[5] 包迎华，盛良瑜，李玉用. 江苏传统村落保护与开发研究——以南京杨柳村和漆桥村为例 [J]. 改革与开放，2017 (5)：36-39.

[6] 卞显红，王苏洁. 旅游目的地空间规划布局研究 [J]. 江南大学学报：人文社会科学版，2004 (1)：61-65.

[7] 卞显红，闫雪. 内生与外生型旅游产业集群空间演化研究 [J]. 商业研究，2012 (8)：180-187.

[8] 卞显红，余芳. 江南水乡古镇历史文化与现代建筑和谐关系构建路径研究 [J]. 旅游论坛，2012，5 (3)：104-110.

[9] 卞显红，章家清. "点-轴"渐进扩散理论及其在长江三角洲区域旅游空间结构研究中的应用 [J]. 江南大学学报：人文社会科学版，2007 (2)：59-65.

[10] 卞显红. 旅游者目的地选择影响因素分析 [J]. 地理与地理信息科学，2003 (6)：83-88.

[11] 卞显红. 长江三角洲城市旅游空间结构形成机制 [M]. 上海：上海人民出版社，2008.

[12] 卞显红. 江南水乡古镇旅游业转型动力机制及路径研究 [J]. 城市发展研究，2010，17 (7)：119-126.

[13] 卞显红. 江浙古镇保护与旅游开发模式比较 [J]. 城市问题，2010 (12)：50-55.

[14] 卞显红. 江南忆 最忆古镇游：江南水乡古镇保护与旅游开发 [M]. 北京：中国物资出版社，2011.

[15] 卞显红. 基于自组织理论的旅游产业集群演化阶段与机制研究——以杭州国际旅游综合体为例 [J]. 经济地理，2011，31 (2)：327-332.

[16] 卞显红. 旅游产业集群成长阶段及持续成长驱动力分析——以杭州国际旅游综合体为例 [J]. 商业经济与管理，2011 (12)：84-91.

[17] 卞显红. 创新网络、集群品牌视角的旅游产业集群升级研究——以杭州国际旅游综

合体为例 [J]. 地域研究与开发, 2012, 31 (3): 22 - 26.
[18] 卞显红. 旅游产业集群网络结构及其空间相互作用研究——以杭州国际旅游综合体为例 [J]. 人文地理, 2012, 27 (4): 137 - 142.
[19] 卞显红. 旅游产业集群空间演化、竞争优势获取与创新升级研究: 以杭州国际旅游综合体为例 [M]. 北京: 中国财富出版社, 2013.
[20] 曹易, 翟辉. 对传统村落保护与发展模式的几点思考 [J]. 小城镇建设, 2015 (5): 41 - 43.
[21] 曹易, 翟辉. 我国传统村落的保护性利用研究——以云南省滇中地区为例 [J]. 昆明理工大学学报: 社会科学版, 2015, 15 (1): 97 - 103.
[22] 曹益林. 金华市文化产业发展状况分析 [J]. 浙江统计, 2009 (9): 38 - 39.
[23] 曾令泰. "互联网 +" 背景下中国传统村落保护与发展路径探析 [J]. 小城镇建设, 2018 (3): 11 - 15.
[24] 曾艳, 黄家平, 肖大威. 基于文化地理研究的传统村落及民居保护策略——以广东梅州为例 [J]. 小城镇建设, 2015 (5): 90 - 94.
[25] 柴斌. 基于复合生态系统的青海省兔尔干传统村落保护与发展策略研究 [D]. 西安: 西安建筑科技大学, 2015.
[26] 陈晨, 金连生. 辽宁省传统村落保护与利用的困境与展望 [J]. 上海城市规划, 2017 (6): 59 - 63.
[27] 陈丹丹. 传统村落保护发展规划研究 [J]. 山西建筑, 2014, 40 (34): 3 - 5.
[28] 陈栋, 阎欣, 丁成呈. 淮盐文化传统村落保护与可持续发展的地域化路径——以江苏盐城市草堰村为例 [J]. 规划师, 2017, 33 (4): 89 - 94.
[29] 陈果, 张霁. 传统村落保护规划中公共空间作用浅析 [J]. 四川建筑, 2015, 35 (3): 43 - 45.
[30] 陈虹, 康兴斌, 陈钦华. 传统村落价值特色分析、评价及发展对策——以福建漳州平和钟腾村为例 [J]. 长江大学学报: 自科版, 2015, 12 (21): 4 - 5; 18 - 21.
[31] 陈虹, 吴敏兰, 燕一波. 基于价值特色的传统村落保护与发展的规划研究——以福建漳州平和庄上村为例 [J]. 内蒙古农业大学学报: 社会科学版, 2017, 19 (1): 137 - 142.
[32] 陈继腾. 传统村落保护发展途径和方法——以黄山市石屋坑村为例 [J]. 安徽建筑, 2016, 23 (1): 73, 77.
[33] 陈洁, 陈琛. 浅论当下传统村落保护实践的特征与倾向——以贵州屯堡村落云山屯的保护实践为例 [J]. 四川建筑, 2015, 35 (6): 53 - 55.
[34] 陈静. 河南扒村传统村落保护发展规划探索 [J]. 工业建筑, 2017, 47 (3): 49 - 53.
[35] 陈亮. 旅游联动发展视角下的传统村落保护与发展研究——以新化县为例 [D]. 绵阳: 西南科技大学, 2018.
[36] 陈清鋆, 杨斌. 基于空间格局体系的山地传统村落保护研究——以贵州省天门村为例 [J]. 小城镇建设, 2016 (7): 44 - 47; 53.
[37] 陈容娟. 土瑶传统村落地景与空间结构研究——以贺州沙田镇大冷水村为例 [J].

重庆文理学院学报：社会科学版，2015，34（4）：14－19.
[38] 陈若曦．陕南地区传统村落景观特征研究［D］．西安：长安大学，2017.
[39] 陈沙沙．传统村落环境保护与旅游开发的契合——以铜川市耀州区申河村为例［J］．江西建材，2018（1）：38－39.
[40] 陈沙沙．新型城镇化背景下陕西传统村落边界区域环境保护研究［J］．环境科学与管理，2017，42（4）：151－155.
[41] 陈骁，曹象明．地域文化主导下晋西北传统村落的空间特色及其保护方法——以老牛湾堡为例［A］．中国城市规划学会、贵阳市人民政府．新常态：传承与变革——2015中国城市规划年会论文集（14乡村规划）［C］．中国城市规划学会、贵阳市人民政府：中国城市规划学会，2015：13.
[42] 陈晓华，鲍香玉．徽州传统村落保护发展现状及思考——基于黟县8个传统村落的调查分析［J］．池州学院学报，2018，32（3）：16－21.
[43] 陈晓华，鲍香玉．旅游开发对徽州传统村落保护发展影响研究［J］．原生态民族文化学刊，2018，10（2）：100－107.
[44] 陈晓华，程佳．文化传承视角下我国传统村落保护发展研究述评［J］．淮北师范大学学报：哲学社会科学版，2018，39（2）：112－120.
[45] 陈晓华，谢晚珍．我国传统村落保护研究述评［J］．合肥学院学报：综合版，2018，35（4）：28－35.
[46] 陈雪婷．韩城地区传统村落空废化现象分析及保护与发展策略研究［D］．西安：西安建筑科技大学，2017.
[47] 陈燕．基于价值认知的传统村落保护规划探索——以漳州平和县钟腾村为例［J］．福建建筑，2015（6）：36－38.
[48] 陈耀华，妙关素．风景区传统村落居民诉求与应对研究——以长屿硐天景区岙里村为例［J］．中国园林，2015（4）：109－113.
[49] 陈莹．基于农民价值观视角的传统村落保护分析［J］．中国管理信息化，2016，19（4）：203－204.
[50] 陈永吉．河湟地区土族传统村落景观解析与传承［D］．西安：西安建筑科技大学，2017.
[51] 陈远笛，戴林琳．非物质文化遗产视角下的传统村落保护——以北京郊区琉璃渠村为例［J］．中外建筑，2015（12）：83－84.
[52] 陈卓．浙江山地传统村落松阳县塘后村保护与更新研究［D］．重庆：重庆大学，2017.
[53] 程堂明，卢凯，陶冠军．记忆传承乡愁文化　保护发展传统村落——以龙潭肖村保护发展方法探索为例［J］．小城镇建设，2016（7）：33－38，43.
[54] 仇保兴．论保护传统村落中的政府作用［J］．中国名城，2015（3）：4－7.
[55] 储金龙，叶家珏．基于空间句法的传统村落保护规划编制应用的思考——以国家级历史文化名村唐模为例［J］．安徽建筑大学学报，2017，25（5）：57－63.
[56] 崔寒．井陉县中西部山区传统村落的形态特征与发展利用方式研究［D］．邯郸：河北工程大学，2017.

[57] 崔晶瑶. 吉林省长白山地区传统村落保护与更新研究——以锦江木屋村为例 [D]. 长春：吉林建筑大学，2018.
[58] 崔明奕. 作为传统手工艺载体的古村落保护——以三卿口古瓷村为例 [D]. 深圳：深圳大学，2017.
[59] 戴聪. 基于旅游资源价值评价的传统村落更新研究——以湖北仙岛湖风景区传统村落为例 [D]. 武汉：湖北美术学院，2017.
[60] 戴慧，赵梦龙，杨禹村. 基于环境心理学的传统村落环境保护和利用研究——以皖南屏山村为例 [J]. 建筑与文化，2017 (8)：163 - 165.
[61] 戴余庆. 东地区传统村落街巷风貌特色及保护更新研究 [D]. 哈尔滨：哈尔滨工业大学，2016.
[62] 丹青. 探索历史文化名村和传统村落保护与利用之路——以常州市焦溪古村落为例 [J]. 中国文物科学研究，2015 (3)：15 - 20，94.
[63] 单梦婷. 太湖风景名胜区三山岛传统村落空间形态保护与优化——以荷花江与水街恢复为例 [D]. 南京：东南大学，2016.
[64] 单彦名，田家兴，高朝暄. 基于“人本观念”的传统村落保护发展研究——以福建晋江塘东村为例 [J]. 南方建筑，2015 (4)：52 - 57.
[65] 邓黍心，伽红凯. 城镇化进程中传统村落文化的传承与保护——以湖州荻港村为例 [J]. 安徽农学通报，2017，23 (6)：1 - 3，10.
[66] 邓应发. 湘西州传统村落保护与乡村旅游开发协同发展潜力的综合评价 [D]. 吉首：吉首大学，2017.
[67] 迪娜·努尔兰. 基于历史文化传承的传统村落保护与更新策略——以新疆特克斯县琼库什台村为例 [D]. 乌鲁木齐：新疆大学，2017.
[68] 丁奇，聂紫阳. 乡土保护视角下乡村民宿空间的营造策略——以浙江省传统村落民宿为例 [J]. 遗产与保护研究，2017，2 (6)：87 - 91.
[69] 丁智才. 论传统村落非遗与新型城镇化建设同行——以南宁市缸瓦窑村香火龙为例 [J]. 电子科技大学学报：社科版，2015，17 (1)：101 - 106.
[70] 丁智才. 五大发展理念下传统村落文化发展探析——以埭美村为例 [J]. 宁夏社会科学，2017 (6)：231 - 236.
[71] 丁智才. 新型城镇化背景下传统村落特色文化的保护与传承——基于缸瓦窑村的考察 [J]. 中国海洋大学学报：社会科学版，2014 (6)：93 - 98.
[72] 董硕. 华北地区传统村落空间建造支撑基础研究 [D]. 北京：北京建筑大学，2017.
[73] 董先农，王静，刘彪. 古村落景观保护性与可持续性发展——以南社古村落为例 [J]. 广东园林，2015，37 (2)：16 - 19.
[74] 董栩宁. 大荔城乡融合发展区传统乡村聚落保护规划策略研究 [D]. 西安：西安建筑科技大学，2016.
[75] 窦海萍. 文化人类学视角下的安多藏区藏族传统村落保护模式探究——以甘南尼巴村为例 [D]. 兰州：兰州理工大学，2017.
[76] 窦晓乐，房淑娟，刘欣，等. 云南大理牛街村传统村落保护规划研究 [J]. 浙江农

业科学，2017，58（1）：183－187.
［77］窦银娣，彭姗姗，李伯华，等. 湖南省传统村落空间可达性研究［J］. 资源开发与市场，2015，31（5）：554－558；583；641.
［78］杜国亭. 旅游新业态影响下的传统村落景观风貌规划研究［D］. 济南：山东大学，2017.
［79］杜森. 青海土族传统村落保护与发展策略研究［J］. 建筑设计管理，2018，35（2）：53－59.
［80］段德罡，黄梅. 纳西族传统村落保护研究进展及建议［A］. 中国城市规划学会. 城市时代，协同规划——2013 中国城市规划年会论文集（11－文化遗产保护与城市更新）［C］. 中国城市规划学会：中国城市规划学会，2013：909－919.
［81］段惠丹. 图们江地区朝鲜族传统村落遗产保护研究［D］. 长春：吉林建筑大学，2017.
［82］段威，雷楠. 浙江天台张家桐村：基于微介入策略的传统村落保护与更新［J］. 北京规划建设，2014（5）：50－57.
［83］段晓凤，薛兴华. 新农村建设中民族地区传统村落的发展困境与可持续路径分析［J］. 长江大学学报：自科版，2015，12（15）：77－81.
［84］樊海强，张鹰，刘淑虎，等. 基于自组织理论的传统村落更新模式实证研究［J］. 长安大学学报：社会科学版，2014，16（4）：132－135.
［85］樊娜娜. 新乡郭亮村传统村落的保护与开发研究［D］. 新乡：河南师范大学，2017.
［86］范生姣. 传统村落保护发展模式研究——以贵州省黔东南州为例［J］. 凯里学院学报，2017，35（5）：18－22.
［87］范生姣. 传统村落保护与发展面临的问题及对策思考——以锦屏县隆里所村为例［J］. 原生态民族文化学刊，2016，8（2）：114－119.
［88］方印，田锦方. 村落保护·物权自由·住房问题——基于起草贵州省传统村落保护发展条例的调研思考［J］. 人口·社会·法制研究，2016（Z2）：125－131.
［89］冯骥才. 传统村落保护的两种新方式［N］. 人民日报，2015－06－19（24）.
［90］冯涧. 婺商文化的特色与八婺商业［J］. 当代经济，2009（18）：98－100.
［91］冯晓静. 基于地域文化保护与传承的传统村落更新设计研究——以陕县传统村落为例［D］. 郑州：河南农业大学，2017.
［92］冯耀东. 关于青岛市传统村落保护的研究报告［J］. 中共青岛市委党校. 青岛行政学院学报，2014（6）：121－124.
［93］冯志丰，肖大威，傅娟. 基于文化区划的传统村落与民居文化景观特征研究——以广州为例［J］. 建筑与文化，2016（6）：102－104.
［94］傅娟，冯志丰，蔡奕旸，等. 广州地区传统村落历史演变研究［J］. 南方建筑，2014（4）：64－69.
［95］傅云峰，林燕. 金华市传统村落旅游开发实证研究——以山头下古村为例［J］. 金华职业技术学院学报，2018，18（4）：34－38.
［96］伽红凯，王思明. 分享经济视角下的中国传统村落利用及其保障机制研究［J］. 中

国农史，2017，36（6）：114－121.
[97] 伽红凯．中国传统村落保护的矛盾与模式探析［J］．中国农史，2016，35（6）：136－144.
[98] 甘晓璟．桂北传统村落文化景观的再生设计研究［D］．大连：大连理工大学，2017.
[99] 高飞．基于文化地理学的传统村落与民居的保护与发展研究——以阿坝州为例［D］．绵阳：西南科技大学，2017.
[100] 高建东，吕学昌，高宜生，等．对海草房传统村落保护与利用的几点探讨［A］．中国城市规划学会、东莞市人民政府．持续发展 理性规划——2017中国城市规划年会论文集（09城市文化遗产保护）［C］．中国城市规划学会、东莞市人民政府：中国城市规划学会，2017：1293－1307.
[101] 高勋达．福建畲族传统村落保护发展研究——以宁德市上水村为例［D］．绵阳：西南科技大学，2018.
[102] 葛程诚，张沉沉．山区少数民族传统村落的保护、改造、开发和利用——以湖北宜昌市五峰土家族自治县栗子坪村为例［J］．民族大家庭，2016（3）：44－46.
[103] 葛雯．苏州传统村落旅游产品规划研究——以陆巷—杨湾村落集群为例［D］．苏州：苏州科技学院，2014.
[104] 耿涵，周雅．文化遗产视角下传统村落保护的理念与方式［J］．建筑与文化，2015（5）：168－169.
[105] 公茂武．广西传统村落分级分类保护研究［J］．广西城镇建设，2014（11）：26－33.
[106] 宫苏艺，李玉祥．冯骥才：保护古村落是文化遗产抢救的重中之重［J］．中国地产市场，2006（6）：14－25.
[107] 龚晓芳，董建．江南传统村落保护发展下的生态规划策略探讨［J］．建筑节能，2017，45（10）：71－74.
[108] 龚云华．区域旅游协同发展视角下传统村落保护与发展研究——以莲花县湖塘村为例［D］．南昌：江西农业大学，2017.
[109] 顾大治，王彬，黄雨萌，等．基于非物质文化遗产活化的传统村落保护与更新研究——以安徽绩溪县湖村为例［J］．西部人居环境学刊，2018，33（2）：100－105.
[110] 顾楠．泰州市传统村落保护与发展策略研究［D］．苏州：苏州科技大学，2017.
[111] 顾文选．生态文明与传统村落的保护、更新和利用［J］．中国生态文明，2017（4）：18－20.
[112] 顾贤光，李汀珅．意大利传统村落民居保护与修复的经验及启示——以皮埃蒙特大区为例［J］．国际城市规划，2016，31（4）：110－115.
[113] 郭冬琦．传统村落雄崖所古城民居保护与更新研究［D］．青岛：青岛理工大学，2015.
[114] 郭冬雪．传统村落保护与旅游开发的互动关系研究——以荣成市海草房传统村落为例［D］．济南：山东建筑大学，2017.

[115] 郭华瞻. 山西平顺岳家寨传统村落研究——兼论资源制约型传统村落的保护要点 [J]. 建筑与文化, 2016 (1): 196 - 201.

[116] 郭佳. 文化模式视角下京西王平古道传统村落营造体系研究 [D]. 北京: 北方工业大学, 2017.

[117] 郭妍. 传统村落人居环境营造思想及其当代启示研究——以山西晋中传统村落为例 [D]. 西安: 西安建筑科技大学, 2011.

[118] 郭阳. 北京地区传统村落分布与特征研究——以北京延庆地区为例 [D]. 北京: 北京建筑大学, 2014.

[119] 韩俊艳. 地域文化背景下非典型传统村落的保护和旅游发展研究——以漳州市南靖县官洋村为例 [D]. 北京: 北京交通大学, 2016.

[120] 郝吉. 朝鲜族传统村落在民俗旅游开发中的保护与更新——以龙井市长财村为例 [D]. 长春: 吉林建筑大学, 2017.

[121] 郝梦全. 传统村落民居更新改造及养老功能转换设计探析——以内蒙古美岱桥村等典型传统村落民居为例 [D]. 北京: 北方工业大学, 2017.

[122] 郝宁宁. 浙北传统村落乡土建筑保护与更新研究——以湖州市荻港村为例 [D]. 苏州: 苏州科技大学, 2017.

[123] 何亮. 雷州村落传统建筑保护与再利用研究 [D]. 广州: 广东工业大学, 2017.

[124] 何璐. 海南黎族传统村落建筑保护性设计与开发的经济学思考 [J]. 福建质量管理, 2016 (5): 68 - 69.

[125] 何璐琳. 基于有机更新理论的传统村落保护发展研究——以东阳市为例 [D]. 杭州: 浙江工商大学, 2015.

[126] 何伊婷, 朱维昆, 钟堃, 等. 基于体验式教学的广州传统村落的空间形态认知研究——以广州小洲村为例 [J]. 江西建材, 2015 (3): 25 - 26.

[127] 何依, 孙亮, 许广通. 基于历史文脉的传统村落保护研究——以宁波市走马塘村保护规划实施导则为例 [J]. 小城镇建设, 2017 (9): 11 - 17.

[128] 胡彬彬, 王安安. 传统村落人文物象体现的造物文化思想解读 [J]. 湖南大学学报: 社会科学版, 2015, 29 (4): 121 - 126.

[129] 胡彬彬. 中国传统村落保护的立法建议 [J]. 人民论坛, 2015 (9): 70 - 71.

[130] 胡琳菁. "传统" 和 "现代" 的完美融合——挖掘传统村落优势资源, 促进现代农业创新发展 [J]. 江西农业, 2015 (3): 21 - 24.

[131] 胡文兰. 屯堡古村落的保护与利用研究——以贵州省安顺市鲍家屯为例 [J]. 中北大学学报: 社会科学版, 2018, 34 (2): 80 - 85.

[132] 胡晓聪. 金华斗牛文化旅游开发研究 [J]. 生产力研究, 2014 (5): 117 - 121, 161.

[133] 葫芦岛市社会主义学院课题组, 刘素素. 辽宁省少数民族传统村落的保护研究——以葫芦岛市建昌县二道湾子蒙古族乡为个案 [J]. 辽宁省社会主义学院学报, 2016 (1): 74 - 82.

[134] 宦烨晨. 陕北传统窑居村落乡土景观分析与保护发展研究——以米脂杨家沟村为例 [D]. 西安: 西安建筑科技大学, 2017.

[135] 黄翅勤，彭惠军，梅佳. 基于PSR模型的传统村落旅游地生态安全调控研究——以湖南省衡阳市中田村为例［J］. 市场论坛，2015（5）：79－81.
[136] 黄广灿. “金华戏”传统文化旅游现状分析［J］. 华夏地理，2015（2）：27－29.
[137] 黄海棠，滕剑仑. 聚落空间形态演变视角的传统村落经济研究——以永安青水乡为例［J］. 怀化学院学报，2015，34（3）：23－26.
[138] 黄晶，刘扬. 传承传统文化的少数民族传统村落街道景观更新——以通海县兴蒙乡蒙古族村为例［J］. 绿色科技，2015（4）：87－91.
[139] 黄秋萍. 金华婺剧发展现状及市场化运营［J］. 当代经济，2012（13）：38－40.
[140] 黄蕊. 旅游联动发展视角下的青海同仁古村落保护与发展研究［D］. 西安：长安大学，2015.
[141] 黄伟林. 广西传统村落的保护与开发利用——“桂学应用”研究系列论文之四［J］. 广西教育学院学报，2017（6）：9－14.
[142] 黄笑丹. 楠溪江传统村落保护与开发研究［D］. 舟山：浙江海洋大学，2017.
[143] 黄滢，张青萍. 多元主体保护模式下民族传统村落的保护［J］. 贵州民族研究，2017，38（10）：107－110.
[144] 黄玉玲. 岭南水乡古村游客环境感知、地方依恋和满意度关系研究——以广州小洲村为例［D］. 广州：暨南大学，2013.
[145] 黄智尚. 广西三江县程阳侗寨传统村落保护与发展研究［D］. 广州：广州大学，2017.
[146] 冀晶娟，肖大威. 传统村落民居再利用类型分析［J］. 南方建筑，2015（4）：48－51.
[147] 江沛，陈雄. 双龙风景区非物质文化遗产分类和保护［J］. 重庆文理学院学报：社会科学版，2007（3）：28－32.
[148] 蒋姝婷. 传统村落民宿及其社区参与的研究——以杭州市桐庐县为例［D］. 杭州：浙江工商大学，2015.
[149] 金戎. “慢城”理念下的山西传统村落保护发展——以祁县谷恋村为例［D］. 太原：山西大学，2016.
[150] 金鑫. 云南宁蒗县泸沽湖传统村落保护研究［D］. 昆明：西南林业大学，2013.
[151] 康峰，曹如姬. 山西传统民居公共空间布局形态分析［J］. 山西建筑，2005（11）：18－19.
[152] 康宵. 天长镇乏驴岭古村落乡土景观的保护与利用研究［D］. 邯郸：河北工程大学，2016.
[153] 柯璐. 中国传统村落的保护与发展研究——以徽州传统村落为例［J］. 美术大观，2017（6）：112－113.
[154] 柯堰尹. 尤溪县桂峰村传统村落综合评价体系构建和实证研究［D］. 福州：福建农林大学，2017.
[155] 孔华. 池州“中国传统村落”现状及保护对策［J］. 安庆师范大学学报：社会科学版，2017，36（5）：102－105.
[156] 郐艳丽. 我国传统村落保护制度的反思与创新［J］. 现代城市研究，2016

(1): 2-9.
[157] 乐观. 美丽乡村建设视阈下浙江舟山群岛新区历史文化村落保护利用问题研究[D]. 雅安: 四川农业大学, 2016.
[158] 李波. 遗产旅游视角下皖南传统村落保护与发展规划研究——以安徽省岭下村为例[D]. 合肥: 合肥工业大学, 2015.
[159] 李伯华, 刘沛林, 窦银娣, 等. 中国传统村落人居环境转型发展及其研究进展[J]. 地理研究, 2017, 36 (10): 1886-1900.
[160] 李伯华, 罗琴, 刘沛林, 等. 基于 Citespace 的中国传统村落研究知识图谱分析[J]. 经济地理, 2017, 37 (9): 207-214, 232.
[161] 李超, 蒋彬. 西南民族地区传统村落保护研究概况与展望 [J]. 民族学刊, 2018, 9 (3): 16-24; 97-103.
[162] 李戈. 东莞市传统村落保护与发展研究——以南社村为例 [D]. 深圳: 深圳大学, 2017.
[163] 李华东. 传统生产方式保护与传统村落的未来 [J]. 建筑师, 2016 (5): 19-23.
[164] 李技文, 李桂明. 信阳传统村落保护与利用的现状及其对策建构 [J]. 遗产与保护研究, 2017, 2 (2): 40-45.
[165] 李技文. 大别山区传统村落保护的现状与对策建构研究——以豫南地区信阳市为例[J]. 原生态民族文化学刊, 2017, 9 (3): 88-93.
[166] 李咪, 芮旸, 王成新, 等. 传统村落的空间分布及影响因素研究——以吴越文化区为例 [J]. 长江流域资源与环境, 2018, 27 (8): 1693-1702.
[167] 李娜, 苗力, 牛筝, 等. 连片成区模式在传统村落保护中的应用——以井陉县中部传统村落片区保护规划为例 [J]. 小城镇建设, 2017 (1): 83-88.
[168] 李沛帆. 基于居民满意度的传统村落保护研究 [D]. 石家庄: 河北师范大学, 2015.
[169] 李鹏波, 孟磊, 雷大鹏, 等. 基于叙事理论的传统村落生态文化载体系统研究——以北京爨底下村保护为例 [J]. 天津城建大学学报, 2015, 21 (4): 246-251.
[170] 李睿. 西江流域传统村落形态的类型学研究 [D]. 广州: 华南理工大学, 2014.
[171] 李莎莎. "美丽乡村" 背景下的鹤壁市传统村落保护与发展研究——以王家辿村为例 [D]. 郑州: 郑州大学, 2016.
[172] 李素珍. 基于 "美丽乡村" 建设目标的新疆传统村落保护和发展研究 [D]. 长沙: 湖南师范大学, 2015.
[173] 李骁. 传统村落基础设施问题研究——以贵州省江口县云舍村为例 [D]. 广州: 华南理工大学, 2016.
[174] 李小寒, 李泽新, 于林. 基于文化—生态可持续的传统村落保护与发展———以重庆市蔺市镇凤阳村为例 [J]. 城市, 2016 (11): 39-43.
[175] 李晓博, 毛诗泽, 白宪臣. 传统古村落临沣寨的旅游开发策略 [J]. 城乡建设, 2015 (7): 56-57.
[176] 李晓娟. 山地型传统村落保护与发展规划博弈——以河北省井陉县苍岩山镇汪里传统村落为例 [A]. 中国城市规划学会、东莞市人民政府. 持续发展 理性规划——

2017 中国城市规划年会论文集（09 城市文化遗产保护）[C]. 中国城市规划学会、东莞市人民政府：中国城市规划学会，2017：219 – 226.

[177] 李晓兰. 新时期贵州传统古村落的保护与传承 [J]. 理论与当代，2016 (1)：47 – 49.

[178] 李晓婷，卞显红. 农村居民不同收入来源对其旅游消费的影响研究 [J]. 旅游论坛，2013，6 (4)：36 – 39.

[179] 李雄华. 城市化进程中乡村环境建设与村落保护 [J]. 生态经济，2015，31 (2)：168 – 171.

[180] 李艳旗. 湘南地区单一姓氏聚居传统村落建筑布局研究 [D]. 长沙：湖南大学，2010.

[181] 李耀. 旅游视角下传统村落“原乡”特征的保护及利用研究——以贵州务川仡佬源龙潭村为例 [D]. 重庆：重庆理工大学，2017.

[182] 李茵茵. 基于 AHP 层次分析法的井陉县中部区域传统村落片区保护研究 [D]. 邯郸：河北工程大学，2017.

[183] 李宇萌. 传统村落环境与非物质文化遗产保护与传承关联性研究——以陕西省灵泉村为例 [D]. 西安：西安建筑科技大学，2017.

[184] 李占祥，石会娟. 陕西省传统村落保护的现状问题与对策——基于全省传统村落普查工作 [J]. 居舍，2018 (19)：199 – 200.

[185] 李枝秀. 传统村落“空心化”的原因分析与治理策略 [J]. 老区建设，2015 (8)：34 – 36.

[186] 李志玲. 传统村落保护性发展的路径 [J]. 中国党政干部论坛，2017 (12)：96 – 98.

[187] 李柱，张戬. 我国传统村落研究进展分析 [J]. 安徽农业科学，2017，45 (25)：253 – 256.

[188] 李宗倍. 广府文化背景下珠三角与桂东南传统村落形态比较研究 [D]. 广州：华南理工大学，2014.

[189] 梁海妮. 徽戏　八婺文化又一枝 [J]. 今日浙江，2015 (8)：58 – 59.

[190] 梁林. 传统村落公共空间秩序研究——以陕西省合阳县灵泉村为例 [D]. 西安：西安建筑科技大学，2007.

[191] 梁水兰. 传统村落评价认定指标体系研究——以滇中地区为例 [D]. 昆明：昆明理工大学，2013.

[192] 梁雯. 基于 PPP 模式的传统村落保护研究 [D]. 西安：西北大学，2016.

[193] 廖军华. 乡村振兴视域的传统村落保护与开发 [J]. 改革，2018 (4)：130 – 139.

[194] 林超华. 旅游导向下的传统村落保护发展研究——以福建官洋村为例 [J]. 福建建筑，2018 (8)：22 – 27.

[195] 林琼华. 当前传统村落保护规划中的关键问题探讨 [J]. 城乡建设，2015 (10)：67 – 69.

[196] 林胜华. 金华酒文化历史源流管窥 [J]. 扬州大学烹饪学报，2012，29 (2)：17 – 20.

[197] 林文勇．龙岩市非客家区域古村落古民居保护与开发［D］．福州：福建农林大学，2016.

[198] 林晓平．客家传统村落的保护与利用探论——以赣县白鹭村为例［J］．赣南师范大学学报，2018，39（1）：26－31.

[199] 林艺，王笛．一份关于云南传统村落的调研报告［J］．学术探索，2015（2）：106－114.

[200] 林祖锐，常江，刘婕，等．旅游发展影响下传统村落的整合与重构——以河北省邢台县英谈传统村落为例［J］．现代城市研究，2015（6）：32－38.

[201] 凌解良，陈云水，王丽萍．三农视角下传统村落保护的实践思考——以常熟市为例［J］．江南论坛，2018（1）：33－35.

[202] 刘保国，和雨，王鹏，等．三门峡市赵沟村传统村落保护规划研究［J］．浙江农业科学，2016，57（3）：424－428，430.

[203] 刘春，王刘辉，王倩．城寨型传统村落价值分析与保护发展探索——以自贡三多寨传统村落为例［J］．城市住宅，2016，23（7）：44－47.

[204] 刘大泯．贵州古村落保护现状及对策［J］．理论与当代，2015（11）：32－33.

[205] 刘方晟，方岚，蔡建国，等．古村落传统特色分析与保护对策——以裕溪乡小槎村为例［J］．建筑与文化，2017（11）：156－157.

[206] 刘方晟．传统村落保护与利用规划研究［D］．杭州：浙江农林大学，2018.

[207] 刘桂梅．历史文化名村保护在村落规划设计中的体现与研究——以湖南省蓝山县虎溪村为例［J］．智能城市，2018，4（15）：59－60.

[208] 刘海静，刘弘涛，李馨，等．生态博物馆在我国传统村落保护中的应用——以雅安市望鱼乡望鱼古镇为例［J］．四川建筑，2015，35（2）：11－14.

[209] 刘海静．“生态博物馆理论”在传统村落保护中的应用研究——以雅安市望鱼古镇为例［D］．绵阳：西南科技大学，2012.

[210] 刘浩平．美丽乡村建设背景下特色民族村落保护与发展研究［D］．昆明：云南财经大学，2016.

[211] 刘宏日，张跃西，张建敏．婺剧文化旅游资源开发与利用研究［J］．金华职业技术学院学报，2004，4（4）：93－96.

[212] 刘会，禹秀丽．论我国城镇化进程中传统村落的消失与保护［J］．河北工程大学学报：社会科学版，2015，32（4）：25－27.

[213] 李佳．传统村落保护模式研究——基于中外案例的比较［D］．南京：南京农业大学，2015.

[214] 刘嘉毅，葛绪锋，陈玉萍．传统村落遗产保护与旅游开发研究——来自江苏洪泽龟山村的样本［J］．中南林业科技大学学报：社会科学版，2017，11（6）：23－27.

[215] 刘军民，庄袁俊琦．传统村落文化脱域与保护传承研究［J］．城市发展研究，2017，24（11）：136－139.

[216] 刘磊．以原型辨识为导向的传统村落保护与开发策略——以豫南新县西河大湾村为例［J］．现代城市研究，2017（9）：48－54，84.

[217] 刘磊．中原地区传统村落历史演变研究［D］．南京：南京林业大学，2016.

[218] 刘立攀. 基于山地传统村落保护模式的南弄村旅游景观规划设计研究 [D]. 西安: 西安建筑科技大学, 2017.
[219] 刘渌璐, 肖大威, 傅娟. 传统村落保护实施效果评估方法探索 [J]. 小城镇建设, 2014 (6): 85 - 90.
[220] 刘渌璐. 广府地区传统村落保护规划编制及其实施研究 [D]. 广州: 华南理工大学, 2014.
[221] 刘美, 陈蔚. 重庆石柱县传统村落特色与遗产保护研究——以黄龙村为例 [J]. 重庆建筑, 2016 (5): 13 - 16.
[222] 刘培珍. 传统村落保护专项标准体系构建研究 [D]. 哈尔滨: 东北林业大学, 2015.
[223] 刘婷. 泸县新溪村传统村落文化景观保护研究 [D]. 成都: 成都理工大学, 2017.
[224] 刘婷婷. 基于扎根理论下的传统村落保护与发展研究——以贵州省雨补鲁天坑村为例 [D]. 北京: 中央美术学院, 2016.
[225] 刘先辉. 我国传统村落的环境法保护研究 [J]. 郑州大学学报: 哲学社会科学版, 2017, 50 (3): 30 - 34, 158 - 159.
[226] 刘啸宇. 舒家塘传统村落保护与发展规划 [D]. 长沙: 中南林业科技大学, 2016.
[227] 刘馨阳. 辽宁阜新地区蒙古族传统村落遗产保护研究——以佛寺村为例 [D]. 长春: 吉林建筑大学, 2018.
[228] 刘雅心. 广西传统村落景观区划及保护策略研究 [D]. 南宁: 广西大学, 2018.
[229] 刘燕. 非物质文化遗产在传统村落保护中的传承研究——以安徽省泾县黄田村为例 [D]. 北京: 北京建筑大学, 2016.
[230] 刘洋. 有机更新理念下传统村落保护发展规划设计研究——以李方村为例 [D]. 昆明: 昆明理工大学, 2016.
[231] 刘赢. 传统村落保护与景观规划设计——以海南琼北石山镇三卿村景观规划设计为例 [D]. 大连: 大连工业大学, 2016.
[232] 刘智英, 马知遥. 2014 年中国传统村落研究述评 [J]. 河南教育学院学报: 哲学社会科学版, 2015, 34 (2): 22 - 28.
[233] 刘智英, 马知遥. 2016 年传统村落学术研究述评 [J]. 齐鲁艺苑, 2017 (4): 4 - 12.
[234] 刘子娴, 赵超. 浅析古村落的地域性保护发展与规划——以福建周宁禾溪村为例 [J]. 华中建筑, 2016, 34 (3): 99 - 102.
[235] 刘宗碧. 生态博物馆的传统村落保护问题反思 [J]. 东南文化, 2017 (6): 103 - 108.
[236] 龙初凡, 周真刚, 陆刚. 侗族传统村落保护与发展路径探索——以黔东南黎平县为例 [J]. 贵州民族研究, 2017, 38 (1): 83 - 88.
[237] 龙婷婷. 基于有限介入的传统村落保护规划研究——以宁波市东钱湖韩岭村为例 [D]. 武汉: 华中科技大学, 2016.
[238] 卢国能. 传统村落及其文化遗存的保护与开发研究——以漳州市为例 [J]. 福建省社会主义学院学报, 2016 (4): 65 - 70.

[239] 鲁可荣，胡凤娇．传统村落的综合多元性价值解析及其活态传承［J］．福建论坛：人文社会科学版，2016（12）：115－122.

[240] 罗颖．贵州传统村落文化遗产利用的多中心治理研究［D］．贵阳：贵州大学，2016.

[241] 骆桂花，央宗．文化空间与民族记忆：百年藏庄的保护与传承——以青海省化隆县塔加村为例［J］．中国藏学，2017（4）：194－197.

[242] 骆小龙．苏州市古村落保护与发展模式研究［D］．苏州：苏州科技学院，2012.

[243] 吕红医，杨晓林．河南省传统村落保护与利用研究［J］．中国名城，2016（4）：84－89.

[244] 吕晶．陇州社火传承与传统村落空间保护——基于非物质与物质文化遗产共生保护研究［D］．西安：西安建筑科技大学，2015.

[245] 吕咪咪．人居环境科学视角下热贡地区传统村落保护与发展研究［D］．西安：长安大学，2017.

[246] 吕明哲．浅谈传统村落的保护与利用——以莱芜茶业口镇卧云铺村为例［J］．建设科技，2017（14）：56.

[247] 吕勤智，丁于容．论传统村落景观形态整体性保护与发展的作用与意义［J］．浙江工业大学学报：社会科学版，2017，16（1）：17－21.

[248] 吕焰，崔殿钧，王兴，等．新宾满族传统村落的分布及其非物质文化遗产现状调查［J］．辽宁师专学报：社会科学版，2013（3）：138－140.

[249] 麻勇恒．传统村落保护面临的困境与出路［J］．原生态民族文化学刊，2017，9（2）：89－94.

[250] 马翀炜，覃丽赢．回归村落：保护与利用传统村落的出路［J］．旅游学刊，2017，32（2）：9－11.

[251] 马东，吕学昌，郭冬雪．新农村建设背景下的传统村落保护发展研究——以荣成市海草房传统村落为例［A］．中国城市规划学会、东莞市人民政府．持续发展 理性规划——2017 中国城市规划年会论文集（09 城市文化遗产保护）［C］．中国城市规划学会、东莞市人民政府：中国城市规划学会，2017：6.

[252] 马凯．粤北客家传统村落空间解析与优化策略研究——以河源连平为例［D］．广州：广州大学，2017.

[253] 马莉．城乡统筹视角下传统村落的保护与发展研究［D］．兰州：兰州理工大学，2017.

[254] 马青，郭曼曼，吕正华．社区营造对传统村落保护与更新的启示［J］．沈阳建筑大学学报：社会科学版，2016，18（6）：564－569.

[255] 马廷君．可持续发展战略下传统村落的保护与更新——以山东李家疃村为例［D］．长春：吉林建筑大学，2017.

[256] 马怡冰．基于文化遗产保护的传统村落游客体验研究［D］．上海：华东师范大学，2017.

[257] 梅婷．基于传统古村落保护与利用的“特色小镇”培育策略探讨——以绩溪县瀛洲镇徽州故里特色小镇为例［J］．住宅与房地产，2018（5）：225.

[258] 孟文娟. 旅游发展型传统村落保护及利用设计研究——以大理巍山县东莲花村规划设计为例 [D]. 昆明：昆明理工大学，2016.
[259] 闵英，曹维琼. 重构传统村落文化保护与发展的文本意识 [J]. 贵州社会科学，2016 (11)：76－83.
[260] 闵忠荣，洪亮. 民宿开发：婺源县西冲传统村落的保护发展规划策略 [J]. 规划师，2017，33 (4)：82－88.
[261] 缪建平，张鹰，刘淑虎. 传统聚落人居智慧研究——以福建廉村为例 [J]. 华中建筑，2014，32 (8)：180－184.
[262] 欧阳国辉，王轶. 中国传统村落活态保护方式探讨 [J]. 长沙理工大学学报：社会科学版，2017，32 (4)：148－152.
[263] 潘冠文. 玉林市传统村落保护发展规划研究——以玉林高山村为例 [D]. 南宁：广西大学，2016.
[264] 潘明率，郭佳. 京西古道传统村落保护研究初探——以门头沟区三家店村为例 [J]. 华中建筑，2016，34 (5)：137－141.
[265] 潘炫. 风水视角下皖南传统村落遗产原真性的保护——宏村、卢村、龙川村比较研究 [D]. 武汉：华中师范大学，2017.
[266] 潘钊. 景宁畲族传统村落的保护与发展研究 [D]. 济南：山东建筑大学，2015.
[267] 彭媛媛. 金华婺剧民间戏班的生存调查与研究 [D]. 金华：浙江师范大学，2013.
[268] 齐澍晗. 文化生态价值下少数民族传统村落保护与发展 [J]. 贵州民族研究，2016，37 (11)：83－86.
[269] 祁嘉华，李艳. 传统村落的保护与可持续发展——以闽北地区为例 [J]. 中国名城，2017 (5)：30；86－89.
[270] 祁艳丽. 基于台湾省原住民村落保护与发展研究与应用——以双湾村传统村落保护规划与设计为例 [D]. 杨凌：西北农林科技大学，2016.
[271] 钱卓瑛，张春阳. 古村落保护与金华的实践 [J]. 城乡建设，2013 (6)：66－69.
[272] 秦健，陈小慈，张纵. 黎族传统村落形态与住居形式研究 [J]. 广东园林，2012，34 (1)：32－36.
[273] 陕西省决策咨询委员会城镇化课题组. 留住历史记忆　保存精神家园——传统村落保护与利用研究 [J]. 西部大开发，2016 (6)：102－106.
[274] 沈晖. 苏州传统村落适应性保护研究 [D]. 苏州：苏州科技大学，2017.
[275] 石秀珍. 基于旅游地屏蔽理论的金华茶文化旅游开发研究 [D]. 上海：华东师范大学，2009.
[276] 时少华，梁佳蕊. 传统村落与旅游：乡愁挽留与活化利用 [J]. 长白学刊，2018 (4)：142－149.
[277] 时潇. 冯骥才"非遗后时代"的传统村落保护 [J]. 世界遗产，2013 (4)：78－83.
[278] 史可. 江苏国家级传统村落保护研究 [D]. 南京：南京师范大学，2017.
[279] 宋玢，赵卿，王莉莉. 城市边缘区传统村落空间的整体性保护方法——以富平县莲湖村为例 [J]. 城市发展研究，2015，22 (6)：118－124.

[280] 宋博文. 历史文化名村实用性保护规划研究——以邢台市英谈村为例 [D]. 邯郸: 河北工程大学, 2016.

[281] 宋才发. 民族地区新型城镇化建设进程中传统村落保护的法治思考 [J]. 湖北民族学院学报: 哲学社会科学版, 2015, 33 (5): 64-69.

[282] 宋河有. 传统村落旅游化保护的风险及其防范 [J]. 原生态民族文化学刊, 2017, 9 (2): 95-98.

[283] 宋敏, 仲德崑, 王单珩. 历史文化村落保护与利用的体系规划探析——以浙江省江山市为例 [J]. 城市规划, 2017, 41 (5): 69-77.

[284] 孙春杰. 井陉县传统村落调查与保护研究 [D]. 石家庄: 河北师范大学, 2014.

[285] 孙大军. 保护与营造: 淮河流域传统村落文化生态思考 [J]. 淮南师范学院学报, 2017, 19 (5): 39-42.

[286] 孙华. 传统村落保护的学科与方法——中国乡村文化景观保护与利用刍议之二 [J]. 中国文化遗产, 2015 (5): 62-70.

[287] 孙华. 传统村落保护规划与行动——中国乡村文化景观保护与利用刍议之三 [J]. 中国文化遗产, 2015 (6): 68-76.

[288] 孙华. 传统村落的性质与问题——我国乡村文化景观保护与利用刍议之一 [J]. 中国文化遗产, 2015 (4): 50-57.

[289] 孙九霞. 传统村落: 理论内涵与发展路径 [J]. 旅游学刊, 2017, 32 (1): 1-3.

[290] 孙亚. 产业转型视角下传统村落更新与发展策略研究 [J]. 建筑与文化, 2017 (6): 246-247.

[291] 孙英倩. 基于文化感知的非物质文化遗产旅游开发研究——以金华黄大仙文化为例 [D]. 金华: 浙江师范大学, 2011.

[292] 孙莹, 肖大威, 王玉顺. 传统村落之空间句法分析——以梅州客家为例 [J]. 城市发展研究, 2015, 22 (5): 63-70.

[293] 孙莹. 梅州客家传统村落空间形态研究 [D]. 广州: 华南理工大学, 2015.

[294] 孙应魁, 塞尔江·哈力克, 王烨. 基于共生理论的古村落保护与旅游发展策略探究——以新疆特克斯县琼库什台村为例 [J]. 西部人居环境学刊, 2017, 32 (6): 84-91.

[295] 孙志国, 殷瑰姣, 戴光忠, 等. 武陵山片区中国传统村落保护与乡村社区传统知识保存 [J]. 江西农业学报, 2014, 26 (12): 130-133, 137.

[296] 索芳. 传统村落公共空间保护方法与利用策略研究——以河南省小店河村为例 [D]. 绵阳: 西南科技大学, 2016.

[297] 谭语术. 少数民族传统村落保护与建设管理策略研究 [D] 昆明: 昆明理工大学, 2015.

[298] 汤羽扬, 黄滋, 李春青. 复兴之履——传统村落保护发展路径学术研讨会会议综述 [J]. 古建园林技术, 2015 (4): 4-8.

[299] 唐洪亚. 新型城镇化背景下的民族文化血脉延续模式探究——以徽州古村落保护与更新为例 [J]. 合肥工业大学学报: 社会科学版, 2017, 31 (5): 120-125.

[300] 唐晓梅, 杨戴云. 黔东南苗族侗族传统村落保护发展对策研究 [J]. 民族学刊,

2018，9（3）：25－30；104－105.
[301] 唐英，王军，史承勇. 农业文化遗产资源型传统村落保护发展——以佳县泥河沟村为例［J］. 建筑与文化，2016（7）：136－138.
[302] 陶聪. 古村落的保护、发展挑战与对策——以潍坊安丘雹泉村为例［J］. 产业与科技论坛，2018，17（6）：249－250.
[303] 田光辉，赵畅，潘芙萍. 乡村振兴背景下少数民族传统村落文化保护与旅游扶贫开发研究——以湖南武陵山片区为例［J］. 智库时代，2018（1）：112－114.
[304] 田慧. 福建传统村落保护和发展研究综述［J］. 艺术生活－福州大学厦门工艺美术学院学报，2015（2）：60－63.
[305] 仝凤先. 文化线路视野下传统村落历史演进与整体性保护发展研究［D］. 徐州：中国矿业大学，2017.
[306] 佟玉权. 基于GIS的中国传统村落空间分异研究［J］. 人文地理，2014，29（4）：44－51.
[307] 屠李，赵鹏军，张超荣. 试论传统村落保护的理论基础［J］. 城市发展研究，2016，23（10）：118－124.
[308] 汪红蕾. 守护传统村落　传承中华文脉——中国（福建·南平）古村落文化遗产保护高峰论坛综述［J］. 城乡建设，2017（8）：24－29.
[309] 汪卉. 基于文化创意设计的杭州传统村落活化策略研究［D］. 杭州：浙江农林大学，2017.
[310] 王宾，于法稳. 新型城镇化进程中村落文明的保护与传承［J］. 青海社会科学，2017（5）：2，182－188.
[311] 王崇宇. 数字技术在古村落保护中的应用研究——以井陉县大梁江村为例［D］. 保定：河北农业大学，2015.
[312] 王聪. 民族地区传统村落的保护和发展——以四川理县桃坪羌寨为例［D］. 成都：西南民族大学，2017.
[313] 王登辉. 云南典型民族传统村落保护更新研究——以翁丁、翁里、乐居村为例［D］. 昆明：云南农业大学，2017.
[314] 王笛. 云南传统村落保护与开发研究——以昆明乐居村和大理诺邓村为例［D］. 昆明：云南大学，2016.
[315] 王东. 明清广州府传统村落审美文化研究［D］. 广州：华南理工大学，2017.
[316] 王慧，李智思，杨卓为. 传统村落保护利用的皖南经验及探讨［J］. 民族论坛，2017（5）：86－91.
[317] 王慧. 传统村落旅游开发潜力评价研究——以金华市为例［D］. 杭州：浙江工商大学，2017.
[318] 王建强. 冀南地区传统村落改造与保护重建规划设计研究——以邯郸传统村落改造为例［D］. 邯郸：河北工程大学，2015.
[319] 王江，胡园园. 新时代的传统村落保护：政策举要、法制问题与对策［J］. 江西理工大学学报，2018，39（2）：40－44.
[320] 王劼，白燕茹. 文明转型视野下的古村落保护——以山西为中心［J］. 晋中学院学

报，2015，32（6）：77－80.

［321］王敬超．基于社会资本重构视角的内蒙古黄河流域传统村落保护研究——以呼和浩特市清水河县入选村落为例［J］．内蒙古大学学报：哲学社会科学版，2016，48（6）：21－26.

［322］王军，刘雨阡．苏州市传统村落保护现状与启示［J］．中国建设信息化，2017（3）：56－61.

［323］王军，夏健．传统村落保护的动态监控体系建构研究［J］．城市发展研究，2016，23（7）：58－63.

［324］王留青．苏州传统村落分类保护研究［D］．苏州：苏州科技学院，2014.

［325］王明田．以创新方式推进传统村落保护与传承［J］．小城镇建设，2018（3）：1.

［326］王世良．非物质文化遗产与其传承村落共生保护研究——以陕西凤翔六营泥塑村为例［D］．西安：西安建筑科技大学，2017.

［327］王苏洁，卞显红．旅游产业集群根植性与竞争优势形成机理研究——以杭州国际旅游综合体为例［J］．特区经济，2012（6）：130－132.

［328］王鑫，王勤熙，罗腾杰．基于环境适应性的北洸传统村落保护发展规划浅析［J］．建筑与文化，2015（4）：128－130.

［329］王秀，冯维波．山地传统村落保护评价研究［J］．西部人居环境学刊，2015，30（4）：103－109.

［330］王雪蓉．城市扩张中传统村落的保护与发展规划探索——以山西阳泉市大阳泉村为例［D］．西安：长安大学，2010.

［331］王亚敏，刘宏成，刘健璇．“新旧并存”的传统村落保护更新策略研究——以豫北小店河村为例［J］．建筑与文化，2018（7）：220－222.

［332］王轶楠．基于村落传统民居保护利用的民宿改造设计策略研究［D］．重庆：重庆大学，2017.

［333］王玥．黄河流域陕西段古村落文化的保护与发展——以灵泉古村落为例［D］．西安：西安建筑科技大学，2016.

［334］王云才，杨丽，郭焕成．北京西部山区传统村落保护与旅游开发利用——以门头沟区为例［J］．山地学报，2006（4）：466－472.

［335］王云才．北京西部山区传统村落的保护与利用——以京西门头沟为例［A］．亚洲大学．休闲农业与乡村旅游发展——第二届“海峡两岸休闲农业与观光旅游学术研讨会”论文集［C］．亚洲大学：中国地理学会，2004：193－200.

［336］王云庆，韩桐．传统村落档案的收集整理［J］．中国档案，2014（7）：54－55.

［337］王云庆．保护传统村落　留存乡村记忆［J］．城乡建设，2015（1）：66－67.

［338］王早立．黔东南州侗族古村落景观保护研究——以大利侗寨、肇兴侗寨为例［D］．重庆：西南大学，2015.

［339］王峥．基于织补理论的传统村落保护发展规划策略研究［D］．北京：北京工业大学，2016.

［340］王芷淳．元阳世界文化遗产区阿者科和牛倮普传统村落保护与整治方法探讨［D］．昆明：昆明理工大学，2015.

[341] 王志刚. 关于土特产文化挖掘与传承的思考——以浙江省永康市为例 [J]. 安徽农业科学, 2011, 39 (9): 5661-5662; 5665.
[342] 王忠霞. 新型城镇化背景下传统村落保护与发展对策研究 [J]. 山西建筑, 2016, 42 (8): 17-19.
[343] 韦宝畏, 刘馨阳. 阜新地区蒙古族传统村落的文化价值及保护对策 [J]. 中华文化论坛, 2018 (6): 131-137.
[344] 韦琼椿. 利川市传统村落文化景观及保护策略研究 [D]. 武汉: 华中科技大学, 2016.
[345] 韦任佳. 苏州市金庭镇明月湾历史文化名村保护规划研究 [D]. 苏州: 苏州科技大学, 2017.
[346] 韦松林. 珠江三角洲传统村落形态可控性研究 [D]. 广州: 华南理工大学, 2014.
[347] 韦伊. 旅游开发过程中的传统村落保护研究——以贵州省传统村落为例 [D]. 贵阳: 贵州大学, 2015.
[348] 魏冀明. 旅游型传统村落的空间生产——以福建省永春县岵山盆地为例 [D]. 广州: 华南理工大学, 2014.
[349] 魏佳赟. 传统村落保护导向下的关中乡土景观元素提炼与传承研究 [D]. 西安: 西安建筑科技大学, 2015.
[350] 魏茂. 四川泸州传统村落新民居传统风貌延续研究——以泸州市纳溪区乐道古村新民居为例 [D]. 成都: 西南交通大学, 2017.
[351] 魏绪英, 蔡军火, 刘纯青. 江西省传统村落类型及其空间分布特征分析 [J]. 现代城市研究, 2017 (8): 39-44.
[352] 魏宇. 晋中山地传统村落生态适应性及保护发展策略研究——以灵石县董家岭村为例 [D]. 太原: 太原理工大学, 2015.
[353] 文梦宇. 土家传统村落保护与文化的传承——以利川市鱼木寨为例 [D]. 荆州: 长江大学, 2017.
[354] 翁碧云, 卞显红. 旅游者旅游交通方式选择行为研究——以杭州城市旅游边缘区为例 [J]. 江苏商论, 2012 (3): 115-117.
[355] 吴必虎, 徐小波. 传统村落与旅游活化: 学理与法理分析 [J]. 扬州大学学报: 人文社会科学版, 2017, 21 (1): 5-21.
[356] 吴合显. 文化生态视野下的传统村落保护研究 [J]. 原生态民族文化学刊, 2017, 9 (1): 95-100.
[357] 吴金泽. 临潭县红堡子村传统风貌保护策略研究 [D]. 西安: 西安建筑科技大学, 2017.
[358] 吴威龙. 鄂西南土家族传统村落保护与发展——以利川市老屋基老街为例 [J]. 湖北民族学院学报: 自然科学版, 2014, 32 (3): 349-352.
[359] 吴晓庆, 张京祥, 罗震东. 城市边缘区"非典型古村落"保护与复兴的困境及对策探讨——以南京市江宁区窦村古村为例 [J]. 现代城市研究, 2015 (5): 99-106.
[360] 吴洋. 传统村落的生态经验对城市设计的启示——以韩国大浦村为例 [D]. 西安:

西安建筑科技大学，2011.

[361] 吴桢楠. 从适宜现代生活的角度审视皖南传统村落的保护与更新［D］. 合肥：合肥工业大学，2010.

[362] 吴宗平. 阶序格局视野下民族传统村落的保护与发展研究——以黔东南为例［D］. 贵阳：贵州财经大学，2017.

[363] 席丹杰，杨毅. 传统村落保护策略研究及思考［J］. 城市建筑，2018（2）：10－13.

[364] 席丽莎. 基于人类聚居学理论的京西传统村落研究［D］. 天津：天津大学，2013.

[365] 夏月华. 在美丽乡村建设中做好传统村落保护工作［J］. 市场论坛，2015（10）：10－11.

[366] 夏周青. 构建传统村落保护性发展的良法框架［J］. 中共山西省委党校学报，2016，39（1）：95－98.

[367] 夏周青. 中国传统村落的价值及可持续发展探析［J］. 中共福建省委党校学报，2015（10）：62－67.

[368] 肖瑶. 山西省传统村落的保护与发展研究——以店头村、北统村、后沟村为例［D］. 晋中：山西农业大学，2016.

[369] 谢彪. 城镇化视阈下客家传统村落的调查与保护研究——基于闽西六县的实证调查［J］. 福建农林大学学报：哲学社会科学版，2015，18（2）：26－30.

[370] 谢舰锋，姚志奇，郭静姝. 云南传统村落民居建筑的保护研究［J］. 中国标准化，2018（8）：72－73.

[371] 谢敏，王一鸣，栗燕. 传统乡村地域文化景观保护研究［J］. 浙江农业科学，2016，57（8）：1214－1216.

[372] 谢耀南. 新型城镇化视野下的传统村落保护和发展——从龙岩市永定区谈起［J］. 厦门特区党校学报，2017（5）：48－54.

[373] 辛福森. 徽州传统村落景观的基本特征和基因识别研究［D］. 合肥：安徽师范大学，2012.

[374] 邢晶晶. 基于延续性视角的传统村落保护与发展研究——以山西丁村为例［D］. 长沙：湖南师范大学，2015.

[375] 熊梅. 四川省传统村落的景观特征与保护思路［J］. 中国名城，2014（5）：62－68.

[376] 徐春成，万志琴. 传统村落保护基本思路论辩［J］. 华中农业大学学报：社会科学版，2015（6）：58－64.

[377] 徐加爱. 建设"信义金华"打造地域文化品牌［J］. 政策瞭望，2015（10）：11－12.

[378] 徐建华. 推进东阳文化产业全域化的实践与成效［J］. 政策瞭望，2015（4）：23－26.

[379] 徐敬瑶. 社区参与视角下的传统村落活态保护研究——以元阳阿者科为例［D］. 昆明：昆明理工大学，2016.

[380] 徐靖婷，柳肃. 瑶族传统村落保护与民生改善研究——以湖南隆回崇木凼村为例［J］. 中国文化遗产，2015（1）：40－46.

[381] 徐静. 多视角下的古村落保护与发展研究——以河南东岳村为例 [D]. 开封：河南大学，2015.
[382] 徐琳. 基于意象理论的传统村落保护研究——以历史文化名村雄崖所为例 [D]. 青岛：青岛理工大学，2015.
[383] 许少辉，董丽萍. 论乡村振兴战略下传统村落的产业发展 [J]. 民族论坛，2018 (2)：64-67.
[384] 许少辉，刘小欢，董丽萍. 全域旅游中传统村落保护和发展的陆巷样本 [J]. 中国人口·资源与环境，2018，28 (S1)：214-216.
[385] 许文聪. 城市边缘区传统村落保护与发展研究——以阳泉市小河村为例 [D]. 北京：北京交通大学，2016.
[386] 许五军. 赣州客家传统村落保护与发展策略 [J]. 规划师，2017，33 (4)：65-69.
[387] 许怡. 传统村落公共空间保护与更新研究——以红河州传统村落为例 [D]. 昆明：昆明理工大学，2015.
[388] 许泽华，罗爱静. 传统村落文化知识产权保护的现状及模式 [J]. 中华医学图书情报杂志，2015，24 (5)：13-17.
[389] 薛蕾. 山西汾西县师家大院古村落保护与利用研究 [D]. 西安：西安建筑科技大学，2015.
[390] 薛林平，吕灏冉，李加丽. 北京门头沟区千军台传统村落研究 [J]. 华中建筑，2015 (6)：181-186.
[391] 薛晓娜. 冀南地区沟谷窑洞型传统村落保护与更新规划研究 [D]. 邯郸：河北工程大学，2017.
[392] 闫委亚. 山西省传统村落环境保护现状及发展模式探析 [D]. 太原：太原理工大学，2015.
[393] 严赛. 中国传统村落分布的特点及其原因分析 [J]. 大理学院学报，2014，13 (9)：25-29.
[394] 阳曼，陈晓明，徐峰. 古村落活态保护与旅游发展思辨——以湖南省新化县下团村为例 [J]. 商业经济研究，2015 (16)：140-141.
[395] 杨彩虹，王开开. 美丽乡村建设过程中传统村落的保护与利用 [J]. 中州学刊，2016 (6)：86-89.
[396] 杨超. 基于文化整体性的传统村落保护策略研究——以永惹寨为例 [D]. 昆明：昆明理工大学，2016.
[397] 杨飞. 基于资源脆弱性的传统村落保护发展探索——以云南腾冲市银杏村为例 [J]. 规划师，2016，32 (S2)：78-83.
[398] 杨锋梅. 基于保护与利用视角的山西传统村落空间结构及价值评价研究 [D]. 西安：西北大学，2014.
[399] 杨过. 探索传统村落更新的有效途径——以東河为例 [D]. 昆明：昆明理工大学，2004.
[400] 杨红. 传统村落建档中的资源分类问题 [J]. 文化月刊，2015，12 (4)：122-126.

[401] 杨嘉琦. 青海同仁传统村落公共空间保护与更新研究 [D]. 西安：长安大学，2016.

[402] 杨建斌. 传统村落动态保护与更新设计方法研究 [D]. 兰州：兰州交通大学，2017.

[403] 杨凯. 旅游影响下传统村落的发展与保护——以元阳阿者科·牛倮普村为例 [D]. 昆明：昆明理工大学，2016.

[404] 杨磊，陈楚文，刘志高. 十四都村古建筑群保护与利用研究 [J]. 建筑与文化，2017 (12)：224-225.

[405] 杨磊. 基于延续性视角下的传统村落保护与利用研究——以诸暨市十四都传统村落为例 [D]. 杭州：浙江农林大学，2018.

[406] 杨立国，龙花楼，刘沛林，等. 传统村落保护度评价体系及其实证研究——以湖南省首批中国传统村落为例 [J]. 人文地理，2018，33 (3)：121-128；151.

[407] 杨丽君. 安徽黟县传统村落保护及可持续利用路径探讨 [J]. 城乡建设，2015 (4)：5；56-58.

[408] 杨钦芳. 传统村落保护背景下的合阳灵泉村发展对策研究 [D]. 西安：西安建筑科技大学，2017.

[409] 杨秋雨. 河北省涉县岭底传统村落保护与利用构想 [D]. 石家庄：河北师范大学，2016.

[410] 杨仕恩. 河西走廊地区传统村落保护与发展策略研究 [D]. 兰州：兰州理工大学，2017.

[411] 杨庭硕，耿中耀. 农耕文明与传统村落保护 [J]. 原生态民族文化学刊，2016，8 (4)：73-78.

[412] 杨亦明. 浙江金华雅畈元宵龙灯的特点研究 [J]. 科技信息，2009 (14)：138，140.

[413] 杨悦. 传统村落人居环境评价——以蔚县宋家庄镇为例 [D]. 石家庄：河北师范大学，2017.

[414] 姚莉. “意识与行动”视角下贵州传统村落在旅游浪潮中的保护困境与突破——以玉屏县北侗村落-老寨为例 [J]. 贵州师范学院学报，2017，33 (7)：5-11.

[415] 阴劼，杨雯，孔中华. 基于 ArcGIS 的传统村落最佳观景路线提取方法——以世界文化遗产：开平碉楼与村落为例 [J]. 规划师，2015，31 (1)：90-94.

[416] 殷楠. 基于产权关系的传统村落保护研究——以宁波市慈城镇丰浦村为例 [D]. 武汉：华中科技大学，2016.

[417] 殷永. 基于文化地理学的桂东地区传统村落及民居类型研究 [D]. 广州：华南理工大学，2017.

[418] 尹璐，罗德胤. 试论农业因素在传统村落形成中的作用 [J]. 南方建筑，2010 (6)：28-31.

[419] 于茂竹. 文化产业视角下传统村落的保护与利用——以贵阳市花溪区龙井村为例 [D]. 贵阳：贵州财经大学，2017.

[420] 余进. 徽州传统村落景观风貌保护与发展研究 [J]. 安徽建筑大学学报，2015，23

(6): 83 - 86; 94.

[421] 余侃华，龚健，蔡辉，等."互联网 +"引领的传统村落复兴路径探究——以陕西省礼泉县官厅村为例 [J]. 规划师，2017，33 (4): 54 - 59.

[422] 余茂龙，洪友君，沈志华，等. 金华市婺城区古树名木保存现状及保护对策 [J]. 华东森林经理，2016，30 (1): 15 - 18.

[423] 余晟华，吴文新，倪振泷. 抚州古村落传统文化的保护与利用 [J]. 东华理工大学学报：社会科学版，2018，37 (1): 1 - 6; 35.

[424] 袁承蔚，韦明顶，袁名松. 新型城镇化背景下贵州屯堡文化村落的保护与开发 [J]. 贵州师范大学学报：社会科学版，2015 (2): 84 - 90.

[425] 袁媛，肖大威，黄家平，等. 传统村落边界空间保护初探 [J]. 南方建筑，2014 (6): 48 - 51.

[426] 袁玥."多规合一"背景下哈尼梯田遗产区传统村落保护与更新设计探讨 [D]. 昆明：昆明理工大学，2016.

[427] 詹飞翔. 新城建设影响下的传统村落变迁及改造模式研究——以佛山新城为例 [D]. 广州：华南理工大学，2016.

[428] 张勃. 传统村落与乡愁的缓释——关于当前保护传统村落正当性和方法的思考 [J]. 民间文化论坛，2015 (2): 15 - 24.

[429] 张大玉. 传统村落风貌特色保护传承与再生研究——以北京密云古北水镇民宿区为例 [J]. 北京建筑大学学报，2014，30 (3): 1 - 8.

[430] 张大玉. 京津冀地区传统村落协同保护与发展研究 [J]. 北京建筑大学学报，2017，33 (1): 1 - 5.

[431] 张丹丹. 豫南地区传统村落空间特色及传承研究 [D]. 西安：长安大学，2017.

[432] 张迪妮，李佳利. 民俗文化在传统村落保护发展中的地位与作用——以河北省蔚县古镇为例 [J]. 河北建筑工程学院学报，2018，36 (2): 51 - 54.

[433] 张东，拜盖宇. 传统村落的历史文化价值研究——以国家级传统村落裴城为例 [J]. 古建园林技术，2015 (1): 53 - 57.

[434] 张发明. 湘地传统村落的保护与发展模式初探——以湖南凤凰泡水村为例 [J]. 遗产与保护研究，2017，2 (6): 74 - 78.

[435] 张海媚. 以体验经济为导向的传统村落空间活化研究 [D]. 昆明：昆明理工大学，2017.

[436] 张浩. 基于文化生态学的吉林省传统村落保护规划研究 [D]. 长春：吉林建筑大学，2017.

[437] 张虹. 小陶镇八一村传统村落保护与发展探析 [J]. 福建工程学院学报，2015，13 (6): 606 - 612.

[438] 张鸿雁，房冠辛. 传统村落"精准保护与开发一体化"模式创新研究——特色文化村落保护规划与建设成功案例解析 [J]. 中国名城，2016 (1): 10 - 26.

[439] 张剑文. 传统村落保护与旅游开发的 PPP 模式研究 [J]. 小城镇建设，2016 (7): 48 - 53.

[440] 张丽，王福刚，吉燕宁. 新型城镇化建设进程中传统村落的保护与活化探究 [J].

沈阳建筑大学学报：社会科学版，2016，18（3）：244-250.
[441] 张璐. 文化复兴视角下的传统村落保护规划研究——以平昌县白衣庵为例［D］. 成都：成都理工大学，2016.
[442] 张盼. 红河哈尼梯田遗产区传统村落空间形态保护与发展研究［D］. 昆明：昆明理工大学，2017.
[443] 张茜. 金华琐园村“国际研学”项目与传统村落民间文化保护［D］. 金华：浙江师范大学，2017.
[444] 张顺程. 基于精明收缩的桃坪羌寨传统村落保护研究［D］. 成都：成都理工大学，2017.
[445] 张松. 作为人居形式的传统村落及其整体性保护［J］. 城市规划学刊，2017（2）：44-49.
[446] 张天新，王敏. 中国村落遗产保护中活态文化标准的可能性分析——从亚太地区文化遗产保护奖与中国传统村落评定的比较说起［J］. 中国园林，2015，31（4）：46-49.
[447] 张炜宏. 云霄县传统村落文化价值评价与利用研究——以菜埔村为例［D］. 福州：福建农林大学，2017.
[448] 张卫民，张敏. 消失与拯救：首批中国传统村落秀山县民族村保护的思考［J］. 湖南社会科学，2017（2）：74-80.
[449] 张先庆. 四川省民族地区传统村落保护方法研究——以北川县马槽乡黑水村为例［D］. 绵阳：西南科技大学，2017.
[450] 张小辉. 海南省新农村建设背景下传统村落的保护与整治规划研究［D］. 海口：海南大学，2013.
[451] 张晓阳，高勤. 自贡市三多古寨及传统村落保护［J］. 四川建筑，2015，35（3）：49-51.
[452] 张秀梅，李明. 系统视角下传统村落保护理论与保护实践变迁研究［J］. 遗产与保护研究，2017，2（4）：59-64.
[453] 张璇. 武汉市木兰石砌特色的传统村落保护与规划研究［D］. 武汉：华中科技大学，2015.
[454] 张绚璇. 社区营造视角下传统村落的保护与发展研究——以建德市新叶村为例［D］. 杭州：浙江工商大学，2016.
[455] 张艳琼. 美丽宜居视角下湖州荻港村传统村落保护利用策略研究［D］. 杭州：浙江大学，2015.
[456] 张耀. 浙江典型地区传统村落风貌研究——以桐庐县深澳村为例［D］. 杭州：浙江理工大学，2015.
[457] 张玉民. 关于古村落与传统文化保护利用的思考［J］. 山西建筑，2015，41（5）：14-15.
[458] 张媛媛，汪婷. 新农村建设视角下传统村落保护现状与发展模式的探究——以新叶村、江南古村落群、诸葛八卦村模式为例［J］. 中国市场，2017（2）：108-110.
[459] 张云兰. 新型城镇化背景下传统村落的保护和发展——以广西为例［J］. 广西民族

研究，2017（2）：139－146.
[460] 张彰. 村落保护的可持续性研究——以宏村、碧山村、后沟村的比较为例［D］. 天津：天津大学，2016.
[461] 章军杰. 多元文化格局下婺剧传承与发展研究［D］. 济南：山东大学，2014.
[462] 赵芳. 陕西传统村落评价认定有据可依［J］. 建筑设计管理，2014，31（6）：78.
[463] 赵粒栋. 互联网时代背景下云南地区传统村落的保护与发展——以翁丁村为例［D］. 合肥：安徽建筑大学，2016.
[464] 赵文才. 传统村落认知下的故里空间结构营造——以云南文山州丘北县普者黑村一期建设为例［D］. 昆明：昆明理工大学，2014.
[465] 赵夏，余建立. 从日本白川荻町看传统村落保护与发展［J］. 中国文物科学研究，2015（2）：38－43.
[466] 赵小龙，林冬庞. 基于乡村聚落意象的传统村落保护与更新策略——以浙江黄岩富山乡半山村为例［J］. 浙江工业大学学报：社会科学版，2017，16（3）：272－276.
[467] 赵应丽. 作为"活态遗产"的红河元阳哈尼梯田遗产区传统聚落保护模式研究［D］. 昆明：昆明理工大学，2017.
[468] 赵玉奇，余压芳，陈清鋆. 大数据与文化基因在传统村落保护中的应用［A］. 中国城市规划学会、贵阳市人民政府. 新常态：传承与变革——2015中国城市规划年会论文集（14乡村规划）［C］. 中国城市规划学会、贵阳市人民政府：中国城市规划学会，2015：1403－1406.
[469] 郑德. 论传统村落保护利用中的五方面力量——以吉林省J村为例［J］. 长春大学学报，2018，28（3）：81－85.
[470] 郑国珍. 历史文化名镇名村的保护现状与发展对策——兼谈《中国历史文化名镇名村、传统村落保护和整治导则》的编制［J］. 中国文化遗产，2015（1）：18－25.
[471] 郑皓文，朱霞. 传统村落保护利用的乡村绅士化发展路径研究［A］. 中国城市规划学会、贵阳市人民政府. 新常态：传承与变革——2015中国城市规划年会论文集（14乡村规划）［C］. 中国城市规划学会、贵阳市人民政府：中国城市规划学会，2015：936－944.
[472] 郑曼文. 融入文化规划的川西地区传统村落交往空间保护性设计研究［D］. 成都：西南交通大学，2016.
[473] 郑鑫. 传统村落地域性保护与更新设计——以甘肃天水街亭村为例［D］. 西安：长安大学，2017.
[474] 郑育春. 浙西地域传统建筑文化变迁与地方戏曲文化初探［J］. 建筑设计管理，2013，30（11）：68－71.
[475] 钟晓燕. 传统村落保护中存在的问题与对策［J］. 天水行政学院学报，2017，18（6）：120－124.
[476] 仲金玲. 基于社会结构重组的传统村落空间更新策略研究［D］. 北京：北京建筑大学，2017.
[477] 周冰倩. 苏州传统村落保护实效评估研究［D］. 苏州：苏州科技大学，2016.
[478] 周可婧，何峰. 从更新到复兴——湘南传统村落保护与可持续发展策略探讨［J］.

中外建筑，2017（3）：58-61.

[479] 周乾松．城镇化过程中加强传统村落保护的对策［J］．城乡建设，2014（8）：4；6-13.

[480] 周阳月．文化生态学视阈下传统村落复兴动力与路径研究［A］．中国城市规划学会、沈阳市人民政府．规划60年：成就与挑战——2016中国城市规划年会论文集（15乡村规划）［C］．中国城市规划学会、沈阳市人民政府：中国城市规划学会，2016：10.

[481] 周樟垠，曾庆云，陈华智．社区营造视角下传统村落的保护与利用——以梅湾村为例［J］．小城镇建设，2016（9）：38-42，49.

[482] 朱霞，罗迪．民俗文化保护视角下传统村落旅游规划策略研究［J］．华中建筑，2018，36（7）：112-115.

[483] 朱晓芳．基于ANP的江苏省传统村落保护实施评价体系研究［D］．苏州：苏州科技大学，2016.

[484] 朱雪梅，林垚广，范建红，等．广东省古村落现状与保护利用模式研究［J］．华南理工大学学报：社会科学版，2016，18（6）：105-113.

[485] 朱毓旻．基于居民感知的传统村落旅游发展制度安排研究［D］．上海：华东师范大学，2016.

[486] 邹君，刘媛，谭芳慧，等．传统村落景观脆弱性及其定量评价——以湖南省新田县为例［J］．地理科学，2018，38（8）：1292-1300.

[487] 王思明，刘馨秋．中国传统村落：记忆、传承与发展研究［M］．北京：中国农业科学技术出版社，2017.

[488] 周建明．中国传统村落——保护与发展［M］．北京：中国建筑工业出版社，2014.

[489] 车震宇．传统村落旅游开发与形态变化［M］．北京：科学出版社，2008.

[490] 冯淑华．传统村落文化生态空间演化论［M］．北京：科学出版社，2011.

[491] 李志新，单彦名，高朝暄．皖南徽州地区传统村落规划改造和功能提升——黄村传统村落保护与发展［M］．北京：中国建筑工业出版社，2019.

[492] 胡彬彬，吴灿．中国传统村落文化概论［M］．北京：中国社会科学出版社，2018.

[493] 汪欣．传统村落与非物质文化遗产保护研究——以徽州传统村落为个案［M］．北京：知识产权出版社，2014.

[494] 曹昌智，邱跃．历史文化名城名镇名村和传统村落保护法律法规文件选编［M］．北京：中国建筑工业出版社，2015.

[495] 胡彬彬，李向军，王晓波．中国传统村落保护调查报告（2017）［M］．北京：社会科学文献出版社，2017.

[496] 冯骥才．中国传统村落立档调查范本［M］．北京：文化艺术出版社，2014.

[497] 倪琪，王玉．中国徽州地区传统村落空间结构的演变［M］．北京：中国建筑工业出版社，2015.

[498] 胡念望．芙蓉、苍坡以及楠溪江畔的其他村落［M］．杭州：浙江摄影出版社，2001.

[499] 胡念望. 楠溪江古村落文化［M］. 北京：文化艺术出版社，1999.
[500] 胡时滨. 徽州古村落构建文化研究——以宏村为例［M］. 合肥：合肥工业大学出版社，2017.
[501] 周彩屏. 旅游影响下的浙中东阳卢宅古村落变迁研究［M］. 杭州：浙江大学出版社，2015.